78,00
Didatico

ARARIBÁ PLUS

CIÊNCIAS

9

Organizadora: Editora Moderna
Obra coletiva concebida, desenvolvida e produzida pela Editora Moderna.

Editora Executiva:
Maíra Rosa Carnevalle

4ª edição

MODERNA

Elaboração de originais

Alda Regina Tognini Romaguera
Licenciada em Pedagogia pela Universidade Estadual de Campinas. Mestre e Doutora em Educação pela Universidade Estadual de Campinas. Professora e assessora pedagógica.

Cristiane G. Roldão
Bacharel em Física pela Universidade Federal do Rio Grande do Sul (RS). Mestre e Doutora em Física pela Universidade Estadual Paulista (SP). Professora.

Janaina Farias de Ornellas
Licenciada em Química e mestre em Educação pela Universidade Estadual Paulista Júlio de Mesquita Filho (Unesp – Presidente Prudente). Professora.

Horacio Nakazone
Engenheiro Eletricista pela Faculdade de Engenharia da Fundação Armando Álvares Penteado (SP). Especialista em Engenharia de Telecomunicações pela Fundação Armando Álvares Penteado (SP). Editor.

Leonardo Lago
Bacharel e licenciado em Física pelo Instituto de Física da Universidade de São Paulo. Mestre em Ciências (Astronomia) pelo Instituto Astronômico, Geofísico e Ciências Atmosféricas e Mestre em Ensino de Ciências (Ensino de Física) pelo Programa Interunidades em Ensino de Ciências da Universidade de São Paulo. Editor e professor.

Maíra Rosa Carnevalle
Bacharel e licenciada em Ciências Biológicas pela Universidade Federal de São Carlos (SP). Editora.

Mauro Faro
Engenheiro Químico e mestre em Engenharia Química pela Universidade de São Paulo. Licenciado em Química pelas Faculdades Oswaldo Cruz (SP). Professor.

Nathália Fernandes de Azevedo
Bacharel e licenciada em Ciências Biológicas pela Universidade de São Paulo. Doutora em Ciências (Genética) pela Universidade de São Paulo. Editora.

Otávio Venturoli
Bacharel em Ciências Biológicas pela Universidade de São Paulo. Editor, redator e jornalista.

Paula Yumi Hirata
Bacharel e licenciada em Química pelo Centro Universitário FIEO. Analista química. Editora.

Thais Lucy Ogeda
Bacharel e licenciada em Química pelo Instituto de Química da Universidade Estadual de Campinas. Mestre em Ciências (Físico-Química) pelo Instituto de Química da Universidade de São Paulo. Professora.

Thiago Macedo de Abreu Hortencio
Bacharel em Ciências Biológicas pela Universidade de São Paulo. Editor.

Vanessa Shimabukuro
Bacharel e licenciada em Ciências Biológicas pela Universidade de São Paulo. Mestre em Ciências (Zoologia) pela Universidade de São Paulo. Editora.

MODERNA

Coordenação editorial: Maíra Rosa Carnevalle, Rita Helena Bröckelmann
Edição de texto: Alessandra Franchi Koury, Edna Emiko Nomura, Horacio Nakazone, Júlia Bolanho da Rosa Andrade, Maíra Rosa Carnevalle, Paula Yumi Hirata, Thiago Macedo de Abreu Hortencio
Assessoria pedagógica (seção Pensar Ciência): Antonio Carlos Rodrigues de Amorim
Preparação de texto: Lucia Scoss Nicolai
Coordenação de *design* e projetos visuais: Sandra Botelho de Carvalho Homma
Projeto gráfico: Daniel Messias, Everson de Paula, Rafael Mazzari
Capa: *Criação*: Sandra Botelho de Carvalho Homma
Produção e direção de arte: Everson de Paula
Finalização: Otávio dos Santos
Foto: Visão geral de equipamento usado na tentativa de desenvolvimento da fusão atômica. Novo México, EUA, 1987. © Danny Lehman/Corbis/Latinstock
Coordenação de produção gráfica: André Monteiro, Maria de Lourdes Rodrigues
Coordenação de arte: Maria Lucia F. Couto, Patricia Costa, Wilson Gazzoni Agostinho
Edição de arte: Jordana de Lima Chaves
Editoração eletrônica: Setup Bureau Editoração Eletrônica, Ana Carlota Rigon
Edição de infografia: William Taciro, Mauro César Brosso, Alexandre Santana de Paula
Ilustrações: Adilson Secco, Daniel Zeppo, Éber Evangelista, Érika Onodera, Fernando de Souza, Luiz Rubio, Manga, Mário Kanno, Nik Neves, Paulo Manzi, Raul Aguiar, Selma Caparroz
Cartografia: Anderson de Andrade Pimentel, Ericson Guilherme Luciano, Fernando José Ferreira
Coordenação de revisão: Elaine C. del Nero
Revisão: Adriana Bairrada, Afonso N. Lopes, Ana Maria C. Tavares, Cárita Negromonte, Dirce Y. Yamamoto, Maristela S. Carrasco, Nancy H. Dias, Rita de Cássia Sam, Salete Brentan, Simone Garcia, Tatiana Malheiro, Yuri Bileski
Coordenação de pesquisa iconográfica: Luciano Baneza Gabarron
Pesquisa iconográfica: Ana Claudia Fernandes, Camila D'Angelo, Evelyn Torrecilla, Fernanda Siwiec, Flávia Aline de Morais, Luciana Ribas Vieira, Maria Magalhães, Monica de Souza, Thais Semprebom
Coordenação de *bureau*: Américo Jesus
Tratamento de imagens: Arleth Rodrigues, Bureau São Paulo, Marina M. Buzzinaro, Resolução Arte e Imagem
Pré-impressão: Alexandre Petreca, Everton L. de Oliveira Silva, Fabio N. Precendo, Helio P. de Souza Filho, Marcio H. Kamoto, Rubens M. Rodrigues, Vitória Sousa
Coordenação de produção industrial: Wilson Aparecido Troque
Impressão e acabamento:

Dados Internacionais de Catalogação na Publicação (CIP)
(Câmara Brasileira do Livro, SP, Brasil)

Araribá plus ciências / obra coletiva concebida, desenvolvida e produzida pela Editora Moderna ; editora executiva Maíra Rosa Carnevalle. – 4. ed. – São Paulo : Moderna, 2014.

Obra em 4 v. para alunos do 6º ao 9º ano.
Bibliografia.

1. Ciências (Ensino Fundamental) I. Rosa Carnevalle, Maíra

14-03079 CDD-372.35

Índices para catálogo sistemático:
1. Ciências : Ensino fundamental 372.35

ISBN 978-85-16-09461-4 (LA)
ISBN 978-85-16-09462-1 (LP)

EDITORA MODERNA LTDA.
Rua Padre Adelino, 758 – Belenzinho
São Paulo – SP – Brasil – CEP 03303-904
Vendas e Atendimento: Tel. (0_ _11) 2602-5510
Fax (0_ _11) 2790-1501
www.moderna.com.br
2016
Impresso na China

1 3 5 7 9 10 8 6 4 2

APRESENTAÇÃO

Certamente você já sabe algo sobre os assuntos mais famosos da Ciência: o Universo, os seres vivos, o corpo humano, os cuidados com o ambiente, as tecnologias e suas aplicações, a energia e a matéria são temas comuns.

Ciência tem sua origem na palavra latina *scientia*, que significa conhecimento. É uma atividade social feita por mulheres e homens em diferentes lugares do mundo. Ciência também tem a ver com questões econômicas, políticas e culturais de cada lugar.

Você já parou para pensar em como a Ciência funciona? Será que os cientistas têm sempre certeza de tudo? Como eles trabalham? Como é feita uma pesquisa? É fácil fazer uma descoberta científica? Só os cientistas "fazem Ciência"?

Para a última pergunta, queremos que você considere um **não** como resposta. Os investigadores são pessoas atentas, observadoras e curiosas que questionam e buscam respostas. Convidamos você a ser um deles!

Este livro apresenta algumas respostas. Como investigador, no entanto, você deve saber que as perguntas são mais importantes. Faça perguntas, duvide, questione, não se contente com o que é apresentado como verdade. Nesse caminho, conte com a sua professora ou o seu professor: converse sobre suas dúvidas e dê também a sua opinião.

Seu livro traz ainda um trabalho com os chamados **Hábitos da mente**. Você vai aprender que eles podem ajudá-lo nas tarefas escolares e também a tomar decisões melhores e a resolver problemas.

Esperamos que este livro o incentive a pensar com qualidade, a criar bons hábitos de estudo e a ser um cidadão bem preparado para enfrentar o mundo e cuidar dele.

Bons estudos!

CONHEÇA O SEU LIVRO

PROJETO

A proposta do projeto pode ser feita no momento mais conveniente para a turma: no início do ano, na feira de ciências da escola ou em qualquer outra ocasião. É uma oportunidade de envolvimento da classe com a comunidade e com outras áreas do conhecimento.

UNIDADE – PÁGINAS DE ABERTURA

Este livro contém nove Unidades, que se organizam em páginas duplas espelhadas.

COMEÇANDO A UNIDADE

As perguntas propostas convidam a refletir sobre os temas que serão estudados. Aproveite para contar o que você sabe sobre ele e perceber quais são suas principais dúvidas e curiosidades.

POR QUE ESTUDAR ESTA UNIDADE?

Um pequeno texto introdutório vai contar sobre a relevância dos assuntos tratados na Unidade.

TEMAS

Os conteúdos foram selecionados e organizados em temas. Em alguns casos, atividades práticas servem de introdução ao conteúdo a ser estudado na Unidade. Um pequeno texto inicial resume a ideia central do tema. Um sistema de títulos hierarquiza as ideias principais do texto.

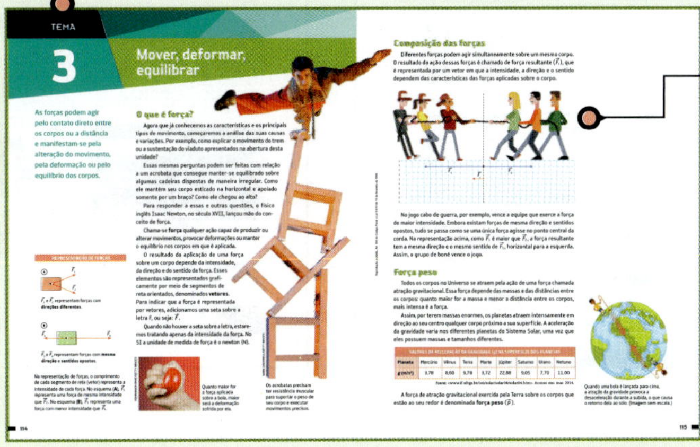

IMAGENS

Fotografias, ilustrações, gráficos, mapas e esquemas auxiliam na construção dos conceitos propostos.

VAMOS FAZER

Atividades procedimentais simples e diretas proporcionam oportunidades de observação e comprovação de fenômenos.

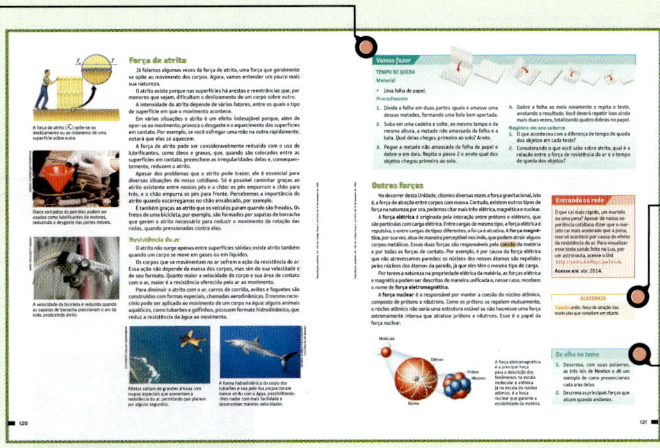

GLOSSÁRIO

Contém a explicação de termos mais difíceis.

DE OLHO NO TEMA

Atividades para auxiliar a compreensão do assunto principal de cada tema.

COLETIVO CIÊNCIAS

Mostra a Ciência como produto coletivo de diferentes áreas do conhecimento e feita por cientistas e não cientistas em colaboração.

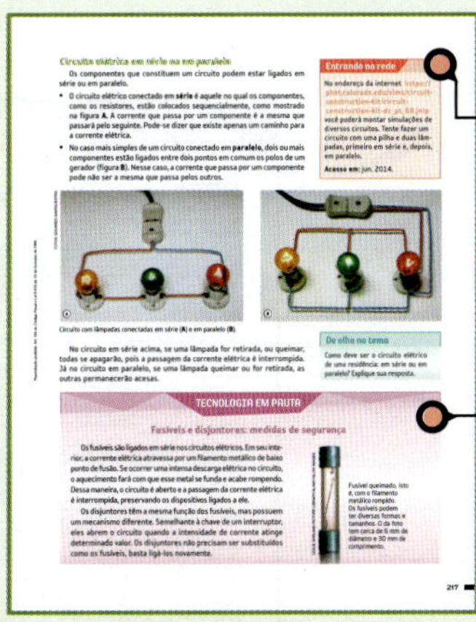

ENTRANDO NA REDE

Sugestões de endereços para consulta e pesquisa na internet.

TECNOLOGIA, SAÚDE OU AMBIENTE EM PAUTA

Quadros que mostram a relação das Ciências com a tecnologia, a saúde ou o ambiente.

ATIVIDADES

Organizar o conhecimento, *Analisar* e *Compartilhar* – Essas atividades trabalham habilidades como a compreensão e a aplicação de conceitos e enfatizam o uso de técnicas de leitura, registro e interpretação.

SAIBA MAIS

Quadro que traz informações adicionais e curiosidades relativas aos temas.

ÍCONE-MEDIDA

Um ícone-medida é aplicado para indicar o tamanho médio do ser vivo ou do objeto que aparece em uma imagem. O ícone pode indicar sua altura (I) ou seu comprimento (⟼).

As fotomicrografias (fotografias obtidas com o auxílio de um microscópio) e as ilustrações de objetos ou de seres invisíveis a olho nu estão acompanhadas do ícone de um microscópio (🔬).

EXPLORE

Propõe a investigação de fatos e acontecimentos, bem como a exploração de ideias novas. Incentiva o trabalho em equipe e o uso de habilidades de investigação científica.

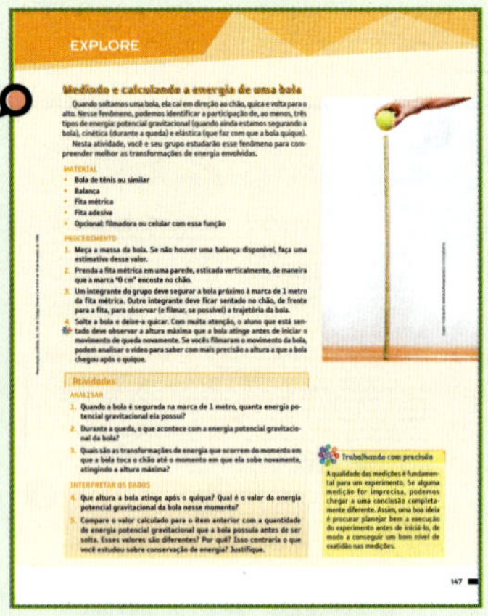

PENSAR CIÊNCIA

Propostas de conversa para pensar sobre o funcionamento da Ciência, suas características, sua história e as incertezas que permeiam o seu desenvolvimento.

POR UMA NOVA ATITUDE

Páginas cujo objetivo é desenvolver atitudes, interesses e hábitos que reforcem a valorização da pluralidade cultural e a preservação ambiental e da saúde.

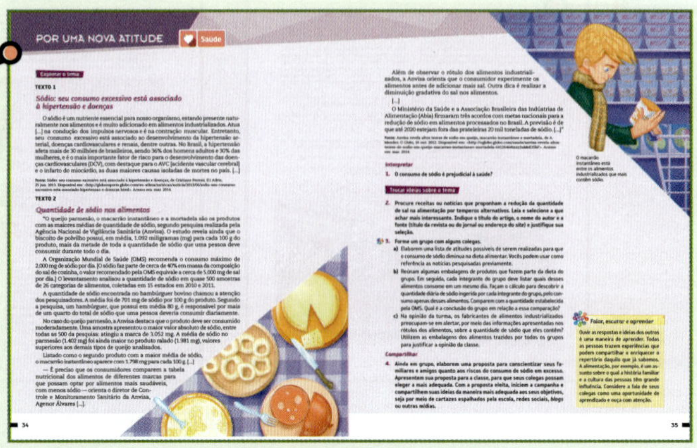

COMPREENDER UM TEXTO

Relâmpagos, raios e trovões

COMPREENDER UM TEXTO

Páginas que desenvolvem a compreensão leitora, trabalhando com a leitura e a interpretação de textos diversos, incluindo os de divulgação científica. As atividades sobre o texto estimulam a obtenção de informações e a reflexão.

OFICINA 1

Cromatografia em papel

OFICINAS DE CIÊNCIAS

Incluem atividades experimentais, estudo do meio, construção de modelos e montagens, entre outras propostas de investigação. Cada oficina apresenta os *objetivos*, o *material necessário*, o *procedimento* e as *atividades exploratórias*.

CONTEÚDO DIGITAL

Indica que existem vídeos, jogos, animações e outros recursos no livro digital.

Vídeo

Calculando a janela de lançamento

HÁBITOS DA MENTE

Ao longo do livro, você vai encontrar indicações para os Hábitos da mente. Aproveite esses momentos para refletir sobre eles e trocar ideias com os colegas.

Discussões produtivas

Ao conversar sobre assuntos polêmicos, é comum encontrar pessoas com posições diferentes das nossas. Saber ouvir essas opiniões é importante para conhecer outros pontos de vista e refletir sobre as nossas ideias.

O QUE SÃO OS HÁBITOS DA MENTE

9 atitudes muito úteis para o seu dia a dia

Os Hábitos da mente são atitudes que nos ajudam a lidar com as mais diversas situações da vida. Essas situações se apresentam em forma de problemas, de oportunidades, de escolhas, de conflitos, de responsabilidades.

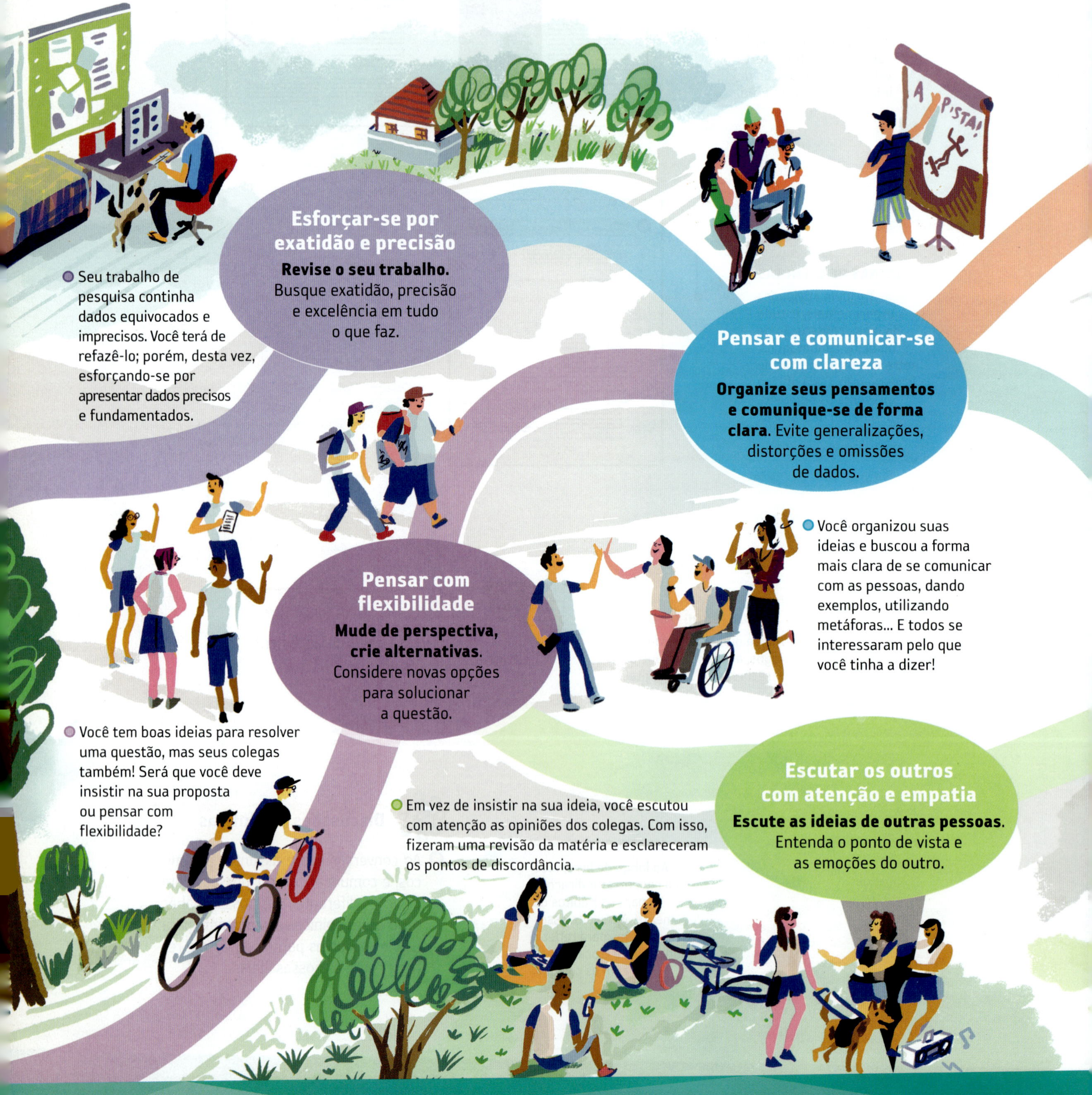

Esforçar-se por exatidão e precisão

Revise o seu trabalho. Busque exatidão, precisão e excelência em tudo o que faz.

- Seu trabalho de pesquisa continha dados equivocados e imprecisos. Você terá de refazê-lo; porém, desta vez, esforçando-se por apresentar dados precisos e fundamentados.

Pensar e comunicar-se com clareza

Organize seus pensamentos e comunique-se de forma clara. Evite generalizações, distorções e omissões de dados.

- Você organizou suas ideias e buscou a forma mais clara de se comunicar com as pessoas, dando exemplos, utilizando metáforas... E todos se interessaram pelo que você tinha a dizer!

Pensar com flexibilidade

Mude de perspectiva, crie alternativas. Considere novas opções para solucionar a questão.

- Você tem boas ideias para resolver uma questão, mas seus colegas também! Será que você deve insistir na sua proposta ou pensar com flexibilidade?

Escutar os outros com atenção e empatia

Escute as ideias de outras pessoas. Entenda o ponto de vista e as emoções do outro.

- Em vez de insistir na sua ideia, você escutou com atenção as opiniões dos colegas. Com isso, fizeram uma revisão da matéria e esclareceram os pontos de discordância.

Questionar e levantar problemas

Esteja alerta. Busque os dados necessários para resolver novas questões. **Levante problemas para resolver**.

Você fez um excelente questionamento, e a turma ficou tão interessada em descobrir a resposta que todos pesquisaram sobre a questão. Sua curiosidade vai levá-lo longe!

Assumir riscos com responsabilidade

Aventure-se. Informe-se sobre as possíveis consequências de uma decisão.

Passar o dia com os amigos ou estudar para a prova de segunda-feira? Quando está diante de um dilema, você pesa os prós e os contras para assumir riscos, mas com responsabilidade!

Aplicar conhecimentos prévios a novas situações

Use o que você sabe. Coloque seu conhecimento em prática em novas situações.

Durante a prova, você usou o que havia aprendido em situações anteriores para resolver as questões novas. Você é mestre em dar sentido às informações que recolhe!

Controlar a impulsividade

Pense antes de agir. Invista tempo para entender uma tarefa e planeje suas ações.

Parece que você não entendeu bem a tarefa... E agora?! Precisa aprender a controlar seus impulsos e pensar antes de agir.

Persistir

Não desista. Esforce-se um pouco mais. Busque outras formas de resolver o problema.

Mesmo não sendo seu esporte favorito, você se esforçou e se dedicou no trabalho. O resultado de sua persistência se refletiu no trabalho bem-feito, proporcionando satisfação pessoal!

Ao final do livro, você poderá conhecer melhor os Hábitos da mente. Você verá também como avaliar seu desempenho no uso de cada um desses hábitos.

SUMÁRIO

UNIDADE 3

Substâncias puras e misturas 60

UNIDADE 4

Grupos de substâncias e reações químicas 80

UNIDADE 5

Força e movimento 104

PROJETO Consumo, logo existo?

Para começo de conversa

Este volume trata de dois ramos importantes da ciência: a Química e a Física. Devemos a essas duas áreas muitos dos avanços tecnológicos hoje existentes. É difícil imaginar a vida sem algumas das tecnologias possibilitadas por elas. Sem os conhecimentos da Química e da Física não haveria automóveis, televisores, *video games*, computadores ou celulares.

Um lado negativo das novas tecnologias é o aumento descontrolado no consumo. Todos parecem fascinados por inovações tecnológicas. Você já notou a frequência com que as pessoas trocam de celulares? E já se perguntou para onde vão os celulares antigos?

O que você consome?

Com a tecnologia se modificando cada vez mais rápido, o consumo de aparelhos eletrônicos não para de crescer. Toneladas são descartadas todos os anos, somadas a baterias usadas, embalagens e outros componentes.

"Hoje, temos mais de 200 milhões de linhas celulares em atividade no Brasil. Isso gera uma quantidade enorme de sucata, não só de baterias, mas também proveniente de outros componentes", afirmou, ao Teletime, Sebastião Sahão, diretor da instituição, que desde 2005 desenvolve com o apoio do Fundo para o Desenvolvimento Tecnológico das Telecomunicações (Funttel) um projeto sobre impactos das telecomunicações no meio ambiente e na saúde humana.

Fonte: Pesquisa prevê descarte de 42 toneladas de baterias de celular no Brasil, de Redação EcoD. *Portal ODM*, 15 dez. 2013. Disponível em: <http://www.portalodm.com.br//noticia/800/pesquisa-preve-descarte-de-42-toneladas-de-baterias-de-celular-no-brasil>. Acesso em: maio 2014.

a) Você tem um telefone celular? Das pessoas que você conhece, quantas têm um aparelho celular? Você ou alguém tem mais de um aparelho?

b) O que as pessoas geralmente fazem quando um telefone celular quebra ou deixa de funcionar? O que fazem com as baterias usadas?

c) O que você pensa sobre a atitude de trocar de aparelho celular só porque ele está ultrapassado ou houve uma mudança de tecnologia? E sobre jogá-lo fora quando deixa de funcionar?

d) Você sabe o que é consumo consciente?

e) Converse com seus colegas: Quais são as vantagens do consumo consciente? Quem se beneficia com ele?

f) Em sua opinião, quais motivos levam as pessoas a consumir em excesso? Será que elas têm consciência do que realmente estão consumindo? E vocês? Como agem? Têm consciência do que consomem?

O que você faz com o que consome?

Uma das grandes consequências do consumismo sem consciência é a quantidade de lixo produzido. Embora a maioria das empresas de tecnologia recolha e destine corretamente aparelhos descartados, muitas pessoas não sabem disso e acabam jogando seus eletrônicos no lixo comum, o que gera resíduos tóxicos.

Celulares apresentam diversos componentes que podem ser reciclados, se dermos a eles o destino correto. Veja no gráfico da página seguinte.

Depois de conversar sobre consumo excessivo e sobre o lixo que ele gera, você e seus colegas devem ter levantado alguns dos problemas daí decorrentes. Esse pode ser um bom momento para fazer uma campanha em favor do **consumo consciente**.

E. D. TORIAL/ALAMY/LATINSTOCK

No Brasil, estima-se que há mais celulares do que pessoas. Temos atualmente uma verdadeira montanha de aparelhos descartados no país.

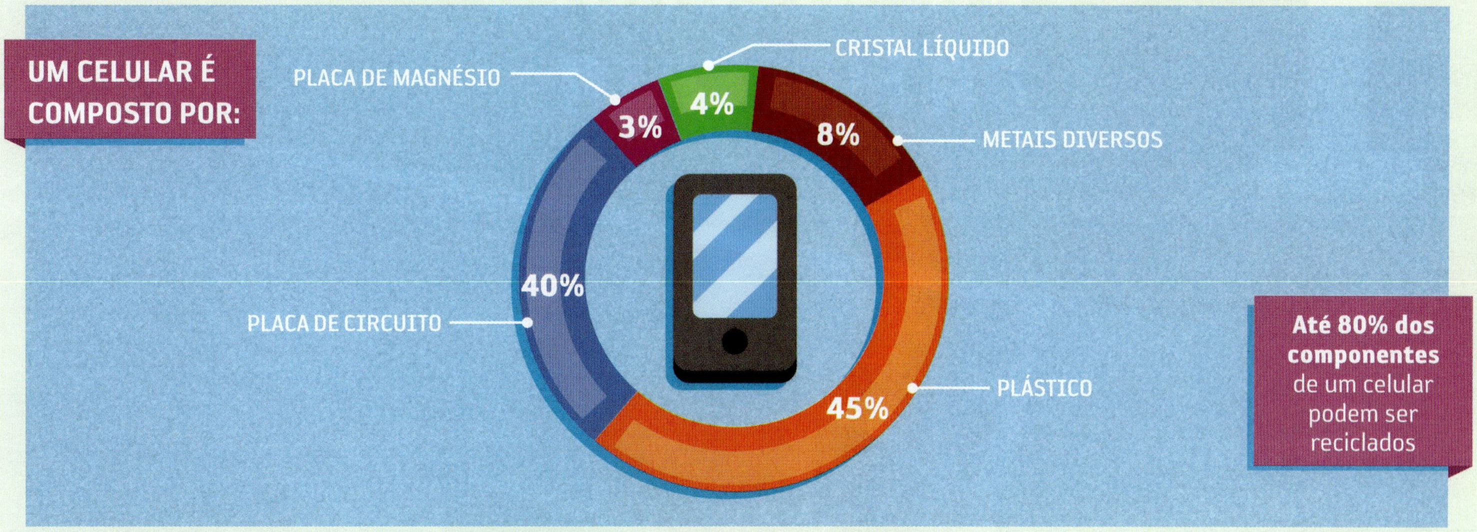

Fonte dos dados: <http://www.eco-cel.com/Docs/Apresentacao.pdf>, p. 11. Acesso em: 11 mar. 2014.

É hora de planejar e agir

Para executar este projeto na escola, é preciso fazer um **planejamento inicial**. Durante o planejamento, anotem as decisões tomadas, para que possam servir de orientação.

1. Esse projeto pode ter como ponto de partida uma pergunta como esta, por exemplo: "O que podemos fazer para ser consumidores conscientes?".
2. Qual é o objetivo desse projeto? Alguém pode ser beneficiado por ele?
3. De que forma será divulgada a campanha? Quais meios de comunicação serão usados? Cartazes? Murais? Um painel? Uma videorreportagem? Apresentações no computador? Um texto no *blog* da classe? Um evento na rede social?
4. Que público vocês pretendem atingir com esse projeto: pais, alunos, vizinhos, funcionários da escola?
5. Quem vai participar do projeto? Quais serão os integrantes da equipe? Qual será a função de cada um? Outras pessoas fora da turma poderão ajudar?
6. Quem pode ajudar na orientação do projeto? Que pessoas poderão autorizar sua realização? Como entrar em contato com elas?
7. Que informações são necessárias para começar? Como obtê-las?
8. Quais são as etapas do projeto, ou seja, o que deve ser realizado primeiro e o que deve ser feito em seguida, até terminar?
9. Quem ficará responsável pelas diferentes etapas do projeto?
10. Quais são as datas para cumprir cada etapa do projeto?

Compartilhar

É interessante registrar as etapas e os resultados do trabalho. Que tal tirar fotos ou filmar (usem a câmera do celular) e compartilhar a experiência com a turma, a escola e a comunidade?

Vamos avaliar e refletir?

Como etapa final, é fundamental avaliar os resultados de um projeto, expor suas opiniões de maneira clara e sincera e também ouvir com atenção os colegas. Conversem em grupo sobre as impressões de cada um.

- Vocês conseguiram alcançar o objetivo proposto? Se não, por quê?
- Qual é a importância desta atividade para a classe? Vocês aprenderam algo novo durante a realização do projeto?
- Como foi a organização e a execução do projeto? Quais foram os pontos positivos e o que poderia ser melhorado?
- As informações dadas ao público foram úteis? Por quê?
- O que vocês acharam de sua atuação no projeto? Vocês mudariam alguma coisa nela?
- Durante a execução do projeto surgiram ideias para outros trabalhos? Quais? O que poderia ser feito para ampliar o trabalho desse projeto?

UNIDADE

1 PROPRIEDADES DA MATÉRIA

POR QUE ESTUDAR ESTA UNIDADE?

As mudanças de estados físicos ocorrem constantemente na natureza. Você já se perguntou por que um mesmo material apresenta características diferentes, dependendo de seu estado físico? Saberia explicar quais são as diferenças entre a água líquida e o gelo? O que significa dizer que a água evapora?

A busca pela resposta dessas e de outras questões auxiliou o desenvolvimento de processos de transformação dos materiais encontrados na natureza em uma enorme variedade de outros materiais conhecidos hoje.

Nas geleiras, encontramos a água no estado sólido.

Começando a Unidade

1. Explique o que você sabe sobre o ciclo da água.
2. Quais são os principais usos que as pessoas fazem da água?
3. Por que uma garrafa vazia flutua na água e uma garrafa cheia de água afunda?

PAUL SOUDERS/CORBIS/LATINSTOCK

Á água cobre aproximadamente 71% da superfície de nosso planeta. No ciclo hidrológico, essa quantidade não varia.

O aquecimento global acelera o derretimento das geleiras, como as do fiorde de gelo, um canal profundo que avança para dentro da cidade de Ilulissat. Ele faz parte do manto de gelo que cobre a superfície da Groenlândia.

O fiorde de Ilulissat é considerado pela Unesco, patrimônio da Humanidade desde 2004. Uma das razões para essa classificação é por sua idade estimada em 110.000 anos, sendo um exemplo da história do planeta e objeto de pesquisa científica há pelo menos 250 anos. (Groenlândia, 2006.)

TEMA

1 Observando os fenômenos da natureza

A Química e a Física são ciências experimentais que procuram explicar a matéria e suas transformações.

A Química

Você sabia que não existe produto sem química? É mais comum pensarmos em Química ao falar, por exemplo, de produtos agrotóxicos ou tinturas para cabelo, mas na verdade a Química está presente em tudo. Há Química na água que bebemos, no ar que respiramos, na roupa que vestimos, nos aparelhos eletrônicos e em tudo o que está à nossa volta.

A **Química** é a ciência experimental que estuda a matéria, suas propriedades e transformações.

A Física

Por que caímos, em vez de flutuarmos no ar? Observar e procurar explicar essa e outras perguntas sobre o que acontece ao nosso redor é um dos objetos de estudo da Física. De maneira simplificada, podemos dizer que a **Física** estuda a interação entre matéria e energia.

Conhecer os fenômenos físicos permite prever sua ocorrência. São esses conhecimentos que explicam diversas tecnologias, como as lentes dos óculos de grau, o micro-ondas, a construção de carros e de montanhas-russas e a geração de energia elétrica.

Apesar de a ciência se dividir em diferentes campos, como Química, Física, Biologia, Geologia e Astronomia, os conhecimentos acumulados em cada um deles são compartilhados por todos. Um dos motivos dessa divisão é facilitar o estudo da natureza.

As leis que envolvem o equilíbrio dos corpos são explicadas pela Física. Para proporcionar liberdade de movimento, são desenvolvidos tecidos com fibras elásticas. A elasticidade das fibras é uma propriedade da matéria estudada pela Química. Apresentação de acrobatas da companhia circense Cirque du Soleil. (Sydney, Austrália, 2006.)

TORSTEN BLACKWOOD/AFP PHOTO

De olho no tema

Para preparar um alimento, podemos utilizar a transferência de energia na forma de calor. O alimento cozido apresenta características diferentes das que possui o alimento cru, como cor, odor e sabor.

- O preparo de um alimento pode ser objeto de estudo da Física? E da Química? Explique sua resposta.

COLETIVO CIÊNCIAS

Vida de cientista

[...] O dia a dia do cientista depende do tipo de ciência que pratica. Existem aqueles que trabalham em indústria e que, portanto, usam sua pesquisa para aprimorar produtos existentes ou para criar novos produtos para seu empregador. Por exemplo, a indústria farmacêutica emprega biólogos e químicos, enquanto a indústria aeroespacial emprega físicos e engenheiros. A lista é imensa. Essa pesquisa, em geral, se limita a práticas experimentais diversas. O mesmo ocorre com os cientistas da área experimental que trabalham em universidades e centros de pesquisa, se bem que seu foco é diverso: por meio de experimentos, procuram aprofundar nosso conhecimento do mundo natural. Já os teóricos tendem a trabalhar em suas salas, com ou sem computadores, sozinhos ou, mais comumente, em grupos de pesquisa. Discutem-se ideias, equações, programas de computador, gráficos. O objetivo é estabelecer a validade de uma hipótese antes de ela ser testada em laboratório. É uma espécie de controle de qualidade para evitar que os [cientistas] experimentais percam seu tempo com ideias que não têm chance de estar certas. Como isso é feito? Buscando por erros matemáticos na formulação da teoria, por erros de programação, por conceitos aplicados erroneamente ou fora de seu contexto de validade.

Teórica ou experimental, a troca de informações entre cientistas é essencial. [...]

Fonte: *Cartas a um jovem cientista*: o universo, a vida e outras paixões, de M. Gleiser. Rio de Janeiro: Elsevier, 2007. p. 30-31.

Em um congresso realizado em Bruxelas, no ano de 1927, diversos cientistas discutiram questões pertinentes à Física e à Química.
Da esquerda para a direita, na primeira fileira: Irving Langmuir, Max Planck, Marie Curie, Hendrik Lorentz, Albert Einstein, Paul Langevin, Charles-Eugène Guye, Charles Wilson e Owen Richardson.
Na segunda fileira: Petrus Debye, Martin Knudsen, William Lawrence Bragg, Hendrik Kramers, Paul Dirac, Arthur H. Compton, Louis de Broglie, Max Born e Niels Bohr.
Na última fileira: Auguste Piccard, Émile Henriot, Paul Ehrenfest, Édouard Herzen, Théophile de Donder, Erwin Schrödinger, Jules-Émile Verschaffelt, Wolfgang Pauli, Werner Heisenberg, Ralph Howard Fowler e Léon Brillouin.

AMERICAN INSTITUTE OF PHYSICS/SCIENCE PHOTO LIBRARY/LATINSTOCK

TEMA

2 Propriedades da matéria: massa, volume e densidade

A matéria possui propriedades gerais e específicas. As propriedades específicas dependem do tipo de matéria.

Propriedades da matéria

Matéria é tudo aquilo que tem massa e ocupa lugar no espaço. As estrelas, o ar, a água e os seres vivos, por exemplo, são constituídos de matéria. Uma porção limitada de matéria é chamada **corpo**.

A matéria apresenta propriedades gerais e específicas.

- **Propriedades gerais da matéria** são aquelas comuns a todo tipo de corpo. Exemplificando, todo corpo apresenta massa, volume e impenetrabilidade, independentemente do material de que é composto.
- **Propriedades específicas da matéria** são aquelas que dependem do material de que é composto um corpo. Cor, textura e densidade são alguns exemplos.

Massa

A **massa** é a quantidade de matéria presente em um corpo. Mede-se a massa dos corpos por meio de instrumentos chamados balanças. A unidade padrão de medida de massa no **Sistema Internacional de Unidades** (SI) é o quilograma (kg)

Volume e impenetrabilidade

Volume de um corpo é a medida do espaço que ele ocupa. Pode ser determinado pelas medidas de comprimento de um corpo. Por exemplo, o volume das formas geométricas, como o cubo e o paralelepípedo, é obtido pela multiplicação de suas medidas de altura, largura e profundidade.

No SI, a unidade de medida de comprimento é o metro; para o volume, a unidade de medida é o metro cúbico (m^3).

É comum utilizarmos no dia a dia a unidade litro para nos referir ao volume de um corpo. O volume de 1 metro cúbico corresponde a 1.000 litros.

Um corpo não pode ocupar o mesmo lugar no espaço ao mesmo tempo que outro corpo. Essa propriedade é chamada de **impenetrabilidade**.

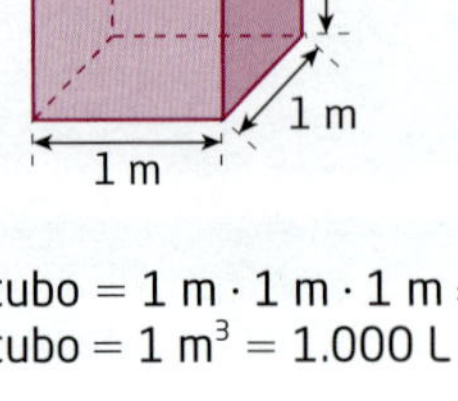

Volume do cubo = 1 m · 1 m · 1 m ⇒
Volume do cubo = 1 m^3 = 1.000 L

SERGEJ RAZVODOVSKIJ/SHUTTERSTOCK

A balança é um instrumento de medida de massa.

Saiba mais!

SISTEMA INTERNACIONAL DE UNIDADES (SI)

O SI é adotado em diversos países para facilitar a comunicação, principalmente no meio científico e nas transações comerciais. Algumas unidades básicas do SI são: o metro (m), para comprimento; o segundo (s), para tempo; e o kelvin (K), para temperatura. Com as unidades do SI é possível expressar todas as grandezas físicas conhecidas.

Densidade: uma propriedade específica da matéria

As propriedades gerais da matéria não podem ser utilizadas para diferenciar um material do outro. Um cubo de madeira e um cubo de ferro podem ter, por exemplo, o mesmo volume. Já a densidade é uma propriedade específica, ou seja, pode ser usada para caracterizar a matéria.

Na figura a seguir estão representados cubos de madeira e de ferro com o mesmo volume de 1.000 cm^3. O desnível da balança deve-se aos diferentes valores de massa: a massa do corpo de ferro é maior que a do corpo de madeira.

DENSIDADE DOS MATERIAIS

O cubo de ferro é mais denso do que o cubo de madeira, portanto, 1.000 cm^3 de ferro têm massa maior que 1.000 cm^3 de madeira. (Imagem sem escala; cores-fantasia.)

PHOTOLOGY1971/SHUTTERSTOCK

A densidade do cubo de plástico contendo ar (corpo) é diferente da densidade do plástico (material) que o compõe.

A **densidade** de um corpo é a razão entre sua massa e o volume ocupado por ele. O valor da densidade de um corpo é calculado da seguinte maneira:

$$\text{densidade} = \frac{\text{massa}}{\text{volume}}$$

Podemos concluir então que a densidade do cubo de ferro é maior que a do cubo de madeira.

A densidade de um corpo composto por um único tipo de material é igual à densidade do próprio material. Por isso, para o exemplo estudado, podemos afirmar que a densidade do ferro é maior que a densidade da madeira.

No caso de um cubo de plástico contendo ar, a densidade do corpo será diferente das densidades dos materiais que o compõem, ou seja, do plástico e do ar.

Utilizando as unidades básicas do SI, a densidade deve ser expressa em quilograma por metro cúbico (kg/m^3). É comum expressarmos a densidade em gramas por centímetro cúbico (g/cm^3).

A densidade de um material pode variar em função de seu estado físico. Por exemplo, o dióxido de carbono sólido, conhecido como gelo-seco, apresenta maior densidade que o gás dióxido de carbono encontrado na atmosfera.

Compare, na tabela ao lado, os valores da densidade de alguns materiais. Quais materiais apresentam densidades muito parecidas?

DENSIDADE DE ALGUNS MATERIAIS*

Material	Densidade (g/cm^3)
Mercúrio	13,50
Chumbo	11,30
Alumínio	2,70
Quartzo	2,65
Sal (cloreto de sódio)	2,17
Água	1,00
Sódio	0,97
Madeira (balsa)	0,11 a 0,14

* À temperatura de 25 °C e à pressão atmosférica ao nível do mar.

Fonte: *CRC Handbook of Chemistry and Physics*, de D. R. Lide. 90. ed. (CD-ROM Versão 2010). Boca Raton: CRC Press/Taylor and Francis.

Saiba mais!

DENSIDADE E FLUTUAÇÃO

Um fenômeno que envolve a densidade dos materiais é a **flutuação**. Quando um corpo é colocado dentro de um líquido, ele afunda se apresentar densidade maior que a do líquido em questão, e flutua se sua densidade for igual ou menor.

De olho no tema

Boias infláveis são utilizadas para evitar que uma pessoa afunde na água. Quando colocamos uma boia vazia dentro da água, ela afunda. Porém, ao encher a boia com ar, ela flutua. Explique por que isso acontece.

ORGANIZAR O CONHECIMENTO

1. Determine.

a) Qual é a ciência que busca descrever a interação entre matéria e energia?

b) Qual é a ciência que busca descrever as transformações da matéria?

2. Observe e indique quais propriedades gerais da matéria estão associadas às imagens a seguir.

a)

b)

c)

STUDIOVIN/SHUTTERSTOCK

3. Calcule.

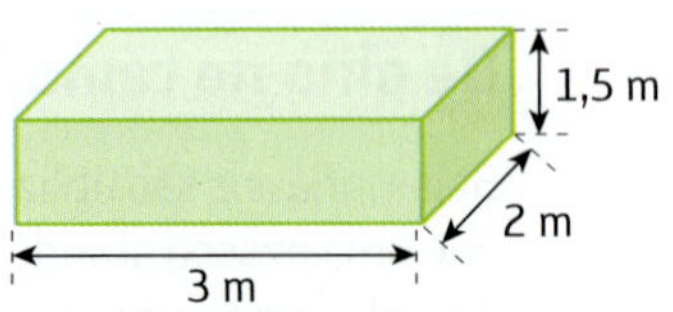

Massa = 27 kg

a) Qual é o volume do paralelepípedo?

b) Qual é a densidade do corpo?

ANALISAR

4. Observe a tabela abaixo.

Material	Densidade (g/cm^3)*
Chumbo	11,30
Alumínio	2,70
Ferro	7,90

* Ao nível do mar e à temperatura de 25 °C.

- Qual é o material mais indicado para produzir um cubo de 63,2 gramas e 2 cm de aresta?

5. Observe o volume de um pacote de 1 kg de sal e o de 1 kg de açúcar.

FABIO YOSHIHITO MATSUURA/ MOSAICO FOTOGRAFIA

As imagens estão em proporção ao tamanho real dos objetos.

- Qual dos materiais é mais denso: o sal ou o açúcar? Como você chegou a essa conclusão?

6. Leia e responda às questões.

Suponha que você tenha recebido a tarefa de armazenar, em duas caixas de tamanhos diferentes, 1 kg de bolinhas de isopor e 1 kg de bolinhas de vidro. Em cada uma das caixas as bolinhas deverão ocupar todo o espaço disponível e todas as bolinhas terão de ser do mesmo material.

a) Qual das caixas deverá ser maior: a que será utilizada para armazenar as bolinhas de isopor ou a utilizada para armazenar as bolinhas de vidro? Justifique sua resposta.

b) Qual propriedade da matéria você considerou para responder à questão anterior? Explique essa propriedade.

7. Imagine dois recipientes idênticos. Suponha que um deles contém água e o outro contém mercúrio líquido, ambos a 25 °C e ao nível do mar. Consulte a tabela da página 21 e responda às questões a seguir.

a) Se em cada recipiente houver o mesmo volume de cada um dos líquidos, qual recipiente conterá a maior massa? Justifique sua resposta.

b) Se ambos os recipientes contiverem a mesma massa, qual deles conterá o maior volume de material? Justifique sua resposta.

EXPLORE

Calculando a densidade

Podemos comparar a densidade de alguns materiais de formato irregular com a densidade da água. Basta pegar um pedaço do material e mergulhá-lo em um copo com água. Se ele afundar, é mais denso que a água. Se boiar, é menos denso que a água. Mas como podemos calcular a densidade desses tipos de materiais?

MATERIAL

- **Clipes de metal para papel**
- **1 copo de medida (aquele com marcações para água, farinha, açúcar etc.) ou uma proveta de 100 mL**
- **Água**
- **Balança de cozinha**

PROCEDIMENTO

1. **Adicione água no copo de medida até a marca de 50 mL.**
2. **Coloque o copo sobre a balança e anote a massa inicial (m_i) do conjunto copo + água.**
3. **Coloque clipes de metal dentro do copo até que o nível da água atinja 100 mL.**
4. **Usando a balança, meça a massa final (m_f) do conjunto: copo + + água + clipes.**
5. **Calcule a densidade do metal utilizado na produção dos clipes.**

Atividades

EXPLICAR

1. **Como você calculou a densidade do metal?**
2. **Seria possível determinar a densidade do metal utilizando esse procedimento e apenas um clipe? Explique sua resposta.**
3. **Você utilizaria esse procedimento para calcular a densidade do plástico utilizado para fabricar um cubo maciço? Justifique.**
4. **Para medir o volume de um material menos denso que a água, um estudante utilizou água, um copo medidor graduado e um palito de sorvete. O estudante colocou a água no copo medidor e anotou seu volume inicial. Depois, colocou o material dentro da água e, com o auxílio do palito de sorvete, afundou-o até a base do copo. Dessa maneira o estudante pôde obter o volume do material pela diferença entre o volume final e o inicial da água. Revise as etapas do experimento e responda: o procedimento adotado está correto? Explique sua resposta. Caso sua resposta seja negativa, proponha uma alternativa para esse procedimento utilizando os mesmos materiais.**

Como determinar a densidade do metal que compõe o clipe?

TEMA

3 Estados físicos da matéria

A matéria pode se apresentar em diferentes estados físicos, como sólido, líquido e gasoso.

Sólidos, líquidos e gases

À temperatura de 25 °C e pressão atmosférica ao nível do mar, o ferro e o açúcar são sólidos, a água e o mercúrio são líquidos, o oxigênio e o nitrogênio são gasosos.

Para compreender os estados físicos da matéria, vamos utilizar o modelo de partículas, no qual cada partícula será representada por uma esfera.

Um **modelo** é a forma de representar algum processo ou fenômeno que não podemos perceber diretamente com nossos sentidos. Os modelos científicos facilitam a compreensão de processos e de fenômenos da natureza.

A matéria é formada por partículas que não podemos ver. Elas estão em contínuo movimento. Entre as partículas, existem forças de atração. A intensidade da força de atração é maior quanto mais próximas estiverem as partículas, umas das outras.

O estado sólido

Sob determinada temperatura e pressão, os sólidos têm **volume fixo** e suas formas não dependem do recipiente que os contém; por esse motivo, costuma-se dizer que os sólidos têm forma fixa.

Nos sólidos, sua forma e volume fixos ocorrem porque as partículas estão vibrando bem próximas e organizadas, pois são fortemente atraídas umas pelas outras.

TYLER BOYES/SHUTTERSTOCK

A ampliação mostra a representação de como se organizam as partículas no estado sólido. (Imagem sem escala; cores-fantasia.)

Os sólidos apresentam diversas propriedades específicas. Alguns sólidos podem ser deformados ou modelados, enquanto outros, quando submetidos aos mesmos esforços, partem-se em pedaços menores. A forma e o volume de uma pedra ou de um pedaço de ferro não mudam se você segurá-los em sua mão, se colocá-los em um recipiente ou se jogá-los na água. Mas, sob a ação de uma martelada, é provável que a pedra se quebre e o ferro apenas se deforme. Vejamos quais são essas propriedades específicas.

Resistência ou **tenacidade**. Um sólido resistente é capaz de suportar mais forças externas (sem se romper ou fraturar) do que um sólido menos resistente.

O ferro e outros metais são materiais que podem ser moldados porque são resistentes a forças intensas. (Estádio Beira Rio em construção. Porto Alegre, RS, 2014.)

SHAUN BOTTERILL/DPA/CORBIS/LATINSTOCK

Dureza. Quanto mais duro um sólido, mais difícil é riscar sua superfície.

JOAO VIRISSIMO/SHUTTERSTOCK

O diamante é o material mais duro que existe na natureza. Ele também pode ser obtido artificialmente para ser usado para cortar ferro e aço; serrar pedras; polir, moer e raspar diversos tipos de instrumentos; entre outros procedimentos.

Ductibilidade. Os sólidos dúcteis podem ser alongados e formar fios. Após deformados, não recuperam a forma original quando cessa a força causadora da deformação. Essa é uma propriedade exclusiva dos metais.

MARIUSZ SZCZYGIEL/SHUTTERSTOCK

O cobre é um dos metais mais dúcteis. Prensando e esticando barras de cobre, é possível obter fios muito finos.

Elasticidade. Os sólidos elásticos deformam-se, mas recuperam a forma original quando cessa a força causadora da deformação.

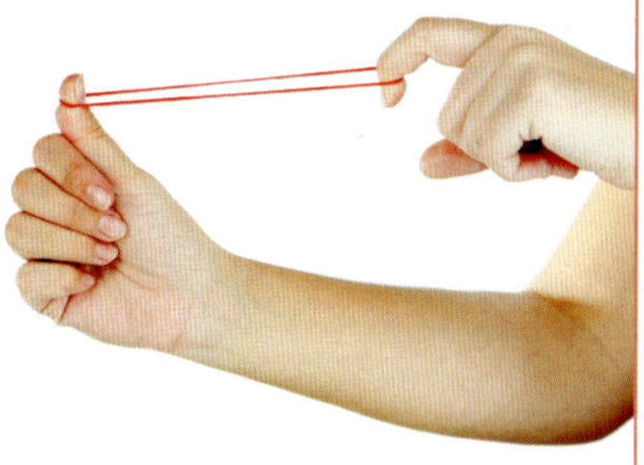

AFRICA STUDIO/SHUTTERSTOCK

A borracha é um exemplo de material elástico.

O estado líquido

Sob determinadas temperatura e pressão, os líquidos têm **volume fixo** e se diferenciam dos sólidos por adquirirem a forma do recipiente em que estiverem contidos.

TISCHENKO IRINA/SHUTTERSTOCK

A ampliação mostra a representação de como se organizam as partículas no estado líquido. (Imagem sem escala; cores-fantasia.)

As partículas dos líquidos estão mais afastadas umas das outras do que as dos sólidos, pois a atração entre elas é menor. Elas podem se deslocar, pois não se mantêm em uma disposição fixa; por isso, o líquido adquire a forma do recipiente.

Além disso, existem duas propriedades específicas dos líquidos que os diferem dos sólidos: a volatilidade e a viscosidade.

A **volatilidade** de um líquido está associada à facilidade com que ele evapora.

O éter, a acetona e a gasolina são líquidos mais voláteis que a água. Os óleos são menos voláteis que a água. Isso significa que a força de atração entre as partículas do éter, da acetona e da gasolina é menor que a força de atração entre as partículas da água. Nos óleos, as partículas estão atraídas mais fortemente do que na água. A volatilidade dos líquidos torna-se mais intensa com o aumento da temperatura.

Vídeo

Experimento da gota de piche

A **viscosidade** de um líquido está relacionada à resistência que ele oferece ao escoamento.

MARTIN BARRAUD/OJO IMAGES/GETTY IMAGES

O álcool presente no perfume é mais volátil que a água.

DAJ/DIOMEDIA

Nesse difusor de fragrância a chama da vela aquece o óleo essencial no recipiente acima dela, aumentando sua volatilidade para perfumar o ambiente.

JIRSAK/SHUTTERSTOCK

O sabonete líquido é mais viscoso que a água.

O estado gasoso

Os gases têm **forma e volume variáveis**, que dependem do recipiente que os contém. Os gases ocupam todo o volume disponível; por isso, se o volume do recipiente aumenta, eles se **expandem**; se o volume diminui, eles são **comprimidos**.

Nos gases, as partículas estão desorganizadas e muito afastadas umas das outras. A força de atração entre elas possui intensidade pequena. As partículas têm grande liberdade de movimento, mantendo-se mais distantes umas das outras que nos líquidos e nos sólidos, por isso podem ser expandidas ou comprimidas.

ROBERT KYLLO/SHUTTERSTOCK

O gás comprimido no tanque se expande ao encher o balão. As ampliações mostram a representação das partículas no estado gasoso dentro do balão e do tanque. (Imagens sem escala; cores-fantasia.)

TECNOLOGIA EM PAUTA

Como sobe um balão?

Há registros de que os primeiros balões foram construídos no início do século XVIII por um padre brasileiro chamado Bartolomeu de Gusmão (1685-1724). De lá para cá, os balões foram modernizados, mas utilizam o mesmo princípio para subir, o ar aquecido.

No interior do balão, o ar é aquecido pela chama de um tipo de maçarico. O ar quente se expande e tende a subir dentro do balão, enquanto o ar frio desce e escapa para fora do balão. Dessa maneira, a densidade do ar de dentro do balão é menor que a do ar externo e auxilia o balão a subir.

FORTUNE FISH/ALAMY/GLOW IMAGES

Na base do balão existe um tipo de maçarico para aquecer o ar. (Bath, Reino Unido, 2008.)

Vamos fazer

O VOLUME DOS GASES

Material

- 1 saco plástico de lixo de cor preta

Procedimento

1. Abra o saco de lixo para que entre ar nele.
2. Feche-o muito bem, formando uma bolsa de ar, e deixe-o sob o calor do sol.

Registre em seu caderno

1. O que você espera que aconteça? Explique sua resposta.
2. Depois de algumas horas, o que ocorreu com o saco de lixo deixado ao sol? Por quê? O resultado está de acordo com sua hipótese inicial?

Vídeo

Balões

De olho no tema

Cite uma situação em que seja possível comprimir um material no estado gasoso.

TEMA

4 Mudanças de estado físico

A variação da temperatura pode provocar mudanças de estado físico da matéria.

Para compreender as mudanças de estado físico da matéria, faremos um breve estudo sobre a diferença entre temperatura e calor. O estudo mais detalhado será realizado na Unidade 7.

Temperatura e calor

A **temperatura** é a medida da intensidade de agitação das partículas da matéria. Quanto maior a energia de agitação das partículas, maior é a temperatura de um corpo.

A variação da temperatura altera o volume dos gases e, de maneira menos intensa, o volume dos sólidos e líquidos.

Corpos com temperaturas diferentes sempre trocam calor. **Calor** é o nome dado à transferência da energia térmica entre corpos de temperaturas diferentes.

STANISLAW PYTEL/GETTY IMAGES

A névoa que se vê na foto é formada por minúsculas gotas de água, presentes em nossa respiração, que passaram do estado gasoso para o líquido em contato com o ar frio.

O estado físico depende da temperatura

O estado físico de um corpo depende da temperatura em que ele se encontra e da pressão a que ele está submetido. No Polo Sul, por exemplo, onde a temperatura média é inferior a 0 °C, boa parte da água da superfície continental permanece no estado sólido.

Os metais, em sua maioria, transformam-se em líquido ao absorver calor quando aquecidos a altas temperaturas e, nesse estado, podem adquirir a forma dos recipientes em que são colocados. Se resfriados nesses recipientes, conservam a forma adquirida.

Tanto a absorção como a liberação de calor podem provocar transformações nos estados físicos da matéria.

REPRESENTAÇÃO DAS MUDANÇAS DE ESTADO FÍSICO DA MATÉRIA

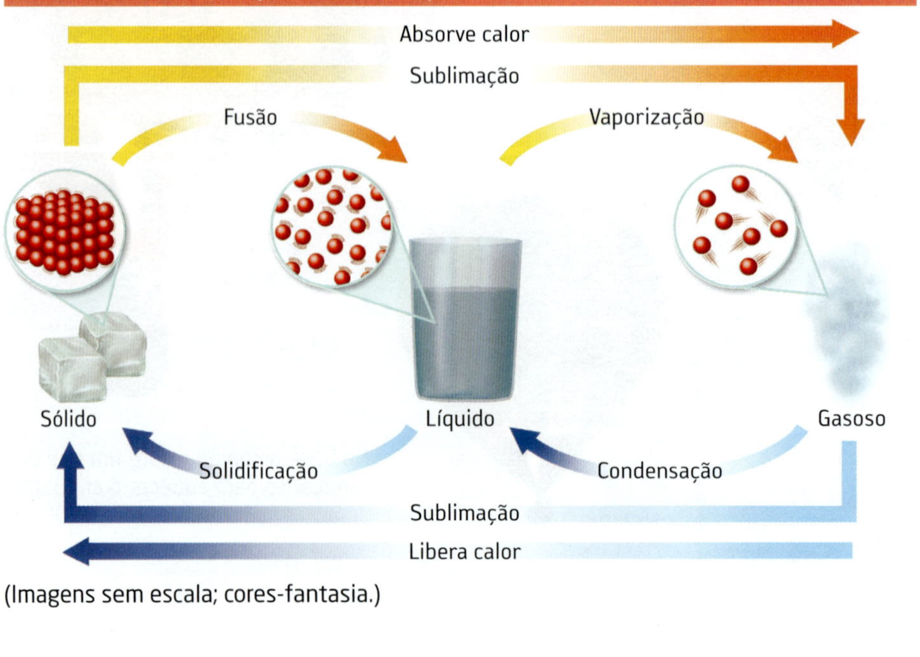

(Imagens sem escala; cores-fantasia.)

Entrando na rede

No *site* português: **http://www.skoool.pt/content/sims/chem/Change%20of%20State%20-%20Water/launch.html**, há um simulador que pode auxiliá-lo a compreender o que acontece nas mudanças de estado físico da matéria em termos de organização de partículas.

Acesso em: maio de 2014.

Mudanças que ocorrem pela absorção de calor

As mudanças de estado físico provocadas pela absorção de calor são: fusão, vaporização e sublimação.

Fusão é a mudança do estado sólido para o estado líquido. Ocorre, por exemplo, quando um cubo de gelo derrete.

Vaporização é a mudança do estado líquido para o estado gasoso. Essa transformação ocorre de duas maneiras: pela evaporação e pela ebulição.

- **Evaporação** é um processo de vaporização lento, que ocorre na superfície dos líquidos à temperatura ambiente. Quanto mais volátil é um líquido, mais rápida é sua evaporação, por isso o álcool evapora mais rápido do que a água. O processo de evaporação pode ser acelerado de diversas formas. Por exemplo, roupas molhadas estendidas em um varal secam mais rápido do que se as mantivéssemos dobradas dentro de um armário. Isso acontece porque as roupas no varal ficam em contato com o vento e o calor do sol, o que acelera o processo de evaporação da água.
- **Ebulição** é um processo de vaporização rápido, que ocorre em todas as partes do líquido. Formam-se bolhas de vapor que sobem até a superfície, provocando uma grande agitação do líquido. Quando isso acontece, dizemos que o líquido está fervendo.

Sublimação é a mudança direta do estado sólido para o estado gasoso, sem passar pelo estado líquido. É observada facilmente no caso de alguns sólidos, como o gelo-seco. O gelo-seco não é feito de água, mas de dióxido de carbono, uma substância que sublima à temperatura ambiente.

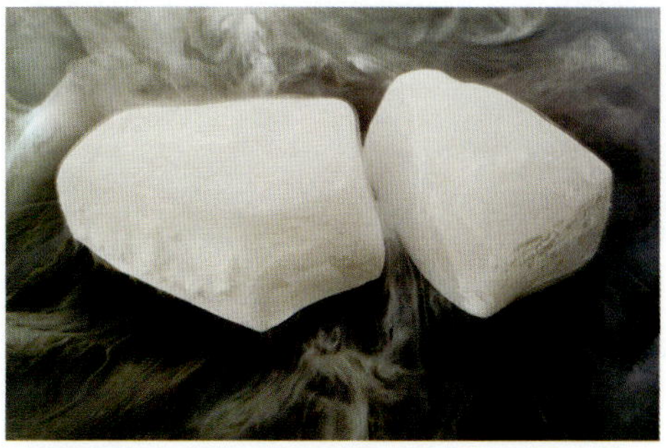

PHLOEN/SHUTTERSTOCK

O gelo-seco apresenta temperatura em torno de −78 °C e pode ser utilizado para manter um produto resfriado, sem molhá-lo.

Mudanças que ocorrem pela liberação de calor

A liberação de calor pode provocar a condensação, a solidificação e a sublimação.

Condensação é a mudança do estado gasoso para o estado líquido. Por exemplo, o vapor d'água que existe em nossa respiração condensa-se quando é esfriado. Observamos essa condensação quando expiramos em um dia frio e vemos formar a névoa branca que sai de nossa boca (observe a foto do início deste Tema).

Solidificação é a mudança do estado líquido para o estado sólido. Por exemplo, quando o chocolate derretido endurece e forma a barra de chocolate.

Sublimação também é a mudança do estado gasoso diretamente para o estado sólido. Nesse caso, ela é também chamada de **ressublimação**. Alguns exemplos são a geada e a formação do granizo.

- **Geada**: forma-se quando o vapor d'água presente no ar entra em contato com superfícies mais frias, tornando-se sólido sem passar pelo estado líquido.
- **Granizo**: é constituído por grânulos de gelo formados pela sublimação do vapor d'água das nuvens mais altas da atmosfera. Esses grânulos crescem em tamanho e massa conforme mais vapor se cristaliza na sua superfície, ocorrendo então a precipitação do granizo.

ROBSON VENTURA/FOLHAPRESS

Algumas ruas da cidade de São Paulo ficaram cobertas por gelo após uma chuva de granizo em janeiro de 2014.

Ponto de fusão e ponto de ebulição

A mudança do estado sólido para o líquido, e vice-versa, é determinada pelo ponto de fusão.

O **ponto de fusão** é a temperatura constante em que ocorre a mudança do estado sólido para o líquido e vice-versa. O ponto de fusão da água pura, ao nível do mar, é 0 °C. Do início ao fim da fusão da água pura, essa temperatura não se altera, ou seja, enquanto todo o gelo não se transformar em água líquida, a temperatura da água será 0 °C.

A mudança do estado líquido para o gasoso, e vice-versa, é determinada pelo ponto de ebulição.

O **ponto de ebulição** é a temperatura constante em que um material passa do estado líquido para o gasoso e vice-versa. O ponto de ebulição da água pura, ao nível do mar, é 100 °C.

Os pontos de fusão e de ebulição são propriedades específicas da matéria que podem ser usadas para identificar os diferentes materiais. Um exemplo é a análise de dois diferentes tipos de fibras de poliamida usadas na indústria têxtil. Essas fibras são denominadas 6 e 6.6. Apesar de visualmente muito parecidas, uma apresenta ponto de fusão igual a 215 °C (poliamida 6) e outra, a 255 °C (poliamida 6.6). Por essa propriedade é possível diferenciá-las.

AQUECIMENTO DA ÁGUA PURA (AO NÍVEL DO MAR)

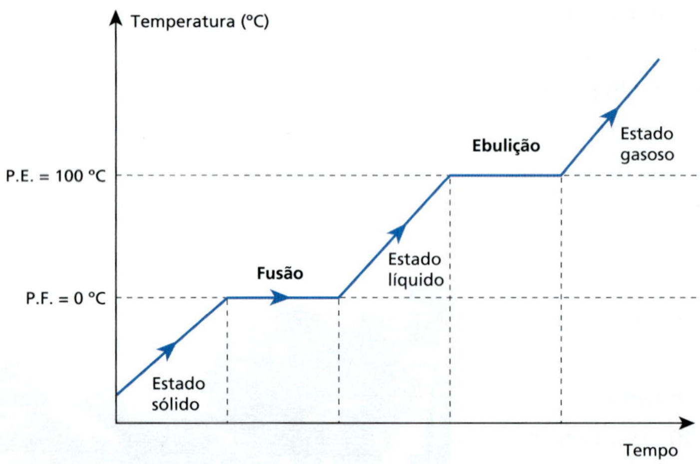

RESFRIAMENTO DA ÁGUA PURA (AO NÍVEL DO MAR)

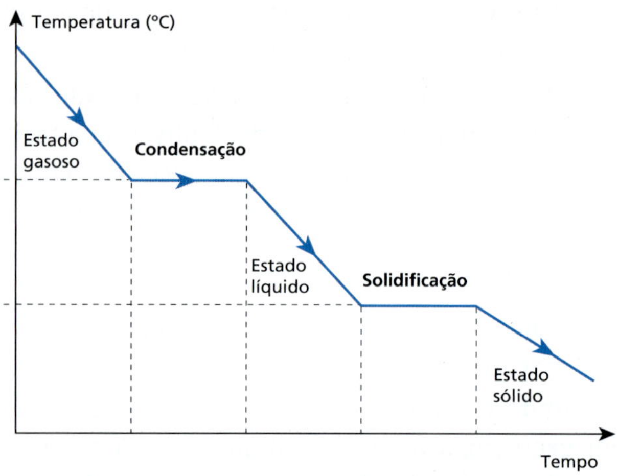

Vamos fazer

UM FENÔMENO NATURAL

Material

- 3 copos de vidro iguais
- 2 pires para cobrir os copos
- Gelo
- Água

Procedimento I

1. Coloque a mesma quantidade de água nos dois copos.
2. Adicione gelo em um deles e tampe-os com os pires.
3. Observe os dois copos durante cinco minutos e anote suas observações no caderno.

Procedimento II

1. Pegue um copo seco e deixe-o na geladeira por algumas horas.
2. Tire o copo da geladeira e observe. Anote suas observações.

Registre em seu caderno

1. O que ocorreu no exterior dos dois copos no Procedimento I? Explique.
2. O que ocorreu com o copo no Procedimento II? Explique.
3. Com base nas observações anteriores, podemos afirmar que existe água no ar? Explique sua resposta.

A influência da pressão

Além da temperatura, as mudanças de estado físico dependem da **pressão**.

Vamos utilizar a água pura para exemplificar o efeito da pressão nas mudanças de estado físico. A pressão atmosférica está relacionada à camada de ar acima da superfície terrestre, e podemos afirmar que ela varia de acordo com a altitude: quanto maior a altitude, menor será a camada de ar e, portanto, menor será a pressão atmosférica. Na tabela abaixo apresentamos a altitude de algumas cidades em relação ao nível do mar, a pressão atmosférica nesses locais e as respectivas temperaturas de ebulição da água pura.

PRESSÃO ATMOSFÉRICA E TEMPERATURA DE EBULIÇÃO DA ÁGUA EM DIVERSOS LOCAIS

Local	Altitude em relação ao nível do mar (m)	Pressão atmosférica aproximada (atm)*	Temperatura aproximada de ebulição da água (°C)
Recife	0	1,00	100
São Paulo	650	0,92	98
Brasília	1.200	0,86	96
Quito	3.000	0,69	90
La Paz	3.800	0,62	87

* A pressão de 1 atmosfera (1 atm) equivale a 101.325 Pa (pascal). O pascal é a unidade de pressão expressa em termos de unidades do SI.

Um exemplo de como a pressão interfere na mudança de estado físico é a panela de pressão. A pressão dentro da panela é maior que a atmosférica. Quando a água chega a 100 °C dentro da panela de pressão, as partículas de água líquida que entrariam em ebulição não têm força suficiente para superar essa pressão e passar para o estado gasoso. Elas então acumulam mais energia, aumentando sua temperatura, e assim passam para o estado gasoso. Com isso, a água entra em ebulição a uma temperatura maior. Nesse tipo de panela, o vapor formado só pode escapar por um orifício central, sobre o qual se assenta um peso que controla a pressão interna. Com o aumento da pressão, o peso é levantado, liberando vapor e equilibrando a pressão interna em um determinado valor ($P_{int.}$). Esse dispositivo, que controla a pressão no interior da panela, é chamado de válvula de alívio ou válvula de pressão.

Em uma panela normal, ao nível do mar, a temperatura da água nunca passa de 100 °C; já em uma panela de pressão, a água chega a mais de 110 °C. É por isso que os alimentos cozinham mais rápido na panela de pressão.

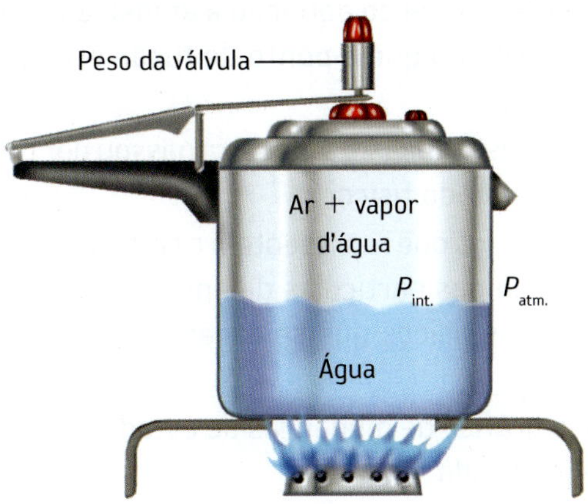

Representação do aquecimento da água em uma panela de pressão. Dentro da panela, a pressão interna ($P_{int.}$) é maior que a pressão atmosférica ($P_{atm.}$). Para utilizar uma panela de pressão de maneira segura, é necessário observar a limpeza do orifício central e dos orifícios do peso da válvula para que permitam a saída do vapor.

De olho no tema

1. Para que ocorra a mudança do estado sólido para o líquido é necessário fornecer energia. Essa afirmação está correta? Explique sua resposta.
2. Todos os materiais, quando aquecidos, passam do estado sólido para o líquido e do líquido para o gasoso? Explique sua resposta.

ORGANIZAR O CONHECIMENTO

1. Determine. À temperatura e pressão constantes, qual(is) é (são):

a) o(s) estado(s) físico(s) que tem (têm) volume fixo?

b) o(s) estado(s) físico(s) cuja forma depende do recipiente?

c) o(s) estado(s) físico(s) que tem (têm) volume variável?

2. Responda às questões.

a) Qual é o termo utilizado para descrever a mudança do estado sólido para o líquido?

b) Qual é o termo utilizado para descrever a mudança do estado líquido para o gasoso?

c) O que significa dizer que um material sublimou?

ANALISAR

3. Leia e responda às questões.

As figuras A e B representam o mesmo gás em duas temperaturas diferentes. As setas representam a movimentação das partículas. Quanto maior o comprimento das setas, maior é a movimentação das partículas.

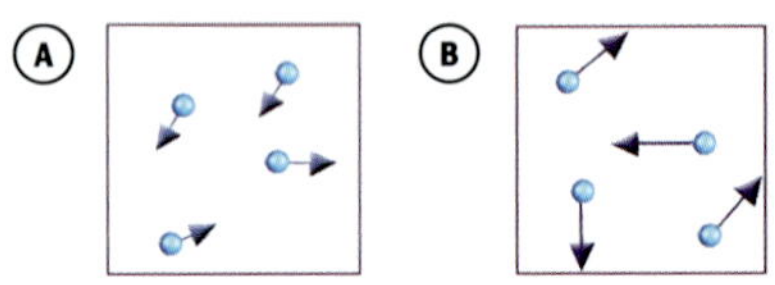

(Imagens sem escala; cores-fantasia.)

a) Qual das figuras, A ou B, representa o gás com maior temperatura?

b) Qual das figuras, C ou D, representa a propriedade de os gases ocuparem todo o espaço disponível? Justifique sua resposta.

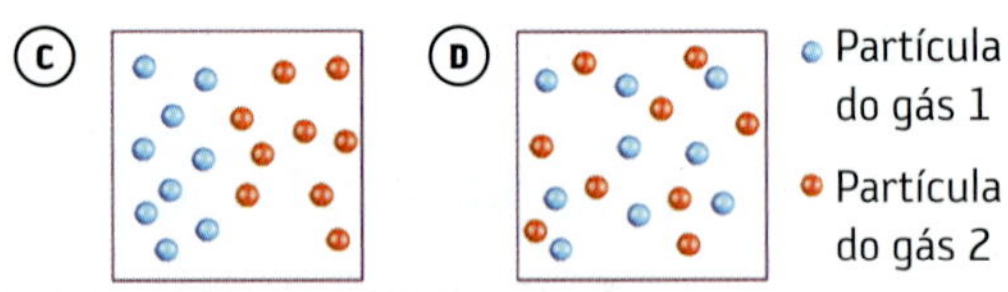

(Imagens sem escala; cores-fantasia.)

4. Leia e faça o que se pede.

A naftalina é comercializada na forma de bolinhas sólidas e diminui de tamanho com o passar do tempo. O vapor liberado pela naftalina é nocivo tanto para os insetos como para os humanos, por isso ela sempre deve ser utilizada conforme a indicação do fabricante.

- Qual é a mudança de estado físico que justifica a diminuição do tamanho da bolinha de naftalina com o passar do tempo?

5. Consulte a tabela da página 31 para responder às questões seguintes.

a) Considerando um mesmo modelo de fogão e água de mesma temperatura inicial, em qual cidade, Recife ou Brasília, a água entrará em ebulição mais rapidamente? Justifique sua resposta.

b) Se nessas duas cidades forem usadas panelas de pressão para aquecer a água, o tempo para que elas entrem em ebulição será diferente? Justifique sua resposta.

6. Com base no modelo de partículas, explique os fatos a seguir.

a) O vapor d'água, com a diminuição da temperatura, transforma-se em água líquida.

b) Ao abrir um frasco com perfume, mesmo a certa distância, percebe-se rapidamente sua fragrância.

7. Observe o gráfico de mudanças de estados físicos de um material.

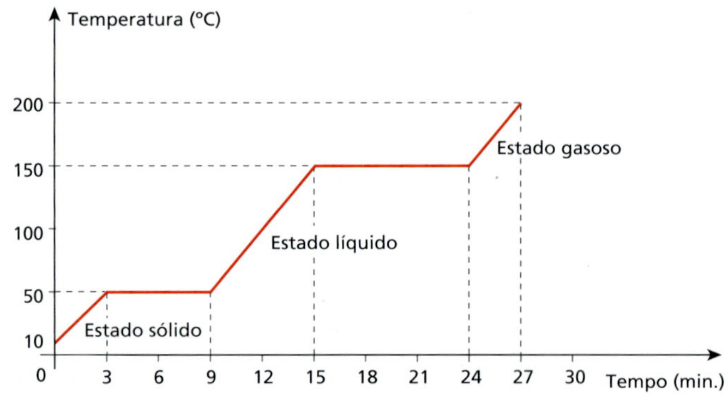

- Quais são os pontos de fusão e de ebulição do material? Explique como você chegou a essa conclusão.

8. Ao analisar uma amostra desconhecida inicialmente à 25 °C, um analista químico aqueceu a amostra e após 25 minutos, verificou que o ponto de fusão era igual a 167 °C.

a) Para realizar esta análise, a amostra passou por qual mudança de estado físico?

b) Desenhe modelos que representem o comportamento da agitação das partículas da amostra nos diferentes estados físicos que se apresentou durante o teste.

c) Desenhe o gráfico de mudanças de estado físico da amostra analisada

A luta de uma cientista

Uma das mais importantes cientistas do século XX foi a química e biofísica inglesa Rosalind Franklin (1920-1958). Rosalind, com suas pesquisas nos anos 1940 e 1950, foi pioneira na compreensão sobre o formato e o funcionamento da molécula de DNA, chegando a antecipar algumas concepções do inglês Francis Crick e do americano James Watson, considerados os "pais" do DNA.

Desde o princípio, Rosalind sofria oposição à sua carreira. Seu próprio pai não aceitava que uma mulher tivesse formação acadêmica. Por razões concernentes à mentalidade da sociedade científica da época, mulheres não eram bem vistas nas áreas das ciências. O orientador de sua pesquisa, o biólogo molecular britânico Maurice Wilkins, nutria tamanho ódio por Rosalind que chegou a chamá-la de bruxa em uma carta a Crick. Para crescer na carreira científica, Rosalind lutou uma árdua batalha.

James Watson, Francis Crick e Maurice Wilkins, em 1962, receberam o Prêmio Nobel por seus trabalhos com a molécula de DNA. Rosalind, que havia morrido de um câncer no ovário quatro anos antes, aos 37 anos, não foi sequer citada.

Será que a maioria dos brinquedos voltados para as meninas estimulam a curiosidade científica?

MOMO PRODUCTIONS/STONE/GETTY IMAGES

Atividades

1. **Quantas mulheres cientistas você pode citar, de memória? E homens cientistas?**
2. **Você acha que, atualmente, existem profissões que apenas homens podem desempenhar? Quais seriam elas? Justifique. Aproveite a oportunidade para exercitar o hábito de ouvir respeitosamente a opinião dos colegas, mesmo que elas sejam diferentes das suas.**
3. **Com a orientação do professor, realizem um debate sobre os motivos que possam ter levado as mulheres, historicamente, a ter pouca representatividade no meio científico mundial. Se for possível, convidem o professor de História para participar. Antes do debate, pesquisem e estudem o assunto para fundamentar suas opiniões.**

Explorar o tema

TEXTO 1

Sódio: seu consumo excessivo está associado à hipertensão e doenças

O sódio é um nutriente essencial para nosso organismo, estando presente naturalmente nos alimentos e é muito adicionado em alimentos industrializados. Atua [...] na condução dos impulsos nervosos e é na contração muscular. Entretanto, seu consumo excessivo está associado ao desenvolvimento da hipertensão arterial, doenças cardiovasculares e renais, dentre outras. No Brasil, a hipertensão afeta mais de 30 milhões de brasileiros, sendo 36% dos homens adultos e 30% das mulheres, e é o mais importante fator de risco para o desenvolvimento das doenças cardiovasculares (DCV), com destaque para o AVC [acidente vascular cerebral] e o infarto do miocárdio, as duas maiores causas isoladas de mortes no país. [...]

Fonte: Sódio: seu consumo excessivo está associado à hipertensão e doenças, de Cristiane Perroni. *EU Atleta*, 25 jun. 2013. Disponível em: <http://globoesporte.globo.com/eu-atleta/nutricao/noticia/2013/06/sodio-seu-consumo-excessivo-esta-associado-hipertensao-e-doencas.html>. Acesso em: mar. 2014.

TEXTO 2

Quantidade de sódio nos alimentos

"O queijo parmesão, o macarrão instantâneo e a mortadela são os produtos com as maiores médias de quantidade de sódio, segundo pesquisa realizada pela Agência Nacional de Vigilância Sanitária (Anvisa). O estudo revela ainda que o biscoito de polvilho possui, em média, 1.092 miligramas (mg) para cada 100 g do produto, mais da metade de toda a quantidade de sódio que uma pessoa deve consumir durante todo o dia.

A Organização Mundial de Saúde (OMS) recomenda o consumo máximo de 2.000 mg de sódio por dia. [O sódio faz parte de cerca de 40% em massa da composição do sal de cozinha, o valor recomendado pela OMS equivale a cerca de 5.000 mg de sal por dia.] O levantamento analisou a quantidade de sódio em quase 500 amostras de 26 categorias de alimentos, coletadas em 15 estados em 2010 e 2011.

A quantidade de sódio encontrada no hambúrguer bovino chamou a atenção dos pesquisadores. A média foi de 701 mg de sódio por 100 g do produto. Segundo a pesquisa, um hambúrguer, que possui em média 80 g, é responsável por mais de um quarto do total de sódio que uma pessoa deveria consumir diariamente.

No caso do queijo parmesão, a Anvisa destaca que o produto deve ser consumido moderadamente. Uma amostra apresentou o maior valor absoluto de sódio, entre todas as 500 da pesquisa: atingiu a marca de 3.052 mg. A média de sódio no parmesão (1.402 mg) foi ainda maior no produto ralado (1.981 mg), valores superiores aos demais tipos de queijo analisados.

Listado como o segundo produto com a maior média de sódio, o macarrão instantâneo aparece com 1.798 mg para cada 100 g. [...]

— É preciso que os consumidores comparem a tabela nutricional dos alimentos de diferentes marcas para que possam optar por alimentos mais saudáveis, com menos sódio — orienta o diretor de Controle e Monitoramento Sanitário da Anvisa, Agenor Álvares [...].

Além de observar o rótulo dos alimentos industrializados, a Anvisa orienta que o consumidor experimente os alimentos antes de adicionar mais sal. Outra dica é realizar a diminuição gradativa do sal nos alimentos.

[...]

O Ministério da Saúde e a Associação Brasileira das Indústrias de Alimentação (Abia) firmaram três acordos com metas nacionais para a redução de sódio em alimentos processados no Brasil. A previsão é de que até 2020 estejam fora das prateleiras 20 mil toneladas de sódio. [...]"

Fonte: Anvisa revela altos teores de sódio em queijo, macarrão instantâneo e mortadela, de A. Mendes. *O Globo*, 16 out. 2012. Disponível em: <http://oglobo.globo.com/saude/anvisa-revela-altos-teores-de-sodio-em-queijo-macarrao-instantaneo-mortadela-6412646#ixzz2uMsKt5bF>. Acesso em: mar. 2014.

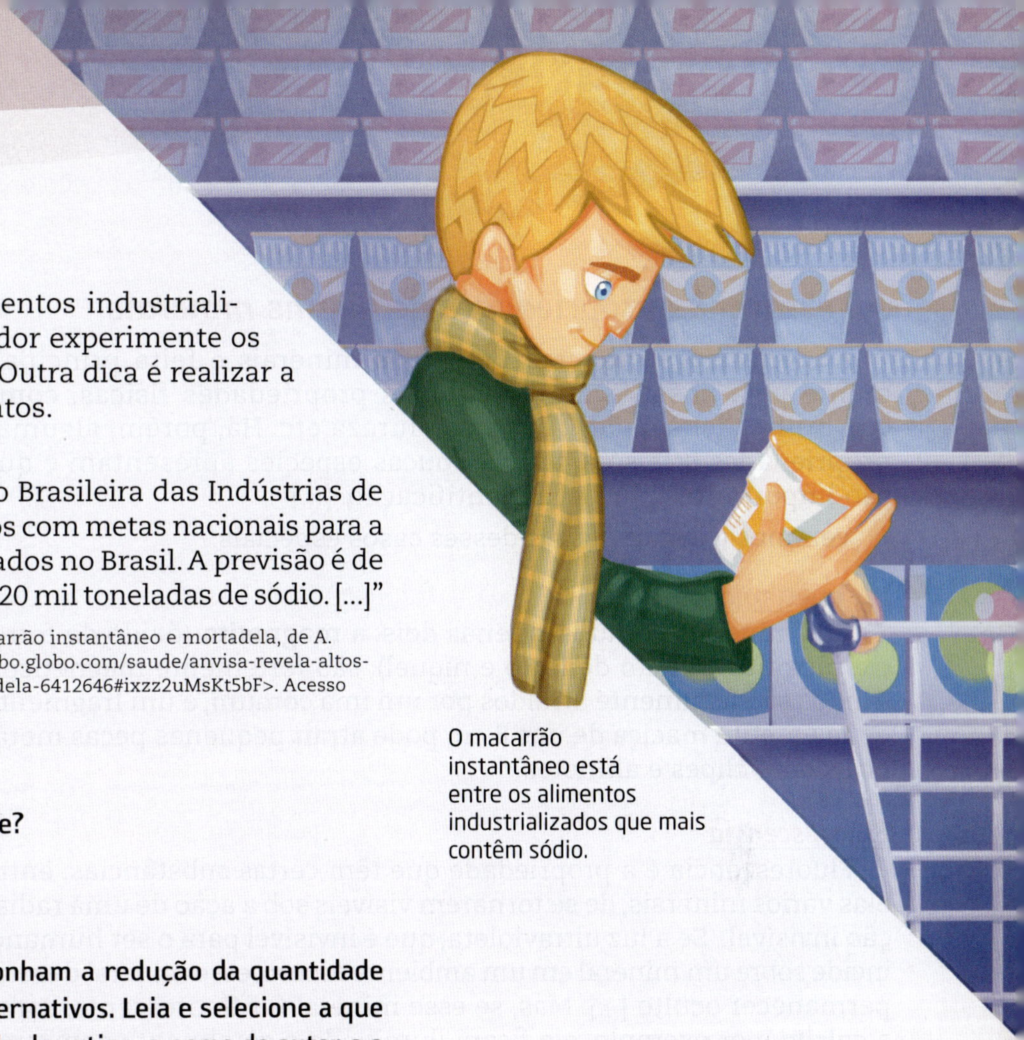

O macarrão instantâneo está entre os alimentos industrializados que mais contêm sódio.

Interpretar

1. **O consumo de sódio é prejudicial à saúde?**

Trocar ideias sobre o tema

2. **Procure receitas ou notícias que proponham a redução da quantidade de sal na alimentação por temperos alternativos. Leia e selecione a que achar mais interessante. Indique o título do artigo, o nome do autor e a fonte (título da revista ou do jornal ou endereço do *site*) e justifique sua seleção.**

3. **Forme um grupo com alguns colegas.**

a) Elaborem uma lista de atitudes possíveis de serem realizadas para que o consumo de sódio diminua na dieta alimentar. Vocês podem usar como referência as notícias pesquisadas previamente.

b) Reúnam algumas embalagens de produtos que fazem parte da dieta do grupo. Em seguida, cada integrante do grupo deve listar quais desses alimentos consome em um mesmo dia. Façam o cálculo para descobrir a quantidade diária de sódio ingerida por cada integrante do grupo, pelo consumo apenas desses alimentos. Comparem com a quantidade estabelecida pela OMS. Qual é a conclusão do grupo em relação a essa comparação?

c) Na opinião da turma, os fabricantes de alimentos industrializados preocupam-se em alertar, por meio das informações apresentadas nos rótulos dos alimentos, sobre a quantidade de sódio que eles contêm? Utilizem as embalagens dos alimentos trazidos por todos os grupos para justificar a opinião da classe.

Compartilhar

4. **Ainda em grupo, elaborem uma proposta para conscientizar seus familiares e amigos quanto aos riscos do consumo de sódio em excesso. Apresentem sua proposta para a classe, para que seus colegas possam eleger a mais adequada. Com a proposta eleita, iniciem a campanha e compartilhem suas ideias da maneira mais adequada aos seus objetivos, seja por meio de cartazes espalhados pela escola, redes sociais, *blogs* ou outras mídias.**

Falar, escutar e aprender

Ouvir as respostas e ideias dos outros é uma maneira de aprender. Todas as pessoas trazem experiências que podem compartilhar e enriquecer o repertório daquilo que já sabemos. A alimentação, por exemplo, é um assunto sobre o qual a história familiar e a cultura das pessoas têm grande influência. Considere a fala de seus colegas como uma oportunidade de aprendizado e ouça com atenção.

COMPREENDER UM TEXTO

As estranhas propriedades de alguns minerais

A identificação macroscópica dos minerais é feita principalmente pela observação de algumas propriedades físicas, como cor, brilho, densidade, clivagem, dureza etc. Há, porém, algumas propriedades que só algumas poucas espécies apresentam e que são importantes para sua identificação. [...]

Veremos a seguir alguns desses casos especiais.

Magnetismo

Dos minerais comuns, apenas dois, a **magnetita** (óxido de ferro) e a **pirrotita** (sulfeto de ferro e níquel), são fortemente magnéticos. Ambos são facilmente atraídos por um ímã comum, e um fragmento de magnetita maciça de uns 8 cm pode atrair pequenas peças metálica, como clipes e alfinetes.

SCIENTIFICA SCIENTIFICA/VISUALS UNLIMITED/GLOW IMAGES

Limalhas de ferro são atraídas pelo mineral magnetita.

Fluorescência

Fluorescência é a propriedade que têm certas substâncias, entre elas vários minerais, de se tornarem visíveis sob a ação de uma radiação invisível. Se a luz ultravioleta, que é invisível para o ser humano, incide sobre um mineral em um ambiente escuro, esse mineral deveria permanecer oculto [...]. Mas, se esse mineral for fluorescente, como a **calcita**, por exemplo, ele ficará iluminado e geralmente com uma cor diferente daquela que tem em luz normal. [...]

Outros minerais que podem mostrar forte fluorescência são **diamante**, **zircão**, **fluorita** (daí vem o nome fluorescência), **opala**, **safira amarela** e vários minerais de urânio, como **autunita**, **uranfita**, **uranocircita**, **uranofânio**, **uranopilita**, **uranospinita** etc.

É importante notar que nem todos os espécimes de um mineral fluorescente mostram o fenômeno. Há calcitas que não fluorescem, assim como, em um lote de diamantes, pode haver alguns que mostram fluorescência enquanto outros não. A fluorescência pode ser útil não só na identificação de um mineral, mas também na sua busca. Em uma área onde se acredita que possa haver **scheelita** (volframato de cálcio), por exemplo, percorrê-la à noite com uma lâmpada de luz ultravioleta é uma maneira de procurar o mineral. [...]

GLOSSÁRIO

Clivagem: propriedade dos minerais de se fragmentarem produzindo superfícies planas definidas e paralelas entre si.

Cristais de calcita branca sob luz normal. Dimensões: 8 x 7 x 4 cm.

Cristais de calcita branca sob luz ultravioleta.

FOTOS: MARK A. SCHNEIDER/SCIENCE SOURCE/LATINSTOCK

Sabor

O sabor de um mineral raríssimas vezes é lembrado como uma propriedade útil na sua identificação. Mas há algumas espécies em que ele é muito importante.

O exemplo mais conhecido é a **halita**, nome mineralógico do sal que usamos na cozinha (cloreto de sódio). Nas jazidas de sal, a halita pode aparecer na forma de cristais de vários centímetros de comprimento, e não apenas como os minúsculos grãozinhos que vemos na cozinha. Menos conhecida, mas mais notável é a **calcantita** (sulfato hidratado de cobre), mineral que forma belíssimos cristais com uma forte cor azul-escura. Além de uma cor que ajuda muito na sua identificação, a calcantita tem um sabor muito marcante: ela é extremamente amarga e adstringente. Basta tocar o mineral com a ponta da língua para se sentir – por bastante tempo – o sabor desagradável que ele possui.

[...]

PHIL ROBINSON/AGE PHOTOSTOCK/ GRUPO KEYSTONE

Minerais como a calcantita têm sabor amargo.

Dureza

A mesma ideia que a maioria das pessoas tem com relação à resistência física dos minerais e rochas as leva a pensar que minerais são substâncias difíceis de riscar. Nem sempre.

A dureza dos minerais é medida com uma escala que vai de 1 (dureza mais baixa) a 10 (dureza máxima), a Escala de Mohs. Dureza 10,0 é a do **diamante**, que risca qualquer substância e só é riscado por outro diamante. Mas dureza 1,0 tem, por exemplo, o **talco** (sim, o talco, um silicato básico de magnésio, é um mineral), que pode ser riscado até mesmo com a unha. A **gipsita**, um sulfato hidratado de cálcio tem dureza maior – 2,0 –, mas também pode ser riscada com a unha. As pedras preciosas é que têm dureza elevada – normalmente, acima de 7 –, [...] [abaixo dessa escala] seu uso em um anel, por exemplo, seria inviável.

SUSAN E. DEGGINGER/ALAMY/GLOW IMAGES

O talco é um mineral de baixa dureza.

Fonte: As estranhas propriedades de alguns materiais, de P. M. Branco. CPRM - *Serviço Geológico do Brasil*. Disponível em: <http://www.cprm.gov.br/publique/cgi/cgilua.exe/sys/start.htm?infoid=2711&sid=129>. Acesso em: mar. 2014.

Atividades

OBTER INFORMAÇÕES

1. Cite no mínimo três propriedades físicas que tornam possível a identificação de um mineral.

2. Qual é o mineral utilizado para temperar alimentos?

3. Por que a luz ultravioleta pode auxiliar na identificação de alguns minerais?

INTERPRETAR

4. Explique com suas palavras a diferença do significado da palavra **dureza** aplicada no dia a dia e aplicada a um mineral.

5. As pedras preciosas são minerais caracterizados por sua raridade, beleza e dureza. Explique por que não seria viável fazer uma joia, como um anel, com um mineral de baixa dureza.

UNIDADE 2

A MATÉRIA

DE QUE É FEITA A MATÉRIA?

Essa é uma pergunta antiga, que levou muitos cientistas a procurar uma resposta. Foi por meio desses estudos que, atualmente, sabemos que toda matéria é constituída por átomos, os quais se ligam formando os diferentes materiais conhecidos. Levando em conta a quantidade de massa, o elemento químico oxigênio é o mais abundante na crosta terrestre. Seus átomos ligados aos de outros elementos químicos formam muitos compostos presentes no ar, na água, na areia, no vidro etc.

Começando a Unidade

1. Se o ar é invisível, como sabemos que ele é feito de matéria?
2. O gás oxigênio presente no ar pode se transformar em outros tipos de matéria? Explique. Lembre-se do que aprendeu sobre a respiração dos seres vivos.
3. Você conhece algum outro gás presente na atmosfera que possui átomos de oxigênio em sua composição?

MARCIO CABRAL/OPÇÃO BRASIL IMAGENS

Gruta do Lago Azul, Bonito, MS, 2010.

8 ← Número atômico
O ← Símbolo
Oxigênio ← Nome

As estalactites podem ser encontradas no teto de uma gruta ou caverna. Elas são compostas de carbonato de cálcio ($CaCO_3$), substância formada pela união de átomos de cálcio, carbono e oxigênio.

O ar é composto de uma mistura de gases. Aproximadamente 21% do ar é formado pelo gás oxigênio (O_2), substância constituída pela ligação de dois átomos de oxigênio.

A água é uma substância formada pela ligação de dois átomos do elemento químico hidrogênio e um do oxigênio e é representada pela fórmula química H_2O.

Por que estudar esta Unidade?

Entender o que são os átomos, como se unem e formam a matéria nos permite compreender as características dos materiais que estão a nossa volta.

TEMA

1 Modelos atômicos

Na busca por compreender como é feita a matéria, o estudo e as atividades experimentais realizados por diversos cientistas e suas equipes contribuíram para a definição do atual modelo atômico.

DIOMEDIA – NATIONAL PORTRAIT GALLERY, LONDON, UK

Dalton desenvolveu símbolos para representar os elementos químicos conhecidos na época. (Pintura a óleo por Thomas Phillips. Obra de 1935.)

SÍMBOLOS ATÔMICOS DE DALTON

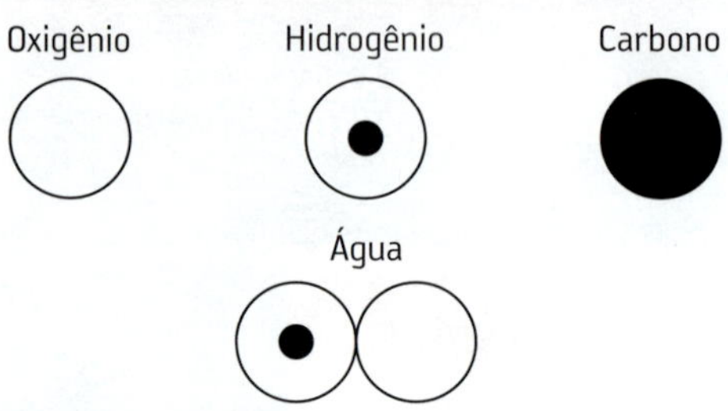

Alguns exemplos dos símbolos atômicos criados por Dalton. Observe que a água era representada por um átomo de hidrogênio e outro de oxigênio; atualmente, sabemos que a água é composta de dois átomos de hidrogênio e um de oxigênio (H_2O).

Teoria e modelo

No estudo das ciências, a elaboração de teorias e modelos auxilia na compreensão dos fenômenos que nos cercam. De maneira simplificada, podemos dizer que uma **teoria** procura explicar os fatos observados com base em dados que podem ser comprovados. Já os **modelos** procuram representar algo que ainda não foi comprovado cientificamente, mas que podem servir de base para muitos estudos.

Até o momento, para explicar a matéria e algumas de suas propriedades, usamos os modelos de partículas. Partícula é um termo geralmente utilizado para designar qualquer pequena porção de matéria. Ela pode representar desde um grão de areia até as menores partes que a constituem. Nesta Unidade, você vai conhecer algumas das principais partículas que constituem a matéria e também as principais teorias e os modelos desenvolvidos para explicá-la.

A teoria atômica de Dalton

O questionamento a respeito do que é feita a matéria é muito antigo. Uma das primeiras explicações de que se tem registro foi dada por filósofos gregos, há mais de 2.300 anos. Segundo eles, a matéria era constituída por partículas extremamente pequenas e indivisíveis, chamadas de **átomos,** palavra de origem grega que significa indivisível. Desde então, muitos cientistas pesquisam e procuram explicar a **estrutura** dos átomos.

Com o avanço da ciência, a ideia dos filósofos gregos foi substituída por outras. Uma das principais explicações sobre a composição da matéria é a do químico e físico inglês John Dalton (1766-1844), que propôs uma teoria com base em experimentos realizados por ele e por outros cientistas.

Dalton considerava que a matéria era formada por substâncias. As substâncias eram compostas de átomos, partículas indivisíveis que não podiam ser criadas nem destruídas. Dessa maneira, em uma transformação química, todos os produtos formados são resultado de uma nova disposição dos átomos das substâncias inicialmente envolvidas. Essa nova organização dos átomos conferia à substância produzida propriedades diferentes das substâncias iniciais.

Em sua teoria, Dalton também determinou que átomos que apresentam propriedades diferentes, como massa e tamanho, representavam elementos químicos diferentes e propôs símbolos na forma de desenhos para distingui-los. Sugeriu também que as substâncias eram formadas por um ou mais elementos químicos em proporção fixa.

Modelo atômico de Thomson

Joseph John Thomson (1856-1940), físico inglês, pesquisava a natureza das descargas elétricas por meio de experimentos realizados em um equipamento chamado de tubo de raios catódicos. Nesse tubo era colocado um gás sob baixa pressão e, então, descargas elétricas eram produzidas, resultando em raios luminosos, denominados raios catódicos. Esses raios eram formados por um fluxo de partículas. Thomson concluiu por meio de seus experimentos que essas partículas tinham massa e carga negativa. Dessa maneira, Thomson descobriu em 1897, os **elétrons**. Em 1903, ele propôs um novo modelo atômico. Nesse novo modelo, o átomo não era mais uma partícula única e indivisível, mas sim, formado por uma esfera de cargas positivas com elétrons de cargas negativas, portanto eletricamente neutro.

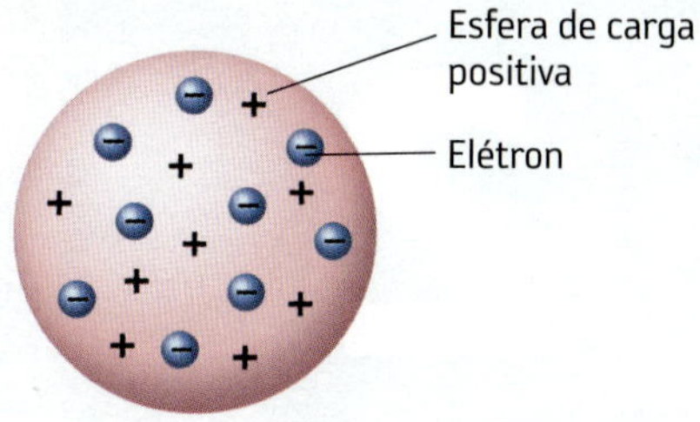

Representação do modelo atômico de Thomson. (Imagem sem escala; cores-fantasia.)

Modelo atômico de Rutherford

Ernest Rutherford (1871-1937), físico neozelandês, foi estudante de pesquisas coordenadas por Thomson e especializou-se em pesquisas relativas à estrutura do átomo. Rutherford concordava com as ideias de Thomson em relação à estrutura do átomo, porém seus experimentos o levaram a conclusões diferentes.

As observações de Rutherford e de outros pesquisadores contribuíram para a formação de um novo modelo, no qual o átomo, além de possuir cargas elétricas negativas, também apresentava cargas elétricas positivas, conhecidas como **prótons**. Os prótons ficavam no centro do átomo, formando um **núcleo** pequeno e denso. No modelo de Rutherford, os elétrons giram livremente em torno do núcleo, descrevendo órbitas, e formam a região conhecida como **eletrosfera**.

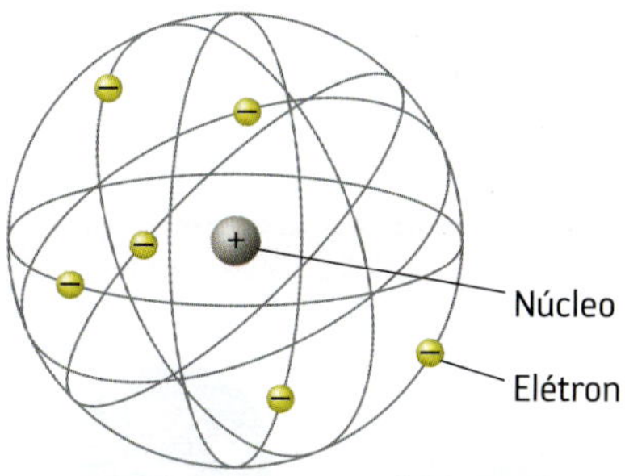

Modelo atômico de Rutherford. (Imagem sem escala; cores-fantasia.)

Modelo atômico de Rutherford-Bohr

O modelo atômico de Rutherford ganhou várias contribuições de outros cientistas. O dinamarquês Niels Bohr (1885-1962) complementou-o com as seguintes ideias:

- os elétrons giram em torno do núcleo, formando camadas;
- cada camada possui um nível de energia e pode comportar um número máximo de elétrons.

Outra importante contribuição foi a do inglês James Chadwick (1891--1974), que descobriu uma partícula eletricamente neutra, o **nêutron**. De maneira simplificada, podemos dizer que essa descoberta explicava que os prótons do núcleo não se afastavam naturalmente porque a repulsão era evitada pela presença dos nêutrons. Assim, prótons e nêutrons formariam o núcleo, enquanto a eletrosfera seria formada por camadas de energia nas quais estão localizados os elétrons.

No núcleo está concentrada praticamente toda a massa de um átomo, pois a massa de um próton ou a de um nêutron é cerca de 1.800 vezes maior que a de um elétron. Esse modelo atômico de Rutherford-Bohr, formado por elétrons, prótons e nêutrons, é o que usaremos em nossos estudos.

A evolução dos modelos atômicos não parou no modelo de Bohr; outros foram propostos, sendo o modelo da mecânica quântica o mais aceito atualmente.

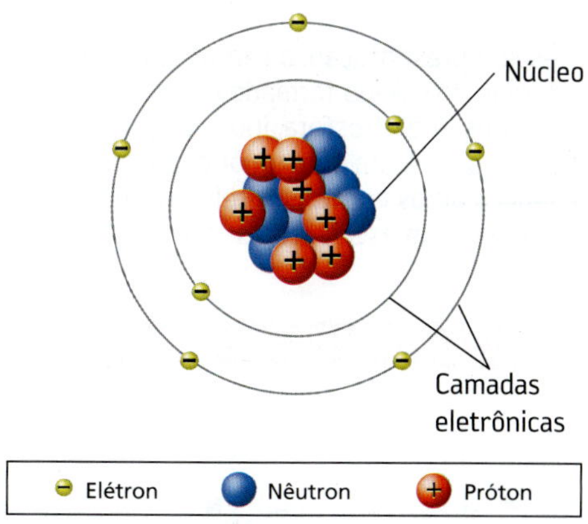

Modelo de Rutherford-Bohr. (Imagem sem escala; cores-fantasia.)

De olho no tema

O modelo atômico de Rutherford também é conhecido como modelo planetário. Utilizando seus conhecimentos, explique por que ele recebe esse outro nome.

TEMA

2 O átomo

Os átomos de um mesmo elemento químico podem apresentar diferentes números de elétrons e nêutrons.

A estrutura atômica

De maneira simplificada, as principais partículas do átomo estão distribuídas em duas regiões: o **núcleo**, formado por nêutrons e prótons, e a **eletrosfera**, na qual os elétrons (e^-) movem-se continuamente em torno do núcleo. O número de prótons que existe no núcleo de um átomo é denominado **número atômico**, e é representado pela letra *Z*. A soma do número de prótons (p) e de nêutrons (n) de um átomo determina seu **número de massa**, que é representado pela letra *A*.

$$A = \text{p} + \text{n}$$

Os prótons e os elétrons têm carga elétrica de mesmo valor, mas contrária, sendo a carga dos prótons **positiva**, e a dos elétrons, **negativa**; os nêutrons são partículas sem carga elétrica (**neutros**). O núcleo e a eletrosfera são atraídos um pelo outro por terem cargas elétricas de sinais contrários.

Em alguns átomos, o número de prótons e de elétrons é igual. Nesse caso, as cargas elétricas de mesma intensidade e de sinais contrários são neutralizadas e tornam os átomos **eletricamente neutros**. Se os números de prótons e elétrons forem diferentes, então esse átomo será **eletricamente carregado**.

A representação ao lado mostra um modelo simplificado de átomo, no qual as dimensões do núcleo e da eletrosfera estão fora de proporção. O tamanho do núcleo de um átomo é de 10.000 a 100.000 vezes menor que o tamanho total do átomo, ou seja, o equivalente a uma formiga (núcleo) no centro de um grande estádio de futebol, como o Maracanã (átomo). Embora muito menor, é no núcleo que se concentra praticamente toda a massa de um átomo.

MODELO SIMPLIFICADO DO ÁTOMO

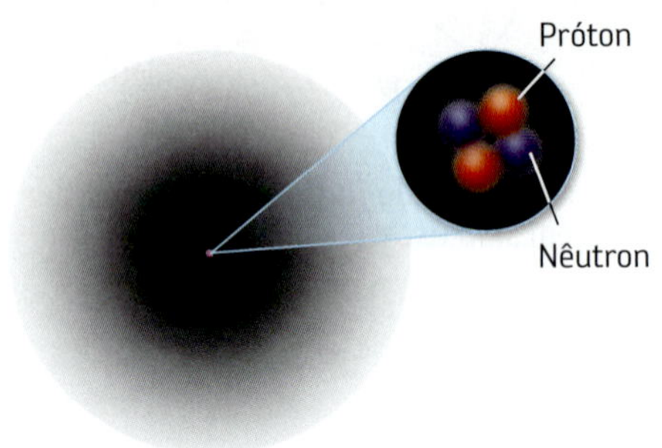

Nessa representação, o centro ampliado é a região do núcleo formado por prótons e nêutrons. A eletrosfera, indicada por esta faixa mais escura, mostra onde há mais chances de os elétrons serem encontrados. (Imagem sem escala; cores-fantasia.)

A eletrosfera

Na eletrosfera de um átomo, os elétrons podem estar distribuídos em até sete **níveis de energia** ou **camadas eletrônicas**. Cada camada é representada por uma letra maiúscula que, em ordem alfabética, vai de K a Q. A camada K é o nível eletrônico mais próximo do núcleo, enquanto a camada Q é o mais afastado. Cada uma dessas camadas comporta um número máximo de elétrons. Como exemplo, vamos observar a distribuição eletrônica do átomo neutro de ferro. Ele possui 26 prótons e 26 elétrons. Os elétrons são distribuídos da seguinte maneira:

Ferro	$K = 2\,e^-$	$L = 8\,e^-$	$M = 14\,e^-$	$N = 2e^-$

A última camada ocupada por elétrons (nesse caso, a camada N) é chamada de **camada de valência**.

DISTRIBUIÇÃO ELETRÔNICA

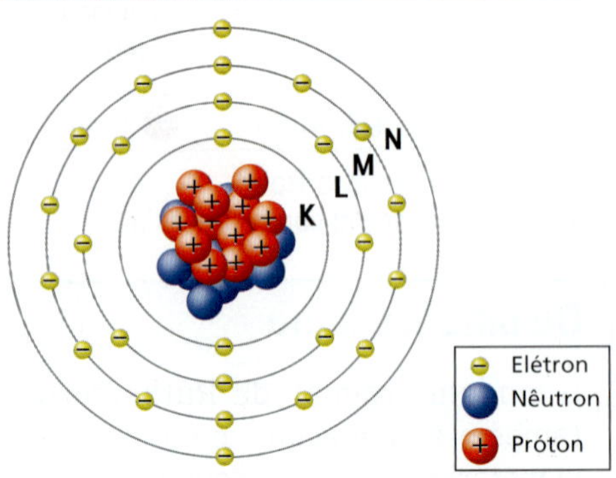

Representação esquemática da distribuição das camadas eletrônicas do átomo de ferro. (Imagem sem escala; cores-fantasia.)

TECNOLOGIA EM PAUTA

A fotografia das ligações químicas

Embora não seja possível enxergar os átomos a olho nu, atualmente já existem tecnologias para gerar imagens que mostram as ligações químicas entre eles. Essas tecnologias desenvolvem-se continuamente e, no futuro, possibilitarão visualizações de imagens cada vez mais próximas do nível atômico.

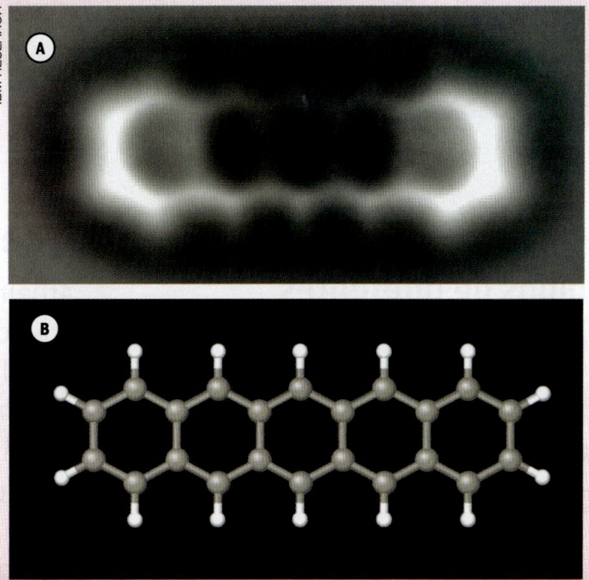

IBM RESEARCH

(**A**) Imagem da molécula do pentaceno obtida com microscópio de força atômica. A imagem mostra as ligações químicas entre os átomos da molécula. Observe que a imagem da estrutura revelada é compatível com a representação em 3D da estrutura da molécula do pentaceno mostrado em (**B**). As bolinhas brancas são átomos de hidrogênio, as bolinhas cinza são átomos de carbono e os bastões representam as ligações químicas que existem entre eles.

COLETIVO CIÊNCIAS

"Partícula de Deus" leva o Nobel de Física

O belga François Englert e o britânico Peter Higgs receberam o Prêmio Nobel de Física de 2013 [...] por suas descobertas teóricas sobre como partículas subatômicas [prótons, elétrons etc.] adquirem massa. As teorias desses físicos são fundamentais para explicar os blocos de construção de matéria e as origens do universo. As teorias foram confirmadas no ano passado com a descoberta do bóson de Higgs, também chamada de "partícula de Deus", segundo a Real Academia Sueca de Ciências. [...]

Ao premiar apenas os homens por trás da descoberta teórica da partícula, o comitê do prêmio evitou a complicada decisão de escolher alguém nos laboratórios da Organização Europeia para Pesquisa Nuclear (Cern, na sigla em francês) para compartilhar o prêmio. A confirmação da "partícula de Deus" foi feita nos laboratórios do Cern em Genebra. Milhares de cientistas estiveram envolvidos nos experimentos que confirmaram a existência da partícula em uma série de experimentos no ano passado. [...]

Englert e Higgs teorizaram sobre a existência da partícula na década de 1960 para dar uma resposta a um enigma: por que a matéria tem massa? A minúscula partícula, acreditavam eles, atua como melaço na neve, fazendo com que outros blocos de construção básicos da natureza fiquem juntos, desacelerando-os e formando átomos. Mas décadas se passariam antes que os cientistas do CERN fossem capazes de confirmar a sua existência em julho de 2012. [...]

Fonte: "Partícula de Deus" leva o Nobel de Física, de *Agência Estado*, 8 out. 2013. Disponível em: <http://www.estadao.com.br/noticias/internacional,particula-de-deus-leva-o-nobel-de-fisica,1083408,0.htm>. Acesso em: abr. 2014.

De olho no tema

Podemos afirmar que, conhecendo apenas o número atômico de um átomo eletricamente neutro, sabemos quantos elétrons há em sua eletrosfera? Explique sua resposta.

TEMA 3 Os elementos químicos

A matéria é formada por átomos de diferentes elementos químicos. Cada elemento químico é caracterizado por um número atômico.

O que é um elemento químico?

Atualmente, define-se **elemento químico** como o conjunto de todos os átomos que têm o mesmo número atômico (mesmo *Z*). Por exemplo, o *Z* do elemento hidrogênio é 1, indicando que todos os átomos de hidrogênio têm um único próton no núcleo; o *Z* do elemento cloro é 17, indicando que todos os átomos de cloro têm 17 prótons no núcleo.

De todos os elementos químicos conhecidos, 92 são encontrados na natureza, os demais são elementos artificiais (criados em laboratório). Cada elemento químico recebe um nome e um símbolo que o representa.

Qual é a origem do nome dos elementos químicos?

O nome dos elementos químicos tem diversas origens:

- conceitos mitológicos ou astronômicos: hélio vem do grego *hélios*, que significa Sol, porque foi identificado em um estudo do espectro da luz do Sol.
- o nome de um mineral ou de alguma substância: berílio recebeu esse nome porque foi obtido do mineral berilo.
- um local ou uma região geográfica: polônio recebeu esse nome em homenagem à cidade natal da química polonesa Marie Sklodowska Curie (1867-1934), que o descobriu em pesquisas realizadas com o marido, Pierre Curie (1859-1906).
- um cientista: alguns elementos químicos receberam nomes em homenagem a alguns cientistas, como o rutherfórdio (Ernest Rutherford) e o bóhrio (Niels Bohr).

O nome dos elementos químicos pode variar de uma língua para outra. Observe alguns exemplos:

O – oxigênio, *oxygen* (inglês), *sauerstoff* (alemão), *oxygène* (francês);

H – hidrogênio, *hydrogen* (inglês), *wasserstoff* (alemão), *hydrogéne* (francês);

C – carbono, *carbon* (inglês), *kohlenstoff* (alemão), *carbone* (francês).

Por causa dessa variação, os átomos e os elementos químicos também são representados por **símbolos**. Esses símbolos são sempre os mesmos, independentemente da língua ou do alfabeto, e são formados por uma letra maiúscula ou por duas letras (uma maiúscula seguida de uma minúscula) com base em seu nome de origem. Grande parte dos nomes dos elementos químicos tem origem na língua latina ou na língua grega, por isso, o símbolo do ouro é Au (do latim *aurum*) e o do bário é Ba (do grego *barys*).

Animação
Constituição da matéria

O elemento químico artificial 104 foi produzido em 1969. Somente em 1997 recebeu o nome de rutherfórdio e o símbolo químico Rf, em homenagem a Ernest Rutherford, vencedor do Prêmio Nobel de Química em 1908.

Os isótopos

Isótopos são átomos de um mesmo elemento químico, isto é, que apresentam o mesmo número atômico, mas diferente número de nêutrons. Os isótopos de um mesmo elemento químico são identificados pelo seu número de massa ($A = p + n$).

A maioria dos elementos químicos naturais é formada pela mistura de isótopos. Para diferenciar os átomos de um elemento químico, devemos indicar, com seu símbolo, o número de massa (A) e o número atômico (Z). Ele pode ser representado de duas maneiras:

$$^{A}_{Z}X \quad \text{ou} \quad {}_{Z}X^{A}$$

É comum encontrarmos também a representação do elemento acompanhado somente do número de massa ou do número atômico.

Ao lado estão representados os isótopos do elemento hidrogênio (H). Junto do símbolo, encontram-se os valores de Z e A.

O elemento hidrogênio apresenta três isótopos: com nenhum nêutron ($A = 1$), chamado de prótio; com um nêutron ($A = 2$), chamado deutério; e com dois nêutrons ($A = 3$), chamado trítio. O número de prótons (Z) dos três isótopos é 1 porque são todos átomos do elemento hidrogênio, que tem um único próton no núcleo.

REPRESENTAÇÃO DOS ISÓTOPOS DO HIDROGÊNIO

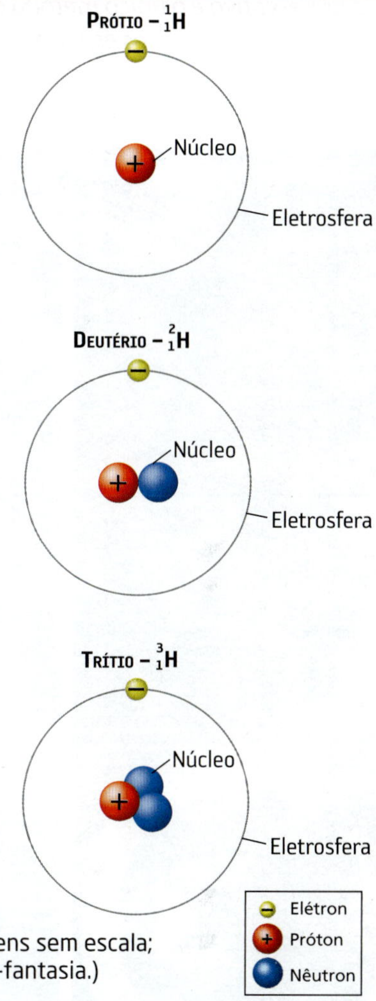

(Imagens sem escala; cores-fantasia.)

Os íons

A combinação de átomos de diferentes elementos químicos forma os milhares de compostos químicos que conhecemos. Em algumas dessas combinações, ocorre a transferência de elétrons entre os átomos dos diferentes elementos químicos envolvidos. Um átomo eletricamente neutro que transferiu ou recebeu elétrons de outro átomo passa a ser chamado de **íon**.

Átomos que transferiram elétrons passam a ter mais prótons que elétrons, por isso adquirem excesso de cargas elétricas positivas, e são chamados de **cátions**.

Átomos que receberam elétrons, adquirindo excesso de cargas elétricas negativas, são chamados de **ânions**.

A carga de um íon é indicada pelo sinal de + ou − presente no canto superior direito do símbolo do elemento químico. Por exemplo:

- se o átomo neutro do hidrogênio, simbolizado pela letra H, transferir um elétron, passará a ser o íon (ou cátion) simbolizado por H^{+}.
- se o átomo neutro do cloro, simbolizado pelas letras $C\ell$, receber um elétron, passará a ser o íon (ou ânion) simbolizado por $C\ell^{-}$.

De olho no tema

Os átomos de ferro, ^{54}Fe e ^{56}Fe, apresentam o mesmo número atômico. De que maneira podemos saber se eles são isótopos?

FORMAÇÃO DE ÍON

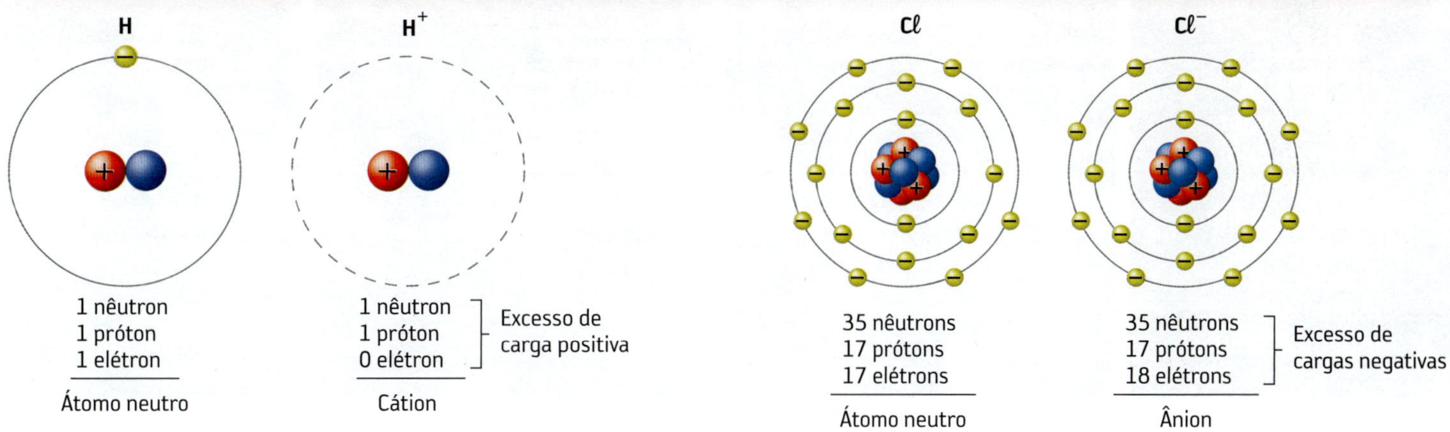

(Imagens sem escala; cores-fantasia.)

Proteção em todas as escalas

Para entender quão pequena é a escala dos átomos, vamos analisar algumas comparações de tamanho, começando com um preservativo masculino. O uso de preservativo é o único método que oferece dupla proteção, pois bloqueia tanto os micrométricos espermatozoides quanto os patógenos nanométricos.

1 mm = 1.000 μm
1 μm = 1.000 nm
1 nm = 1.000 pm

Escala: 1 : 1

DOTTA2

10×10^{-3} m

10 milímetros (mm)

Uma única gota de sêmen com o volume desse cubinho contém normalmente mais de um milhão de espermatozoides.

1 : 2.000

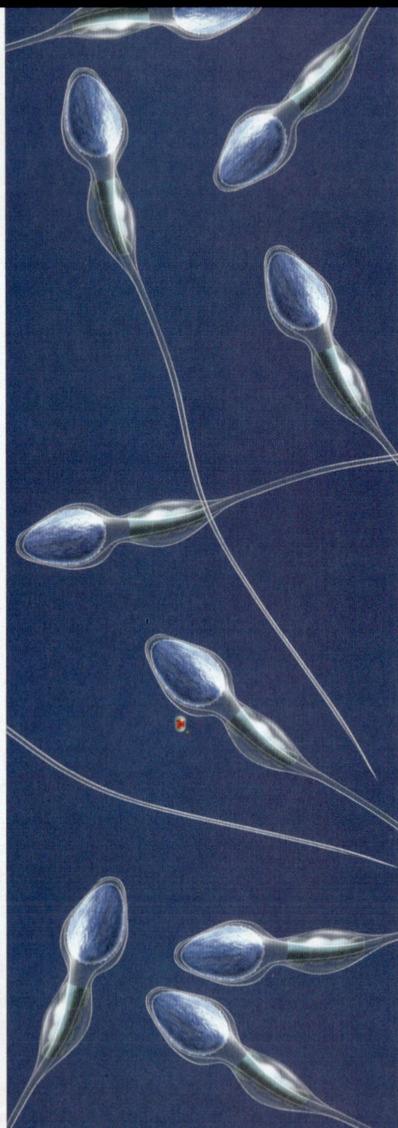

5×10^{-6} m

5 micrômetros (μm)

Uma das menores células humanas, o espermatozoide tem 1 μm de espessura e 50 μm de comprimento. A cauda, que auxilia na locomoção, corresponde a 90% do tamanho dessa célula.

1 : 20.000

500×10^{-9} m

500 nanômetros (nm)

Espermatozoides são ótimos nadadores, mas boa parte dos organismos causadores de DSTs nem sequer tem estruturas locomotoras.

1 : 100.000

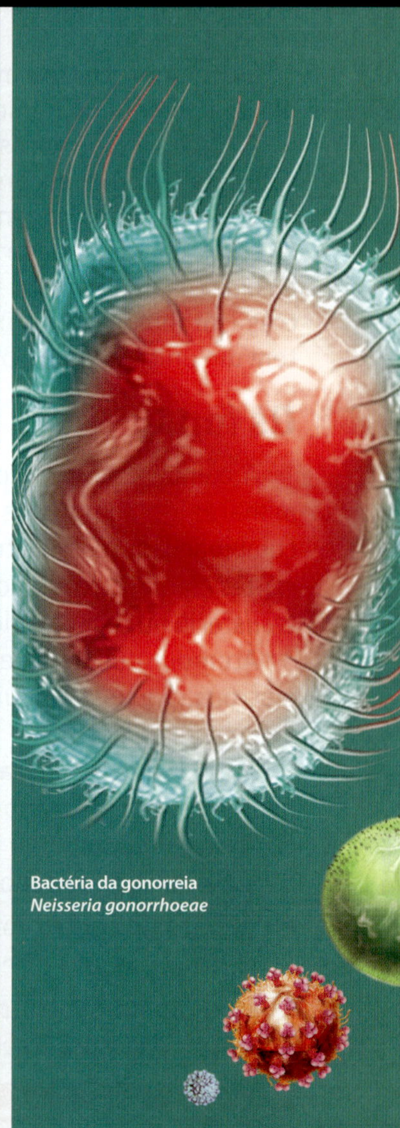

100×10^{-9} m

100 nanômetros (nm)

Os apêndices da *N. gonorrhoeae* não servem para nadar, mas para ancorar. Chamados fímbrias, eles aderem aos tecidos que o parasita contamina.

Representações artísticas meramente ilustrativas em cores-fantasia. Valores e proporções aproximados para fins didáticos.

Atividades

1. Usando as escalas da imagem, calcule qual é o tamanho, em nanômetros, de uma bactéria da gonorreia, uma bactéria da clamídia, um vírus da aids e um vírus da hepatite B.

2. Analise as informações desse infográfico e responda: que número representaria a medida de um vírus HIV se fosse usada a escala dos átomos mostrados na imagem da última coluna?

Fonte: BÓ, M. C. *Degradação de preservativos masculinos de borracha natural*. Rio de Janeiro, 2007. 287f. Tese (Doutorado em Ciência e Tecnologia de Polímeros) – IMA, UFRJ.

ATIVIDADES

TEMAS 1 A 3

ORGANIZAR O CONHECIMENTO

1. **Leia abaixo as propostas de modelos atômicos apresentadas por diferentes cientistas. Depois, associe cada uma a um dos modelos a seguir.**

Dalton: partículas indivisíveis.

Thomson: partículas de cargas positivas e negativas.

Rutherford: partícula com um núcleo de carga positiva com elétrons de carga negativa orbitando ao seu redor.

Rutherford-Bohr: partícula com núcleo de cargas positivas (prótons) e cargas neutras (nêutrons), com elétrons distribuídos em níveis energéticos orbitando ao redor do núcleo.

a)

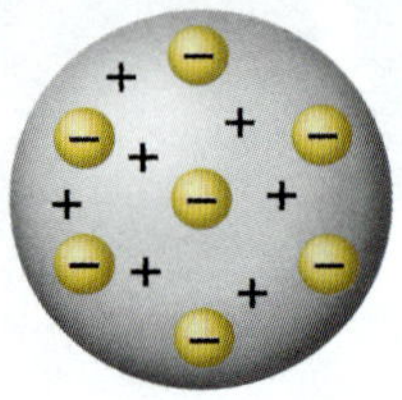

c)

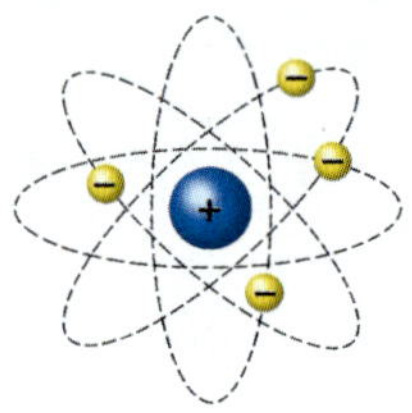

b)

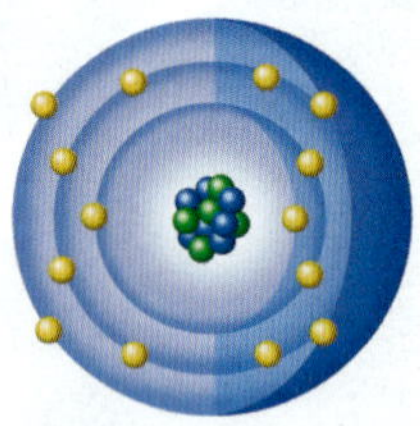

d)

(Imagens sem escala; cores-fantasia.)

2. **Responda.**

a) Quais são as principais partículas que compõem um átomo?

b) Em um átomo, onde estão localizados os elétrons?

c) Onde está concentrada a massa de um átomo?

3. **Indique a quantidade de elétrons em um átomo neutro que apresenta 15 prótons e 20 nêutrons.**

4. **A distribuição eletrônica do átomo de magnésio é:**

K = 2 e^- L = 8 e^- M = 2 e^-

- Faça a representação do átomo de magnésio mostrando a distribuição de seus elétrons nas camadas eletrônicas.

5. **Leia e responda.**

O equilíbrio hídrico do organismo humano depende da concentração de alguns íons como os de cloro e os de sódio. Daí a importância da ingestão do sal de cozinha (cloreto de sódio) em nossa alimentação. O cloreto de sódio é formado pela união de um cátion de sódio e um ânion de cloro.

- Qual é a diferença entre um cátion e um ânion?

ANALISAR

6. **Os experimentos de Rutherford possibilitaram a conclusão de que os átomos não eram maciços. Além disso, permitiram fazer uma estimativa de que o raio de um átomo de ouro era cerca de 10 mil a 100 mil vezes maior que o raio do núcleo. Com base nessas considerações, podemos afirmar que a região da eletrosfera é maior que a do núcleo? Justifique sua resposta.**

7. **A evolução dos modelos atômicos contribuiu para a construção do conhecimento sobre a estrutura atômica. Por que os modelos atômicos foram substituídos por outros ao longo da história da Ciência?**

8. **Observe a tirinha e faça o que se pede.**

FRANK & ERNEST, BOB THAVES © 2000 THAVES/DIST. BY UNIVERSAL UCLICK FOR UFS

a) Qual dos personagens representa um íon?

b) Se o átomo à direita tivesse recebido um elétron, qual deveria ser a resposta?

9. **Observe as figuras e responda às questões.**

I

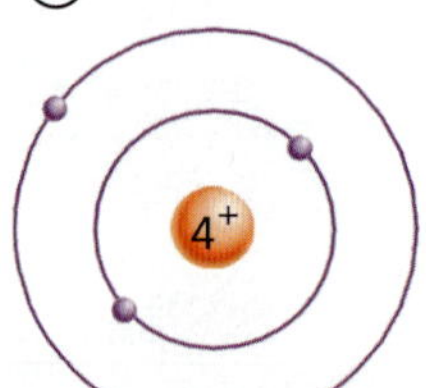

II

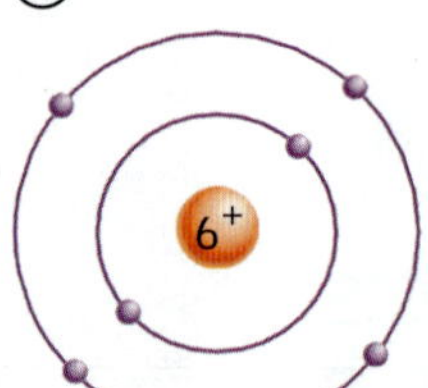

III

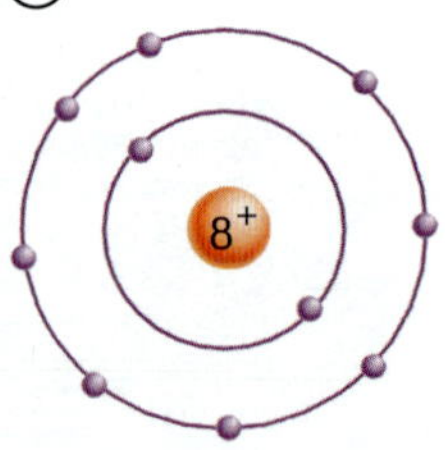

(Imagens sem escala; cores-fantasia.)

a) Qual figura representa um átomo neutro? Justifique sua resposta.

b) Qual figura representa um cátion? Justifique.

c) Qual figura representa um ânion? Justifique.

10. **Os átomos X e Y são isótopos e apresentam as seguintes características:**

	Z	*A*
X	3**a** − 6	6**a**
Y	2**a** + 4	5**a**

- Na tabela acima, *a* é um número inteiro. Qual é o número de nêutrons de X? E de Y?

Elementar, meu caro cientista!

O pensador grego Empédocles (490-430 a.C.) definiu que a matéria era dividida em quatro elementos principais: terra, água, ar e fogo, tendo o amor e o ódio como as forças que uniam e desuniam esses elementos. Essa definição foi usada até o final da Idade Média, inclusive pelos alquimistas, precursores da química moderna.

No século XVII, o químico inglês Robert Boyle discordou dessa definição por considerá-la nada científica, pois não poderia ser submetida às regras do método científico experimental. Segundo ele, "elementos seriam certos corpos primitivos e simples, perfeitamente puros de qualquer mistura, que não fossem constituídos por nenhum outro corpo, ou uns pelos outros".

Durante o século XVIII, o químico francês Antoine Lavoisier (1743-1794) aprimorou essa ideia e, com base nela, definiu vários elementos químicos modernos, entre eles o oxigênio, o bromo, o hidrogênio e o nitrogênio.

O conceito de elemento foi por muito tempo motivo de debates e revisões à medida que novas tecnologias e conceitos iam surgindo, especialmente os ligados à Física, que trouxeram novas ideias, como a do modelo atômico com suas partículas e subpartículas.

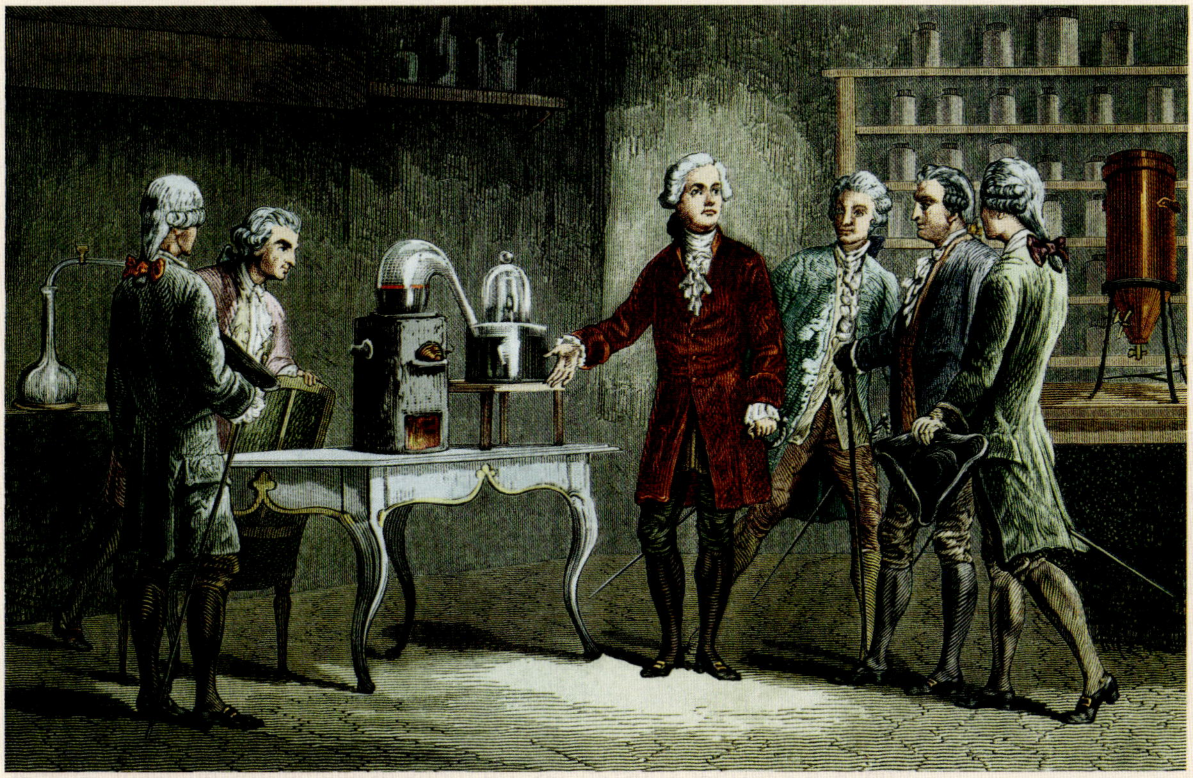
SHEILA TERRY/SCIENCE PHOTO LIBRARY/LATINSTOCK

Pintura retrata Lavoisier (de casaco vermelho) apresentando, a outros cientistas, o experimento que revelou a composição do ar, em 1776.

Atividades

1. Durante sua vida escolar, você estudou diferentes conceitos. Como você definiria *conceito*? Com a turma, façam um texto coletivo.
2. Consulte um dicionário e verifique a definição de elemento. Existe uma única definição correta? Explique.
3. Podemos dizer que conceitos científicos evoluem? A troca de ideias sobre um conceito pode ajudar no desenvolvimento da ciência?
4. Leia a frase a seguir, converse com seus colegas e responda.

   A história da ciência é formada por um extenso debate sobre conceitos que se contrapõem, se justificam ou se complementam.

   O texto "Elementar, meu caro cientista!" pode ser usado para afirmar ou para negar essa frase? Explique.

TEMA

4 A tabela periódica

Os elementos químicos são organizados em ordem crescente de número atômico na tabela periódica.

A classificação periódica dos elementos

Em vista do número crescente de elementos químicos conhecidos e da descoberta contínua de suas propriedades, muitos cientistas propuseram diferentes formas de organizá-los e classificá-los.

Em 1869, trabalhando de maneira independente, dois cientistas – Julius Lothar Meyer (1830-1895), na Alemanha, e Dmitry I. Mendeleev (1834-1907), na Rússia – sugeriram um sistema de classificação para os cerca de 60 elementos químicos conhecidos na época. Em seus estudos, organizando os elementos, Mendeleev observou que havia uma periodicidade de algumas de suas propriedades. Esses estudos são a base da atual **tabela periódica dos elementos químicos** (veja na página seguinte). A tabela periódica é organizada em ordem crescente dos números atômicos dos elementos químicos e permite que novos elementos químicos possam ser adicionados a ela.

Na tabela periódica, os elementos químicos estão dispostos em linhas horizontais (numeradas de 1 a 7) e em colunas (numeradas de 1 a 18). Nas linhas, denominadas **períodos**, encontramos os elementos que apresentam o mesmo número de camadas eletrônicas nas quais seus elétrons estão distribuídos. As colunas, conhecidas como **grupos** ou **famílias**, reúnem elementos com propriedades químicas semelhantes, por exemplo, o número de elétrons na camada de valência.

Alguns grupos têm propriedades em comum, sendo reunidos em classificações mais genéricas. Por exemplo, chamamos de **metais** os elementos com características como o brilho e a tendência a formar cátions. Os metais aparecem em amarelo na tabela periódica da página ao lado. Há ainda os **não metais**, em verde na tabela, que incluem o **hidrogênio** e os **gases nobres**. É importante observar que, apesar de o elemento hidrogênio estar localizado no grupo 1, ele não faz parte do grupo dos metais.

A maioria dos átomos dos elementos químicos tende a se unir a outros átomos e a formar substâncias. De todos os elementos químicos, apenas os chamados gases nobres (elementos químicos da coluna 18 da tabela periódica) não apresentam essa característica: eles são eletricamente estáveis e pouco reativos, ou seja, não se unem a outros átomos, a não ser em condições específicas.

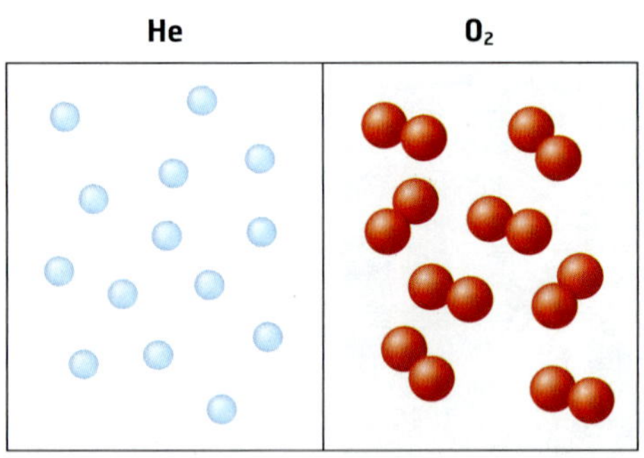

O gás hélio é formado por átomos isolados do elemento químico hélio (He). Já o gás oxigênio é formado por dois átomos de oxigênio (O_2). (Imagens sem escala; cores-fantasia.)

GLOSSÁRIO

Periodicidade: aquilo que possui um padrão regular de repetição.

Entrando na rede

No endereço da internet http://www.youtube.com/watch?v=fPnwBITSmgU você encontrará uma animação sobre a importância da tabela de Mendeleev. O vídeo está em inglês, mas você pode ativar as legendas em português.

Acesso em: abr. 2014.

De olho no tema

Consulte a tabela periódica e determine o elemento químico que possui número atômico e número de massa igual a 4. Desenhe em seu caderno a representação da estrutura do átomo neutro desse elemento químico, indicando o núcleo, a eletrosfera e suas principais partículas.

TABELA PERIÓDICA DOS ELEMENTOS QUÍMICOS

	1	2	3	4	5	6	7	8	9	10	11	12	13	14	15	16	17	18
			Metais de transição															
1	1 H Hidrogênio																	2 He Hélio
2	3 Li Lítio	4 Be Berílio											5 B Boro	6 C Carbono	7 N Nitrogênio	8 O Oxigênio	9 F Flúor	10 Ne Neônio
3	11 Na Sódio	12 Mg Magnésio											13 Aℓ Alumínio	14 Si Silício	15 P Fósforo	16 S Enxofre	17 Cℓ Cloro	18 Ar Argônio
4	19 K Potássio	20 Ca Cálcio	21 Sc Escândio	22 Ti Titânio	23 V Vanádio	24 Cr Cromo	25 Mn Manganês	26 Fe Ferro	27 Co Cobalto	28 Ni Níquel	29 Cu Cobre	30 Zn Zinco	31 Ga Gálio	32 Ge Germânio	33 As Arsênio	34 Se Selênio	35 Br Bromo	36 Kr Criptônio
5	37 Rb Rubídio	38 Sr Estrôncio	39 Y Ítrio	40 Zr Zircônio	41 Nb Nióbio	42 Mo Molibdênio	43 Tc Tecnécio	44 Ru Rutênio	45 Rh Ródio	46 Pd Paládio	47 Ag Prata	48 Cd Cádmio	49 In Índio	50 Sn Estanho	51 Sb Antimônio	52 Te Telúrio	53 I Iodo	54 Xe Xenônio
6	55 Cs Césio	56 Ba Bário	57 a 71 Lantanídeos	72 Hf Háfnio	73 Ta Tântalo	74 W Tungstênio	75 Re Rênio	76 Os Ósmio	77 Ir Irídio	78 Pt Platina	79 Au Ouro	80 Hg Mercúrio	81 Tℓ Tálio	82 Pb Chumbo	83 Bi Bismuto	84 Po Polônio	85 At Astato	86 Rn Radônio
7	87 Fr Frâncio	88 Ra Rádio	89 a 103 Actinídeos	104 Rf Rutherfórdio	105 Db Dúbnio	106 Sg Seabórgio	107 Bh Bóhrio	108 Hs Hássio	109 Mt Meitnério	110 Ds Darmstádtio	111 Rg Roentgênio	112 Cn Copernício		114 Fℓ Fleróvio		116 Lv Livermório		

Lantanídeos	57 La Lantânio	58 Ce Cério	59 Pr Praseodímio	60 Nd Neodímio	61 Pm Promécio	62 Sm Samário	63 Eu Európio	64 Gd Gadolínio	65 Tb Térbio	66 Dy Disprósio	67 Ho Hólmio	68 Er Érbio	69 Tm Túlio	70 Yb Itérbio	71 Lu Lutécio
Actinídeos	89 Ac Actínio	90 Th Tório	91 Pa Protactínio	92 U Urânio	93 Np Netúnio	94 Pu Plutônio	95 Am Amerício	96 Cm Cúrio	97 Bk Berquélio	98 Cf Califórnio	99 Es Einstênio	100 Fm Férmio	101 Md Mendelévio	102 No Nobélio	103 Lr Laurêncio

sólido | líquido | gás | artificial

14 Si Silício — Número atômico; Símbolo; Nome

Na atual tabela periódica, os elementos conhecidos estão organizados em ordem crescente de número atômico e distribuídos em 18 colunas, denominadas **grupos** ou **famílias**.

Os elementos do grupo 1, por exemplo, são chamados de **metais alcalinos**. Já os do grupo 2 são denominados **metais alcalinoterrosos**. Os elementos dos grupos 3 a 12 são chamados de **metais de transição**. Os elementos dos grupos 13, 14 e 15 não recebem um nome específico, motivo pelo qual esses grupos são chamados, respectivamente, de **grupo do boro**, **grupo do carbono** e **grupo do nitrogênio**. Os elementos do grupo 16 são os **calcogênios**, os do grupo 17 são os **halogênios** e os do grupo 18 são os **gases nobres**. Os lantanídeos e os actinídeos são elementos químicos que fazem parte do grupo 3.

TEMA

5 Milhões de substâncias

A união entre átomos é chamada de ligação química e pode ser classificada como iônica, covalente ou metálica.

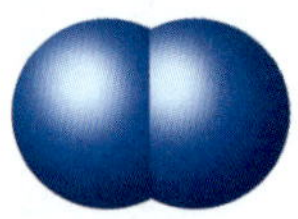

O gás nitrogênio é uma substância simples, formada por dois átomos de nitrogênio.

O gás dióxido de nitrogênio é uma substância composta, formada pela união de um átomo de nitrogênio e dois de oxigênio. (Imagens sem escala; cores-fantasia.)

Cristais de cloreto de sódio ($NaC\ell$), presente no sal de cozinha, vistos ao microscópio eletrônico. (Imagem colorizada artificialmente, com aumento de cerca de 200 vezes.)

As ligações químicas

Atualmente são conhecidas mais de 65 milhões de substâncias químicas, formadas por diferentes combinações de elementos químicos. Ao longo dos anos, os cientistas constataram que, na natureza, as substâncias mais estáveis são aquelas cujos átomos apresentam configurações eletrônicas semelhantes às dos gases nobres: hélio (He), neônio (Ne), argônio (Ar), criptônio (Kr), xenônio (Xe) e radônio (Rn). Todos os gases nobres apresentam 8 elétrons na camada de valência, exceto o hélio, que apresenta 2 elétrons. Os átomos dos elementos químicos tendem a se combinar por meio de **ligações químicas**. Uma ligação química é formada quando ocorre ganho, perda ou compartilhamento de elétrons entre dois átomos, de modo que cada um dos átomos envolvidos apresente configuração eletrônica semelhante à dos gases nobres.

As ligações químicas entre os átomos podem formar substâncias simples ou compostas. As **substâncias simples** são formadas por apenas um tipo de elemento químico. É o caso do gás oxigênio (O_2), formado por dois átomos do elemento químico oxigênio. As **substâncias compostas** são formadas por átomos de diferentes elementos químicos: a água (H_2O), por exemplo, é formada por um átomo de hidrogênio e dois de oxigênio.

As ligações químicas que formam as substâncias podem ser classificadas como iônicas, covalentes ou metálicas, dependendo dos elementos químicos envolvidos.

A ligação iônica

A **ligação iônica** resulta da atração entre cátions e ânions que se mantêm fortemente unidos por terem cargas elétricas de sinais contrários.

Substâncias formadas por íons são chamadas **substâncias iônicas** ou **compostos iônicos**. Átomos de sódio (Na), cálcio (Ca) e alumínio ($A\ell$) são exemplos de átomos que perdem elétrons na formação da ligação iônica. Átomos de outros elementos químicos, tais como oxigênio (O), cloro ($C\ell$), nitrogênio (N) e enxofre (S), adquirem elétrons nesse tipo de ligação.

Por exemplo, o cloreto de sódio, principal componente do sal de cozinha, é formado pela ligação iônica entre íons de sódio, Na^+, e de cloro, $C\ell^-$. A ligação desses átomos é representada pela **fórmula química** $NaC\ell$. Em uma fórmula química, sempre aparecem os símbolos e a proporção do número de átomos dos elementos químicos presentes na ligação formada. Caso o número de átomos seja igual a 1, ele pode ser omitido na fórmula química.

No caso do $NaC\ell$, como os íons Na^+ e $C\ell^-$ têm cargas elétricas de mesma intensidade, eles se atraem na proporção de um para um (**1 : 1**). Em outros casos, a proporção é diferente, como ocorre no cloreto de cálcio. Nessa substância, a atração é entre cátions Ca^{2+} e ânions $C\ell^-$. Para formar um composto estável, esses íons se atraem na proporção de **1 : 2**, ou seja, um cátion Ca^{2+} para dois ânions $C\ell^-$. Essa proporção deve-se ao fato de o cálcio transferir dois elétrons e se tornar estável, e cada íon cloro receber apenas um elétron, tornando-se estável também. A fórmula química da substância obtida é $CaC\ell_2$.

REPRESENTAÇÃO ESQUEMÁTICA DA LIGAÇÃO IÔNICA

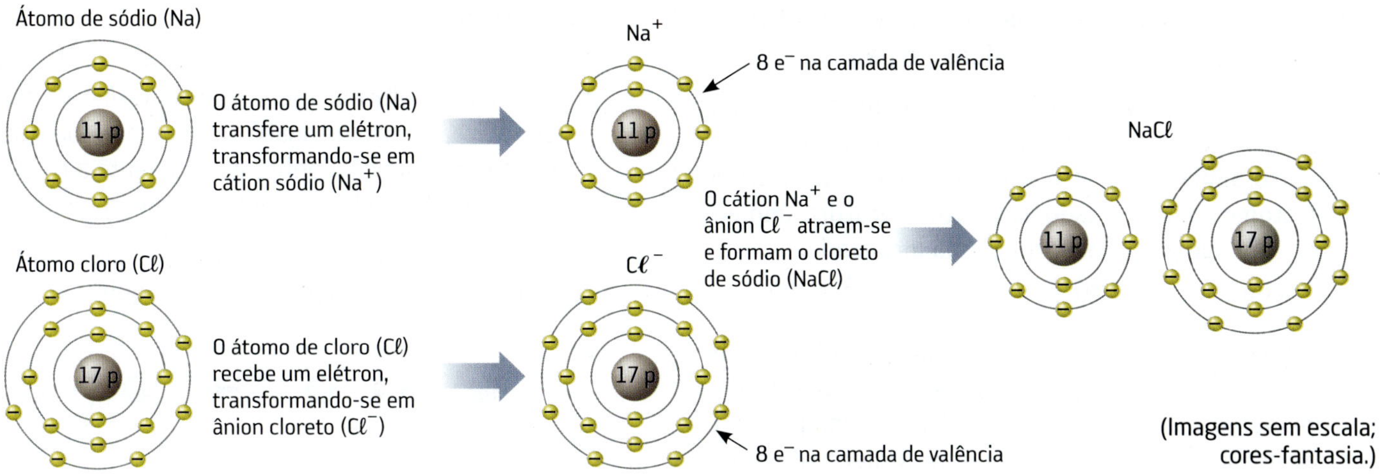

(Imagens sem escala; cores-fantasia.)

A ligação covalente

A chamada **ligação covalente** é a união entre átomos que resulta do **compartilhamento de pares de elétrons** da última camada de suas eletrosferas. Átomos de hidrogênio (H), oxigênio (O), cloro (Cℓ), nitrogênio (N) e carbono (C) são alguns exemplos de átomos que podem formar ligações covalentes, isto é, que podem compartilhar elétrons entre si.

Exemplificando, o átomo de hidrogênio tem apenas 1 elétron na camada de valência. Quando dois átomos de hidrogênio (H) se unem, eles compartilham elétrons e a camada de valência de cada átomo passa a ter dois elétrons – o mesmo número de elétrons do gás nobre hélio (He), tornando-se assim uma substância estável.

Quando os átomos se unem por ligação covalente, formam **moléculas**. As substâncias formadas por moléculas são denominadas **substâncias covalentes** ou **substâncias moleculares**.

REPRESENTAÇÃO ESQUEMÁTICA DA LIGAÇÃO COVALENTE

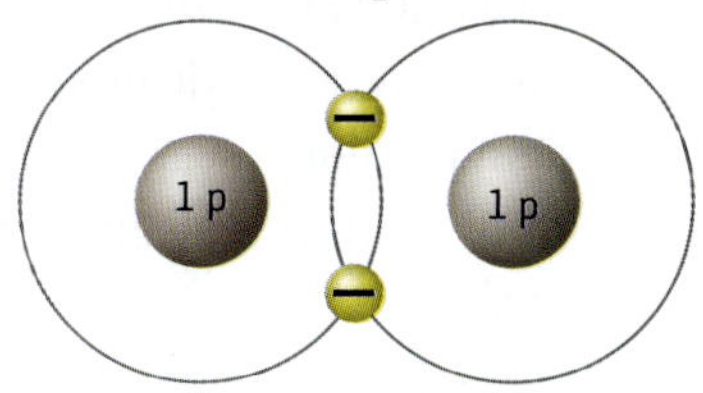

Dois átomos de hidrogênio compartilhando um par de elétrons, formando a molécula do gás hidrogênio (H_2). (Imagem sem escala; cores-fantasia.)

A ligação metálica

Dos 92 elementos químicos naturais, 70 apresentam algumas características similares, decorrentes da maneira pela qual os átomos se ligam uns aos outros. Esses elementos químicos são conhecidos como **metais**.

As ligações nos metais são diferentes das encontradas em substâncias iônicas e em substâncias moleculares. Em um átomo de um metal, a atração entre o núcleo e os elétrons da camada mais externa da eletrosfera é muito fraca, de modo que eles podem perder elétrons facilmente, formando cátions.

Quando os átomos de um metal, como o ferro, permanecem próximos, a energia dos elétrons da camada mais externa da eletrosfera aumenta. Isso permite que os elétrons se movimentem livremente pelo material, formando uma "nuvem eletrônica". Essa "nuvem eletrônica" é responsável pela forte atração entre os cátions e uma das explicações para a formação da **ligação metálica** que encontramos entre os átomos de um pedaço de ferro ou de um fio de cobre. Ela também é responsável pelo fato de os metais serem bons condutores de eletricidade e apresentarem pontos de fusão e ebulição elevados.

REPRESENTAÇÃO ESQUEMÁTICA DE LIGAÇÃO METÁLICA

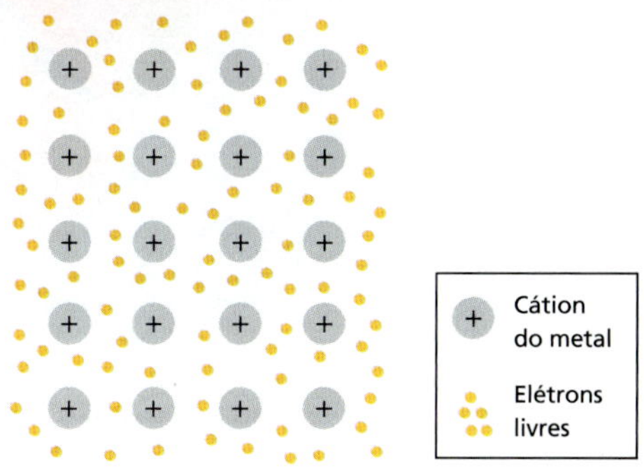

(Imagem sem escala; cores-fantasia.)

Vídeo

Polímeros

ORGANIZAR O CONHECIMENTO

Sempre que achar necessário, consulte a tabela periódica dos elementos químicos da pág. 51.

1. Consulte a tabela periódica dos elementos e obtenha as seguintes informações para os elementos químicos abaixo: símbolo, número atômico, número de elétrons do átomo neutro, estado físico à temperatura ambiente, e em que período e grupo está localizado.

a) Oxigênio **b)** Sódio **c)** Hélio

2. Alguns elementos químicos são considerados essenciais para a vida porque não podem ser substituídos por outros. Dois deles são o cálcio e o magnésio. O cálcio é importante para o desenvolvimento de ossos e dentes e o magnésio regula o funcionamento dos músculos e nervos.

- Quais são as semelhanças entre esses dois elementos?

3. Determine.

a) Quantos elétrons os gases nobres apresentam na camada de valência?

b) Quais são os tipos de ligação química que os átomos podem formar?

c) Qual é a diferença entre molécula e substância iônica?

ANALISAR

4. Analise o gráfico abaixo. Determine o nome dos três elementos químicos mais abundantes na crosta terrestre.

COMPOSIÇÃO QUÍMICA DA CROSTA TERRESTRE, INCLUINDO ATMOSFERA E OCEANOS (% EM MASSA)

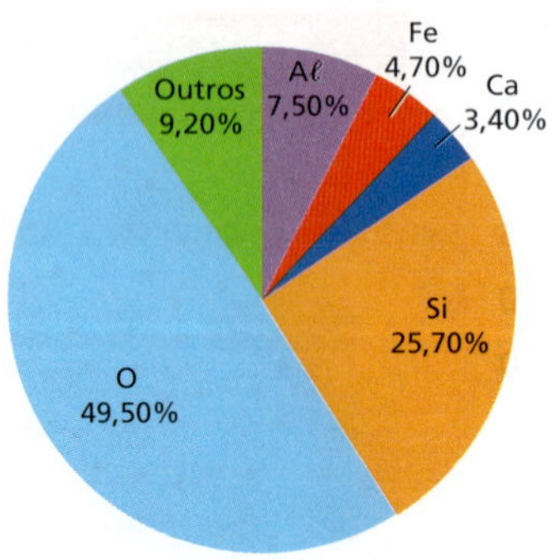

Fonte: *Química*: a ciência central, de T. L. Brown; H. E. Le May Jr.; B. E. Bursten. Trad. R. Matos. 9. ed. São Paulo: Prentice-Hall, 2005.

5. Informe o número atômico e de elétrons de cada íon abaixo.

a) K^+ **d)** $Aℓ^{3+}$

b) Br^- **e)** Ca^{2+}

c) S^{2-} **f)** I^-

6. Um elemento químico apresenta a seguinte distribuição eletrônica:

$K = 2e^-$ $L = 8e^-$ $M = 14e^-$ $N = 2e^-$

- Com essas informações e com o auxílio da tabela periódica, determine qual é o nome e o símbolo desse elemento químico. Confira atentamente a resposta, para não confundir com outro elemento químico.

7. Utilizando as palavras átomo, íon, molécula e substância iônica, descreva os processos a seguir.

a)

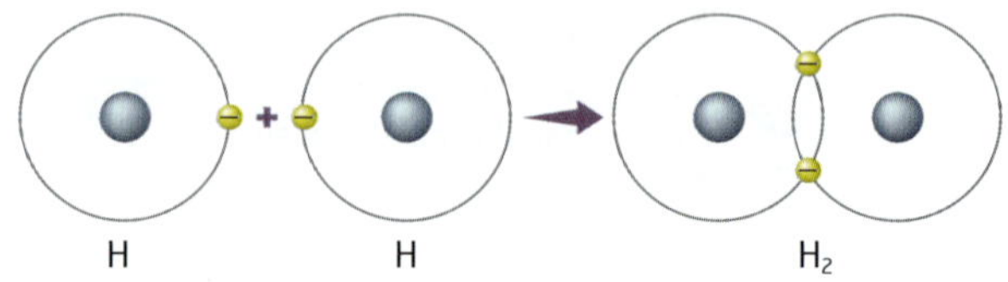

(Representação sem escala; cores-fantasia.)

b) $Mg^{2+} + Cℓ^- \longrightarrow MgCℓ_2$ (cloreto de magnésio)

8. Os *airbags* inflam por meio de uma reação química, na qual reagentes sólidos são transformados em gases, geralmente o gás nitrogênio (N_2).

PAOLO SICCARDI/MARKA/GRUPO KEYSTONE

Teste de colisão de automóvel para testar a eficiência do *airbag*.

- Sobre o gás nitrogênio, responda:

a) O gás nitrogênio é uma substância simples ou composta?

b) Sabendo que o elemento químico nitrogênio apresenta 5 elétrons na camada de valência, qual é o tipo de ligação química envolvida entre seus átomos? Explique sua resposta.

9. Considere os elementos químicos **A**, que apresenta $Z = 17$, e **D**, que apresenta $Z = 19$.

a) Consulte a tabela periódica para descobrir quais são os nomes e os símbolos dos elementos **A** e **D**.

b) Determine qual é o gás nobre que apresenta o número de elétrons mais próximo desses elementos.

c) Que tipo de ligação química ocorrerá entre **A** e **D** e qual a fórmula do composto formado?

EXPLORE

Modelos atômicos

Você aprendeu que os conhecimentos sobre a estrutura do átomo foram aperfeiçoados com a teoria de Dalton, no século XIX. Nesta atividade, você vai construir modelos atômicos para os átomos neutros de **hidrogênio** e de **carbono**. Consulte a tabela periódica para saber quantos elétrons cada um deles possui. Considere para o hidrogênio, $A = 2$, e para o carbono, $A = 12$.

MATERIAL

- Pedaços de fio de arame
- Massa de modelar de diferentes cores
- Canetas coloridas

PROCEDIMENTO

1. De acordo com a teoria de Dalton, use a massa de modelar para fazer uma bola e representar o átomo de hidrogênio. Faça outra bola de tamanho diferente para representar o átomo de carbono.
2. Construa agora, de acordo com o modelo de Thomson, os átomos de hidrogênio e carbono para que fiquem do mesmo tamanho (em relação ao volume) dos átomos de Dalton.
3. Construa os átomos de acordo com o modelo atômico de Rutherford e, em seguida, de acordo com o modelo de Rutherford-Bohr. Use pedaços de arame para construir as órbitas e fixá-las ao núcleo.

Atividades

EXPLICAR

1. Qual foi o critério que você usou para definir o tamanho relativo entre os átomos de carbono e hidrogênio?
2. Quais foram os critérios (proporção, tamanho, cor, formas etc.) considerados para a construção de cada um dos modelos? De que maneira eles foram representados?
3. O modelo atômico de Rutherford que você construiu manteve a proporção entre as dimensões do núcleo e da eletrosfera? Explique sua resposta.
4. Quais seriam as dificuldades que você encontraria se precisasse fazer o mesmo trabalho para o átomo de iodo?

Explorar o tema

Cúrio

O cúrio, curiosamente, não foi descoberto pelos Curies. A dupla dinâmica Marie e Pierre Curie descobriu o polônio (84) e o rádio (88), mas não o cúrio.

De fato, nenhum dos elementos que receberam nomes de pessoas foi descoberto por elas, com a possível exceção do seabórgio (106), dependendo de como você define "descoberto por".

Uma razão é que isso não é um jogo. Embora os cientistas também tenham um ego enorme, como outros profissionais, e alguns façam de tudo para se promover, "parecer" que fazem isso não é algo que possam passar para o público.

Donald Trump [famoso empresário estadunidense] pode colocar seu nome em edifícios, porém qualquer cientista tentando colocar seu nome em um elemento seria a vergonha do laboratório. (Não daria certo, de qualquer maneira: os nomes dos elementos têm que ser aprovados por uma comissão bastante rigorosa nomeada pela União Internacional de Química Aplicada ou Iupac.)

[...]

Desde o início da era da "*big science*" [grande ciência], nos rumos do projeto Manhattan da Segunda Guerra Mundial [no qual foram produzidas as primeiras bombas atômicas], nenhum elemento foi descoberto por uma só pessoa. Eles têm sido descobertos por times de dezenas de pesquisadores trabalhando de forma cooperativa em grandes instituições. Não seria possível escolher o nome de uma só pessoa para o elemento depois.

O cúrio foi descoberto por uma grande equipe liderada por Glenn T. Seaborg, Ralph A. James e Albert Ghiorso, usando o cíclotron. Suas únicas aplicações estão relacionadas com a extrema radioatividade: fontes portáteis de partículas alfa e os chamados RTGs (geradores termoelétricos de radioisótopos), que usam o calor gerado pelo decaimento radioativo para acionar instrumentos que precisam operar por longos períodos de tempo distantes das pessoas e outras fontes de energia, tais como nas sondas espaciais.

Se a um novo elemento tiver que se atribuir o nome de uma pessoa, a solução (novamente, com a exceção do seabórgio) é a escolha de pessoas importantes que seguramente estão mortas, como os Curies. Novos elementos também são às vezes nomeados pelo lugar onde foram descobertos, o que é uma pequena saída autopromocional. Se você é um cientista nuclear líder na Universidade da Califórnia, em Berkeley, qualquer um já sabe disso. E, nessa condição, se você tem um elemento para ser nomeado, digamos, berquélio (97), o nome do local seria o melhor que poderia sugerir, depois de você mesmo. Foi exatamente o que aconteceu com o berquélio.

Fonte: *Os elementos*: uma exploração visual dos átomos conhecidos no universo, de T. Gray. São Paulo: Blücher, 2011.

CSU ARCHIVES/EVERETT COLLECTION/GLOW IMAGES

Casal Curie fotografado em seu laboratório em Paris, França, no ano de 1904. Marie Curie foi a primeira pessoa a receber o Prêmio Nobel duas vezes. O primeiro foi o Prêmio Nobel de Física por seus trabalhos sobre a radioatividade, em 1903, atribuído a ela, a seu marido Pierre Curie (1859-1906) e, também, ao físico francês Antoine Henri Becquerel (1852-1908). O segundo foi o Prêmio Nobel de Química, em 1911, pela descoberta dos elementos rádio e polônio.

Cúrio

Símbolo

Cm

Número atômico

96

Níveis de energia

7

(Imagem sem escala; cores-fantasia.)

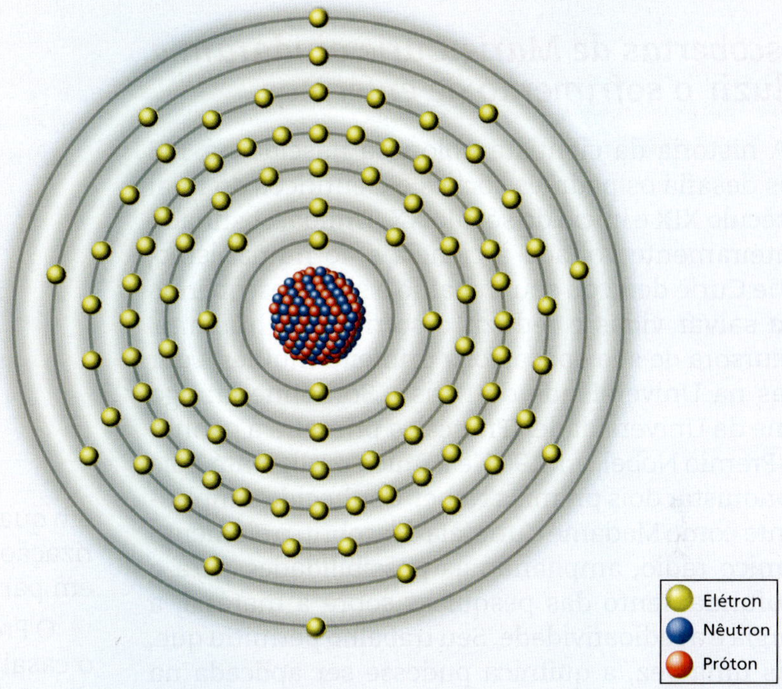

Obter informações

1. Responda às questões.

a) Quais foram os cientistas que descobriram o elemento cúrio?

b) Qual é a origem do nome do elemento químico cúrio?

c) Por que um elemento químico dificilmente será batizado com o nome de seu descobridor?

d) O nome de um elemento químico não pode ser atribuído por qualquer pessoa. Copie o trecho do texto que indica isso.

Trocar ideias sobre o tema

2. O autor também afirma que um elemento não poderia receber o nome de um único cientista, já que em sua descoberta estão envolvidos os trabalhos de outros pesquisadores também. Reúna-se com alguns colegas e formem um grupo. Discutam:

a) Vocês já viram casos em que o crédito ou o descrédito de um trabalho que teve a participação de várias pessoas foi atribuído a uma única pessoa? Dê exemplos de outras áreas (música, esporte, política etc.).

b) Se alguém desse somente a um de vocês o mérito por um trabalho que foi realizado em grupo, o que vocês fariam? Aceitariam ou não? Expliquem suas decisões.

Compartilhar

3. Em jornais ou em *sites* de notícias, pesquisem artigos sobre trabalhos científicos. Analisem as informações apresentadas: a quem o trabalho é atribuído? Você acredita que há mais pessoas envolvidas do que os nomes citados na notícia?

4. A forma como as notícias são divulgadas pode influenciar a opinião das pessoas sobre como a Ciência funciona? Conversem em grupo e produzam um texto dissertativo apresentando suas principais ideias. Atenção à clareza das informações: avaliem se seus argumentos são coerentes.

Pensar e comunicar-se com clareza

Antes de produzir o material, listem todas as ideias do grupo e os argumentos apresentados. Avaliem e selecionem quais são os mais coerentes. Na produção de textos, é importante apresentar as ideias de forma clara e organizada e argumentá-las com base em fatos.

Texto 1

Descobertas de Marie Curie ajudaram a reduzir o sofrimento de enfermos

A história da cientista polonesa nascida há 143 anos desafia os padrões sociais e científicos do final do século XIX e início do século XX. Tímida, obstinada e inteiramente voltada à ciência e ao humanismo, Marie Curie dedicou seu trabalho e suas descobertas para salvar vidas e reduzir o sofrimento humano. Precursora de sua época, foi a primeira mulher a dar aulas na Universidade de Paris – Sorbonne [antigo nome da Universidade] (França), a primeira a ganhar um Prêmio Nobel, em 1903, e a única mulher até hoje a conquistar dois prêmios Nobel. Conhecida simplesmente como Madame Curie, ela descobriu o elemento químico rádio, ampliando as possibilidades para o aprofundamento das pesquisas sobre a matéria, a energia e a radioatividade. Seu trabalho permitiu que, mais uma vez, a química pudesse ser aplicada na área médica, sobretudo nos tratamentos de cânceres.

Maria Sklodowska nasceu em Varsóvia, na Polônia, em 7 de novembro de 1867, quando o país vivia sob domínio do Império Russo. Seus pais eram professores e a família levava uma vida humilde. Em 1883, terminou o ensino médio com excelentes notas. Decidida a continuar seus estudos científicos em Paris, teve de trabalhar como tutora de crianças para juntar dinheiro e viabilizar a viagem. Queria estudar matemática e física na Sorbonne e planejava voltar à Polônia depois de obter o diploma de licenciatura nestas áreas.

Em 1891, com 24 anos de idade, ela chegou à capital francesa para estudar. Mudou o nome para Marie, e concluiu a Licenciatura em Física e Ciências Matemáticas na Sorbonne. Seus planos de voltar para a Polônia mudaram quando um amigo a apresentou a Pierre Curie, cientista e professor da escola municipal de Física e Química Industrial. Um ano depois, em 1895, eles se casaram. Tiveram duas filhas, Irène, nascida em 1897, e Eve, em 1904. Marie e Pierre trabalhavam juntos em seu laboratório desenvolvendo pesquisas que mais tarde lhes dariam o Prêmio Nobel de Física. [...]

Em 1898, o casal descobriu dois novos elementos radioativos: o rádio, cujo nome deriva da palavra latina "raio", e o polônio, que ganhou este nome em homenagem à terra natal de Marie. Madame Curie desenvolveu métodos para separar o rádio dos resíduos radioativos em quantidades suficientes para permitir sua caracterização e o estudo minucioso de suas características, em particular as propriedades terapêuticas.

Marie Curie fotografada na França em 1894.

O Prêmio Nobel de Física de 1903 foi dividido entre o casal Curie e Henri Becquerel, que descobriu a radioatividade espontânea. Marie e Pierre Curie ficaram com metade do prêmio por sua pesquisa sobre o fenômeno da radiação descoberto por Becquerel. Marie Curie estudou a radiação de todos os elementos radioativos conhecidos, incluindo urânio e tório, o qual ela descobriu mais tarde que também é radioativo. Em 1911 ela foi premiada com o Nobel novamente, desta vez com o de Química, por suas descobertas e estudos dos elementos rádio e polônio. Depois de conquistar o segundo Nobel, ela passou a trabalhar para construir o Instituto do Rádio, em Paris, onde pesquisaria as aplicações da radioterapia na medicina. [...]

Madame Curie morreu na cidade francesa de Savoy em 4 de julho de 1934 [...].

Fonte: *Primeira mulher a ganhar o Prêmio Nobel inspirou comemoração.* Disponível em: <http://www.crq4.org.br/informativomat_958>. Acesso em: mar. 2014.

Texto 2

Marie Curie veio ao Brasil em 1926 e por aqui passou 45 dias

Muitos não sabem, mas o Brasil dos anos 1920 foi destino de importantes celebridades do mundo científico, que aqui vieram para dar aulas, visitar centros de pesquisas e conhecer as potencialidades de uma nação que começava a despertar para as ciências.

Depois das passagens dos físicos Albert Einstein e Paul Langevin, dos matemáticos Jacques Hadamard e Émile Borel e do antropólogo Paul Rivet, em 1926 foi a vez de o País receber Marie Curie [...]

Madame Curie, como ficou conhecida, passou 45 dias no Brasil. Começou pelo Rio de Janeiro, onde desembarcou no dia 15 de julho, acompanhada da filha mais velha, Irène [...]

Apesar de o Brasil do começo do século passado ocupar uma posição modesta nas pesquisas de vanguarda, a vinda dessas celebridades ao País despertava grande interesse por parte da mídia. A chegada de Curie ao Rio, por exemplo, fez com que repórteres de vários jornais fossem acompanhar seu desembarque e depois produzissem várias matérias sobre sua vida. Algumas das conferências que ela fez foram transmitidas pela **Rádio Sociedade do Rio de Janeiro** [...].

Entre seus principais compromissos em São Paulo estava a palestra sobre radiologia, realizada no mesmo dia de sua chegada, no anfiteatro da Faculdade de Medicina, no bairro de Pinheiros. Para um auditório repleto de professores, estudantes, médicos e "muitas senhoras e senhoritas", como registrou uma reportagem do jornal **O Estado de S. Paulo** [...].

Partindo de São Paulo, Marie Curie e sua filha chegaram no dia 16 de agosto em Belo Horizonte. Segundo o professor João Amilcar Salgado, fundador do Centro de Memória da Medicina de Minas Gerais (Cememor), o interesse de Madame Curie na capital mineira era visitar o Instituto do Rádio, primeiro hospital das Américas dedicado ao tratamento do câncer. [...]

No dia seguinte, a cientista fez, na Faculdade de Medicina, uma conferência sobre a radioatividade e suas aplicações. Na plateia, estudantes que depois se tornariam personalidades famosas no País: Juscelino Kubistchek, ex-presidente, Pedro Nava e João Guimarães Rosa, que se notabilizaram no campo da literatura. [...]

Fonte: *Inspiradora do AIQ fez conferências no Rio, São Paulo e Minas Gerais.* Disponível em: <http://www.crq4.org.br/?p=informativo_mat.php&id=966>. Acesso em: mar. 2014.

MUSÉE CURIE - INSTITUTE CURIE

Marie Curie e sua comitiva no Pão de Açúcar, no Rio de Janeiro, durante visita ao Brasil. A cientista é a quinta pessoa da esquerda para a direita, e sua filha Irène, a sétima pessoa. (Rio de Janeiro, RJ, 1926.)

Atividades

OBTER INFORMAÇÕES

1. Qual é o assunto principal comum aos textos 1 e 2?
2. Quais são os elementos químicos que foram descobertos pelo casal Curie?
3. Explique com suas palavras o trecho do texto 2 que afirma que o Brasil no começo do século passado ocupava "uma posição modesta nas pesquisas de vanguarda".

INTERPRETAR

4. Explique por que a história de Marie Curie desafiava os padrões sociais e científicos do final do século XIX e início do século XX.
5. Na sua opinião, sabendo que Marie Curie é a única mulher contemplada com dois Prêmios Nobel, atualmente ela ainda seria considerada uma pioneira? Justifique sua resposta.
6. Madame Curie teve uma importante participação na história da Ciência. Indique trechos dos textos 1 e 2 que demonstrem a importância dessa pesquisadora.
7. Quais foram as prováveis atitudes que fizeram com que Marie Curie ganhasse destaque na carreira científica?
8. A chegada de Madame Curie ao Rio de Janeiro despertou grande interesse por parte da mídia. Podemos afirmar que a Ciência era valorizada nessa época? Quais fatos comprovam essa afirmação?

UNIDADE

3 SUBSTÂNCIAS PURAS E MISTURAS

COMO SE OBTÉM O POLVILHO?

O polvilho, conhecido em algumas regiões como tapioca ou goma, é um produto extraído da mandioca. Para obtê-lo, a mandioca é descascada, ralada e lavada. A água da lavagem deve ficar em repouso, para que o polvilho em suspensão possa decantar e se depositar no fundo do recipiente. Após essa etapa, a mistura é filtrada e a água é descartada; o que sobra é uma massa branca, o polvilho. Ele deve ser seco e peneirado para se transformar em pó, que pode ser utilizado para preparar diversas receitas.

GLOSSÁRIO

Suspensão: ocorre quando partículas sólidas não se dissolvem em um líquido e ficam dispersas nele. Essas partículas podem se depositar na superfície do líquido ou no fundo do recipiente, dependendo da densidade de cada um.

PIXBOX77/SHUTTERSTOCK

Da raiz da mandioca são obtidos o polvilho e a farinha.

J.L.BULCÃO/PULSAR IMAGENS

A tapioca, preparação de origem indígena, é um tipo de panqueca feita com o polvilho extraído da mandioca.

FLAVYA MUTRAN/FOLHAPRESS

O tacacá é um prato típico da região amazônica, feito de tucupi (caldo amarelo extraído da mandioca brava), goma de tapioca (polvilho misturado com água), camarão seco, folhas verdes de jambu e chicória, sal, alho e pimenta-de-cheiro.

Por que estudar esta Unidade?

A água que chega limpa às nossas casas, o sal que utilizamos para cozinhar e temperar alimentos e muitos outros produtos utilizados em nosso dia a dia têm algo em comum: passaram por um processo de separação de misturas para chegar ao produto final que conhecemos. É importante reconhecer de onde vêm as inúmeras substâncias que manipulamos todos os dias e o que precisamos fazer para obtê-las.

Começando a Unidade

1. Qual é a matéria-prima do polvilho? Qual é o processo necessário para obtê-lo?
2. O que acontece com a água quando a colocamos no congelador? E com o removedor de esmalte quando esquecemos seu frasco aberto? E com um portão de ferro (sem pintura e proteção) que fica exposto à chuva? Em quais desses processos há formação de novos materiais?
3. Você já viu um alimento, como a carne-seca, a carne-de-sol ou o charque, ser dessalgado? De que maneira é realizada a retirada do excesso de sal?

FABIO COLOMBINI

Índia da tribo Kalapalo rala a mandioca para extrair o polvilho. Os índios já dominavam a técnica da extração do polvilho muito antes de os colonizadores portugueses chegarem ao Brasil. (Parque Indígena do Xingu, MT, 2011.)

TEMA

1 Substâncias puras e misturas

Os materiais podem ser formados por substâncias puras ou misturas.

Uma classificação dos materiais

Os materiais encontrados na natureza ou produzidos pelo ser humano podem ser classificados, de acordo com seus constituintes, em dois grupos: **substâncias puras** e **misturas**.

Substância pura

Em Química, **substância pura**, ou simplesmente substância, é um material formado por um único tipo de partícula. As substâncias puras podem ser **simples**, quando são formadas por um único tipo de elemento químico, ou **compostas**, quando há apenas um tipo de composto químico.

São exemplos de substâncias puras simples: o gás hélio, constituído de átomos isolados do elemento químico He, e o gás nitrogênio, formado por moléculas de N_2. Já a água pura (H_2O) e o cloreto de potássio ($KC\ell$) são exemplos de substâncias puras compostas. Vale lembrar que a água potável, que consumimos no dia a dia, não é considerada uma substância pura porque apresenta outros compostos em sua composição, como os sais minerais.

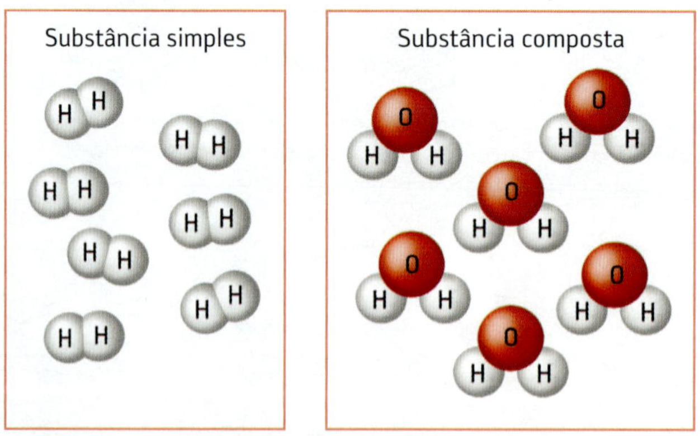

O gás hidrogênio apresenta apenas um tipo de elemento químico, o hidrogênio (H), por isso é considerado uma substância simples. A água pura é uma substância composta formada por um mesmo tipo de molécula, o H_2O. Ambos são exemplos de substâncias puras. (Imagens sem escala; cores-fantasia.)

As substâncias puras podem ser diferenciadas e identificadas por suas propriedades específicas, como ponto de fusão, ponto de ebulição, densidade, cor, dureza etc.

Para identificar uma substância pura, podem ser consultados livros e tabelas que reúnem dados de referência como ponto de fusão e de ebulição, calculados sob condições de análise específicas (pressão, temperatura etc.). Se uma amostra de determinado material for analisada sob essas mesmas condições e apresentar valores diferentes dos tabelados, ficará comprovado que não se trata de uma substância pura.

Mistura

Quando duas substâncias se combinam para formar um ou mais produtos diferentes, dizemos que houve uma **reação química**. As reações químicas serão estudadas mais detalhadamente na próxima unidade. No entanto, nem sempre os elementos químicos ou os compostos moleculares e iônicos das substâncias reagem entre si. Às vezes, eles somente se misturam, sem que nenhuma reação ocorra; as misturas são, portanto, **fenômenos físicos**, em que não há alteração da composição química de nenhum dos componentes.

Uma mistura de gases nobres, por exemplo, como o gás argônio (Ar) e o gás xenônio (Xe), é composta apenas de elementos químicos. Já o ar atmosférico é uma mistura de diferentes gases, como o gás oxigênio (O_2), o gás nitrogênio (N_2) e outros gases (incluindo os nobres) em menor proporção.

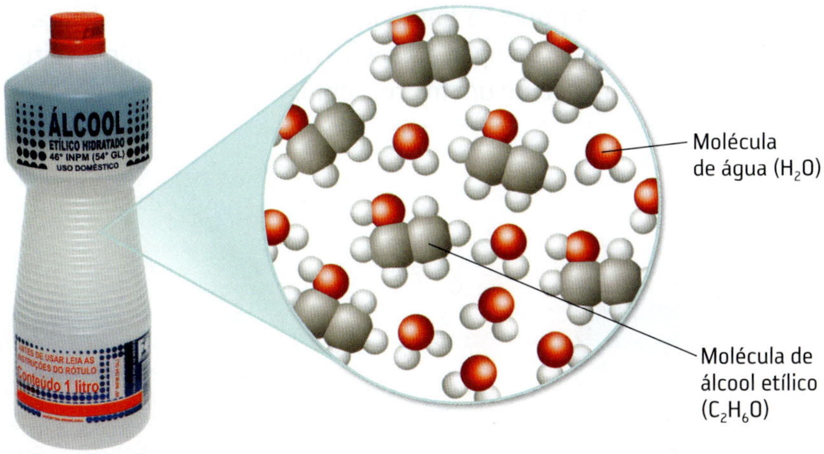

FERNANDO FAVORETTO/CRIAR IMAGEM

O álcool vendido nos supermercados não é uma substância pura, mas uma mistura de água e álcool etílico. (Ampliação meramente ilustrativa. Os átomos não estão em escala e a interação entre eles não representa a realidade.)

Os materiais que compõem os seres vivos, como a seiva das plantas, por exemplo, também são misturas. O petróleo é uma mistura de diversas substâncias da qual podem ser obtidos a gasolina, o óleo *diesel* e a parafina. Muitos dos materiais produzidos pelo ser humano também são misturas, como as ligas metálicas, entre elas, o aço, o bronze e o latão.

SEVER180/SHUTTERSTOCK

O aço inoxidável é uma mistura de ferro, carbono e pequenas quantidades de níquel e de cromo.

Animação

Substâncias puras e misturas

GLOSSÁRIO

Liga metálica: mistura em que um ou mais componentes são metais.

De olho no tema

Em um recipiente, há um material formado por moléculas do tipo **I** e do tipo **II**. As moléculas do tipo **I** são formadas por dois átomos **A**. As moléculas do tipo **II** são formadas por três átomos: **A**, **B** e **C**.

1. Desenhe, de forma simbólica, o conteúdo desse recipiente, imaginando que há duas moléculas de cada tipo.
2. Nesse recipiente, temos um exemplo de substância simples ou de mistura? Justifique sua resposta.

TEMA

2 Misturas homogêneas e heterogêneas

Misturas homogêneas possuem apenas uma fase. Misturas heterogêneas têm duas fases ou mais.

Tipos de misturas

As misturas podem ser classificadas em **homogêneas** ou **heterogêneas**, de acordo com o número de **fases** que apresentam. Fase é cada parte uniforme que pode ser reconhecida em um sistema. **Sistema** é o nome dado para especificar uma porção limitada de matéria que se deseja estudar. Essa identificação nem sempre é visível a olho nu; em algumas situações, é preciso recorrer ao uso de um microscópio.

STUDIOVIN/SHUTTERSTOCK

Apesar de parecer que apresenta apenas uma fase, o leite possui gotículas de gordura em suspensão que podem ser observadas com o auxílio de um microscópio. Essa gordura é percebida quando aquecemos o leite e observamos a formação da nata.

FABIO YOSHIHITO MATSUURA/MOSAICO FOTOGRAFIA

A água mineral é uma mistura porque contém sais minerais. Como esses sais minerais estão dissolvidos na água, essa mistura apresenta apenas uma fase.

JAVIER JAIME SANCHEZ

Água e óleo não se misturam e, como é fácil perceber visualmente, formam um sistema de duas fases.

Misturas homogêneas ou soluções

São aquelas com apenas uma fase. As misturas homogêneas são também chamadas **soluções**. Uma solução pode ser formada por sólidos, líquidos ou gases. A água mineral, o ar e o latão são exemplos de soluções.

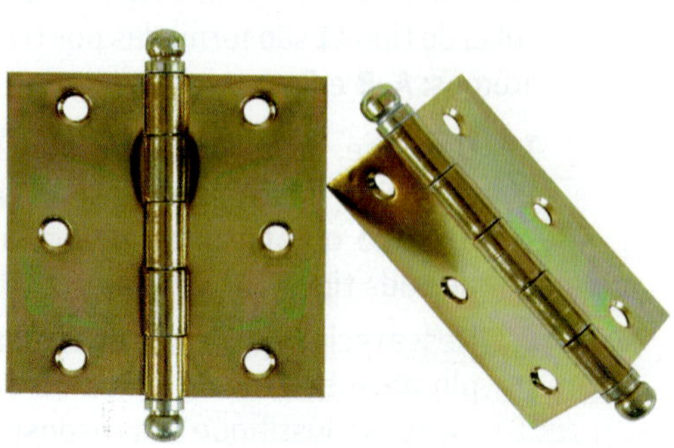

K. MIRI PHOTOGRAPHY/SHUTTERSTOCK

O latão é uma mistura homogênea (apresenta apenas uma fase). Ele é uma liga de cobre e zinco utilizado na produção de dobradiças. No latão, não é possível diferenciar o cobre do zinco.

ANDREY_KUZMIN/SHUTTERSTOCK

O copo contém água e sal. Considerando apenas a fase líquida, essa é uma mistura homogênea, pois todo o sal está dissolvido na água.

Os componentes de uma solução são chamados **solvente** e **soluto**.

- **Solvente**: é a substância presente em maior quantidade e capaz de dissolver a outra, o soluto. A quantidade de solvente em uma solução é geralmente expressa em termos de seu volume, cujas unidades de medida podem ser o metro cúbico (m^3), o litro (L), o mililitro (mL), entre outras.

  Por ser capaz de dissolver um grande número de substâncias, a água é chamada de **solvente universal**. As soluções nas quais a água é o solvente são chamadas **soluções aquosas**.

- **Soluto**: é a substância presente em menor quantidade, que é dissolvida em um solvente. A quantidade de soluto em uma solução é geralmente expressa em termos de sua massa, cujas unidades de medida podem ser o grama (g), o quilograma (kg), o miligrama (mg), entre outras. O soluto nem sempre é um sólido, apesar de estar expresso em unidades de massa.

Uma das características de uma solução é sua **concentração**. A concentração expressa a proporção entre a quantidade de soluto presente em certa quantidade de solução. Assim, quanto maior for a quantidade de soluto em determinada quantidade de solução, maior será sua concentração.

Quando adicionamos solvente a uma solução, estamos diluindo essa solução, isto é, diminuindo sua concentração. Por outro lado, quando adicionamos soluto, estamos concentrando a solução, isto é, aumentando sua concentração.

Há um limite para a quantidade de soluto que podemos dissolver em um determinado solvente. Quando dissolvemos açúcar na água, por exemplo, é necessário agitar a mistura e esperar um pouco para que o açúcar se dissolva. No entanto, se a quantidade de açúcar ultrapassar certo limite, haverá a deposição dele no fundo do recipiente, isto é, não será possível dissolver o excesso – por mais que agitemos a mistura. O limite máximo de soluto que pode ser dissolvido em determinado solvente é chamado de **ponto de saturação**.

CARLOS LUVIZARI

Solução aquosa de café: o café é o soluto e a água é o solvente. Quanto maior a quantidade de água, menor a concentração de café.

Como diferenciar uma mistura homogênea de uma substância pura?

Algumas misturas homogêneas podem apresentar o mesmo aspecto de uma substância pura. É o caso de uma solução de água e sal, idêntica visualmente à água pura. Imagine que você recebeu duas amostras não identificadas para determinar qual delas é a de água pura – lembrando que não é seguro experimentar nenhum líquido desconhecido.

Para fazer a diferenciação, você pode analisar algumas propriedades específicas, como a densidade. A água pura apresenta densidade igual a 1 g/cm^3. Caso a amostra analisada apresente valor diferente desse, então esta seria a amostra da solução de água e sal e a outra, a de água pura.

Outra forma de analisar as amostras é comparar os pontos de fusão e de ebulição. A água pura, ao nível do mar, apresenta pontos de fusão (0 °C) e de ebulição (100 °C) constantes, como foi visto no Tema 4 da Unidade 1.

KARRAMBA PRODUCTION/ SHUTTERSTOCK

Não é possível diferenciar a água pura de uma solução de água e sal analisando apenas o aspecto visual.

Substâncias puras, quando aquecidas, mantêm a temperatura constante durante a fusão e a ebulição. O mesmo não ocorre com as misturas. O gráfico abaixo mostra a curva de aquecimento de uma solução de sal e água. Observe o que acontece nos pontos de fusão e de ebulição.

AQUECIMENTO DE UMA SOLUÇÃO DE SAL E ÁGUA

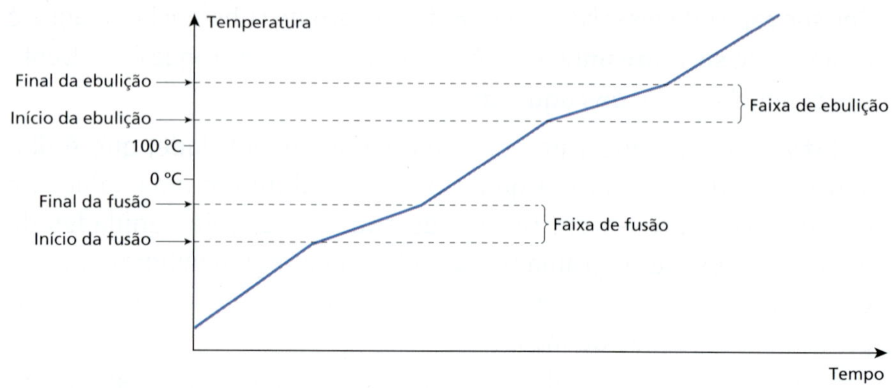

Nas mudanças de estado físico de uma mistura, não existem os pontos de ebulição e de fusão, porque a temperatura não se mantém constante do início ao fim em cada um desses processos.

Dessa maneira, a amostra que apresentasse os pontos de fusão e de ebulição constantes durante o aquecimento poderia ser identificada como a de água pura.

Misturas heterogêneas

Misturas heterogêneas são aquelas que possuem duas ou mais fases.

Algumas misturas heterogêneas, como o leite, a gelatina, o sangue e algumas tintas, apresentam aspecto homogêneo quando analisadas a olho nu, mas quando analisadas com o auxílio de um microscópio apresentam aspecto heterogêneo.

JOYCE PHOTOGRAPHICS/SCIENCE SOURCE/LATINSTOCK

Fragmento de granito com cerca de 10 cm de comprimento. O granito é uma mistura heterogênea. Veja que é possível distinguir pelo menos três componentes ou fases de cores diferentes.

ANDREY_KUZMIN/SHUTTERSTOCK

Se colocarmos uma tampa no copo com água e sal e considerarmos todo o seu conteúdo, teremos uma mistura heterogênea composta de duas fases: a fase gasosa, formada pelo ar atmosférico, e a fase líquida, formada por água e sal.

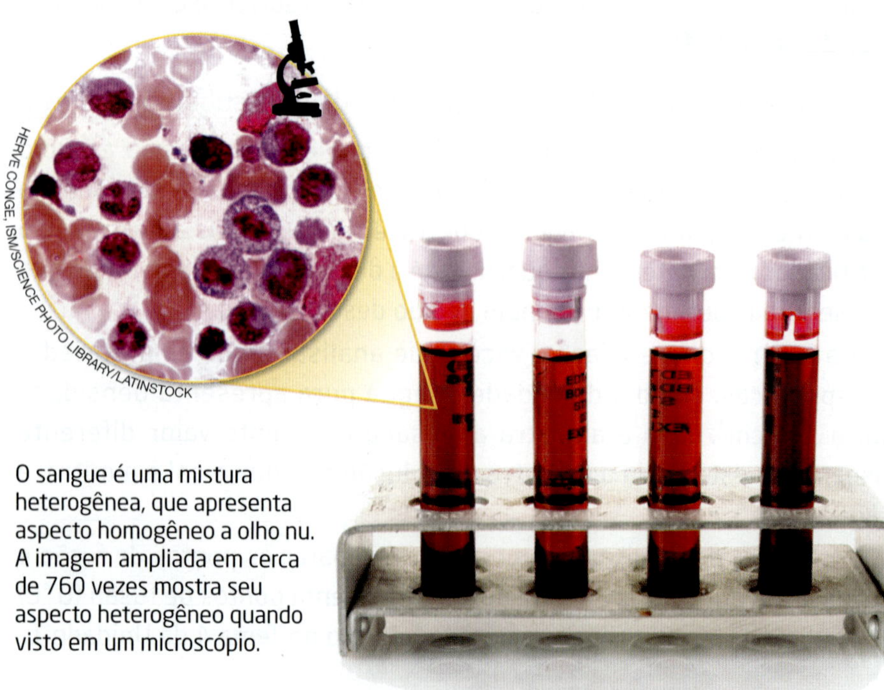

HERVE CONGE, ISM/SCIENCE PHOTO LIBRARY/LATINSTOCK

AFRICA STUDIO/SHUTTERSTOCK

O sangue é uma mistura heterogênea, que apresenta aspecto homogêneo a olho nu. A imagem ampliada em cerca de 760 vezes mostra seu aspecto heterogêneo quando visto em um microscópio.

TECNOLOGIA EM PAUTA

A crioscopia e o leite adulterado

A temperatura de congelamento do leite é mais baixa do que a da água devido ao efeito das substâncias dissolvidas no leite, principalmente a lactose e os sais minerais. O índice crioscópico ou crioscopia é a medida do ponto de congelamento do leite ou da depressão [diminuição] do ponto de congelamento do leite em relação ao da água. O ponto de congelamento máximo do leite aceito pela legislação brasileira é –0,512 °C. Como essa é uma das características físicas mais constantes do leite, é usada para detectar adulteração do leite com água. Quando se adiciona água ao leite, o ponto de congelamento aumenta em direção ao ponto de congelamento da água (0 °C). [...]

A determinação de fraude no leite por adição de água é a aplicação mais usual da crioscopia em laticínios. O teste é realizado em um aparelho denominado crioscópio, no qual a amostra do leite é congelada e o ponto de congelamento é lido em um termômetro muito preciso.

GERSON SOBREIRA/TERRASTOCK

Alguns produtores adulteram o leite, adicionando água para aumentar sua produção.

Fonte: *Crioscopia*, de M. A. Brito, E. Arcuri, C. Lange, M. Silva e G. Souza. Agência de informação Embrapa. Disponível em: <http://www.agencia.cnptia.embrapa.br/Agencia8/AG01/arvore/AG01_185_21720039246.html>. Acesso em: abr. 2014.

Saiba mais!

NANOPARTÍCULAS

Algumas misturas heterogêneas são consideradas suspensões coloidais. Nesse tipo de mistura, as partículas em suspensão são tão pequenas que permanecem homogeneamente distribuídas por todo o líquido, sem se depositar no fundo do frasco que as contém, lembrando o aspecto de soluções verdadeiras.

Quando as partículas estão em dimensões tão reduzidas, outros fenômenos podem ocorrer. Por exemplo: o ouro (um metal amarelo e brilhante), quando reduzido ao tamanho de nanopartículas (10.000 vezes menor que o diâmetro de um fio de cabelo, que tem aproximadamente 0,1 mm), pode formar coloides vermelhos, como mostra a foto abaixo.

Imagem vista em microscópio eletrônico de varredura das nanopartículas de ouro com 15 nanômetros de diâmetro.

DAVID MCCARTHY/SCIENCE PHOTO LIBRARY/LATINSTOCK

LUIS FERNANDO FURTADO

Suspensão coloidal de ouro em água.

De olho no tema

O chá é uma solução obtida pela dissolução de substâncias presentes em folhas, flores e raízes de vegetais em água quente. Observe a imagem e responda às questões.

GRESEI/SHUTTERSTOCK

1. Por que não podemos afirmar que o chá é uma substância pura?
2. O chá é uma mistura homogênea ou heterogênea? Explique sua resposta.

ATIVIDADES

TEMAS 1 E 2

ORGANIZAR O CONHECIMENTO

1. **A tabela abaixo apresenta os valores obtidos por um estudante ao realizar análises em um laboratório. Copie a tabela no seu caderno e determine se as amostras são substâncias puras ou misturas, fazendo um X na coluna correspondente.**

Substância	Ponto de fusão (referência)	Amostras	Substância pura	Mistura
Sal de cozinha	801 °C	A1: 999 °C		
		A2: 799 °C		
Alumínio	660 °C	A1: 662 °C		
		A2: 695 °C		
Prata	962 °C	A1: 959 °C		
		A2: 987 °C		

2. **Quantas fases possui cada sistema a seguir?**

a) Água do mar.
b) Chá adoçado com pouco açúcar.
c) Bebida refrigerante.
d) Mistura de areia, água e óleo.
e) Óleo de soja.
f) Barra de ferro.

3. **Classifique as representações abaixo em substância pura ou mistura.**

a) 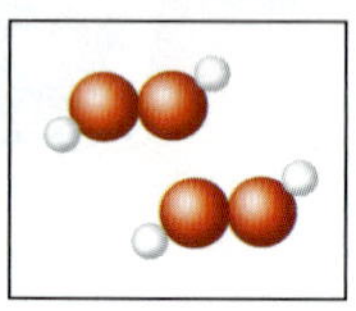

c) 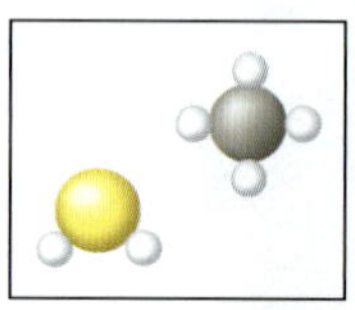

b) 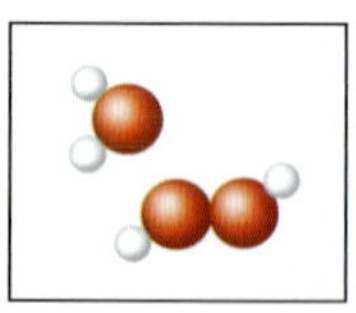

d) 

ANALISAR

4. **Um estudante realizou um experimento envolvendo água e um pedaço de sabão sólido. Na primeira parte de seu experimento, o estudante colocou o pedaço de sabão dentro de um copo e adicionou água. Ele observou que o pedaço de sabão não se alterou. Na segunda parte do experimento, com o auxílio de uma espátula, o estudante mexeu a mistura sabão + água até que o sabão dissolvesse por completo. Ele observou que a água se tornou levemente turva e não apresentava espuma.**

- Utilize os termos *sistema*, *mistura* e *fase(s)* para descrever as observações do estudante em relação à primeira e à segunda parte do experimento.

5. **Ao apresentar a imagem abaixo para um grupo de alunos, o professor afirmou que o copo está sempre cheio.**

TROYDESIGN/SHUTTERSTOCK

- Você concorda com o professor? Explique sua resposta.

6. **Classifique as representações a seguir em:**

- substância pura: simples ou composta; ou
- mistura: de substâncias simples; ou de substâncias simples e compostas.

a) 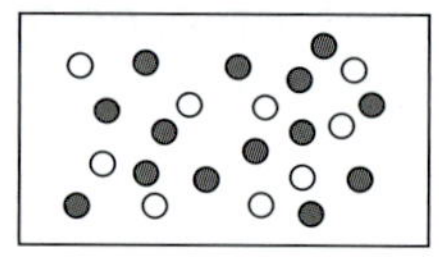

d) 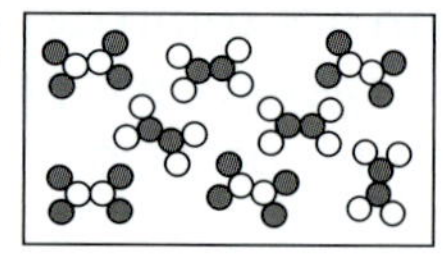

b) 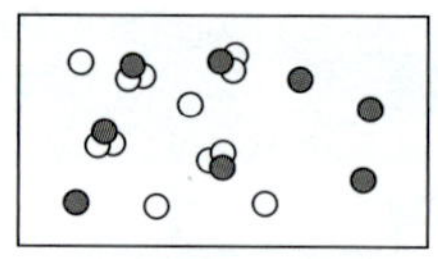

e) 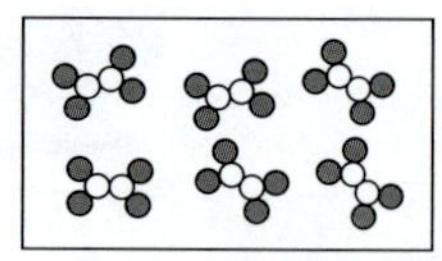

c) 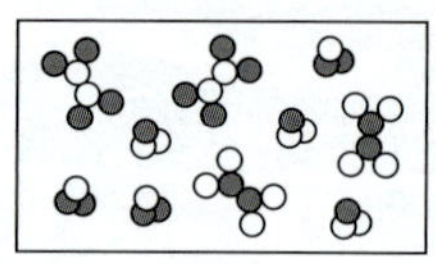

f) 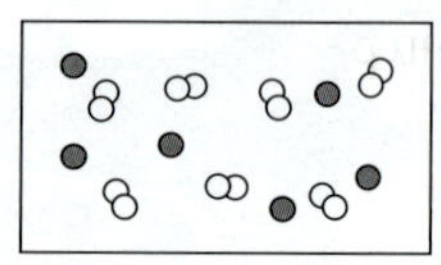

7. **Leia e responda.**

O gráfico abaixo apresenta a curva de aquecimento de duas amostras hipotéticas denominadas **A1** e **A2**. No início do experimento, as duas amostras encontram-se no estado sólido e, ao final, no estado de gasoso.

- Qual delas é uma substância pura? Qual delas é uma mistura? Justifique.

CURVA DE AQUECIMENTO DAS AMOSTRAS A1 E A2

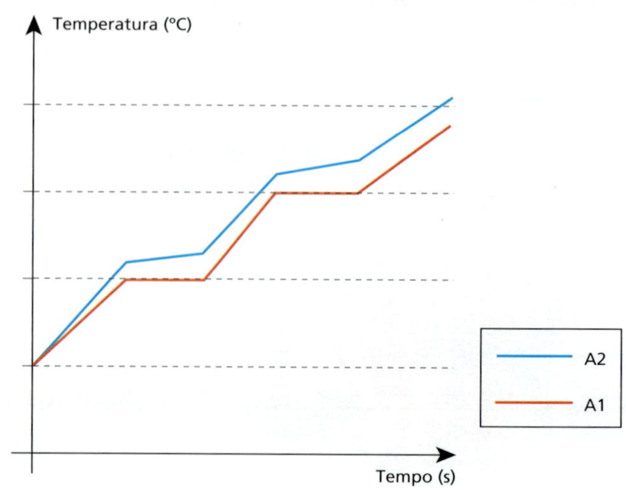

André Rebouças

Um desafio: escreva o nome de três cientistas de origem europeia e três cientistas afrodescendentes, de qualquer lugar do mundo. Foi difícil?

Talvez você já tenha ouvido falar de André Rebouças. Se for morador de São Paulo, pode significar uma avenida; se morar no Rio de Janeiro, um túnel.

Nascido em 1838 no município de Cachoeira, na Bahia, André Rebouças formou-se em Engenharia e Ciências Físicas pela Escola Militar do Rio de Janeiro. Passou alguns anos estudando na Europa, onde se especializou em Engenharia Naval. Ao retornar ao Brasil, André ingressou no exército brasileiro, então em guerra contra o Paraguai. Como engenheiro militar, ele inventou um dispositivo bélico que podia ser projetado na água para afundar navios. A esse dispositivo foi dado o nome de torpedo. Também implementou técnicas de engenharia até então desconhecidas no Brasil, como a do concreto armado.

Depois da carreira militar, André tornou-se um ferrenho abolicionista, usando a fortuna que construiu para fortalecer a luta pelo fim da escravidão. Por fim, exilou-se na ilha da Madeira, situada no Oceano Atlântico a sudoeste da costa portuguesa, onde morreu em 1898.

MUSEU HISTÓRICO NACIONAL

Retrato de André Pinto Rebouças. Pintura a óleo sobre tela de Rodolpho Bernardelli (1852-1931).

Atividades

1. **As informações sobre André Rebouças foram extraídas do livro *Negros e negras inventores*, *cientistas e pioneiros*, de Carlos Machado. Nessa obra, o autor afirma que a imagem do negro está muito mais associada ao trabalho braçal, aos esportes e à música, mas raramente se fala de intelectuais e cientista negros. Tomando como base os meios de divulgação (jornais, revistas e internet), você concorda com o autor?**
2. **Ao longo da história, alguns cientistas usaram falsos resultados experimentais para afirmar que os europeus tinham o cérebro maior e mais desenvolvido e, portanto, eram mais inteligentes que negros ou asiáticos. Discuta com seus colegas: como a ciência pode ser usada para reforçar ou eliminar preconceitos?**
3. **Na turma, houve mais dificuldades em citar cientistas negros ou brancos? Que explicações vocês dariam para isso?**

TEMA

3 Separação de misturas

Submetendo misturas a processos de separação de seus componentes, é possível obter substâncias puras.

Métodos de separação de misturas

Os métodos de separação de misturas são procedimentos utilizados para separar os componentes que formam uma mistura. Muitas vezes faz-se necessário utilizar mais de um método de separação para se obter o componente de interesse.

Cada método de separação baseia-se nas diferentes propriedades dos componentes da mistura. Alguns dos métodos mais utilizados são a peneiração, a decantação, a filtração, a evaporação, a destilação e a centrifugação.

Peneiração

Misturas de partículas sólidas de diferentes tamanhos podem ser separadas pelo método da peneiração. Nesse processo, a mistura passa por uma peneira que apresenta uma malha com aberturas (orifícios) de tamanho padronizado para reter as partículas que se deseja separar. A peneiração também pode ser aplicada para separar materiais sólidos de líquidos, além de materiais sólidos de gasosos.

Esse método é empregado, por exemplo, para determinar a granulometria de um material, ou seja, a distribuição em porcentagem dos diversos tamanhos de grãos que o compõe. Para conhecer a granulometria de um material, é necessário passá-lo por peneiras de diferentes tamanhos de abertura de malha.

ALEXEY V SMIRNOV/SHUTTERSTOCK

A areia apresenta grãos de diferentes tamanhos. Na construção civil, é importante determinar a granulometria da areia porque ela influencia diretamente na resistência do concreto (mistura de areia, pedra, cimento e cal).

Decantação

A decantação é um método que se baseia na diferença de densidade dos componentes de uma mistura heterogênea. Consiste em deixar a mistura em repouso para que o componente mais denso se deposite no fundo do recipiente (processo de sedimentação); em seguida, o componente menos denso é transferido para outro recipiente.

MÉTODO DE DECANTAÇÃO

FOTOS: FERNANDO FAVORETTO/CRIAR IMAGEM

Mistura heterogênea em repouso.

Sedimentação.

Separação.

A decantação é um dos primeiros processos pelo qual a água retirada dos mananciais passa nas estações de tratamento. Os flocos formados no processo de floculação depositam-se, são separados e a água pode, então, passar para o processo de filtração (leia o texto "Como é feito o tratamento de água?" para entender os termos usados no processo de separação de misturas e aprender mais a respeito de onde vem a água que bebemos).

SAÚDE EM PAUTA

Como é feito o tratamento da água?

[...] Quando pensamos em água tratada normalmente nos vem à cabeça o tratamento de uma água que estava poluída, como o esgoto, para uma que volte a ser limpa. Cabe aqui fazer uma distinção entre tratamento de água e tratamento de esgoto: o tratamento de água é feito a partir da água doce encontrada na natureza que contém resíduos orgânicos, sais dissolvidos, metais pesados, partículas em suspensão e microrganismos. Por essa razão a água é levada do manancial para a Estação de Tratamento de Água (ETA). Já o tratamento de esgoto é feito a partir de esgotos residenciais ou industriais para, após o tratamento, a água poder ser reintroduzida no rio minimizando seu impacto ao ambiente. Podemos dividir o tratamento de água em duas etapas, as quais chamamos de tratamento inicial e tratamento final:

Tratamento inicial:

Não há reações químicas envolvidas, somente processos físicos.

- **peneiramento**: elimina as sujeiras maiores.
- **sedimentação** ou **decantação**: pedaços de impurezas que não foram retirados com o peneiramento são depositados no fundo dos tanques.
- **aeração**: borbulha-se ar com o intuito de retirar substâncias responsáveis pelo mau cheiro da água (ácido sulfídrico, substâncias voláteis etc.).

Tratamento final:

- **coagulação** ou **floculação**: neste processo as partículas sólidas se aglomeram em flocos para que sejam removidas mais facilmente. [...]
- **sedimentação**: os flocos formados vão sedimentando no fundo do tanque "limpando" a água.
- **filtração**: a água da parte superior do tanque de sedimentação passa por um filtro que contém várias camadas de cascalho e areia e assim retira as impurezas menores.
- **desinfecção**: é adicionado na água um composto bactericida e fungicida, como por exemplo o hipoclorito de sódio (água sanitária, NaCℓO), conhecido como "cloro".

Fonte: *Tratamento de água*. Disponível em: <http://www.usp.br/qambiental/tratamentoAgua.html>. Acesso em: abr. 2014.

Filtração

A filtração é um método de separação de misturas heterogêneas, que se baseia na diferença de tamanho das partículas dos componentes. Consiste em passar a mistura por um filtro onde ficará retida parte da mistura que apresentar partículas maiores do que os poros do filtro. Podem ser utilizados como filtros: tecido, papel, areia, argila, carvão, entre outros materiais.

Nas estações de tratamento de esgoto, a filtração da água é feita em grandes filtros de areia; em muitos filtros domésticos, a água é filtrada por meio de cerâmica porosa e carvão; nos laboratórios, a fibra de vidro é utilizada para filtrar misturas que contêm materiais corrosivos. No esquema a seguir é mostrado um sistema de filtração de uma mistura heterogênea sólido/líquido.

Entrando na rede

Veja a animação e o vídeo sobre o tratamento da água disponíveis no *site* da Sabesp (Companhia de Saneamento Básico do Estado de São Paulo): **http://site.sabesp.com.br/site/interna/Default.aspx?secaoId=47**

Acesso em: abr. 2014.

MÉTODO DE FILTRAÇÃO

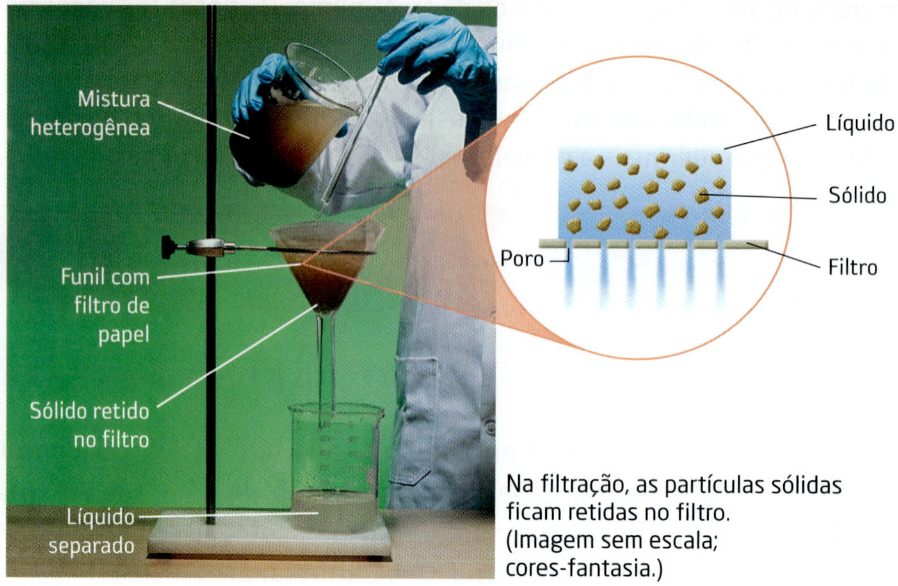

FABIO YOSHIHITO MATSUURA/MOSAICO FOTOGRAFIA

Na filtração, as partículas sólidas ficam retidas no filtro. (Imagem sem escala; cores-fantasia.)

A filtração também pode ser utilizada para separar partículas sólidas misturadas com gases. Por exemplo, as partículas sólidas, lançadas no ar por muitos tipos de indústria, podem ser retidas nas chaminés por filtros especiais. A utilização desses filtros contribui para diminuir a poluição do ar.

Evaporação

O processo de evaporação pode ser utilizado como método de separação de misturas homogêneas no estado líquido, para se obter o componente sólido dissolvido. Por exemplo, o sal marinho pode ser obtido da água do mar de diferentes maneiras. Uma delas é por meio do bombeamento da água do mar para tanques rasos e extensos. Esse formato dos tanques facilita a evaporação da água.

A evaporação de um líquido torna-se mais intensa com o aumento de temperatura, com a extensão da superfície de contato do líquido com o ambiente e com a ventilação.

LUCIANA WHITAKER/PULSAR IMAGENS

Nas salinas, são utilizados tanques de evaporação para a produção de sal. Os aglomerados brancos são montes de sal, resultantes da evaporação da água salgada dos tanques. (Lagoa Vermelha, Araruama, RJ, 2013.)

Destilação

A destilação baseia-se na diferença de temperatura de ebulição das substâncias de uma mistura. É um método utilizado para separar as substâncias presentes em uma solução – por exemplo, uma mistura de água e álcool.

Na destilação, ocorrem duas mudanças de estado: vaporização e condensação. Nos laboratórios utiliza-se um aparelho chamado destilador para separar o **solvente** (substância presente em maior quantidade) do **soluto** (substância em menor quantidade). Para que esse método seja eficiente, o ponto de ebulição das substâncias não pode ser próximo um do outro.

A solução é aquecida no balão de destilação. O componente mais volátil, ou seja, aquele que apresenta menor ponto de ebulição, vaporiza primeiro e passa pelo condensador. O vapor volta a ser líquido por causa do constante fluxo de água (água de refrigeração), que passa por fora do condensador. O líquido é recolhido no frasco de Erlenmeyer. Obtém-se, então, a separação da mistura, pois um dos componentes se encontra no balão de destilação e o outro, no frasco de Erlenmeyer.

FUNCIONAMENTO DO DESTILADOR DE LABORATÓRIO

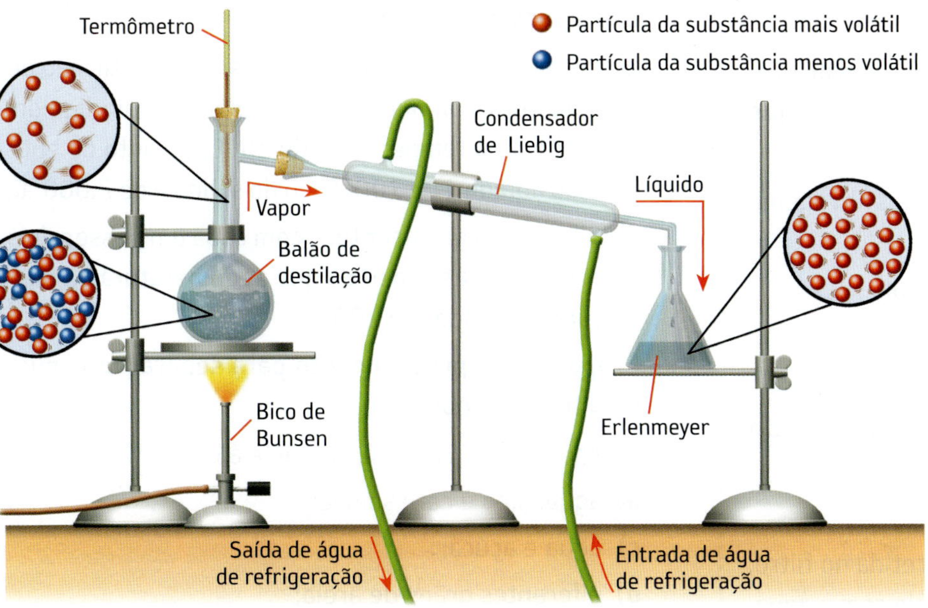

Destilação de uma mistura de duas substâncias não inflamáveis. (Representação sem escala; cores-fantasia.)

A água de torneira, uma mistura de água e sais minerais, muitas vezes passa pelo processo de destilação para ser usada em alguns processos industriais. Essa água ainda não é uma substância pura, ou seja, não é composta apenas de moléculas de água, pois alguns componentes não conseguem ser separados durante o processo de destilação.

Na destilação de uma solução de água e álcool etílico, separa-se primeiro o álcool, que é mais volátil que a água. Assim como o álcool, existem outras substâncias inflamáveis. No caso de misturas que contenham substâncias inflamáveis, deve-se substituir o bico de Bunsen por uma manta de aquecimento, e a destilação deve ser realizada em uma capela de exaustão de vapores, para evitar o risco de explosão. A destilação é o método utilizado nas usinas para obter o álcool etílico do caldo de cana fermentado.

Centrifugação

Alguns processos de separação de misturas podem ser demorados. O uso de uma centrífuga facilita a separação dos componentes da mistura e diminui consideravelmente o tempo desses processos. A centrífuga, assim como nas máquinas de lavar roupa, realiza um movimento de rotação, que gera a força necessária para acelerar a separação de misturas, como a retirada do excesso de água das roupas molhadas e a sedimentação das partículas suspensas em uma mistura.

Esse método é bastante importante quando se faz análise sanguínea, na qual é necessário separar os diferentes componentes do sangue.

MÉTODO DE CENTRIFUGAÇÃO

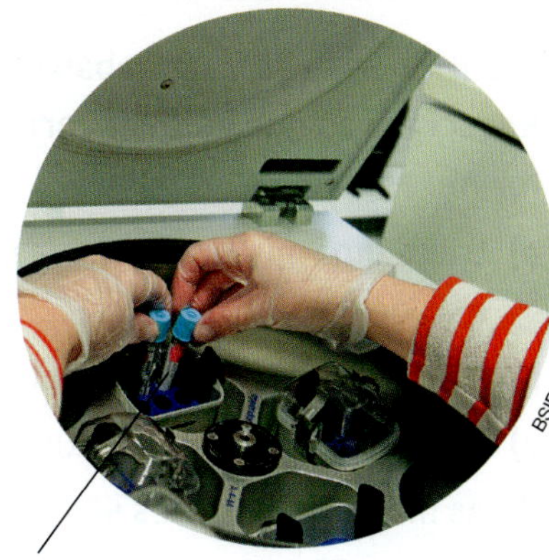

BSIP SA/ALAMY/GLOW IMAGES

A mistura é colocada em um tubo de ensaio, e este, em uma centrífuga.

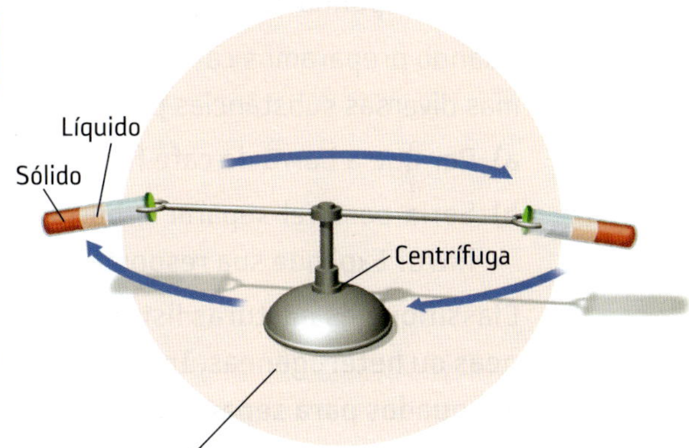

A rápida rotação promovida pela centrífuga separa a mistura em fases distintas.

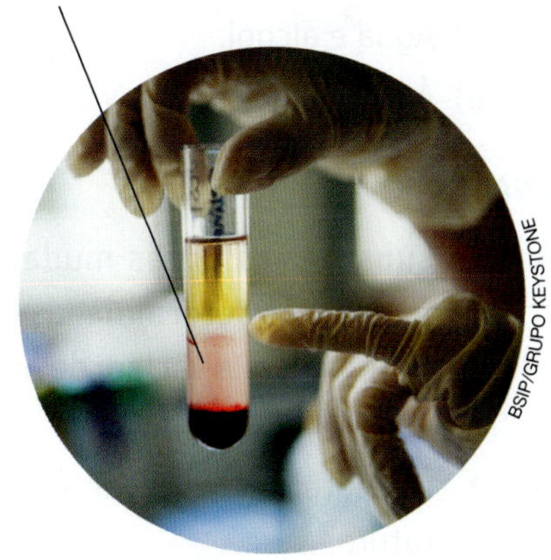

BSIP/GRUPO KEYSTONE

Centrifugação do sangue humano.

De olho no tema

Considerando uma mistura de areia e sal grosso de cozinha, responda:

1. A mistura é homogênea ou heterogênea?
2. De que maneira podemos obter somente a areia dessa mistura?

Vídeo

Separação de misturas

ORGANIZAR O CONHECIMENTO

1. Identifique se as frases abaixo estão corretas ou não. Reescreva as que estão incorretas, corrigindo o que for necessário.

a) O ar é uma mistura formada pelos gases nitrogênio e oxigênio, entre outros.

b) A água potável é uma substância pura.

c) Toda solução é uma mistura homogênea.

d) As misturas de gases são sempre homogêneas.

e) Um material homogêneo é sempre uma substância pura.

2. Leia e responda às questões.

Quando preparamos café, a borra fica retida no filtro, mas diversas substâncias passam por ele com a água.

a) Por que a borra do café fica retida no filtro?

b) Seria possível separar a borra sem o uso de um filtro? Explique sua resposta.

3. Classifique as misturas listadas abaixo em homogêneas ou heterogêneas. Indique também os métodos adequados para separar os componentes.

a) Água e areia.

b) Água e uma pequena quantidade de sal de cozinha.

c) Ar e partículas sólidas.

d) Água e álcool.

e) Água e óleo comestível.

ANALISAR

4. As substâncias puras mudam de estado físico em temperaturas determinadas (ponto de fusão e ponto de ebulição), que variam de acordo com a localização geográfica.

- Que fator pode causar a modificação dessa temperatura?

5. Leia e responda às questões.

Considere um perfume formado principalmente por água e álcool. Imagine que seja necessário separar esses componentes.

a) Água e álcool formam que tipo de mistura? Justifique sua resposta.

b) Sabendo o tipo de mistura, descreva o método de separação mais adequado para esses dois componentes do perfume.

6. Leia e faça o que se pede.

Um pesquisador realizará o processo de destilação de uma mistura homogênea de um sólido e um líquido, inicialmente à temperatura de 25 °C. O ponto de ebulição do líquido é de 100 °C e o do sólido é de 2.000 °C.

- Descreva o que acontece com cada um desses dois componentes à medida que a temperatura da mistura é elevada até 200 °C.

7. Proponha um procedimento para separar uma mistura formada por:

a) água, sal de cozinha, carvão e álcool;

b) água, óleo e café solúvel.

c) água e açúcar;

d) diferentes grãos de areia;

e) ar e pó.

8. Os filtros de água domésticos são utilizados na purificação da água. Entretanto, a água que bebemos não é uma substância pura, mesmo depois de filtrada. Explique a função do filtro nesse processo e esclareça por que a água não é totalmente purificada pela filtração.

9. Observe a seguir um exemplo de rótulo de uma garrafa de água mineral.

Concentração de sais em mg/L	
Bicarbonatos	167,2
Sódio	35,5
Cálcio	3,7
Potássio	2,7
Sulfatos	1,4
Cloretos	1,3
Magnésio	1,1
Fluoretos	0,9
Fosfatos	0,7

- A água mineral é uma substância pura? Por quê?

10. Suponha que um médico tenha receitado a um paciente que dilua duas gotas de determinado medicamento em um copo de água. Até que ponto será diferente a concentração dessa solução se, em vez de duas, forem adicionadas quatro gotas do medicamento? E se for adicionada apenas uma?

O sal evapora com a água?

Até agora, foram estudadas algumas técnicas de separação de misturas. Em uma mistura de água e sal que passa por evaporação, será que o sal evapora com a água?

Esforçar-se por exatidão e precisão

O planejamento e a conferência das etapas das atividades que se deseja executar evitam erros previsíveis.

MATERIAL

- Copo
- Colher de sopa
- Filme plástico
- Prato fundo
- Água
- Sal de cozinha
- Toalhas de papel

PROCEDIMENTO

1. Em um copo com água, adicione uma colher de sopa de sal e mexa bem até que todo o sal se dissolva.
2. Transfira a mistura para o prato.
3. Cubra o prato com filme plástico, tomando cuidado para que o plástico não encoste na água.
4. Coloque o prato em um lugar que fique em contato direto com a luz do Sol por 15 minutos. Durante o transporte, tenha cuidado para não molhar o plástico. Após esse tempo, leve o prato para um local coberto.
5. Aguarde alguns minutos até que se formem gotas de água no filme plástico. Retire-o com cuidado, para que a água formada não caia. Seque essa água com uma toalha de papel, identificando essa toalha como amostra **A**.
6. Com a água que ficou no prato, molhe outra toalha de papel e identifique como amostra **B**.
7. Deixe o prato e as toalhas de papel das amostras **A** e **B**, com o lado utilizado para secar os líquidos virado para cima, em um lugar coberto e ventilado por alguns dias, até que sequem completamente. Após a secagem, observe com atenção a superfície do prato e das toalhas de papel.

SERGIO DOTTA

Transporte cuidadosamente o prato com filme plástico até um local com incidência direta do Sol.

Atividades

EXPLICAR

1. Em sua opinião, o sal evapora com a água?
2. Após a secagem do prato e das amostras, quais foram suas observações?
3. Após suas observações, responda: o sal evapora com a água? Como você chegou a essa conclusão?
4. A evaporação pode ser usada para separar os componentes de qualquer mistura homogênea? Explique sua resposta.

Explorar o tema

TEXTO 1

Coleta seletiva e reciclagem

A coleta seletiva serve para organizar, de forma diferenciada, os resíduos sólidos que podem ser reciclados. Esta coleta pode ser feita por caminhões que passam semanalmente nas residências ou nos Postos de Entrega Voluntária (PEV) espalhados pela cidade. Nesses pontos existem coletores com diferentes divisões ou tambores coloridos para cada tipo de material de embalagem. É importante ressaltar que os materiais de embalagens devem ser limpos antes de colocados nos coletores ou tambores.

Os materiais coletados são levados para a Central de Triagem no Departamento de Limpeza Urbana (DLU), sendo colocados em uma esteira rolante para serem separados [...].

A esteira possui um eletroímã para ajudar na separação dos metais. Depois de separados, os materiais são compactados, amarrados em fardos e vendidos para as fábricas de reciclagem.

Fonte: *A embalagem e o ambiente*. Disponível em: <http://www.planetareciclavel.com.br/sala_de_aula/Tetra_Pak/Caderno_do_aluno.pdf>. Acesso em: abr. 2014.

TEXTO 2

Lavar lixo reciclável é desnecessário e desperdiça água, dizem especialistas

[...] Lavar itens como caixas de leite longa vida, potes de iogurte, garrafas PET ou de vidro para retirar restos de alimentos não ajuda no processo de reciclagem e gera mais esgoto – que muitas vezes não é coletado e tratado. Esses materiais de qualquer forma serão novamente lavados quando chegarem às cooperativas, onde ocorre o processo de separação do papel, plástico, vidro e metal, que, posteriormente, serão destinados às indústrias de reciclagem.

"Em qualquer processo de reciclagem, o resíduo será submetido a um processo de higienização. Não há necessidade de uma lavagem aprofundada do material", explica Carlos Silva Filho, diretor-presidente da Associação Brasileira de Empresas de Limpeza Pública e Resíduos Especiais (Abrelpe). [...] Segundo uma pesquisa feita pela Abrelpe com 2 mil pessoas, 88% dos entrevistados se disseram favoráveis e propensos em ajudar o meio ambiente por meio da separação de resíduos. Porém, todos alegaram que não receberam orientação de como fazê-la.

[...] O cesto azul é para jogar o papel. No vermelho, vai o plástico. O verde é para o vidro e o amarelo é para o metal. Isso é o que muitas vezes se aprende a respeito da reciclagem. No entanto, essa separação não funciona de fato no Brasil, pois o lixo chegará na cooperativa e será misturado.

[...] a implantação das lixeiras coloridas foi uma tentativa de trazer para o país o hábito da reciclagem da forma como foi criado e consolidado em países desenvolvidos [...].

"O ideal é separar o lixo seco [aquele que pode ser reciclado] do lixo úmido [materiais orgânicos como restos de comida e materiais não recicláveis, como papel higiênico] e deixar o resto para a cooperativa fazer", explica Sandro Mancini, [...] especialista em reciclagem de resíduos sólidos.

"[Ter os cestos coloridos] é um gasto extra e um desestímulo à população, que, quando vê esse monte de lixeiras coloridas, acaba misturando todo o lixo e colocando-o em um único cesto [...]".

GLOSSÁRIO

Eletroímã: equipamento que atrai os metais.

FELIPE LAROZZA/ARGOSFOTO

Esteira para triagem dos resíduos sólidos.

Reciclagem: saiba o que fazer

Veja o que é certo e errado ao descartar o lixo. Para entender:

- **Lixo seco é reaproveitável:** papel, plástico, vidro, metais.
- **Lixo úmido (ou orgânico) é descartado e pode virar adubo:** restos de alimento, bebidas, plantas, papéis molhados.
- Guardanapo com gordura ou batom: não é reciclável.
- Caixa de *pizza*: se estiver suja de gordura, não é reciclável.
- Papel higiênico: não é reciclável.
- Fralda descartável usada: não é reciclável.
- Não é recomendado lavar itens antes de enviar para reciclagem: a alternativa é lavar com água de reúso.
- Cestos coloridos para reciclagem não facilitam: o ideal é separar o lixo seco do lixo úmido.
- Não é recomendável jogar óleo de cozinha na pia: o ideal é separá-lo em garrafa PET e chamar a cooperativa especializada.
- Lâmpadas, pilhas e aparelhos eletrônicos não devem ir para o lixo comum: há pontos de coletas especiais em lojas ou locais públicos.
- Isopor: resíduo é reciclável, mas não há no Brasil muitas cooperativas.

Fonte: Sandro Mancini, professor da Unesp e especialista em reciclagem de resíduos sólidos.

Fonte: Lavar lixo reciclável é desnecessário e desperdiça água, dizem especialistas, de E. Carvalho. Portal G1, 7 fev. 2014. Disponível em: <http://m.g1.globo.com/natureza/noticia/2014/02/lavar-lixo-reciclavel-e-desnecessario-e-desperdica-agua-dizem-especialistas>. Acesso em: abr. 2014.

Interpretar

1. **Os textos apresentam ideias contrárias a respeito de dois procedimentos relacionados à reciclagem. Que ideias são essas?**

2. **Explique com suas palavras o que você entendeu sobre:**

a) coleta seletiva;

b) central de triagem.

3. **Qual é o processo de separação de misturas citado nos textos?**

Trocar ideias sobre o tema

Refletir

4. **Reúna-se com alguns colegas e pesquisem.**

a) Como é feita a coleta dos resíduos sólidos na sua escola?

b) Quais são os principais resíduos sólidos produzidos na sua escola?

c) Qual é o percurso dos resíduos sólidos desde onde é gerado até onde é disposto para a coleta geral?

d) Há materiais já coletados separadamente? Se sim, para onde são encaminhados?

5. **De acordo com o que vocês leram, existe consenso a respeito de como fazer coleta seletiva do lixo?**

6. **Considerando a resposta anterior, será que a comunidade tem informações precisas sobre coleta seletiva? Coloquem-se no lugar de outras pessoas de seu entorno: muitas delas não têm acesso ao conhecimento que você e seus colegas têm.**

Compartilhar

7. **Imaginem que vocês são funcionários da prefeitura e precisam elaborar uma cartilha sobre coleta seletiva de lixo para ser distribuída em sua comunidade. Vocês têm muitas informações pesquisadas; algumas delas são divergentes. Conversem e façam anotações:**

- Para elaborar a cartilha, o que vocês precisam levar em conta?
- Quais são os prós e os contras de cada decisão tomada?
- Que riscos vocês correriam optando por orientar as pessoas a lavar as embalagens? E a não lavar?

Apresentem as conclusões em forma de um texto crítico. O texto pode ser divulgado no *blog* da classe ou enviado a um jornal de sua cidade, para ser publicado na seção de opinião dos leitores.

Que tal ser mais responsável por suas decisões?

Muitas vezes, não temos dados suficientes para saber, com certeza, quais deverão ser nossas ações em uma situação que envolva algum risco. Quanto mais informações sobre o assunto forem obtidas, mais responsáveis serão as decisões tomadas. Pense antes: quais informações eu precisaria ter para decidir?

Como é feito o vidro?

1. O processo de produção do vidro lembra um pouco a preparação de um bolo. O primeiro passo é juntar os ingredientes: 70% de areia (retirada de locais como fundo de lagos), 14% de sódio, 14% de cálcio e outros 2% de componentes químicos.
2. Os ingredientes são misturados e seguem para um forno industrial, que atinge temperaturas de até 1.500 °C! A mistura passa algumas horas no forno até se fundir, virando um material meio líquido.
3. Ao sair do forno, a mistura que dá origem ao vidro é uma gosma viscosa e dourada, que lembra muito o mel. Ela escorre por canaletas em direção a um conjunto de moldes. A dosagem para cada molde é controlada conforme o tamanho do vidro a ser criado.
4. O primeiro molde serve apenas para dar o contorno inicial do objeto. A esta altura, o tal "mel" está com a temperatura de cerca de 1.200 °C. O formato do molde primário deixa uma bolha de ar dentro da mistura incandescente.
5. O objeto segue então para um molde final e uma espécie de canudo é inserido na bolha. Pelo canudo, uma máquina injeta ar, moldando o líquido até ele ganhar o contorno definitivo – como o de uma garrafa de vidro.
6. Ao final da etapa 5, a temperatura do vidro já caiu para uns 600 °C e o objeto começa a ficar rígido, podendo ser retirado do molde. Só resta agora o chamado recozimento: o vidro é deixado para resfriar. No caso de uma garrafa, isso só dura uma hora. Depois disso, ele está pronto para ser usado.

TOMASWORKS/ISTOCK/GETTY IMAGES

O vidro fundido parece viscoso como o mel de abelha.

JAMES L. AMOS/SCIENCE SOURCE/DIOMEDIA

Linha de produção industrial de garrafas de vidro.

Você sabia

O estado físico do vidro quase ganhou uma condição única, chamada de vítreo. A controvérsia existe porque, embora pareça sólida, [...] [suas partículas se comportam como as] de um líquido. Alguns cientistas o classificam como "sólido amorfo", ou seja, sem forma.

O chamado vidro temperado recebe um tratamento térmico para aumentar sua resistência. Um exemplo de vidros temperados são os usados nos carros e nos boxes de banheiros.

A técnica do sopro de ar, descrita nas etapas, também pode ser feita artesanalmente. Os vidros que servem como esculturas, por exemplo, são assoprados pelo próprio artista, com uma espécie de grande canudo.

Existem vidros feitos de açúcar! Eles não têm nenhuma resistência. Pra que servem então? Para ser utilizados principalmente em filmagens de TV ou de cinema em cenas em que objetos de vidro são quebrados na cabeça de atores e atrizes.

Fonte: Como é feito o vidro?, de L. Joly. *Mundo estranho*, nº 68. Disponível em: <http://mundoestranho.abril.com.br/materia/como-e-feito-o-vidro>. Acesso em: abr. 2014.

Atividades

OBTER INFORMAÇÕES

1. Quais são os componentes da mistura utilizada para a produção do vidro?
2. Por que o molde primário deixa uma bolha de ar na mistura incandescente do vidro?
3. Segundo o texto, o que é um sólido amorfo?

INTERPRETAR

4. Quais são as mudanças do estado físico da matéria que envolve a produção do vidro?
5. O vidro é produto de uma transformação química. Indique trechos do texto que justifiquem essa afirmação.
6. Com base nas informações do texto e em seus conhecimentos, determine se o vidro é uma mistura homogênea ou heterogênea. Explique sua resposta.

REFLETIR

7. O vidro é um material que apresenta em sua composição cerca de 70% de areia. Segundo seus conhecimentos a respeito de como a natureza funciona, a extração da areia pode trazer prejuízos ao ambiente? Por quê?
8. O vidro é um material 100% reciclável e que pode ser usado para diversas finalidades. Qual é o destino dos vidros utilizados em sua residência? Quais são os cuidados tomados no descarte do vidro?

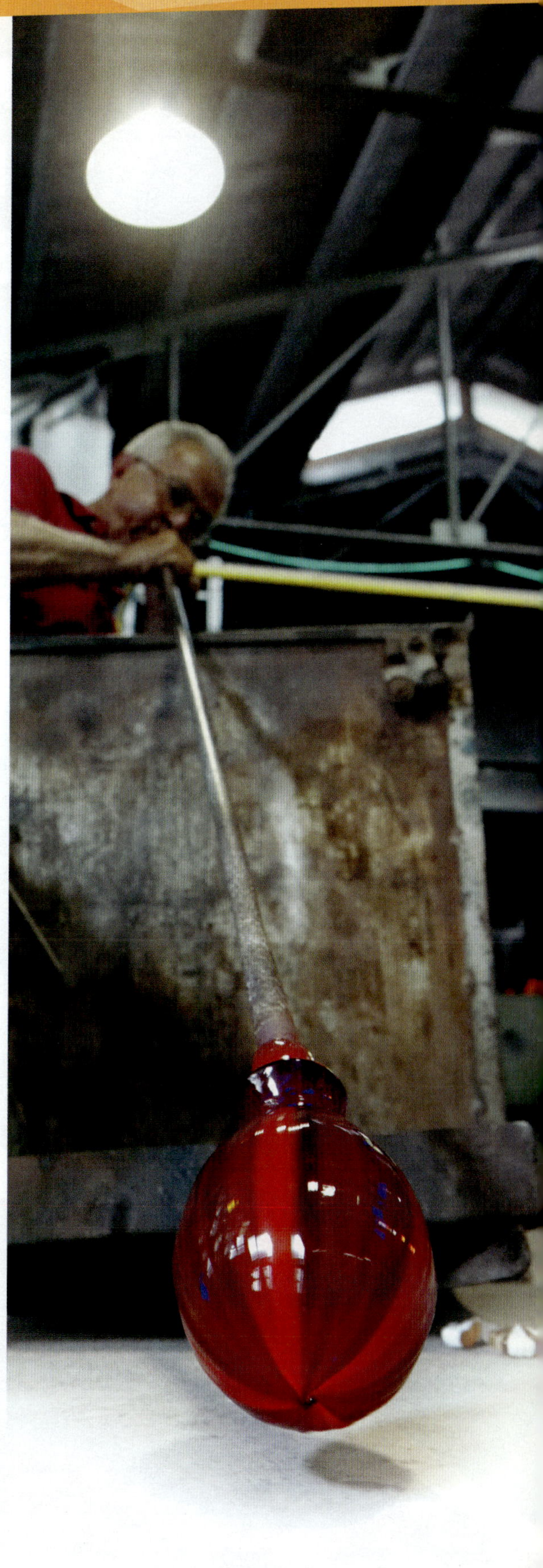
GUY CHRISTIAN/HEMIS/DIOMEDIA

A técnica do sopro é utilizada para moldar o vidro de maneira artesanal.

UNIDADE 4

GRUPOS DE SUBSTÂNCIAS E REAÇÕES QUÍMICAS

O que mais chama a atenção na fotografia? Certamente é a cor vermelha da água. A água do Lago Natron, na Tanzânia, apresenta grande quantidade de sais dissolvidos. Por causa da elevada taxa de evaporação, a concentração de sais aumenta à medida que a água evapora. Poucos seres vivos conseguem sobreviver nesse tipo de ambiente, mas ele é considerado ideal para microrganismos adaptados a ambientes salinos, que se proliferam com certa abundância. Entre os microrganismos presentes, estão algumas cianobactérias de pigmento vermelho, que conferem essa cor à água do lago.

Lago Natron, Tanzânia, África, 2010.

Começando a Unidade

1. Caso chovesse muito sobre o lago, a cor de suas águas seria mais, ou menos, vermelha? Explique sua resposta.
2. Entre os alimentos que você consome, quais seriam classificados como ácidos? O que eles têm em comum?
3. Além do sal de cozinha, que outros sais você conhece?

PAUL & PAVEENA MCKENZIE/GETTY IMAGES

Por que estudar esta Unidade?

Existem milhões de substâncias químicas diferentes que reagem entre si. Agrupá-las de acordo com suas propriedades em comum é uma maneira de estudá-las para entender e prever como reagem quimicamente. Além disso, essa classificação facilita o reconhecimento e a compreensão das propriedades de milhares de substâncias envolvidas em nosso dia a dia.

TEMA 1 Ácidos e bases

Milhões de substâncias podem ser classificados de acordo com suas propriedades.

EMILIO EREZA/ALAMY/GLOW IMAGES

Diferentes substâncias orgânicas e inorgânicas estão presentes em alimentos como os legumes e as frutas.

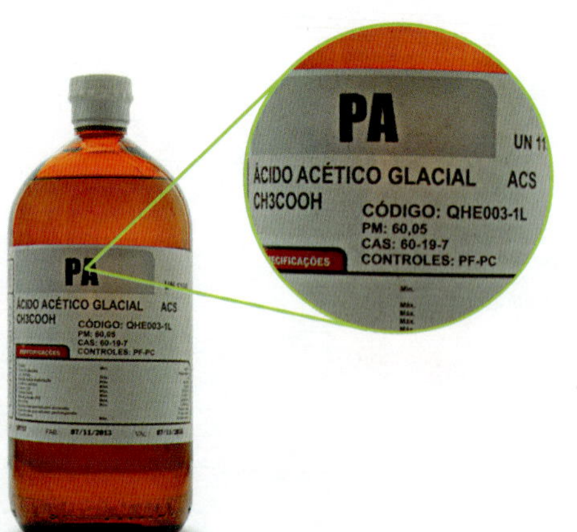

CHRISTIAN QUIRINO SPOTO/FOTODIDATICA

O ácido acético pode ser comercializado para atender laboratórios e indústrias. Ele recebe o nome de ácido acético glacial quando se apresenta em sua forma mais concentrada. Em concentração menor, o ácido acético é encontrado no vinagre, usado para temperar saladas e em outros alimentos.

Substâncias orgânicas e inorgânicas

Para facilitar o estudo das diversas substâncias químicas conhecidas, os químicos as dividiram em dois grandes grupos: o das substâncias inorgânicas e o das substâncias orgânicas.

As **substâncias inorgânicas** são as de origem mineral. A água (H_2O), o ácido clorídrico ($HC\ell$) e o sal de cozinha ($NaC\ell$) são exemplos de substâncias inorgânicas.

As **substâncias orgânicas** são todas as outras que apresentam o elemento carbono (C) e outros elementos químicos em sua composição. As primeiras substâncias orgânicas estudadas foram aquelas produzidas ou presentes somente em organismos vivos. Com o avanço dos estudos e das pesquisas na Química, essas substâncias também puderam ser obtidas em laboratório. O álcool etílico (C_2H_6O) e a glicose ($C_6H_{12}O_6$) são exemplos de substâncias orgânicas.

As substâncias também podem ser divididas em grupos menores por apresentarem determinadas propriedades em comum. Podemos destacar o grupo dos ácidos, das bases, dos sais e dos óxidos, que serão estudados a seguir.

Ácidos

Diversos ácidos estão presentes no nosso dia a dia. Alguns exemplos são o ácido cítrico (no limão e em outras frutas de sabor azedo), o ácido acético (no vinagre) e o ácido láctico (nos iogurtes). Alguns ácidos têm grande importância econômica, como o ácido nítrico (HNO_3) e o ácido fosfórico (H_3PO_4), que, além de outras aplicações, são essenciais na produção de fertilizantes.

Os ácidos podem ser classificados em substâncias moleculares formadas por átomos de hidrogênio (H) e de não metais – por exemplo, o ácido clorídrico ($HC\ell$). Os compostos de alguns ácidos contêm, também, átomos de oxigênio (O) – por exemplo, o ácido sulfúrico (H_2SO_4). Em soluções aquosas, algumas ligações químicas das moléculas dos ácidos se rompem e os íons $\mathbf{H^+}$ são liberados na solução. Esse processo é chamado **ionização dos ácidos**.

O processo de ionização de um ácido pode ser representado por uma **equação química**, que apresenta, em fórmulas químicas, as substâncias envolvidas na transformação. Pode indicar também seus estados físicos – sólido (s), líquido (ℓ) e gasoso (g) – ou o meio no qual se encontram.

Para diferenciar as substâncias iniciais das finais, é utilizada uma seta indicando a transformação química. Nas transformações químicas, os átomos não são criados nem destruídos; por isso, nas equações químicas devemos representar a conservação do número de átomos dos elementos químicos envolvidos. Observe a equação a seguir.

$$H_2SO_4\ (\ell) \xrightarrow{\text{água}} 2\ H^+\ (aq) + SO_4^{2-}\ (aq)$$

Essa equação química representa o processo de ionização do ácido sulfúrico (H_2SO_4). Após se dissolverem em água, as moléculas do ácido sulfúrico no estado líquido (ℓ) transformam-se em íons H^+ e SO_4^{2-}. Nessas equações, a notação (aq) indica que os íons formados ficam dissolvidos na água (solução aquosa). Note que o número de átomos de hidrogênio (H), oxigênio (O) e enxofre (S) é o mesmo antes e depois da transformação.

AMBIENTE EM PAUTA

A acidez do solo

Solos levemente ácidos favorecem o crescimento das raízes e de microrganismos, como os fungos. A acidez do solo promove o processo de dissolução das rochas, que liberam os íons minerais K^+, Mg^{2+}, Ca^{2+} e Mn^{2+}, nutrientes importantes para as plantas. Ela também aumenta a solubilidade de sais minerais, como os carbonatos, os sulfatos e os fosfatos, facilitando sua disponibilidade para as raízes.

GERSON SOBREIRA/TERRASTOCK

Nos campos agrícolas, costuma-se aplicar calcário em pó para corrigir ou manter a acidez dos solos e, assim, garantir uma boa produção. (Bela Vista do Paraíso, Paraná, 2012.)

Nas crateras do vulcão Dallol existem lagos de águas extremamente ácidas, graças à presença dos ácidos sulfúrico e clorídrico. A presença de elementos como o enxofre (S) e o ferro (Fe) nos minerais dão origem às cores vibrantes da paisagem. (Deserto de Danakil, Etiópia.)

MATEJ HUDOVERNIK/SHUTTERSTOCK

Bases

As bases, ou hidróxidos, estão presentes em frutas, como o caju e a banana-verde, bem como no sabão alcalino e em outros produtos de limpeza. O hidróxido de magnésio [$Mg(OH)_2$] pode ser encontrado no leite de magnésia, medicamento indicado para diminuir a acidez no estômago.

Algumas bases de importância industrial são: o hidróxido de sódio (NaOH), cujo nome comercial é soda cáustica; o hidróxido de cálcio [$Ca(OH)_2$], presente na cal hidratada; e o hidróxido de amônio (NH_4OH), encontrado na composição das tinturas de cabelo e também utilizado na fabricação de fertilizantes.

Os hidróxidos podem ser classificados como substâncias que, em soluções aquosas, liberam o ânion **OH^-**, chamado hidroxila. As soluções de substâncias básicas são chamadas soluções básicas ou alcalinas.

Quando um hidróxido se dissolve na água, ocorre **dissociação iônica**, isto é, seus íons (cátions e ânions) se separam. Por exemplo:

$$NaOH\ (s) \xrightarrow{\text{água}} Na^+\ (aq) + OH^-\ (aq)$$

$$Ca(OH)_2\ (s) \xrightarrow{\text{água}} Ca^{2+}\ (aq) + 2\ OH^-\ (aq)$$

$$Mg(OH)_2\ (s) \xrightarrow{\text{água}} Mg^{2+}\ (aq) + 2\ OH^-\ (aq)$$

DMITRY KALINOVSKY/SHUTTERSTOCK

A cal hidratada é largamente empregada na construção civil. Pode entrar na composição da argamassa (mistura de cimento, areia e cal) ou ser aplicada diretamente em pinturas de parede, por exemplo.

Como medir a acidez ou a basicidade de uma substância

Uma substância pode ser mais ou menos ácida que outra. Isso acontece também com as substâncias alcalinas. Existem ainda **substâncias neutras**, ou seja, que não são ácidas nem básicas.

A acidez ou a basicidade das substâncias pode ser determinada com aparelhos de laboratório que fornecem os valores em uma escala de 0 a 14, chamada **escala de pH**. Quando analisadas nesses aparelhos, as substâncias ácidas apresentam valores de pH menores que 7. Quanto mais ácida uma substância, menor será o valor de seu pH. Já para as substâncias básicas, os valores de pH são maiores que 7. Quanto maior a basicidade de uma substância, maior será o valor de seu pH. O pH das substâncias neutras, por sua vez, é igual a 7.

Algumas substâncias podem ser utilizadas como **indicadores ácido--base**, porque, ao entrarem em contato com a amostra a ser analisada, adquirem determinadas colorações, indicando a acidez ou a basicidade dela. O repolho-roxo é considerado um indicador natural, pois a substância química responsável por sua cor adquire diferentes colorações quando em contato com as soluções ácidas ou básicas.

INDICADOR NATURAL DE pH

© 2006 RICHARD MEGNA, FUNDAMENTAL PHOTOGRAPHS, NYC

O extrato aquoso do repolho-roxo adquire uma determinada cor para cada valor de pH indicado nos tubos de ensaio.

Vamos fazer

INDICADORES ÁCIDO-BASE

Que tal fazer seu papel indicador e analisar o caráter ácido ou básico de alguns alimentos?

Material

- Água
- 3 folhas de repolho-roxo
- Bacia plástica
- 1 folha de papel branco para filtro de café
- Alimentos molhados (por exemplo, frutas com sumo, clara de ovo, leite)
- Peneira

Procedimento

1. Na bacia plástica, coloque algumas folhas picadas de repolho-roxo de molho em água por algumas horas, até que a água adquira cor. Passe essa mistura pela peneira para obter a solução.
2. Molhe a folha de papel nessa solução e deixe secar.
3. Corte o papel em tiras e encoste-as nos alimentos escolhidos para determinar se eles são ácidos ou básicos.

Registre em seu caderno

1. O que aconteceu com as tiras de papel? Explique suas observações.
2. Explique de que maneira, utilizando o papel indicador produzido, você pode concluir quais alimentos apresentam caráter básico e quais apresentam caráter ácido.

De olho no tema

O estômago produz ácido clorídrico ($HC\ell$), substância presente no suco gástrico que atua na digestão dos alimentos que consumimos. A azia ou dor de estômago podem ser causados pelo aumento da concentração desse ácido. Para reduzir o desconforto, procura-se neutralizar o excesso de acidez do suco gástrico.

- Qual dos líquidos abaixo pode ser consumido para que isso ocorra? Explique sua resposta.

Líquidos:
Refrigerante de cola: pH = 2,5
Leite de magnésia: pH = 10
Água mineral: pH = 5,8

TEMA

2 Sais e óxidos

Os compostos iônicos mais abundantes na crosta terrestre pertencem ao grupo dos sais. Outras substâncias comuns são os óxidos, que apresentam em sua composição o oxigênio, um elemento muito reativo.

Reação química entre ácidos e bases

Quando uma substância é transformada em outra quimicamente diferente, dizemos que ela passou por uma **reação química**.

Nas reações químicas, os átomos se reorganizam formando compostos químicos diferentes dos iniciais. Podemos identificar a ocorrência de uma reação química por meio de algumas evidências, como alteração de cor, liberação de gás etc.

Para que as reações químicas aconteçam, é necessário que haja contato entre substâncias diferentes e que estas apresentem tendência a reagir umas com as outras.

Nas reações químicas, as substâncias iniciais são chamadas **reagentes** e as finais, **produtos**. Os produtos formados apresentam propriedades diferentes das dos reagentes.

Em geral, quando um ácido entra em contato com uma base, ocorre uma reação química em que se formam água e uma substância iônica. Esse processo chama-se **reação de neutralização**. A equação a seguir representa a reação de neutralização de ácido clorídrico com hidróxido de sódio em solução aquosa.

$$\underset{\text{Ácido}}{HC\ell\,(aq)} + \underset{\text{Base}}{NaOH\,(aq)} \longrightarrow \underset{\text{Água}}{H_2O\,(\ell)} + \underset{\text{Sal}}{NaC\ell\,(aq)}$$

O ácido clorídrico reage com o hidróxido de sódio e, como produtos dessa reação, temos a água e o cloreto de sódio ($NaC\ell$). Note que o $NaC\ell$ está em solução aquosa, ou seja, na forma de íons Na^+ e $C\ell^-$. O cloreto de sódio (sal de cozinha) é uma substância iônica formada pelo cátion (Na^+) de uma base e pelo ânion ($C\ell^-$) de um ácido. Ele é classificado como **sal**, categoria que será estudada a seguir.

© 1994 RICHARD MEGNA, FUNDAMENTAL PHOTOGRAPHS, NYC

A imagem mostra a reação entre uma solução de ácido clorídrico, que está sendo gotejado, e uma solução de hidróxido de amônio na presença do indicador de pH vermelho de metila. A reação de neutralização é evidenciada pela mudança de coloração do indicador de pH, da cor amarela para a vermelha.

DAJ/DIOMEDIA

A pasta de dente é um produto de caráter básico, que ajuda a neutralizar a acidez da saliva que contribui para a formação de cáries.

Sais

Sais são substâncias formadas pela ligação iônica entre o cátion de uma base e o ânion de um ácido (desde que esses íons não sejam o OH^- ou o H^+). Todos os sais são encontrados em estado sólido nas condições normais de pressão e temperatura do ambiente.

Além do cloreto de sódio ($NaC\ell$), outros exemplos de sais são o bicarbonato de sódio ($NaHCO_3$), utilizado como antiácido estomacal, e o fosfato de cálcio [$Ca_3(PO_4)_2$], uma das substâncias que compõem nossos ossos.

Alguns sais, como o $NaC\ell$, são solúveis em água, ou seja, dissociam-se em cátions (Na^+) e ânions ($C\ell^-$) na solução. Outros sais são pouco solúveis em água e, nesse caso, apenas uma pequena parte do composto iônico se dissociará em íons. Um exemplo de sal pouco solúvel é o carbonato de cálcio ($CaCO_3$), principal componente das conchas de animais marinhos e das cascas de ovos.

ANDREW LAMBERT/PHOTOGRAPHY/SCIENCE PHOTO LIBRARY/LATINSTOCK

Nem todo sal é transparente ou branco como o cloreto de sódio. Alguns podem apresentar diferentes colorações.

ABIR SULTAN/IP ARCHIVE/GLOW IMAGES

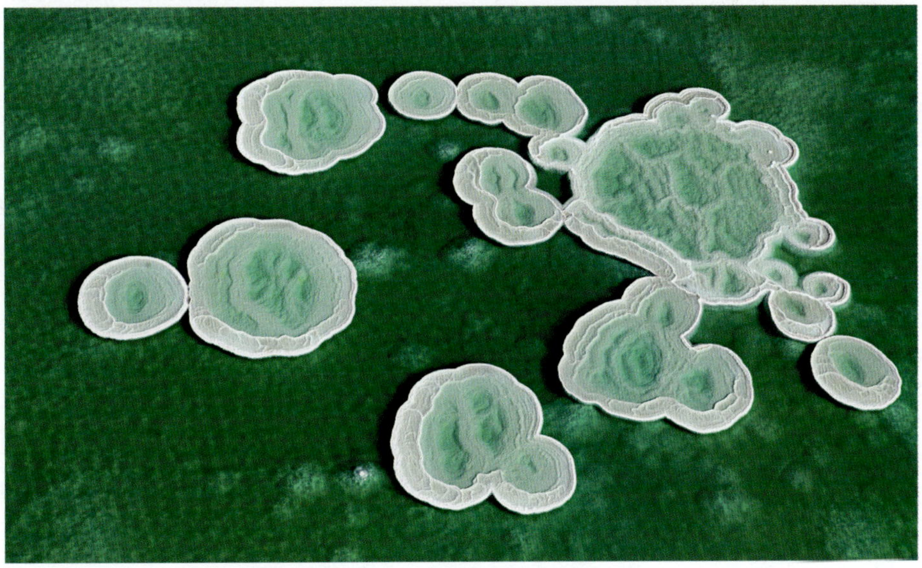

O Mar Morto, que banha Israel e Jordânia, apresenta grande quantidade de sais dissolvidos; por isso, pode ocorrer a formação de ilhas de sal, como as mostradas na fotografia. (Israel, 2011.)

Alguns óxidos, como o dióxido de titânio e os óxidos de ferro, são utilizados como pigmentos em cosméticos para maquiagens.

JEAN ASSELL/GETTY IMAGES

Óxidos

O elemento oxigênio (O) reage facilmente com outros. Ele compõe a água e outras substâncias, muitas delas presentes no corpo de todos os seres vivos. Os óxidos são substâncias resultantes da união entre o elemento químico oxigênio e outro elemento químico qualquer, com exceção do flúor.

Os óxidos estão presentes nos mais diversos ambientes naturais. Também podem ser obtidos artificialmente por processos químicos em laboratório. A água (H_2O), o gás carbônico (CO_2) presente no ar e o dióxido de silício (SiO_2) presente na areia são exemplos de óxidos.

O trióxido de enxofre (SO_3) e o dióxido de nitrogênio (NO_2) são exemplos de óxidos que podem ser produzidos pela queima de derivados do petróleo, como o óleo *diesel*. Esses óxidos são gasosos e fazem parte dos principais poluentes da atmosfera. A equação a seguir representa a reação entre o gás trióxido de enxofre e a água da chuva.

$$\underset{\text{Trióxido de enxofre}}{SO_3\,(g)} + H_2O\,(\ell) \longrightarrow \underset{\text{Ácido sulfúrico}}{H_2SO_4\,(aq)}$$

Observe que nessa reação ocorre a produção de ácido sulfúrico. Esse ácido altera o pH da água e origina a chamada chuva ácida. Outros óxidos poluentes reagem de maneira semelhante e contribuem para a formação da chuva ácida.

Os óxidos que reagem com água e formam ácidos são classificados como **óxidos ácidos**.

Os óxidos ácidos, quando reagem com uma base, produzem água e sal.

$$SO_3\,(g) + 2\,NaOH\,(aq) \longrightarrow Na_2SO_4\,(aq) + H_2O\,(\ell)$$

O gás trióxido de enxofre (SO_3) reage com o hidróxido de sódio (NaOH) e produz o sal sulfato de sódio (Na_2SO_4) e água (H_2O).

Existem também os **óxidos básicos**, que reagem com água e produzem bases. É o caso do óxido de cálcio (CaO), também conhecido como cal viva, que pode ser utilizado para produzir o hidróxido de cálcio [$Ca(OH)_2$], uma substância pouco solúvel em água.

$$CaO\,(s) + H_2O\,(\ell) \longrightarrow Ca(OH)_2\,(s)$$

Os óxidos básicos, quando reagem com um ácido, produzem água e sal.

$$CaO\,(s) + H_2SO_4\,(aq) \longrightarrow CaSO_4\,(aq) + H_2O\,(\ell)$$

O óxido de cálcio (CaO) reage com o ácido sulfúrico (H_2SO_4) e produz o sal sulfato de cálcio ($CaSO_4$) e água (H_2O).

Audiovisual

O vidro

GLOSSÁRIO

Chuva ácida: problema ambiental causado pela emissão de gases poluentes que aumentam a acidez da água da chuva, atingindo valores de pH menores que 5,5.

Entrando na rede

No endereço www.labvirtq.fe.usp.br/simulacoes/quimica/sim_qui_chuvaacida.htm, é possível aprender um pouco mais sobre a formação da chuva ácida.

Acesso em: abr. 2014.

Saiba mais!

OS ÓXIDOS E AS PINTURAS RUPESTRES

No Parque Nacional Serra da Capivara, no Piauí, as pinturas rupestres registram a evolução cultural dos grupos étnicos que habitaram a região há cerca de 12 mil anos. Elas eram feitas com pigmentos naturais ricos em óxidos de ferro, manganês e outros minerais.

Detalhe de pinturas rupestres na Toca do Boqueirão da Pedra Furada. (São Raimundo Nonato, PI, 2013.)

ANDRE DIB/PULSAR IMAGENS

SAÚDE EM PAUTA

Produtos químicos

De acordo com o Programa das Nações Unidas para o Meio Ambiente, a definição para produto químico é: uma substância química, seja só em mistura ou preparação, fabricada ou obtida da natureza (Decisão 14/27 do Conselho de Administração do PNUMA de 17 de junho de 1987 – Diretrizes de Londres). As substâncias químicas estão presentes em produtos de limpeza, cosméticos, medicamentos, entre outros itens. É importante levar em consideração a finalidade de cada um para armazená-lo de maneira adequada, uma vez que as substâncias podem reagir e formar outras muito prejudiciais à nossa saúde.

Algumas substâncias podem provocar desde leves irritações até queimaduras graves na pele e na mucosa. Além disso, determinadas substâncias tóxicas podem ser prejudiciais à saúde, provocando doenças respiratórias, do sistema nervoso e até alguns tipos de câncer.

Por isso, leia com atenção as informações nos rótulos dos produtos para saber as indicações de uso e a maneira correta de manipulá-los e descartá-los.

Sempre que possível, em caso de intoxicação por algum produto químico, leve o rótulo ao hospital para que o médico avalie quais substâncias podem ter causado o dano e indique o procedimento adequado para tratá-lo.

URBAN ZONE/ALAMY/LATINSTOCK

Alguns produtos devem ser armazenados protegidos da luz do Sol. Devemos estar atentos às informações do rótulo de cada produto, para utilizá-los e armazená-los de maneira adequada.

De olho no tema

O gás dióxido de carbono (CO_2) é encontrado naturalmente na atmosfera. Ele é produzido em grande quantidade por automóveis, indústrias, queimadas etc. Em altas concentrações, esse gás também é considerado poluente, pois contribui para o aumento da acidez da água da chuva. Dada a equação que representa a reação do CO_2 com a água, responda:

$$CO_2\,(g) + H_2O\,(\ell) \longrightarrow H_2CO_3\,(aq)$$

- Em uma região livre de poluição, onde não há fábricas nem carros emitindo gases poluentes, espera-se que o valor de pH da água da chuva seja maior, menor ou igual a 7? Por quê?

ORGANIZAR O CONHECIMENTO

1. Classifique as substâncias a seguir em orgânicas ou inorgânicas.

a) Glicose ($C_6H_{12}O_6$): constituinte do mel de abelha.

b) Permanganato de potássio ($KMnO_4$): antisséptico utilizado em hospitais.

c) Ácido ascórbico ($C_6H_8O_6$): encontrado em algumas frutas cítricas e popularmente conhecido como vitamina C.

d) Óxido de alumínio ($A\ell_2O_3$): matéria-prima para a produção do alumínio.

e) Ácido acetilsalicílico ($C_9H_8O_4$): princípio ativo de alguns medicamentos analgésicos.

2. As equações químicas a seguir representam as transformações químicas de algumas substâncias quando em contato com a água. Analise cada uma delas e classifique a substância que reage com a água em ácido ou base.

a) $Mg(OH)_2\ (s) \xrightarrow{\text{água}} Mg^{2+}\ (aq) + 2\ OH^-\ (aq)$

b) $H_2SO_4\ (\ell) \xrightarrow{\text{água}} 2\ H^+\ (aq) + SO_4^{2-}\ (aq)$

c) $Ba(OH)_2\ (s) \xrightarrow{\text{água}} Ba^{2+}\ (aq) + 2\ OH^-\ (aq)$

d) $HNO_3\ (\ell) \xrightarrow{\text{água}} NO_3^-\ (aq) + H^+\ (aq)$

3. Observe as equações químicas a seguir e classifique cada óxido que reage com a água em ácido ou básico.

a) $FeO + H_2O \longrightarrow Fe(OH)_2$

b) $SO_3 + H_2O \longrightarrow H_2SO_4$

c) $CO_2 + H_2O \longrightarrow H_2CO_3$

d) $K_2O + H_2O \longrightarrow 2\ KOH$

e) $CaO + H_2O \longrightarrow Ca(OH)_2$

ANALISAR

4. A reação química entre um ácido e uma base produz um composto iônico chamado sal. Dadas as equações químicas a seguir, identifique o cátion da base e o ânion do ácido envolvidos na formação do sal.

a) $H_2SO_4 + 2\ NaOH \longrightarrow Na_2SO_4 + 2\ H_2O$

b) $HC\ell + NH_4OH \longrightarrow NH_4C\ell + H_2O$

c) $2\ H_3PO_4 + 3\ Ca(OH)_2 \longrightarrow Ca_3(PO_4)_2 + 6\ H_2O$

d) $HNO_3 + NaOH \longrightarrow NaNO_3 + H_2O$

5. Em cada reação química representada a seguir, indique se ocorre a formação de um ácido, uma base, um sal ou um óxido.

a) $4\ NO_2 + 2\ H_2O + O_2 \longrightarrow 4\ HNO_3$

b) $S + O_2 \longrightarrow SO_2$

c) $Ba(OH)_2 + H_2SO_4 \longrightarrow 2\ H_2O + BaSO_4$

d) $Na_2O + H_2O \longrightarrow 2\ NaOH$

e) $2\ Pb + O_2 \longrightarrow 2\ PbO$

6. Leia e faça o que se pede.

O pH é um parâmetro que indica o grau de acidez de uma solução. Quanto menor o valor do pH, maior o grau de acidez. Materiais com pH maior que 7 são chamados básicos ou alcalinos. Na tabela abaixo estão registrados os resultados de um teste de pH feito em diferentes materiais.

Material	pH*	Material	pH*
Tomate	3	Sabonete	10
Morango	3-4	Xampu	7-8
Mamão papaia	5-6	Condicionador	5
Banana-nanica	5	Sabão em pó	11-12
Café	6	Limpa-vidros	9
Chá-mate	5	Lustra-móveis	5
Refrigerante	3	Água da chuva	5
Creme dental	6-7	Água da torneira	5-6

* Teste com papel indicador universal.

a) Analisando os valores de pH, escreva, em ordem crescente de acidez, os materiais da tabela.

b) Que materiais da tabela apresentam caráter básico?

c) Quais deles podem ser considerados praticamente neutros?

7. Para verificar se o gás que expiramos reage com a água e forma um ácido, um cientista resolveu fazer o seguinte experimento: adicionou à água alcalina uma solução indicadora de fenolftaleína, que em meio básico apresenta a cor rosa e em meio ácido é incolor. Com o auxílio de um canudinho, ele assoprou nessa solução. Após borbulhar por alguns segundos, verificou que a solução mudou de cor. Em relação a esse experimento, responda às questões.

a) Qual é o óxido gasoso que expiramos?

b) Qual era a cor inicial da solução?

c) Qual foi a cor final da solução?

d) Qual deverá ser a conclusão do cientista? Explique sua resposta, revisando os passos de sua justificativa.

Pesquisa científica e independência tecnológica

O Reator Multipropósito Brasileiro (RMB), empreendimento a cargo da Comissão Nacional de Energia Nuclear (CNEN), [...] [será construído], no município de Iperó, no interior de São Paulo. Trata-se de um reator nuclear de pesquisa multipropósito que tem como uma de suas finalidades a produção de radioisótopos, que são a base para os radiofármacos utilizados na Medicina Nuclear e para produção de fontes radioativas usadas em aplicações na indústria, na agricultura e no meio ambiente. [...]

Com o RMB, o Brasil está a caminho de se tornar autossuficiente na produção de radioisótopos e radiofármacos, substâncias essenciais na Medicina Nuclear, especialidade médica que hoje possibilita as maiores chances de diagnóstico preciso e tratamento de doenças relevantes, como o câncer; e também possui importantes aplicações em problemas cardíacos, avaliação das atividades cerebrais, entre outras.

O Brasil possui atualmente quatro reatores de pesquisa em funcionamento. A produção de radioisótopos ocorre principalmente no reator IEA-R1, instalado na unidade da CNEN em São Paulo, o Instituto de Pesquisas Energéticas e Nucleares (Ipen). Esse reator, porém, não tem capacidade para produzir o molibdênio 99, radioisótopo que dá origem ao radiofármaco tecnécio 99m, utilizado em mais de 80% dos 1,5 milhão de procedimentos de Medicina Nuclear realizados anualmente no país.

A CNEN importa atualmente todo o molibdênio 99. Em 2009, com a paralisação do reator canadense, que é o principal fornecedor do Brasil, juntamente com a interrupção de funcionamento de reatores na Bélgica e na Holanda, houve uma crise mundial no fornecimento deste radioisótopo. O Brasil buscou alternativas de importação na Argentina e na África do Sul, mas a área de Medicina Nuclear nacional precisou adaptar-se a uma situação de crise no abastecimento.

O reator do Canadá voltou a funcionar e a crise de 2009 foi contornada. A situação, porém, criou a expectativa de se garantir ao Brasil independência na produção dos radioisótopos utilizados na medicina. O RMB tornará isso possível. [...]

Além da produção de radioisótopos, o RMB também tem como funções básicas a realização de testes de irradiação de combustíveis nucleares e materiais estruturais utilizados em reatores de potência, bem como a realização de pesquisas científicas com feixes de nêutrons em várias áreas do conhecimento, atuando de forma complementar ao Laboratório Nacional de Luz Síncrotron (LNLS). O empreendimento RMB está sendo coordenado pela Diretoria de Pesquisa e Desenvolvimento da CNEN com a participação de seus institutos de pesquisa e conta com a parceria do Centro Tecnológico da Marinha em São Paulo, CTMSP, e do Governo do Estado de São Paulo.

Fonte: Contratada empresa para elaboração do projeto básico dos itens nucleares do RMB, da redação da Coordenação de Comunicação Social – CNEN. *Comissão Nacional de Energia Nuclear*. Disponível em: <http://www.cnen.gov.br/noticias/noticia.asp?id=1430>. Acesso em: jul. 2014.

COMISSÃO NACIONAL DE ENERGIA NUCLEAR - CNEN

Maquete das futuras instalações do RMB, em terreno localizado no município de Iperó, no interior paulista.

Atividades

1. Ao apresentar o caso da produção do molibdênio, o texto relaciona o investimento em pesquisa científica com independência tecnológica e produção de riquezas. Como você explica essa relação?
2. Em um contexto de crise mundial na produção de um importante insumo, como o molibdênio, que argumentos você poderia usar para suportar a venda dele para outros países? E para garantir o consumo interno?

TEMA

3 As reações químicas

As substâncias podem se transformar em outras por meio das reações químicas.

Um novo arranjo de átomos

Uma reação química ocorre quando são rompidas as ligações químicas entre os átomos dos reagentes e um novo arranjo de átomos é formado, gerando os produtos, ou seja, substâncias diferentes das iniciais. Nas reações químicas, os átomos podem se combinar de diferentes maneiras.

A seguir, vamos representar a reação do enxofre com o gás oxigênio de duas maneiras: equação e modelo de partículas.

$$S\,(s) + O_2\,(g) \longrightarrow SO_2\,(g)$$

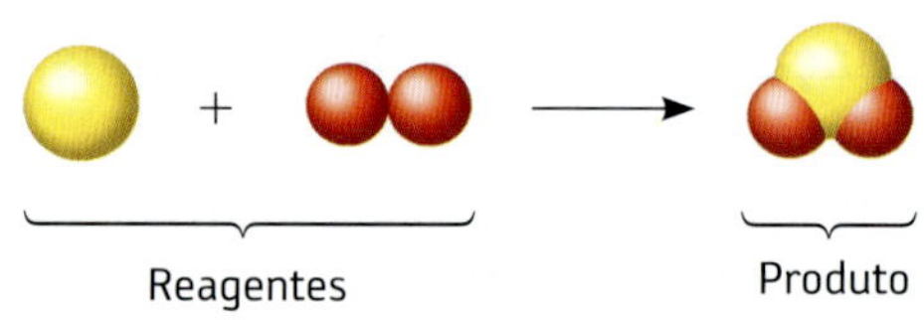

Essa equação pode ser interpretada como: o enxofre reage com o gás oxigênio e produz o gás dióxido de enxofre.

Observe pelo modelo de partículas que o produto formado apresenta uma combinação de átomos diferente da dos reagentes iniciais, porém os átomos envolvidos são os mesmos.

Nas reações em que uma substância produz duas ou mais substâncias diferentes é chamada **decomposição**. Por exemplo, o carbonato de chumbo ($PbCO_3$), quando aquecido a altas temperaturas, decompõe-se em dois produtos: o óxido de chumbo (PbO) e o dióxido de carbono (CO_2).

$$PbCO_3\,(s) \longrightarrow PbO\,(s) + CO_2\,(g)$$

Em todas as reações químicas ocorrem rearranjos de átomos, mas o número de átomos se conserva. Por esse motivo, a soma das massas dos reagentes é igual à soma das massas dos produtos.

Alguns tipos de reações químicas

Assim como as substâncias, as reações químicas são tão diversas que podem ser classificadas segundo as características que apresentam em comum. Já estudamos uma das principais reações químicas, a **reação de neutralização**. A seguir, apresentaremos dois outros importantes grupos de reações: as reações de precipitação e as de oxirredução.

Reação de precipitação

Uma **reação de precipitação** ocorre quando duas soluções iônicas são misturadas e reagem produzindo um precipitado, ou seja, uma nova substância insolúvel em água. Quando isso ocorre, o estado físico do produto é indicado como sólido (s) nas equações químicas.

Essas reações podem ser utilizadas para determinar os elementos químicos que compõem uma solução desconhecida. Por exemplo, para saber se uma amostra de água contém chumbo dissolvido, podemos adicionar algumas gotas de iodeto de potássio. A reação entre uma solução aquosa de iodeto de potássio e um sal de chumbo gera como produto um precipitado amarelo, o iodeto de chumbo.

CHARLES D. WINTERS/SCIENCE SOURCE/LATINSTOCK

Reação de precipitação entre as soluções aquosas de um sal de chumbo e de iodeto de potássio.

Reação de oxirredução

As primeiras **reações de oxidação** estudadas pelos cientistas foram as reações com o gás oxigênio, daí a origem do termo oxidação. Uma das características das reações de oxidação é a formação dos óxidos. Quando uma substância se oxida, significa que ela transferiu elétrons para a substância reagente. A substância reagente que ganhou elétrons passou por uma **reação de redução**. Quando uma substância é oxidada, a outra necessariamente é reduzida; por isso, esse processo é chamado **reação de oxirredução**.

Um prego de ferro enferruja porque o metal reage com o gás oxigênio presente na atmosfera e produz os óxidos metálicos que compõem a ferrugem. Na reação de oxirredução que causa a ferrugem, os átomos de ferro transformam-se nos íons Fe^{2+} em virtude da transferência de elétrons para os átomos de oxigênio. Nesse caso, o ferro é oxidado e o oxigênio é reduzido.

VALENTIN AGAPOV/SHUTTERSTOCK

A ferrugem do prego é produto da reação de oxirredução entre o ferro que compõe o prego e o gás oxigênio da atmosfera.

Reação de combustão

Algumas reações de oxirredução podem liberar energia na forma de calor e luz. Quando um material entra em chamas, dizemos que ele entrou em combustão, ou seja, está ocorrendo **reação de combustão**. A maioria das reações de combustão se dá na presença do gás oxigênio.

As reações de combustão são importantes porque podem ser aplicadas para diversas finalidades, como aquecer alimentos e iluminar ambientes.

Nessas reações, as substâncias que queimam são chamadas combustíveis. O gás butano, a gasolina, o óleo *diesel* e outros derivados do petróleo, bem como a madeira, o papel, o álcool etílico (C_2H_6O) e o carvão, são exemplos de combustíveis.

Observe a seguir a representação simplificada da reação de combustão do gás butano (o gás de cozinha).

$$\underset{\text{Butano}}{C_4H_{10}\,(g)} + \underset{\text{Oxigênio}}{\frac{13}{2}\,O_2\,(g)} \longrightarrow \underset{\text{Dióxido de carbono}}{4\,CO_2\,(g)} + \underset{\text{Água}}{5\,H_2O\,(g)} + \textbf{liberação de energia}$$

Nessa representação, a liberação de energia, apesar de não ser um produto da reação, mas sim uma consequência, aparece na equação química do lado dos produtos.

BRYAN VAN DER BEEK/STRAITS TIME/AFP PHOTO

Para apagar incêndios, podem ser utilizados extintores com gás carbônico, ou dióxido de carbono (CO_2). O jato de gás carbônico ocupa o lugar do gás oxigênio presente na atmosfera. Sem o gás oxigênio, a reação de combustão termina e o fogo se extingue. (Grande Prêmio de Cingapura de Fórmula 1, Cingapura, 2010.)

Reações endotérmicas e exotérmicas

Cada substância possui certa quantidade de energia, que depende das ligações químicas entre os átomos que a formam. O gás oxigênio (O_2), o gás hidrogênio (H_2) e a glicose ($C_6H_{12}O_6$), por exemplo, são substâncias que têm diferentes quantidades de energia. Por isso, praticamente todas as reações químicas ocorrem com liberação ou absorção de energia.

As reações químicas podem ser classificadas de acordo com a energia envolvida. As reações químicas em que, no balanço final, há absorção de energia são chamadas **endotérmicas** e aquelas em que há liberação de energia são chamadas **exotérmicas**.

FOTOS: MARTYN F. CHILLMAID/SCIENCE PHOTO LIBRARY/LATINSTOCK

Ao misturar carbonato de sódio com ácido acético ocorre uma reação endotérmica. Na imagem (**A**), o carbonato de sódio ainda não foi adicionado ao ácido acético. Note que a temperatura inicial é de 16 °C. Na imagem (**B**), após a adição do carbonato, a temperatura cai para 9,6 °C e precipitam cristais de acetato de sódio. A diferença de temperatura é uma evidência de que a reação absorveu energia térmica (calor) do ambiente (nesse caso, da água), sendo, portanto, uma reação endotérmica.

O processo de fotossíntese é um exemplo de reação endotérmica. A energia luminosa é consumida na reação e convertida na energia necessária para a formação da molécula de glicose ($C_6H_{12}O_6$). Nesse processo, a absorção de energia envolvida aparece na representação, a seguir, do lado dos reagentes da equação química.

$$\textbf{absorção de energia} + \underset{\text{Dióxido de carbono}}{6\,CO_2} + \underset{\text{Água}}{6\,H_2O} \longrightarrow \underset{\text{Glicose}}{C_6H_{12}O_6} + \underset{\text{Oxigênio}}{6\,O_2}$$

A vida de todos os seres vivos depende das reações químicas, muitas delas exotérmicas. A energia que mantém as plantas e os animais vivos é liberada na oxidação de um açúcar. Essa reação ocorre no interior das células; o açúcar é a glicose, obtida de alguns alimentos ou, no caso das plantas, de processos relacionados à fotossíntese; o gás oxigênio é obtido diretamente da atmosfera ou, no caso dos organismos aquáticos, da água. A reação de oxidação da glicose está representada, de maneira simplificada, a seguir.

$$\underset{\text{Glicose}}{C_6H_{12}O_6} + \underset{\text{Oxigênio}}{6\,O_2} \longrightarrow \underset{\text{Dióxido de carbono}}{6\,CO_2} + \underset{\text{Água}}{H_2O} + \textbf{liberação de energia}$$

Nessa reação é liberada a energia que estava presente nas ligações da glicose.

De olho no tema

A temperatura inicial de uma amostra de vinagre é 25 °C. Ao adicionar bicarbonato de sódio, ocorre a liberação de gás e a diminuição na temperatura final.

- Essa é uma reação exotérmica ou endotérmica? Explique sua resposta.

TEMA

4 Equações químicas

As reações químicas podem ser representadas por equações químicas.

Equações químicas e balanceamento de equações

Uma equação química que representa a conservação de átomos de uma reação química é denominada **equação química balanceada**. Em outras palavras, uma equação balanceada apresenta o mesmo número de átomos tanto nos reagentes quanto nos produtos.

O exemplo a seguir mostra como chegar à equação química balanceada que representa a reação entre o gás hidrogênio, H_2 (g), e o gás oxigênio, O_2 (g), com formação de água, H_2O (ℓ).

- Em uma equação química, os reagentes e os produtos são expressos por suas fórmulas e respectivos estados físicos:

$$H_2\ (g) + O_2\ (g) \longrightarrow H_2O\ (\ell)$$

- Uma equação química deve ser balanceada para representar a conservação do número de átomos.

Os reagentes da reação exemplificada são uma molécula do gás hidrogênio (H_2), com dois átomos desse elemento, e uma molécula do gás oxigênio (O_2), também com dois átomos. O produto é uma molécula de água (H_2O), na qual há dois átomos do elemento hidrogênio e apenas um do elemento oxigênio.

Para que o número de átomos dos reagentes seja igual ao número de átomos dos produtos, devemos balancear a equação, acertando os **coeficientes estequiométricos** de reagentes e produtos, ou seja, a proporção em que cada um deles interage na reação. Para representar isso, colocamos o número 2 à frente das fórmulas moleculares do gás hidrogênio e da água (veja o quadro a seguir).

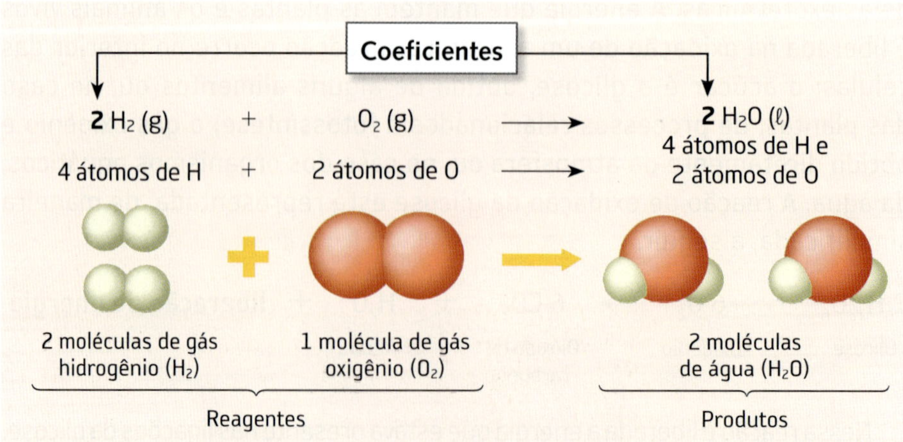

A equação pode ser interpretada da seguinte maneira: duas moléculas de hidrogênio gasoso reagem com uma molécula de oxigênio gasoso, formando duas moléculas de água líquida. (Imagem sem escala; cores-fantasia.)

Cálculo da massa de reagentes e de produtos

As substâncias reagem e formam produtos em proporções constantes. A proporção de uma reação química pode ser identificada pelos coeficientes estequiométricos. Ela também é observada em relação à massa dos reagentes e dos produtos. Por exemplo, a reação de 4 gramas de gás hidrogênio (H_2) com 32 gramas de gás oxigênio (O_2) produz 36 gramas de água (H_2O). Caso fosse necessário obter o dobro do produto, deveríamos dobrar também a quantidade de cada um dos reagentes.

$2\ H_2\ (g)$	+	$O_2\ (g)$	⟶	$2\ H_2O\ (\ell)$
4 g		32 g		36 g
(× 2) 8 g		(× 2) 64 g		(× 2) 72 g

Note que a proporção entre os reagentes é sempre 1 : 8, ou seja, 1 parte de gás hidrogênio para cada 8 de gás oxigênio. Observe também que a soma das massas dos reagentes é sempre igual à massa do produto.

Teoricamente, se fossem utilizados 6 gramas de gás hidrogênio para reagir com 32 gramas de gás oxigênio, teríamos um excesso de reagente: nesse caso, 2 gramas de gás hidrogênio que não participariam da reação.

Na prática, o controle das reações químicas é mais complexo, porque envolve diversas variáveis. Por esse motivo, muitas reações não apresentam 100% de rendimento, ou seja, a transformação de reagentes em produtos não é total.

Conhecer a proporção entre reagentes e produtos e o rendimento de uma reação é importante em diversas áreas tecnológicas. Na indústria química, por exemplo, para produzir determinada substância, é interessante que se saiba o rendimento da reação que a forma para poder programar a compra e o estoque dos reagentes utilizados.

Simulador

Balanceamento de equações químicas

De olho no tema

O principal componente da palha de aço é o ferro. Após queimar uma amostra de palha de aço, um pesquisador observou que a massa inicial era menor que a massa final obtida. Observe a equação que representa, de maneira simplificada, a reação de combustão da palha de aço:

2 Fe	+	O_2	⟶	2 FeO
Ferro		Gás oxigênio		Óxido de ferro

- Explique por que a massa final é maior que a massa inicial da amostra.

COLETIVO CIÊNCIAS

Dos alimentos às armas

A produção de alimentos que sustenta a humanidade é possível, em grande parte, graças à reação química entre o gás hidrogênio e o gás nitrogênio, que produz amônia (NH_3), conhecida como síntese de Haber-Bosch. Com ela, foi possível o desenvolvimento de fertilizantes nitrogenados sintéticos, produtos importantes para aumentar a produção agrícola. Em contrapartida, a síntese de Haber-Bosch também viabilizou a fabricação de alguns explosivos, como o trinitrotolueno (TNT), muito utilizado nas guerras.

O químico alemão Fritz Haber (1868-1934) recebeu o desafio de conseguir obter amônia a partir dos gases hidrogênio e nitrogênio. Esses gases não reagem entre si facilmente. Porém, os experimentos de Haber comprovaram que era possível alcançar o objetivo ajustando os parâmetros de temperatura e pressão da reação. Por esse feito, Haber recebeu o prêmio Nobel de Química em 1918.

A técnica de produção de amônia de Haber apresentava um rendimento muito baixo. Foi o engenheiro metalúrgico alemão Carl Bosch (1874-1940) que conseguiu aperfeiçoar e desenvolver a produção industrial de amônia e, por isso, também recebeu o Prêmio Nobel de Química em 1931.

TOPICAL PRESS AGENCY/GETTY IMAGES

Fritz Haber.

ALBUM/AKG-IMAGES/LATINSTOCK

Carl Bosch.

ATIVIDADES

ORGANIZAR O CONHECIMENTO

1. Classifique as reações químicas representadas a seguir em endotérmicas ou exotérmicas.

a) Decomposição da água com absorção de energia:

$2\ H_2O \longrightarrow 2\ H_2 + O_2$

b) Oxidação da glicose com liberação de energia:

$C_6H_{12}O_6 + 6\ O_2 \longrightarrow 6\ CO_2 + 6\ H_2O$

c) Combustão do álcool com liberação de energia:

$C_2H_6O + 3\ O_2 \longrightarrow 2\ CO_2 + 3\ H_2O$

d) Decomposição da sacarose com absorção de energia:

$C_{12}H_{22}O_{11} \longrightarrow 12\ C + 11\ H_2O$

2. De que maneira identificamos que uma equação química está balanceada?

3. A fotossíntese é um fenômeno natural que ocorre em determinados organismos, como plantas e algumas algas. Nela, a energia solar é absorvida e armazenada como energia química na glicose.

- Escreva a equação química balanceada que representa a reação da fotossíntese. Por que essa reação é considerada endotérmica?

ANALISAR

4. A figura ao lado representa o processo de cozimento de ovos em um fogão a gás. Que tipo de reação (exotérmica ou endotérmica) ocorre na chama do fogão? E nos ovos?

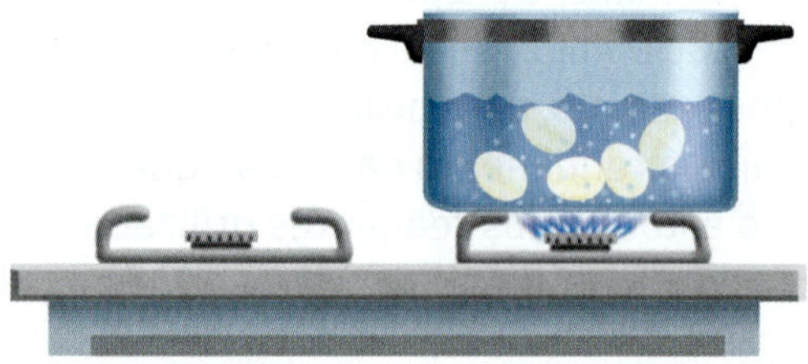

5. Reescreva a equação de combustão do gás metano (CH_4) dada a seguir. Identifique os reagentes e os produtos e corrija os coeficientes da equação.

$$CH_4\,(g) + O_2\,(g) \longrightarrow CO_2\,(g) + H_2O\,(\ell)$$

6. Responda:

a) Em Química, qual é a diferença entre escrever Co e CO?

b) E entre H_2 e $2\ H$?

7. Analise a equação e faça o que se pede.

$$HC\ell + KOH \longrightarrow KC\ell + H_2O$$

a) A equação está balanceada? Qual é a proporção dos reagentes envolvidos?

b) Determine qual substância é o ácido, a base e o sal.

c) De que maneira essa reação química pode ser classificada?

8. Se colocarmos um copo sobre uma vela acesa (veja a figura abaixo), ela se apagará rapidamente. Por que isso acontece?

EXPLORE

Conservação de massa em uma reação química

Para essa investigação, vamos analisar a reação de um comprimido efervescente em água.

MATERIAL

- 1 comprimido efervescente (vitamina C ou antiácido)
- Água
- 1 copo
- 1 garrafa plástica com tampa
- Papel-alumínio
- 1 balança com precisão de 0,1 g

PROCEDIMENTO

1. Corte um pedaço do papel-alumínio com tamanho suficiente para cobrir o copo e reserve.
2. Coloque água até a metade do copo.
3. Com o auxílio da balança, pese e anote a massa inicial do conjunto: copo com água, comprimido efervescente e pedaço de papel-alumínio.
4. Coloque o comprimido no copo com a água e imediatamente cubra com o pedaço de papel-alumínio.
5. Após o término da reação, pese e anote a massa final do conjunto.

Atividades

1. Qual é o objetivo dessa investigação?
2. Utilizando seus conhecimentos sobre conservação de massa, que resultado você esperava observar nesse experimento? Explique.
3. Elabore outro procedimento de maneira que prove que a conservação de massa ocorre nessa reação. Seja preciso e anote o passo a passo.

Explorar o tema

TEXTO 1

Brasileiro troca de celular em menos de três anos, diz pesquisa

Estudo realizado pelo Idec (Instituto Brasileiro de Defesa do Consumidor) em parceria com a empresa Market Analysis concluiu que o tempo médio de vida útil do celular para o brasileiro não chega a três anos e dificilmente ultrapassa cinco anos. O resultado dá ao *gadget* o título de campeão em rapidez de descarte em relação aos aparelhos eletrônicos.

[...] O que motiva a troca dos aparelhos, em grande parte, é a obsolescência programada. Um em cada três celulares e eletroeletrônicos é substituído por falta de funcionamento e três em cada dez eletrodomésticos são substituídos por apresentarem defeitos, mesmo estando em funcionamento.

As mulheres tendem a trocar mais os equipamentos por motivo de funcionamento (60% *versus* 53% na população geral) enquanto os homens tendem a trocá-los com o objetivo de ter um equipamento mais atual (55% *versus* 47% na população geral).

Essa polaridade também é observada em diferentes níveis sociais: enquanto a população de classe mais baixa tende a substituir mais facilmente o equipamento por problemas de funcionamento (66% *versus* 53%), a população de classe alta o substitui por questões de atualização tecnológica (59% *versus* 46%).

"Podemos observar também a obsolescência psicológica, quando os consumidores trocam de produtos mesmo que ainda não apresentem defeitos, estimulados pela rápida substituição dos modelos do mercado", analisa João Paulo Amaral, pesquisador do Idec responsável pela pesquisa. [...]

Descarte do lixo e a logística reversa

A maioria dos entrevistados doa, vende ou guarda os aparelhos eletrônicos em casa. Segundo Amaral, isso demonstra que o consumidor brasileiro tem consciência de que estes produtos podem ser reaproveitados por terceiros ou mesmo do risco de jogar no lixo comum, mas ao mesmo tempo mostra que estamos longe de ter uma informação e estrutura adequada pelos fabricantes e pelo governo para conseguirmos descartar corretamente estes produtos.

MARCO VACCA/GETTY IMAGES

Os aparelhos celulares descartados fazem parte de 1 milhão de toneladas do lixo eletroeletrônico gerado no Brasil no ano de 2013, segundo a Agência Brasileira de Desenvolvimento Industrial.

Ainda de acordo com o levantamento, apenas um a cada seis consumidores descarta os aparelhos. Destes, a maioria os coloca no lixo reciclável, no lixo comum ou o devolve à loja em que efetuou a compra. Somente a minoria os descarta em pontos de coletas específicos para produtos eletrônicos.

Apenas 1% dos descartes dos celulares são feitos em pontos de coleta específicos, assim como os aparelhos digitais, 2% dos eletroeletrônicos e 5% dos eletrodomésticos. De acordo com a Política Nacional de Resíduos Sólidos – PNRS, os fabricantes de algumas categorias de produtos, entre eles os de aparelhos eletroeletrônicos, devem ser responsáveis pelo recolhimento, pela reciclagem e pela destinação adequada de seus produtos, o que caracteriza o processo de logística reversa.

Apesar de a PNRS já ter sido aprovada há mais de três anos, a tal logística reversa ainda não existe hoje e nada indica que será implementada num futuro muito próximo, já que o acordo do setor de eletroeletrônicos para colocar a medida em prática ainda não foi finalizado. [...]

Fonte: Brasileiro troca de celular em menos de três anos, diz pesquisa. *Redação Olhar Digital*, 4 fev. 2014. Disponível em: <http://olhardigital.uol.com.br/noticia/40107/40107>. Acesso em: abr. 2014.

GLOSSÁRIO

Gadget: termo inglês para designar equipamentos eletrônicos com função específica, como tocadores de mp3, *smartphones* e celulares.

Obsolescência programada: fabricação de um produto com tempo determinado para parar de funcionar ou para deixar de ser útil.

TEXTO 2

Como descartar celulares, tablets, notebooks, *baterias e outros* gadgets?

[...] Infelizmente, uma parte desse lixo é descartada incorretamente ou mantida praticamente como peça de museu de eletrônicos nas casas dos amantes de tecnologia. O que muita gente não sabe, no entanto, é que existem lugares para encaminhar seus antigos aparelhos ao descartá-los.

A criação desses locais de descarte foi uma das determinações incluídas na Política Nacional de Resíduos Sólidos, em vigor desde o fim de 2010 e que tenta corrigir diversos problemas relacionados ao lixo. A nova lei institui que os fabricantes, comerciantes, importadoras e distribuidoras de produtos eletroeletrônicos devem criar sistemas de logística reversa para garantir o despejo correto do lixo. Portanto, você pode devolver seus antigos *gadgets* às lojas onde comprou ou as suas respectivas fabricantes.

Se tratado incorretamente, o aparelho eletrônico pode trazer diversos danos à natureza. Esse tipo de produto tem em sua composição substâncias tóxicas como mercúrio, chumbo, cádmio, berílio e arsênio. Também são utilizados compostos químicos retardantes de chamas e PVC, cuja decomposição pode levar séculos para ocorrer naturalmente. A exposição direta ou indireta a esses elementos pode causar distúrbios no sistema nervoso, problemas renais e pulmonares, além de câncer e outras doenças. [...]

Fonte: Como descartar celulares, *tablets*, *notebooks*, baterias e outros *gadgets?*, de Guilherme Neto. *Techtudo Online*, 18 out. 2013. Disponível em: <http://www.techtudo.com.br/artigos/noticia/2012/06/como-descartar-celulares-tablets-notebooks-baterias-e-outros-gadgets.html>. Acesso em: abr. 2014.

Interpretar

1. **Quais são as principais causas citadas pelo texto que levam os consumidores a descartar seus aparelhos de celular?**
2. **Explique com suas palavras como funciona a logística reversa.**
3. **Por que materiais como vidro, plástico e papel são chamados de "lixo que não é lixo"?**
4. **De que maneira devem ser descartados os aparelhos eletrônicos?**

Trocar ideias sobre o tema

Discutir ideias

5. **Reúna-se com os colegas da classe e discutam:**
   a) Quantos de vocês já ouviram falar da obsolescência programada?
   b) Na opinião de vocês, que aparelhos eletrônicos são feitos seguindo o conceito de obsolescência programada?
   c) Quais são os motivos que levam as pessoas a trocar de aparelho de celular?
   d) Qual é o destino dado aos aparelhos antigos que não serão mais utilizados?

Ser cidadão

6. **É importante separar o lixo, mas também é preciso que existam pontos de coleta e sejam bem divulgados, o que nem sempre acontece. Levando isso em consideração, pesquise:**
   a) Seu bairro possui uma local para a coleta seletiva de aparelhos eletrônicos inutilizados? Caso negativo, o que poderia ser feito para que isso fosse disponibilizado para os cidadãos?
   b) A classe considera importante divulgar os pontos de coleta seletiva do bairro? De que maneira isso poderia ser feito?

Compartilhar

7. **Com base nas informações discutidas, produzam um material que incentive a logística reversa de aparelhos eletrônicos em seu bairro ou escola. Esse material pode ser um vídeo, uma reportagem de jornal, um poema, um cartaz etc.**

Que tal questionar e propor novos problemas?

Um dos grandes problemas do consumo desenfreado é o fato de as pessoas comprarem sem se perguntar de onde veio ou para onde vai aquele objeto depois de ele ser utilizado. Ao consumir, faça a si mesmo essas e outras perguntas, busque respostas e não se contente com o que as campanhas publicitárias apresentam.

Oceano Ártico sofre rápido processo de acidificação, diz estudo

Excesso de CO_2 na atmosfera faz água do mar absorver gás e ficar ácida. Segundo cientistas, fenômeno prejudica ecossistemas.

O Oceano Ártico sofre com um rápido processo de acidificação devido às emissões de CO_2, um fenômeno que ameaça os frágeis ecossistemas da região, alertaram cientistas do Programa de Monitoramento e Avaliação do Ártico (Amap, na sigla em inglês), que reúne estudiosos de vários países.

As informações foram divulgadas [...] em uma conferência internacional sobre a acidificação dos oceanos, que acontece na Noruega.

Segundo a investigação, a acidez das águas nesta parte do planeta aumentou 30% desde o início da era industrial. O Ártico é o mais vulnerável dos oceanos porque suas águas frias absorvem mais CO_2 e recebem a água doce vinda dos rios e do degelo. Tais fatos reduzem a capacidade do oceano de neutralizar quimicamente o ácido proveniente do CO_2.

Além disso, o crescente degelo das calotas [camada de gelo centrada na região polar] durante o verão deixou descobertas superfícies marinhas cada vez maiores, que contribuem para maior absorção do dióxido de carbono. Segundo o estudo, no Mar da Islândia e no Mar de Barents, o pH diminuiu cerca de 0,02 por década desde o final dos anos de 1960.

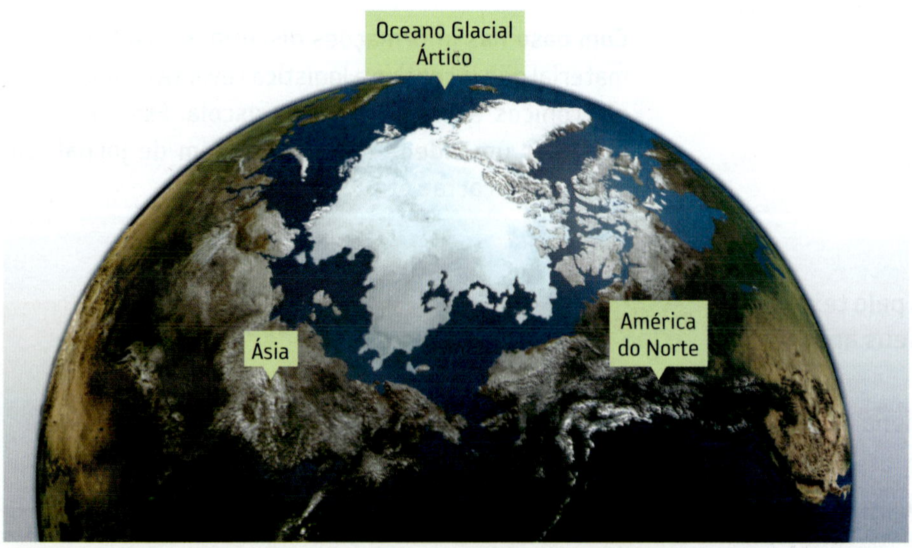

NASA GODDARD'S SCIENTIFIC VISUALIZATION STUDIO

Imagem computadorizada feita com dados coletados por satélite em setembro de 2010. O Oceano Glacial Ártico está localizado no Hemisfério Norte, entre a América do Norte, a Ásia e a Europa.

Recuperação lenta

Os pesquisadores alertaram ainda que a superfície dos mares árticos sofre mais rapidamente este processo do que as águas mais profundas.

Outro ponto citado pelo estudo é que, mesmo que as emissões do gás de efeito estufa caíssem, seriam necessários milhares de anos para que os oceanos recuperem seu nível de acidez de antes do período industrial, há dois séculos, de acordo com o pesquisador norueguês Richard Bellerby, autor de um relatório científico sobre o assunto.

O impacto da acidificação é pouco conhecido, mas atinge de forma diferente os ecossistemas. No interior do Ártico, por exemplo, corais, moluscos e outros organismos tiveram a capacidade de calcificação alterada.

O processo ocorre devido à absorção pelos oceanos do excesso de dióxido de carbono na atmosfera, o que torna a água mais ácida. Estruturas rígidas como as conchas de ostras e o esqueleto dos corais são as mais afetadas pela alteração.

* Com informações da France Presse e da BBC.

Fonte: Oceano Ártico sofre rápido processo de acidificação, diz estudo, de Redação do G1. *G1, 6 maio 2013*. Disponível em: <http://g1.globo.com/natureza/noticia/2013/05/oceano-artico-sofre-rapido-processo-de-acidificacao-da-agua-diz-estudo.html>. Acesso em: abr. 2014.

DK IMAGES/DIOMEDIA

Esqueleto do coral da espécie *Acropora cervicornis*. A acidez das águas dos oceanos dificulta a formação de carbonato de cálcio, substância formadora do esqueleto dos corais. Estes têm grande importância na vida marinha, pois abrigam e servem de alimento para muitos animais.

Atividades

OBTER INFORMAÇÕES

1. Qual é a principal causa da acidificação dos oceanos? Explique sua resposta.
2. Por que o Oceano Ártico é o mais prejudicado dos oceanos em relação às emissões de CO_2?
3. De que maneira a acidificação dos oceanos causa impacto na vida dos corais e de alguns moluscos?

INTERPRETAR

4. Em relação à escala de pH, o crescimento de 30% da acidez das águas significa que o valor de pH aumentou ou diminuiu? Justifique sua resposta.
5. Por que o degelo das calotas polares facilita a absorção do CO_2 pelas águas do oceano?
6. O processo de acidificação das águas ocorre somente no Oceano Ártico ou pode ocorrer em outros oceanos? Explique sua resposta.

UNIDADE

5 FORÇA E MOVIMENTO

Desde a Antiguidade até os dias atuais, os seres humanos estudam e aprendem sobre a produção do movimento e como dominá-lo. Entre os muitos frutos desses estudos, as máquinas e os meios de transporte são os exemplos mais relevantes.

A constante evolução tecnológica produziu veículos cada vez mais eficientes e rápidos. As primeiras locomotivas a vapor, no início do século XIX, atingiam velocidades da ordem de 20 km/h; atualmente, os trens mais avançados, movidos a eletricidade, podem ultrapassar 300 km/h.

Essa evolução, no entanto, gerou desafios, como a construção de vias adequadas e o controle da emissão de poluentes.

O viaduto Landwasser, na Áustria, foi construído entre 1901 e 1902 e faz parte da linha férrea de Albula, que é utilizada até hoje e foi considerada Patrimônio Mundial da Humanidade pela Unesco. Contando com seis arcos de rocha calcária, esse viaduto, de 65 metros de altura e 136 metros de comprimento, vem suportando não apenas seu enorme peso, mas também o das locomotivas que o atravessam há mais de um século.

Começando a Unidade

1. Quando você viaja sentado em um veículo, seja trem, ônibus ou carro, você está parado ou em movimento?
2. Como a velocidade de um trem varia durante uma viagem?
3. Como um barco a vela consegue se deslocar? E uma canoa?

O. PROTZE/ARCO IMAGES/GLOW IMAGES

Por que estudar esta Unidade?

O estudo das forças e dos movimentos nos permite compreender melhor o mundo ao nosso redor, desde os fenômenos que nos permitem caminhar até o lançamento de um foguete. Você verá que alguns eventos que parecem completamente distintos, como uma bola sendo chutada ou um carro sendo acelerado, apresentam, na verdade, muitas características em comum.

Esses conhecimentos não são importantes apenas para os engenheiros ou mecânicos; nós os utilizamos cotidianamente, quando usamos uma alavanca para levantar algo pesado, quando empurramos algum móvel, quando estamos em um carro etc.

TEMA

1 Movimento ou repouso?

A condição de movimento ou de repouso de um corpo depende de um referencial. A velocidade é a variação da posição de um corpo em função do tempo.

Animação
Movimento e trajetória

DESIGN PICS/DARREN GREENWOOD/GETTY IMAGES

A determinação do movimento do bebê depende do referencial adotado.

O movimento

Imagine um bebê dormindo em um carrinho que o pai empurra pela calçada. O bebê está em movimento ou em repouso?

Para responder a essa pergunta, precisamos considerar um **referencial**, isto é, um conjunto de três eixos perpendiculares entre si que permitam localizar um ponto ou objeto no espaço. É com relação a esse referencial que se analisa a condição de movimento ou de repouso de um corpo. Para facilitar o estudo, em geral admitimos outro corpo como referencial – chamado de **corpo de referência**.

Dizemos que um corpo está em movimento quando sua posição muda em relação ao referencial adotado. Quando sua posição não muda, dizemos que o corpo está em repouso.

Portanto, voltando à nossa situação imaginária, se considerarmos o carrinho como referencial, o bebê está em repouso, pois a posição dele não muda em relação ao carrinho. Mas, se considerarmos um ponto da calçada como referencial, o carrinho e o bebê dentro dele estão em movimento.

Assim, podemos dizer que o movimento é relativo, pois o mesmo corpo pode estar parado ou em movimento dependendo do referencial adotado. Para o estudo dos movimentos neste livro, o referencial adotado será a Terra, exceto nos casos em que for indicado outro referencial.

Posição e trajetória

Para descrever o movimento de um corpo, deve-se conhecer a **posição** que ele ocupa a cada instante de sua trajetória. Se considerarmos um movimento somente em uma direção, a posição de um corpo será dada pela distância entre ele e a origem do referencial.

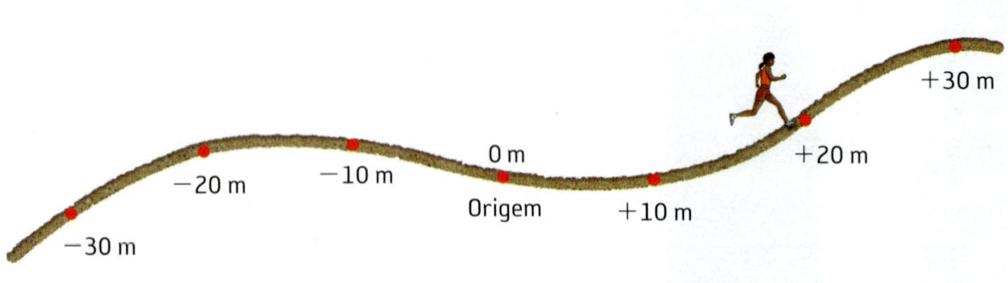

A mulher encontra-se na posição $s = +20$ m, ou seja, a 20 m da origem ($s = 0$ m).

Imagine que você está viajando por uma estrada e de repente o ônibus no qual você se encontra apresenta um problema mecânico.

Para que o motorista do ônibus possa chamar os mecânicos, ele deverá indicar a posição exata da sua localização. Para isso, ele pode procurar os marcos quilométricos, que indicam a posição de sua trajetória em relação a determinado referencial, que, nesse caso, é o quilômetro zero da estrada.

O conjunto de posições ocupadas por um corpo durante seu movimento é chamado **trajetória**. Por exemplo, a linha imaginária que une as pegadas de uma pessoa que caminha em uma praia descreve sua trajetória. A pista de uma rodovia também define a trajetória descrita por um veículo que a percorreu.

MARCOS ANDRÉ/OPÇÃO BRASIL IMAGENS

Os marcos quilométricos indicam a posição ocupada por quem se localiza junto a um deles. A posição apresentada (km 105) é medida a partir do marco zero da estrada.

Deslocamento e intervalo de tempo

Chamamos de deslocamento a diferença entre a posição final e a posição inicial de um corpo. No SI, essa distância é medida em metros (m). Nem sempre o deslocamento coincide com a trajetória; isso só ocorre nos casos em que o movimento acontece em linha reta, sempre na mesma direção e sentido.

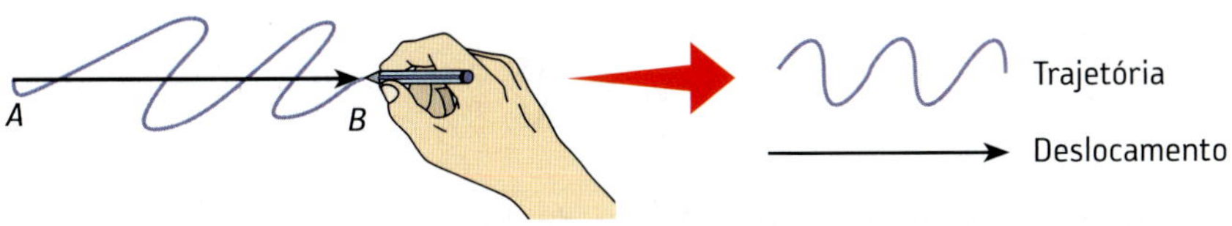

Exemplo em que a trajetória, representada pelo desenho do lápis, é diferente do deslocamento, representado pela seta entre *A* e *B*.

Para que um movimento possa ser estudado, é importante também sabermos em qual intervalo de tempo ele ocorre, isto é, qual é a diferença entre o instante final e o instante inicial do deslocamento do corpo. No SI, o tempo é medido em segundos (s).

Um intervalo, seja ele de tempo ou de posição, pode ser representado pela letra grega delta maiúscula (Δ), seguida da grandeza que está variando. Assim, o deslocamento é representado por:

$$\Delta s = s_f - s_i$$

em que s_f é a posição final ocupada pelo corpo e s_i é a posição inicial.

Dessa forma, se um corpo se move da posição $s = 100$ m até a posição $s = 500$ m, seu deslocamento foi de 400 m.

Do mesmo modo, o intervalo de tempo de ocorrência de determinado deslocamento será:

$$\Delta t = t_f - t_i$$

em que t_f é o tempo final e t_i é o tempo inicial.

Se um corpo saiu da posição inicial às 4 h e chegou à posição final às 4 h 15 min, o intervalo de tempo foi de 15 min ou, no SI, 900 s.

Saiba mais!

AS SIGLAS DAS RODOVIAS

As siglas que nomeiam as estradas têm embutidos códigos que explicam que tipo de rodovia cada uma é. As duas letras indicam se ela é federal (nesse caso, o nome começa com BR) ou estadual (nomes iniciados pelas siglas do estado, como SP e RS). No caso das rodovias federais, a responsabilidade por cuidar do asfalto e instalar placas é da União, enquanto nas estaduais quem cuida das estradas é o governo do estado. Há ainda rodovias municipais, mas essas têm nomes, não siglas; por exemplo, Estrada Municipal São João de Menti (RJ). Somando vias pavimentadas e não pavimentadas, o Brasil tem 1.751.872 km de rodovias [...]

Fonte: O que significam as siglas das estradas brasileiras?, de M. Motomura. *Mundo estranho*, ed. 61. Disponível em: <http://mundoestranho.abril.com.br/materia/o-que-significam-as-siglas-das-estradas-brasileiras> Acesso em: mar. 2014.

LALO DE ALMEIDA/FOLHAPRESS

Os radares eletrônicos fotografam os veículos que ultrapassam o limite de velocidade indicado por placas na via.

A velocidade

Você já deve ter visto, ao longo de ruas, avenidas ou rodovias, radares eletrônicos para fiscalizar a velocidade dos veículos. Porém, como se mede a velocidade de um carro?

A **velocidade** é uma grandeza que expressa a mudança de posição de um corpo em função do tempo. Para determinar a velocidade de um corpo, devemos dividir a distância percorrida pelo intervalo de tempo no qual isso aconteceu.

Quando um motorista olha para o velocímetro do carro durante uma viagem, ele lê o valor da velocidade instantânea, isto é, a velocidade do carro naquele exato momento. Mas a velocidade do carro, em geral, não é sempre a mesma; ora aumenta, ora diminui, podendo também tornar-se nula. Para termos uma ideia da velocidade em que o carro se deslocou, podemos calcular sua **velocidade média**.

Cálculo da velocidade média

Para calcular a velocidade média de um corpo é necessário saber o seu deslocamento e o intervalo de tempo em que ele ocorreu, estabelecendo a seguinte relação:

$$v_m = \frac{\Delta s}{\Delta t}$$

em que v_m é a velocidade média, Δs é o deslocamento e Δt é o intervalo de tempo em que o deslocamento ocorreu.

Assim, se um carro deixa a cidade **A** às 10 h e chega à cidade **B**, distante 160 km, às 12 h, ele percorreu 160 km em 2 h. Portanto, sua velocidade média foi igual a 80 km/h. Observe o cálculo na figura abaixo.

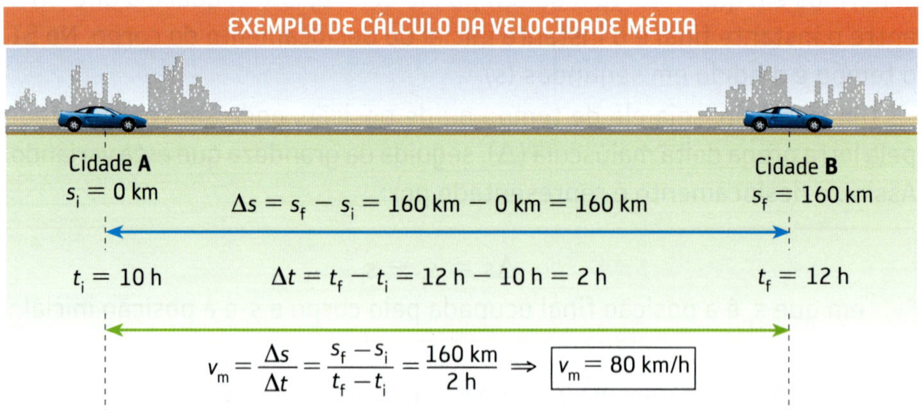

Saber apenas a velocidade média não basta para conhecer a variação da velocidade instantânea do corpo durante seu movimento. Por exemplo, no Grande Prêmio de Fórmula 1 do Brasil em 2013, o vencedor finalizou a prova com o tempo aproximado de 1 hora e 30 minutos e percorreu uma distância de cerca de 300 km. Com esses valores, podemos calcular que sua velocidade média foi de 200 km/h, mas com certeza ele alcançou valores ainda maiores nas retas e valores muito menores ao fazer curvas.

Entrando na rede

Infográfico animado sobre o funcionamento dos radares de fiscalização eletrônica de velocidade: www.tecmundo.com.br/infografico/10350-como-funcionam-os-radares-de-transito-infografico-.htm.

Acesso em: mar. 2014.

A unidade de medida de velocidade no SI é o metro por segundo (m/s). No nosso dia a dia, porém, é mais comum utilizarmos o quilômetro por hora (km/h).

Transformação de unidades de medida de velocidade

$1 \text{ km} = 1.000 \text{ m} \qquad 1 \text{ h} = 3.600 \text{ s}$

Então: $\dfrac{1 \text{ km}}{1 \text{ h}} = \dfrac{1.000 \text{ m}}{3.600 \text{ s}} = \dfrac{1 \text{ m}}{3,6 \text{ s}}$

$1 \dfrac{\text{km}}{\text{h}} = \dfrac{1}{3,6} \dfrac{\text{m}}{\text{s}} \Rightarrow 1 \text{ m/s} = 3,6 \text{ km/h}$

Logo: $\dfrac{\text{km}}{\text{h}} \underset{\times 3,6}{\overset{\div 3,6}{\rightleftarrows}} \dfrac{\text{m}}{\text{s}}$

O movimento uniforme

Você já andou de bicicleta, em uma rua ou estrada plana, sem mudar o modo como pedala e sem frear? Vamos supor que, em um passeio de bicicleta, em um trajeto reto e plano, você tenha mantido as pedaladas num ritmo constante, percorrendo uma distância de 6 metros a cada segundo. Nesse movimento, sua velocidade foi de 6 m/s ou 21,6 km/h.

Nesse caso, você se manteve em **movimento uniforme**, isto é, a cada segundo você percorreu exatamente a mesma distância, ou seja, a sua velocidade foi constante.

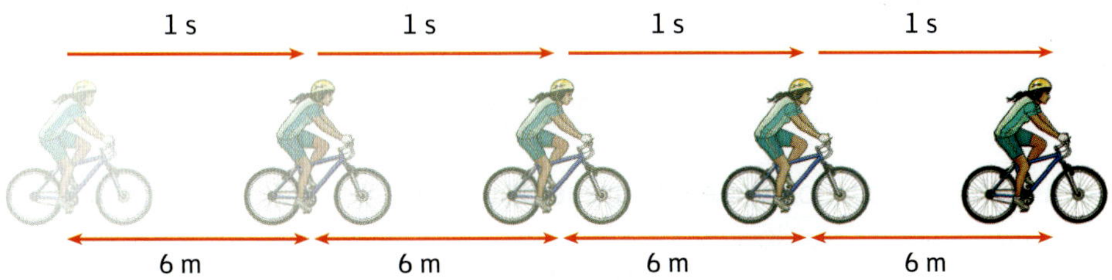

Em um movimento uniforme, os deslocamentos são iguais para intervalos de tempo iguais.

De olho no tema

Uma pessoa andando de bicicleta está em movimento? E você, sentado em sua cadeira, está em movimento? Justifique sua resposta.

Vamos fazer

QUAL É A SUA VELOCIDADE?

Material

- Cronômetro
- Fita métrica

Procedimento

1. Com a fita métrica, marque no chão a distância a ser percorrida. Se possível, escolha uma distância maior que 4 m. Você pode colocar objetos para sinalizar o início e o final da "pista".
2. Posicione-se na "largada" e ande tranquilamente em linha reta até o final do percurso. Peça a um colega para medir com cuidado o seu tempo de deslocamento, utilizando o cronômetro. Tente manter constante o tamanho e o ritmo das passadas.
3. Repita o procedimento, mas agora acelere um pouco o ritmo das passadas.

Registre em seu caderno

1. Quais foram a distância percorrida e o tempo gasto na primeira caminhada?
2. Qual foi a velocidade média?
3. Quais foram a distância percorrida e o tempo gasto na segunda caminhada?
4. Qual foi a velocidade média desenvolvida na segunda caminhada?

TEMA

2 Cada vez mais rápido

Aceleração é a variação da velocidade de um corpo em relação ao tempo. Movimentos que apresentam aceleração são denominados movimentos variados.

A aceleração

Embora pareçam mais simples, os movimentos uniformes – aqueles em que a velocidade não se altera – são muito raros. Os movimentos mais comuns são aqueles nos quais a velocidade varia, ou seja, aqueles em que há aceleração.

A velocidade de um corpo pode aumentar muito rapidamente, como nos carros de Fórmula 1, que passam de 190 km/h para 290 km/h em apenas 5 s – ou seja, a velocidade aumenta 100 km/h em 5 s. A velocidade também pode ser reduzida, como no caso de um motorista de caminhão que, ao avistar uma lombada, passa de 80 km/h para 10 km/h em 15 s. Nesse caso, a velocidade diminuiu 70 km/h em 15 s.

Cálculo da aceleração média

A **aceleração** corresponde à variação da velocidade em relação ao tempo. Calcula-se a **aceleração média** dividindo a variação da velocidade (Δv) pelo intervalo de tempo em que ela ocorreu (Δt).

$$a_m = \frac{\Delta v}{\Delta t}$$

A variação da velocidade é representada por:

$$\Delta v = v_f - v_i$$

em que v_i é a velocidade inicial e v_f é a velocidade final do corpo no intervalo de tempo Δt.

A unidade de medida de aceleração no SI é o metro por segundo ao quadrado (m/s²). Por exemplo, se uma motocicleta passa de uma velocidade de 10 m/s para uma velocidade de 30 m/s em 10 s, sua aceleração média é de 2 m/s². Isso significa que a motocicleta aumenta sua velocidade em 2 m/s a cada segundo. Observe o cálculo na figura abaixo.

KYODO/NEWSCOM/GLOW IMAGES

ALEX MAXIM/ALL CANADAS PHOTOS/GLOW IMAGES

Por terem motor mais potente, os carros esportivos têm capacidade de aceleração maior que os carros de passeio.

EXEMPLO DE CÁLCULO DA ACELERAÇÃO MÉDIA

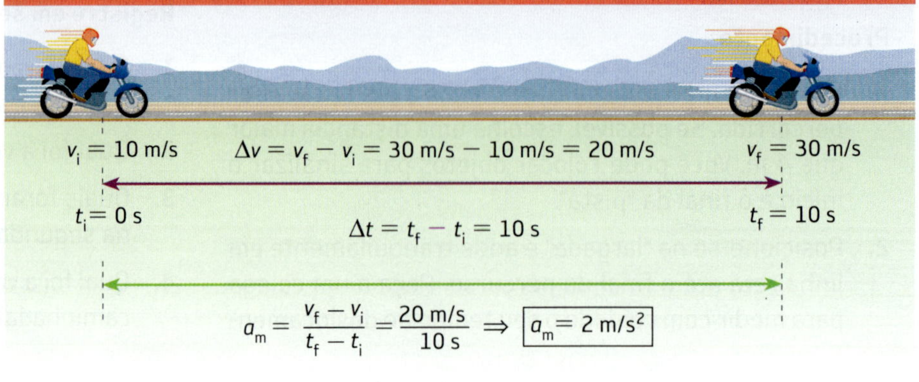

Quando a velocidade de um corpo aumenta, o movimento é **acelerado**; quando a velocidade diminui, o movimento é **retardado**. Se a taxa de variação de velocidade for a mesma durante todo o movimento, isto é, se a aceleração for constante, o movimento é chamado **movimento uniformemente variado**. Um exemplo disso é a queda de um objeto pela ação da gravidade.

Entrando na rede

Simulador de velocidade e aceleração de um caminhão: www.fisica.ufpb.br/~romero/objetosaprendizagem/Rived/01Cinematica/animacao/anim.html.

Acesso em: mar. 2014.

Movimentos sob ação da gravidade

Se um objeto for solto da nossa mão, ele cairá em direção ao solo. Isso ocorre por causa da atração gravitacional entre a Terra e o objeto, que faz com que a velocidade da queda aumente de maneira constante, configurando assim um movimento uniformemente variado.

A aceleração que a atração gravitacional imprime nos corpos que caem é chamada **aceleração gravitacional** ou **aceleração da gravidade** e é representada por g. Perto da superfície terrestre, o valor de g é de aproximadamente 9,8 m/s^2 ou, para simplificar os cálculos, 10 m/s^2. Isso significa que, durante a queda de um corpo, sua velocidade aumenta 10 m/s a cada segundo. Se o corpo partir do repouso ($v = 0$ m/s), sua velocidade após o primeiro segundo de queda será 10 m/s; após mais um segundo, o corpo estará a 20 m/s, e assim por diante.

A trajetória de um corpo que cai sob a ação da atração gravitacional é vertical e, quando desconsideramos a ação da resistência do ar, o movimento é chamado de **queda livre**.

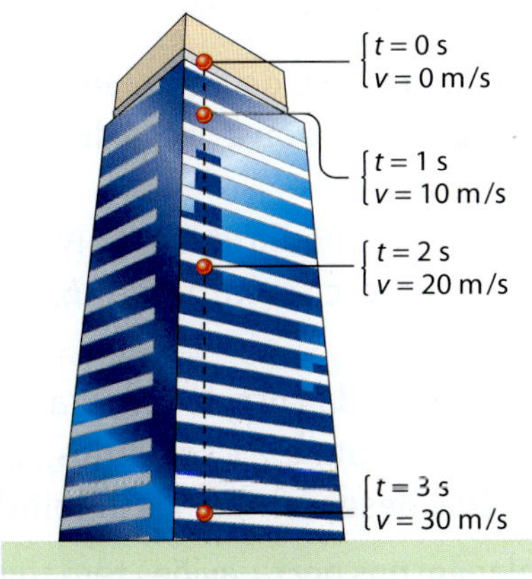

Durante a queda livre, a velocidade de um corpo aumenta 10 m/s a cada segundo.

Os objetos caem porque a Terra atrai todos os corpos próximos à sua superfície.

Quando um corpo é atirado para cima, sua velocidade diminui constantemente até ficar nula, na altura máxima; em seguida, o sentido do movimento se inverte e o corpo retorna ao solo. Se ele cair no mesmo ponto do qual foi lançado, o tempo de descida terá sido igual ao de subida. Além disso, em qualquer ponto da trajetória, a velocidade terá o mesmo valor numérico tanto na subida como na descida.

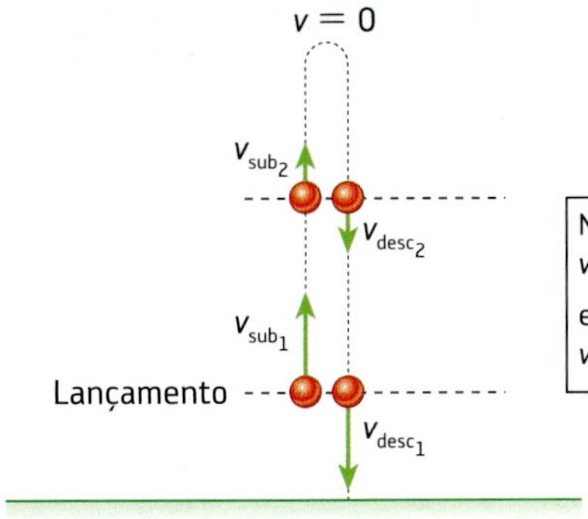

Numericamente, $v_{sub_1} = v_{desc_1}$ e $v_{sub_2} = v_{desc_2}$

Uma bola atirada para cima tem sua velocidade diminuída (movimento retardado) até sua velocidade tornar-se nula ($v = 0$). Durante a descida, a velocidade da bola aumenta continuamente (movimento acelerado).

Vídeo

Calculando a janela de lançamento

De olho no tema

1. O que é aceleração?
2. Descreva o movimento de uma pedra que é lançada para cima.

ATIVIDADES

ORGANIZAR O CONHECIMENTO

1. **Na prática do *skysurf*, um atleta em cima de uma prancha faz acrobacias no ar enquanto seu parceiro permanece ao seu lado filmando as manobras. Os atletas estão em movimento? Justifique sua resposta.**

2. **Os carros A, B, C, D e E percorrem distâncias distintas em diferentes intervalos de tempo, conforme mostrado na tabela abaixo.**

Carro	Distância percorrida (km)	Intervalo de tempo (h)
A	90	3
B	250	5
C	480	6
D	180	2
E	240	4

a) Qual é o carro mais rápido?

b) Qual é o carro mais lento?

c) Qual é mais rápido, B ou C?

d) Liste os carros em ordem crescente de velocidades médias.

3. **O gráfico mostra a velocidade de um carro de corrida em alguns instantes.**

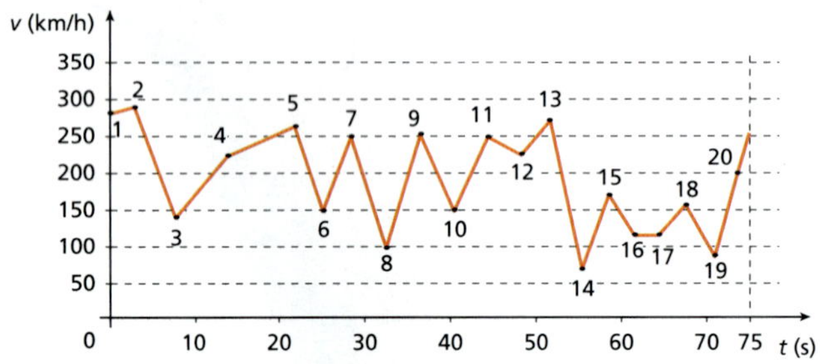

Responda:

a) Quais posições determinam o início de um movimento acelerado?

b) Quais posições determinam o início de um movimento retardado?

c) Quais são os quatro pontos em que o carro se locomove nas maiores velocidades?

d) Quais são os quatro pontos em que o carro atinge as menores velocidades?

e) Proponha uma explicação para o fato de a velocidade do carro ser tão variável ao longo do percurso.

ANALISAR

4. **Uma menina está andando de bicicleta em uma praça quando a buzina que estava presa ao guidão se solta e cai. Nesse instante, ela passava diante de uma senhora sentada em um banco. Desenhe a trajetória da queda da buzina vista pela menina e vista pela senhora.**

5. **Em uma viagem, um motorista sai de sua cidade, no quilômetro 30 de uma rodovia, abastece o veículo após ter percorrido 30 km nessa via e, seguindo na mesma direção e sentido, chega à cidade de destino, no quilômetro 80.**

a) Qual foi o deslocamento total?

b) Qual foi o deslocamento entre o posto e a cidade de destino?

c) Qual foi a velocidade média no percurso, sabendo que o motorista partiu às 10 h e chegou às 12 h?

6. **Uma família estava viajando para passar alguns dias na praia. Durante a viagem, Augusto, um dos filhos, resolveu estudar o movimento do carro. Para isso, anotou a posição do carro na rodovia a cada 15 minutos. Com os resultados, ele montou a seguinte tabela:**

t (min)	0	15	30	45	60	75
s (km)	30	50	70	90	110	130

O que Augusto pôde concluir sobre o movimento do carro? Foi uniforme ou variado? Qual foi a velocidade média do carro nesse período?

7. **O vencedor do Grande Prêmio de Barcelona de 2008 foi Kimi Raikkonen, que finalizou a prova de 66 voltas em 1 hora e 38 minutos.**

a) Calcule a velocidade média desenvolvida pelo piloto, sabendo que o circuito tem 4.655 m de comprimento.

b) Se a volta mais rápida da corrida foi estabelecida com o tempo de 1 minuto e 21 segundos, qual foi a velocidade média desenvolvida nessa volta?

8. **As pistas de decolagem nos porta-aviões têm somente cerca de 80 m de comprimento. Por isso, os aviões que decolam do navio desenvolvem grandes acelerações para atingir a velocidade de decolagem (260 km/h) antes do final da pista. Supondo que um avião decole do navio em 2,4 s, qual foi sua aceleração?**

9. **Como as etapas 1, 2, 3 e 4 do movimento descrito no gráfico abaixo podem ser relacionadas com os termos andar, correr e parar? Justifique sua resposta.**

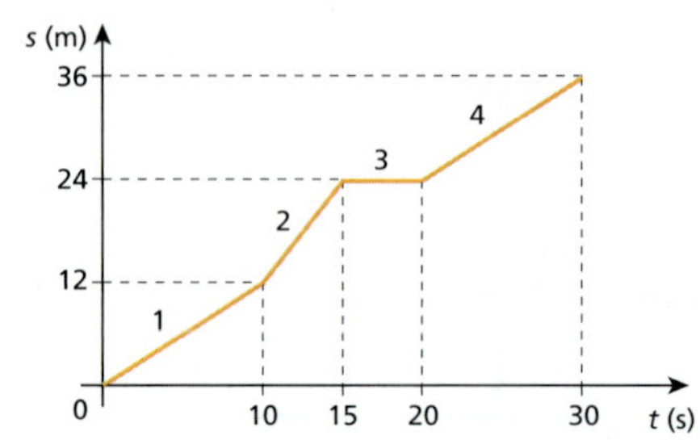

Descrevendo o movimento do homem mais rápido do mundo

O atleta jamaicano Usain Bolt foi considerado um dos homens mais rápidos do mundo após ter quebrado recordes olímpicos e mundiais nas provas de 100 m rasos e 200 m rasos do atletismo. No Mundial de Atletismo em Berlim (2009), ele obteve sua melhor marca ao percorrer 100 m em 9,58 s. A tabela a seguir apresenta os tempos parciais de Bolt para cada trecho de 10 m percorrido nessa prova.

Posição (m)	0	10	20	30	40	50	60	70	80	90	100
Tempo (s)	0	1,85	2,89	3,78	4,64	5,49	6,31	7,11	7,92	8,74	9,58

Fonte: <http://biomech.byu.edu/Portals/82/docs/coaching/100m%20WR%20Split%20Analysis.xlsx>. Acesso em: mar. 2014.

Atividades

ANALISAR OS DADOS

1. Calcule a velocidade média de Bolt em cada trecho de 10 m.
2. Utilizando papel milimetrado ou um programa de elaboração de planilhas no computador, construa um gráfico da posição do atleta em função do tempo. Verifique se a escala que você está utilizando no gráfico é a mais adequada para interpretá-lo em seguida.
3. Elabore um gráfico da velocidade média em cada trecho em função do tempo.

INTERPRETAR

4. Analisando o gráfico da posição em função do tempo, como você descreve o movimento do atleta durante a prova?
5. Como foi a variação da velocidade do atleta ao longo da prova?
6. Quais são as vantagens e as desvantagens de se estudar um movimento com base em gráficos, em vez de tabelas?

OB MARTIN/SPORTS ILLUSTRATED/GETTY IMAGES

Usain Bolt à esquerda obteve a medalha de ouro e quebrou o recorde mundial na prova de 100 m rasos em Berlim, em 2009.

TEMA

3 Mover, deformar, equilibrar

As forças podem agir pelo contato direto entre os corpos ou a distância e manifestam-se pela alteração do movimento, pela deformação ou pelo equilíbrio dos corpos.

O que é força?

Agora que já conhecemos as características e os principais tipos de movimento, começaremos a análise das suas causas e variações. Por exemplo, como explicar o movimento do trem ou a sustentação do viaduto apresentados na abertura desta unidade?

Essas mesmas perguntas podem ser feitas com relação a um acrobata que consegue manter-se equilibrado sobre algumas cadeiras dispostas de maneira irregular. Como ele mantém seu corpo esticado na horizontal e apoiado somente por um braço? Como ele chegou ao alto?

Para responder a essas e outras questões, o físico inglês Isaac Newton, no século XVII, lançou mão do conceito de força.

Chama-se **força** qualquer ação capaz de produzir ou alterar movimentos, provocar deformações ou manter o equilíbrio nos corpos em que é aplicada.

O resultado da aplicação de uma força sobre um corpo depende da intensidade, da direção e do sentido da força. Esses elementos são representados graficamente por meio de segmentos de reta orientados, denominados **vetores**. Para indicar que a força é representada por vetores, adicionamos uma seta sobre a letra F, ou seja: $\vec{F}$.

Quando não houver a seta sobre a letra, estaremos tratando apenas da intensidade da força. No SI a unidade de medida de força é o newton (N).

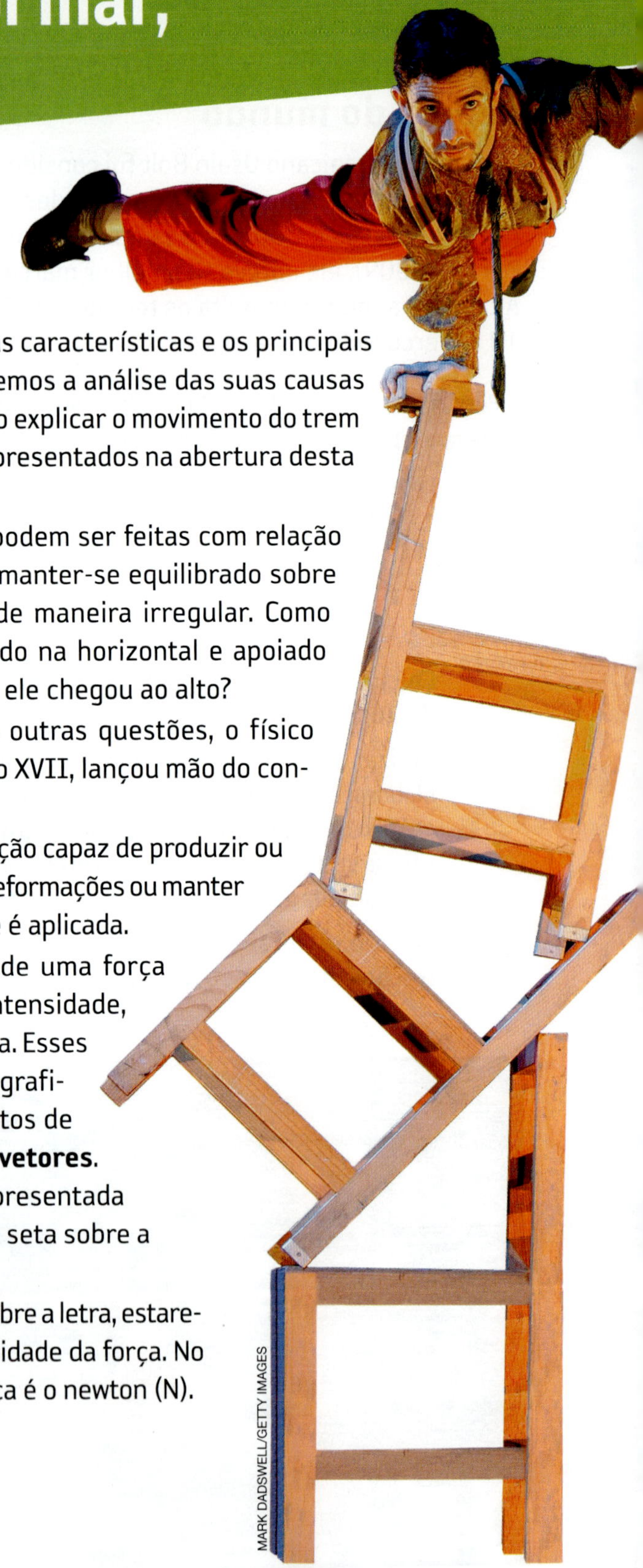
MARK DADSWELL/GETTY IMAGES

Os acrobatas precisam ter resistência muscular para suportar o peso de seu corpo e executar movimentos precisos.

VISHWANATH BHAT/GETTY IMAGES

Quanto maior for a força aplicada sobre a bola, maior será a deformação sofrida por ela.

REPRESENTAÇÃO DE FORÇAS

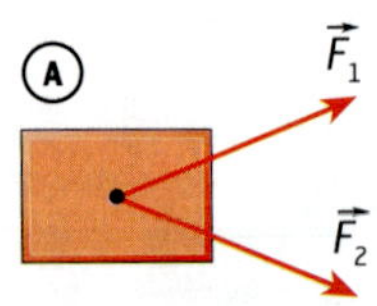

$\vec{F_1}$ e $\vec{F_2}$ representam forças com **direções diferentes**.

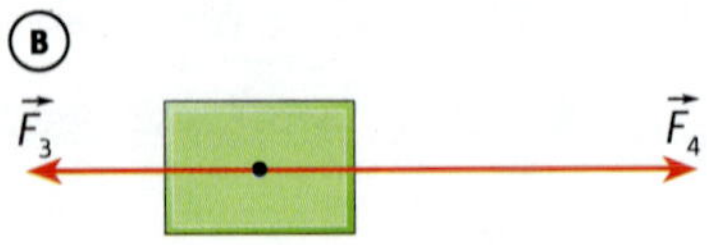

$\vec{F_3}$ e $\vec{F_4}$ representam forças com **mesma direção** e **sentidos opostos**.

Na representação de forças, o comprimento de cada segmento de reta (vetor) representa a intensidade de cada força. No esquema (**A**), $\vec{F_1}$ representa uma força de mesma intensidade que $\vec{F_2}$. No esquema (**B**), $\vec{F_3}$ representa uma força com menor intensidade que $\vec{F_4}$.

Composição das forças

Diferentes forças podem agir simultaneamente sobre um mesmo corpo. O resultado da ação dessas forças é chamado de força resultante ($\vec{F}_r$), que é representada por um vetor em que a intensidade, a direção e o sentido dependem das características das forças aplicadas sobre o corpo.

No jogo cabo de guerra, por exemplo, vence a equipe que exerce a força de maior intensidade. Embora existam forças de mesma direção e sentidos opostos, tudo se passa como se uma única força agisse no ponto central da corda. Na representação acima, como $\vec{F}_1$ é maior que $\vec{F}_2$, a força resultante tem a mesma direção e o mesmo sentido de $\vec{F}_1$, horizontal para a esquerda. Assim, o grupo de boné vence o jogo.

Força peso

Todos os corpos no Universo se atraem pela ação de uma força chamada atração gravitacional. Essa força depende das massas e das distâncias entre os corpos: quanto maior for a massa e menor a distância entre os corpos, mais intensa é a força.

Assim, por terem massas enormes, os planetas atraem intensamente em direção ao seu centro qualquer corpo próximo a sua superfície. A aceleração da gravidade varia nos diferentes planetas do Sistema Solar, uma vez que eles possuem massas e tamanhos diferentes.

VALORES DA ACELERAÇÃO DA GRAVIDADE (g) NA SUPERFÍCIE DOS PLANETAS								
Planeta	Mercúrio	Vênus	Terra	Marte	Júpiter	Saturno	Urano	Netuno
g (m/s²)	3,78	8,60	9,78	3,72	22,88	9,05	7,70	11,00

Fonte: <www.if.ufrgs.br/oei/solar/solar04/solar04.htm>. Acesso em: mar. 2014.

Quando uma bola é lançada para cima, a atração da gravidade provoca a desaceleração durante a subida, o que causa o retorno dela ao solo. (Imagem sem escala.)

A força de atração gravitacional exercida pela Terra sobre os corpos que estão ao seu redor é denominada **força peso** ($\vec{P}$).

Peso não é a mesma coisa que massa, embora, no dia a dia, esses termos sejam tratados como sinônimos. A massa está relacionada à quantidade de matéria presente no corpo, enquanto o peso é a força exercida sobre essa massa pelo campo gravitacional. Por exemplo, a massa de um tijolo é a mesma na Terra e na Lua, mas seu peso é menor na Lua, uma vez que a atração gravitacional nesse satélite natural é menor. No SI, a massa é medida em quilograma (kg), e o peso em newton (N).

A massa de um tijolo é a mesma tanto na Terra quanto na Lua. Mas, como a aceleração da gravidade na Lua (aproximadamente 1,6 m/s^2) é cerca de seis vezes menor que na Terra (aproximadamente 10 m/s^2), o peso do tijolo também será seis vezes menor lá.

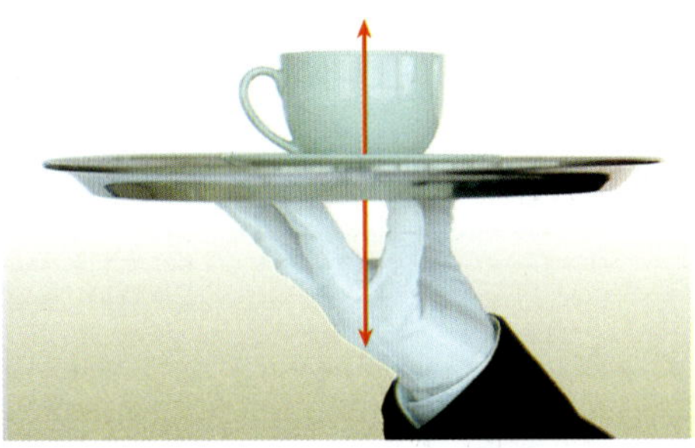

WAVEBREAKMEDIA/SHUTTERSTOCK

Na interação da mão com a bandeja, existem duas forças normais: a força que o fundo da bandeja aplica sobre a mão e a força que a mão aplica na bandeja.

De olho no tema

1. Que efeitos uma força pode provocar?
2. Qual é a origem da força peso?

Força Normal

Dizemos que a força gravitacional é uma força de ação a distância, pois a atração entre os corpos ocorre mesmo sem o contato direto entre eles. A Terra, por exemplo, continua atraindo um avião em pleno voo, mesmo não havendo contato físico entre eles. Existem também as chamadas forças de contato, que só atuam quando há contato direto entre os corpos. Por exemplo, um jogador de futebol altera o movimento de uma bola ao chutá-la por causa do contato de seu pé com ela.

Um exemplo importante de força de contato é a chamada força normal, que é a força entre as superfícies de dois corpos que se comprimem.

TECNOLOGIA EM PAUTA

Satélites orbitando a Terra

A força gravitacional que faz os objetos próximos à superfície caírem em direção ao solo é a mesma que mantém os satélites artificiais e a Lua em órbita da Terra.

Não se sabe ao certo quantos satélites construídos pelo ser humano existem em órbita, mas estima-se que mais de 6.000 foram lançados. Calcula-se ainda que existam 3.000 satélites em órbita que não funcionam mais, e cerca de 1.000 em plena atividade. Por fim, objetos menores, como restos de sondas, de foguetes e de destroços provenientes de colisões entre satélites, podem somar mais de 10.000 peças espalhadas ao redor do planeta.

EUROPEAN SPACE AGENCY

Os satélites e fragmentos mostrados na imagem tiveram o tamanho exagerado para torná-los visíveis na escala apresentada no desenho, elaborado com dados reais. Disponível em: <www.nasa.gov/multimedia/imagegallery/image_feature_1283.html>. Acesso em: mar. 2014.

TEMA

4 As leis de Newton

Para manter a condição de movimento retilíneo uniforme ou de repouso de um corpo, é necessário que a resultante das forças que atuam sobre ele seja nula.

O primeiro princípio da Dinâmica

Em geral, associamos o movimento de qualquer corpo à ação de forças. Por exemplo, o movimento de um automóvel é explicado pela ação da força aplicada pelo motor às rodas. Já o movimento de um barco a vela é causado pela ação da força dos ventos. Disso, podemos nos perguntar: se essas forças deixarem de agir, o movimento cessa imediatamente?

Para responder a essa questão, vamos analisar a seguinte situação: suponha que um automóvel esteja em uma estrada plana com velocidade de 100 km/h quando seu motor deixa de funcionar. Sabemos que o automóvel não para imediatamente: ele percorre certa distância enquanto sua velocidade vai diminuindo, gradativamente, até tornar-se nula.

Se fosse possível reduzir as forças que geram resistência ao movimento, como a aspereza da pista, o atrito entre as peças do carro e a força de resistência do ar, o automóvel percorreria uma distância maior. Então, supondo uma situação ideal, em que todas as resistências ao movimento fossem eliminadas, esse carro se deslocaria indefinidamente após o motor parar, sempre em linha reta e mantendo velocidade constante de 100 km/h.

Esse fato deve-se a uma propriedade fundamental da matéria chamada **inércia**, que em sua formulação final feita por Isaac Newton ficou conhecida como **primeiro princípio da Dinâmica**, **princípio da inércia** ou ainda **primeira lei de Newton**.

> **Primeiro princípio da Dinâmica**: todo corpo permanece em repouso ou em movimento retilíneo uniforme, a menos que uma força resultante diferente de zero atue sobre ele.

O conceito de inércia pode ser aplicado para analisar o comportamento de nosso corpo quando estamos dentro de um ônibus em movimento e sentimos ser "empurrados" para a frente sempre que o motorista utiliza os freios de forma brusca. Isso ocorre porque, devido à inércia, tendemos a manter o movimento e a velocidade na qual o veículo se movia antes de frear.

O poste fixo no solo serve de referência para identificar a posição do passageiro antes (**A**) e depois (**B**) de o ônibus entrar em movimento. Por causa da inércia, o corpo do passageiro tende a permanecer em repouso em relação ao ônibus quando este se desloca. Entretanto, quando o ônibus freia bruscamente (**C**), o corpo do passageiro é projetado para a frente, pois ele tende a manter-se em movimento.

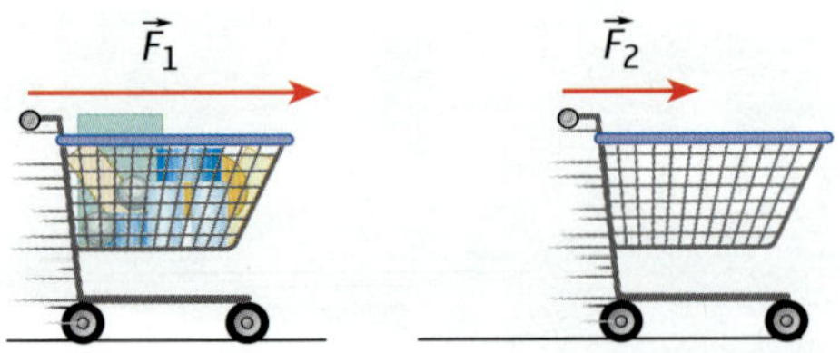

Para que um carrinho de compras cheio sofra a mesma aceleração que um carrinho vazio, deverá ser aplicada nele uma força de maior intensidade.

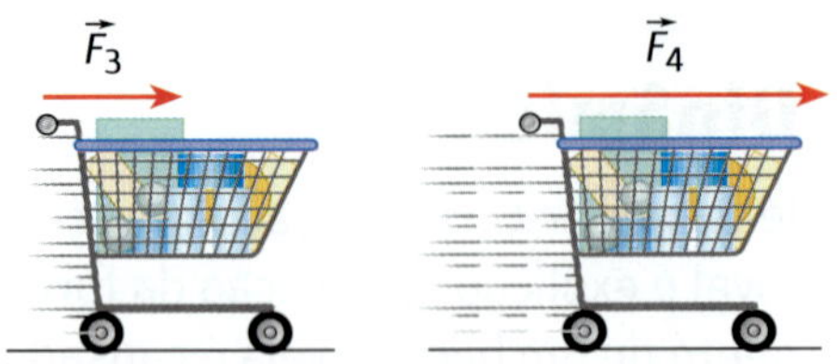

Se os carrinhos têm a mesma massa, a aceleração será maior naquele que for submetido à maior força.

Saiba mais!

COMO MEDIR UMA FORÇA

A deformação sofrida por uma mola varia de acordo com a massa dos corpos que estão pendurados nela: quanto maior a massa, maior a intensidade da força peso e, consequentemente, maior a deformação.

Essa característica das molas é utilizada em um dos instrumentos aplicados para medir forças, o **dinamômetro**. Esse aparelho é composto de uma mola e de uma escala graduada, que indica a intensidade da força. Quando se coloca um objeto no gancho, a mola se deforma de acordo com o peso, cuja intensidade é indicada na escala.

FABIO YOSHIHITO MATSUURA/MOSAICO FOTOGRAFIA

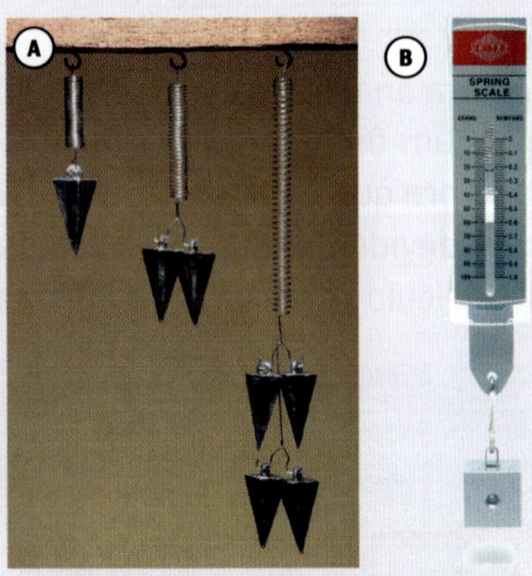

GIPHOTOSTOCK/SCIENCE SOURCE/LATINSTOCK

A deformação da mola será tanto maior quanto maior for a massa do objeto pendurado nela (**A**). Esse princípio é utilizado na construção de dinamômetros (**B**).

O segundo princípio da Dinâmica

Para mover um carrinho de supermercado desde seu repouso, será necessário aplicar uma força sobre ele. A força aplicada para mover o carrinho em certa velocidade será tanto maior quanto mais cheio ele estiver, isto é, para provocar a mesma variação de velocidade em corpos com massas diferentes, devemos aplicar sobre eles forças de diferentes intensidades.

Se considerarmos dois carrinhos iguais, com a mesma quantidade de compras, aquele que sofrer a ação de uma força de maior intensidade terá a maior aceleração.

A relação entre a massa de um corpo, sua aceleração e as forças aplicadas sobre ele é expressa pelo **segundo princípio da Dinâmica**, também conhecido como **princípio fundamental da Dinâmica** ou **segunda lei de Newton**.

Segundo princípio da Dinâmica: a aceleração produzida em um corpo é diretamente proporcional à intensidade da força resultante e inversamente proporcional à massa do corpo.

Com base nesse princípio, é possível calcular a intensidade da força resultante (F_R) que atua sobre um corpo se conhecermos a massa (m) e a aceleração (a) dele.

$$F_R = m \cdot a$$

Com base na equação acima, podemos obter o valor da força peso que atua sobre um corpo. O peso (P) é a força resultante que atua em um corpo em queda livre; a aceleração, portanto, corresponde à da gravidade (g). Temos, então:

$$P = m \cdot g$$

Qual é a intensidade da força?

Um carro de Fórmula 1, com massa de 500 kg, arranca com aceleração de 8 m/s^2. Qual é o peso (P) do carro? Qual é a intensidade da força (F) exercida pelo motor do carro?

Dados: $m = 500$ kg; $a = 8$ m/s^2; $g = 10$ m/s^2. Despreze a força de atrito entre o carro e o solo e a força de resistência do ar.

Resposta:

$P = m \cdot g = 500 \text{ kg} \cdot 10 \text{ m/s}^2 = 5.000 \text{ N}$

$F = m \cdot a = 500 \text{ kg} \cdot 8 \text{ m/s}^2 = 4.000 \text{ N}$

O peso do carro é 5.000 N e o motor do carro exerce uma força de 4.000 N.

O terceiro princípio da Dinâmica

Continuando seus estudos sobre movimentos, Isaac Newton postulou que, sempre que um corpo A aplica uma força sobre um corpo B, este aplica sobre o corpo A uma força de reação de intensidade e direção iguais, mas de sentido oposto. Uma das forças é chamada **ação**, e a outra, **reação**. Assim, se um martelo exerce força sobre um prego, o prego também exerce força sobre o martelo. Note que o par de forças ação-reação **não** atua no mesmo corpo.

Dos resultados desse estudo temos o **terceiro princípio da Dinâmica**, também conhecido como **princípio da ação e reação** ou **terceira lei de Newton**.

> **Terceiro princípio da Dinâmica**: a toda força de ação corresponde uma força de reação de mesma intensidade, mesma direção, mas sentido contrário.

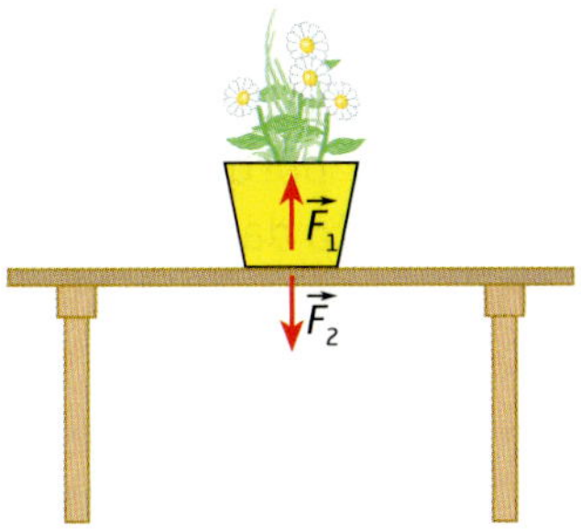

O vaso exerce força sobre a mesa ($\vec{F_2}$) e a mesa exerce uma força de mesma intensidade sobre o vaso ($\vec{F_1}$).

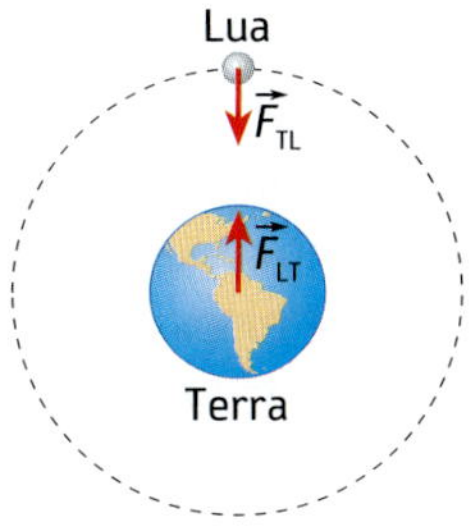

A Terra e a Lua atraem-se mutuamente com forças de mesma intensidade e sentido contrário ($\vec{F}_{TL}$ e $\vec{F}_{LT}$).

FRANCK FIFE/AFP PHOTO

A bola é deformada pela força gerada no impacto dela com a cabeça do jogador. Há uma força sendo aplicada pelo jogador na bola e outra força aplicada pela bola no jogador.

O lançamento de um foguete é um exemplo de aplicação do terceiro princípio da Dinâmica. No momento do lançamento, o combustível é queimado, liberando grande quantidade de gases e de energia. Esses gases se expandem exercendo uma força de enorme intensidade para baixo. Como a força de reação, que atua no foguete, tem a mesma intensidade e direção, mas sentido contrário, o foguete é impulsionado para cima.

O princípio da ação e reação verifica-se até em nosso simples caminhar: quando empurramos o chão para trás, ele reage e nos impulsiona para a frente.

KENNEDY SPACE CENTER/NASA

Lançamento do foguete Saturno V, veículo utilizado para levar os astronautas da Apolo 11 até a Lua, em 1969.

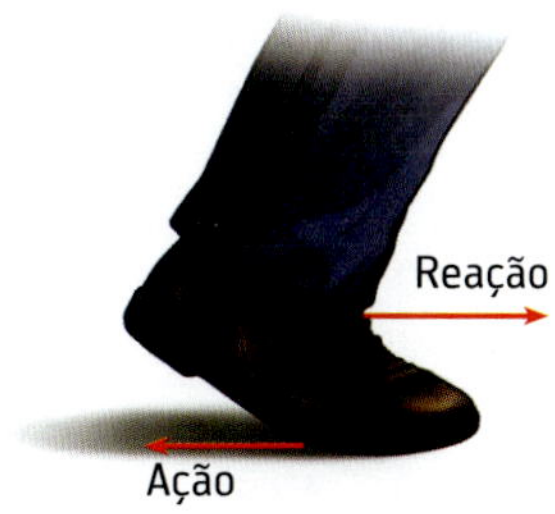

Quando caminhamos, aplicamos uma força de ação sobre o solo. A reação dessa força é outra força que, aplicada aos nossos pés, nos impulsiona para a frente.

COLETIVO CIÊNCIAS

Sobre os ombros de gigantes

"Se pude enxergar a tão grande distância, foi subindo nos ombros de gigantes."

Sir Isaac Newton, 1676

A frase acima foi escrita por Newton em uma carta enviada ao cientista natural inglês Robert Hooke (1635-1703) durante uma discussão epistolar entre os dois.

Embora Isaac Newton seja considerado uma pessoa de inteligência excepcional por muitos, é inegável que ele não teria o sucesso que obteve se trabalhasse sozinho. Quando diz que subiu nos ombros de gigantes para enxergar mais longe, Newton admite que suas descobertas só se tornaram possíveis porque ele se baseou nos conhecimentos descritos por outros pesquisadores, tanto anteriores a ele quanto seus contemporâneos, com quem se comunicava regularmente.

Essa famosa frase de Newton representa bem a maneira como a ciência progride, sempre de forma colaborativa, com base em conhecimentos já estabelecidos, que podem suportar novas ideias ou ser contestados por novas observações.

GLOSSÁRIO

Epistolar: por meio de cartas.

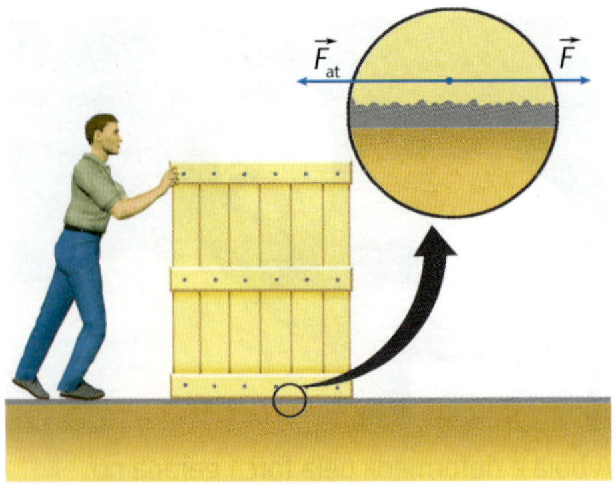

A força de atrito ($\vec{F}_{at}$) opõe-se ao deslizamento ou ao rolamento de uma superfície sobre outra.

JARUEK CHAIRAK/SHUTTERSTOCK

Óleos extraídos do petróleo podem ser usados como lubrificantes de motores, reduzindo o desgaste das partes móveis.

MARC VOLK/GETTY IMAGES

A velocidade da bicicleta é reduzida quando as sapatas de borracha pressionam o aro da roda, produzindo atrito.

Força de atrito

Já falamos algumas vezes da força de atrito, uma força que geralmente se opõe ao movimento dos corpos. Agora, vamos entender um pouco mais sua natureza.

O atrito existe porque nas superfícies há arestas e reentrâncias que, por menores que sejam, dificultam o deslizamento de um corpo sobre outro.

A intensidade do atrito depende de vários fatores, entre os quais o tipo de superfície em que o movimento acontece.

Em várias situações o atrito é um efeito indesejável porque, além de opor-se ao movimento, provoca o desgaste e o aquecimento das superfícies em contato. Por exemplo, se você esfregar uma mão na outra rapidamente, notará que elas se aquecem.

A força de atrito pode ser consideravelmente reduzida com o uso de lubrificantes, como óleos e graxas, que, quando são colocados entre as superfícies em contato, preenchem as irregularidades delas e, consequentemente, reduzem o atrito.

Apesar dos problemas que o atrito pode trazer, ele é essencial para diversas situações do nosso cotidiano. Só é possível caminhar graças ao atrito existente entre nossos pés e o chão: os pés empurram o chão para trás, e o chão empurra os pés para frente. Percebemos a importância do atrito quando escorregamos no chão ensaboado, por exemplo.

É também graças ao atrito que os veículos param quando são freados. Os freios de uma bicicleta, por exemplo, são formados por sapatas de borracha que geram o atrito necessário para reduzir o movimento de rotação das rodas, quando pressionadas contra elas.

Resistência do ar

O atrito não surge apenas entre superfícies sólidas; existe atrito também quando um corpo se move em gases ou em líquidos.

Os corpos que se movimentam no ar sofrem a ação da resistência do ar. Essa ação não depende da massa dos corpos, mas sim de sua velocidade e de seu formato. Quanto maior a velocidade do corpo e sua área de contato com o ar, maior é a resistência oferecida pelo ar ao movimento.

Para diminuir o atrito com o ar, carros de corrida, aviões e foguetes são construídos com formas especiais, chamadas aerodinâmicas. O mesmo raciocínio pode ser aplicado ao movimento de um corpo na água: alguns animais aquáticos, como tubarões e golfinhos, possuem formato hidrodinâmico, que reduz a resistência da água ao movimento.

O.FURRER/F1ONLINE RM/DIOMEDIA

Atletas saltam de grandes alturas com roupas especiais que aumentam a resistência do ar, permitindo que planem por alguns segundos.

GEORGE KARBUS PHOTOGRAPHY/CULTURA/GLOW IMAGES

A forma hidrodinâmica do corpo dos tubarões e sua pele lisa proporcionam menor atrito com a água, possibilitando-lhes nadar com mais facilidade e desenvolver maiores velocidades.

Vamos fazer

TEMPO DE QUEDA

Material

- Uma folha de papel.

Procedimento

1. Divida a folha em duas partes iguais e amasse uma dessas metades, formando uma bola bem apertada.
2. Suba em uma cadeira e solte, ao mesmo tempo e da mesma altura, a metade não amassada da folha e a bola. Qual delas chegou primeiro ao solo? Anote.
3. Pegue a metade não amassada da folha de papel e dobre-a em dois. Repita o passo 2 e anote qual dos objetos chegou primeiro ao solo.
4. Dobre a folha ao meio novamente e repita o teste, anotando o resultado. Você deverá repetir isso ainda mais duas vezes, totalizando quatro dobras no papel.

Registre em seu caderno

1. O que aconteceu com a diferença de tempo de queda dos objetos em cada teste?
2. Considerando o que você sabe sobre atrito, qual é a relação entre a força de resistência do ar e o tempo de queda dos objetos?

Outras forças

No decorrer desta Unidade, citamos diversas vezes a força gravitacional, isto é, a força de atração entre corpos com massa. Contudo, existem outros tipos de força na natureza; por ora, podemos citar mais três: elétrica, magnética e nuclear.

A **força elétrica** é originada pela interação entre prótons e elétrons, que são partículas com carga elétrica. Entre cargas de mesmo tipo, a força elétrica é repulsiva, e entre cargas de tipos diferentes, a força é atrativa. A **força magnética**, por sua vez, atua de maneira perceptível nos ímãs, que podem atrair alguns corpos metálicos. Essas duas forças são responsáveis pela coesão da matéria e por todas as forças de contato. Por exemplo, é por causa da força elétrica que não atravessamos paredes: os núcleos dos nossos átomos são repelidos pelos núcleos dos átomos da parede, já que eles têm o mesmo tipo de carga.

Por terem a natureza na propriedade elétrica da matéria, as forças elétrica e magnética podem ser descritas de maneira unificada e, nesse caso, recebem o nome de **força eletromagnética**.

A **força nuclear** é a responsável por manter a coesão do núcleo atômico, composto de prótons e nêutrons. Como os prótons se repelem mutuamente, o núcleo atômico não seria uma estrutura estável se não houvesse uma força extremamente intensa que atraísse prótons e nêutrons. Esse é o papel da força nuclear.

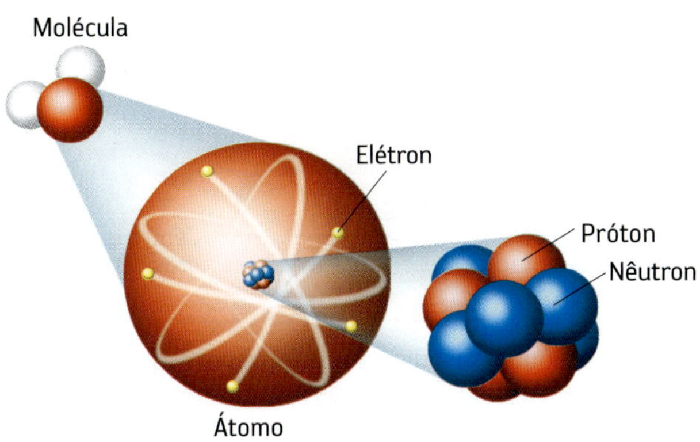

A força eletromagnética é a principal força para a descrição dos fenômenos na escala molecular e atômica. Já na escala do núcleo atômico, é a força nuclear que garante a estabilidade da matéria.

Entrando na rede

O que cai mais rápido, um martelo ou uma pena? Apesar de nossa experiência cotidiana dizer que o martelo cai mais acelerado que a pena, isso só acontece por causa do efeito da resistência do ar. Para visualizar esse teste sendo feito na Lua, por um astronauta, acesse o *link* http://youtu.be/HqcCpwIeiu4.

Acesso em: abr. 2014.

GLOSSÁRIO

Coesão: união, força de atração das moléculas que compõem um objeto.

De olho no tema

1. Descreva, com suas palavras, as três leis de Newton e dê um exemplo de como presenciamos cada uma delas.
2. Descreva as principais forças que atuam quando andamos.

TEMA

5 Equilíbrio

Uma das condições para haver o equilíbrio de um corpo é que a força resultante sobre ele seja nula.

Corpos em equilíbrio

Imagine uma caneca sobre uma mesa. Se tomarmos a própria mesa como corpo de referência, podemos afirmar que a caneca se encontra em repouso e, portanto, em equilíbrio.

Podemos concluir, então, que não há forças atuando sobre a caneca? Não! Estão atuando a força peso, que a atrai para o solo, e a força normal, originada da interação de contato entre a superfície da mesa e a caneca. A caneca permanece parada porque essas duas forças se anulam: elas têm a mesma intensidade, mas sentidos opostos. Assim, podemos dizer que uma das condições para haver o **equilíbrio** de um corpo é que a resultante das forças que agem sobre ele seja nula.

Condição de equilíbrio

O equilíbrio de um corpo pode ser estável, instável ou indiferente.

Quando um corpo está em **equilíbrio estável**, ele pode sofrer um pequeno deslocamento em relação à sua posição de equilíbrio, mas volta a ele em seguida. Se o corpo estiver em **equilíbrio instável**, qualquer pequeno deslocamento vai retirá-lo da posição de equilíbrio. No **equilíbrio indiferente**, por outro lado, os deslocamentos não mudam a estabilidade do corpo.

CONDIÇÕES DE EQUILÍBRIO DE UM CORPO

Para estudar o equilíbrio dos corpos sólidos, podemos levar em consideração um único ponto do corpo – o chamado **centro de gravidade**. Os objetos se comportam como se todo o peso estivesse concentrado nesse ponto.

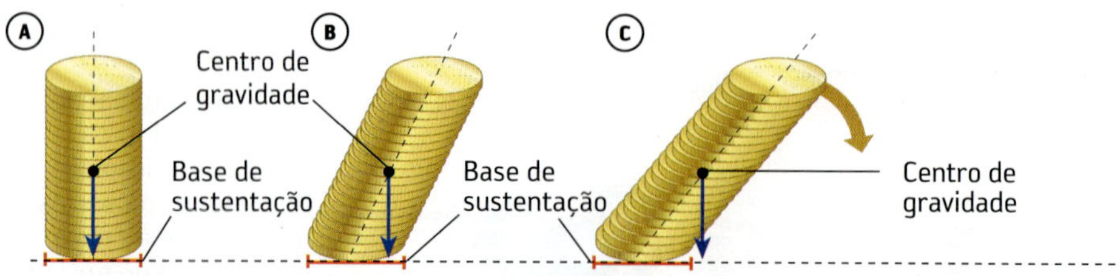

Uma pilha de moedas permanece de pé enquanto a direção da força peso, que parte do centro de gravidade, passar pela base da pilha. Por isso, as moedas permanecem empilhadas em (**A**) e (**B**), mas caem na situação (**C**).

S_PHOTO/SHUTTERSTOCK

Para uma caneca manter-se em repouso sobre a mesa, é preciso que a força resultante sobre ela seja nula.

A alavanca

As alavancas são barras rígidas que podem mover-se sobre um ponto fixo. Elas são úteis na realização de diversas atividades, pois podem aumentar o efeito da força aplicada a uma de suas extremidades.

Pela condição de equilíbrio de uma alavanca, pode-se obter uma relação entre as forças aplicadas (potente e resistente) nas extremidades e a distância delas ao ponto fixo.

No corpo humano, as associações entre músculos, ossos e articulações criam alavancas que nos ajudam a andar, levantar objetos e mastigar, por exemplo.

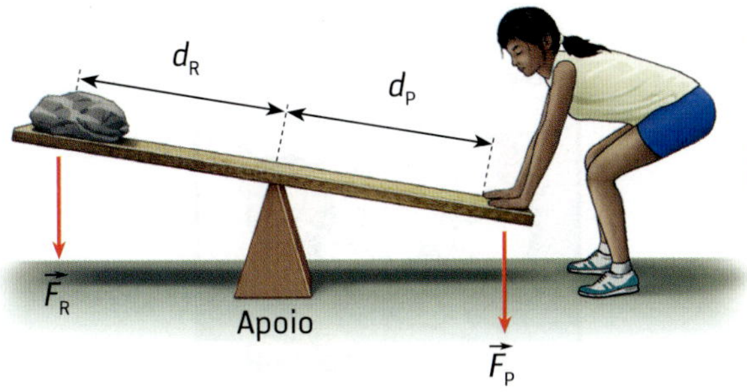

$\vec{F}_P$: força potente

$\vec{F}_R$: força resistente (carga)

$$F_P \cdot d_P = F_R \cdot d_R$$

Nas alavancas, quanto maior for a distância entre o ponto de apoio e o ponto de aplicação da força potente, menos força será necessária para erguer o objeto.

EXEMPLOS DE ALAVANCAS

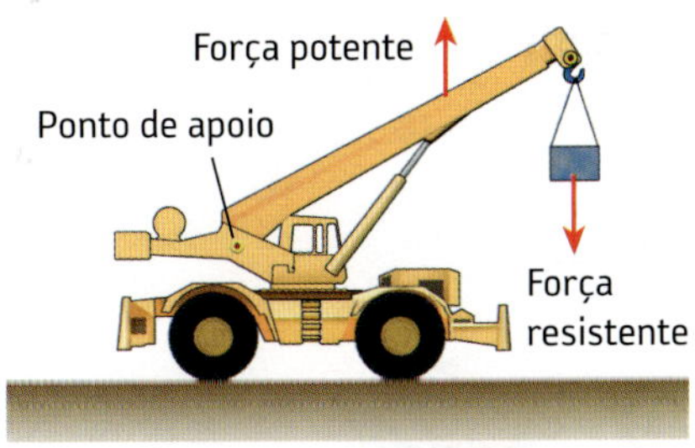

O princípio da alavanca é aplicado no funcionamento de guindastes.

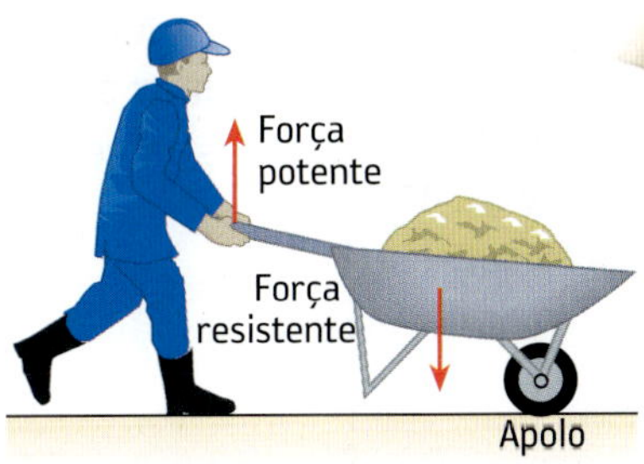

No carrinho de mão, o apoio está em uma das extremidades da alavanca, e a força resistente fica entre ele e a força potente.

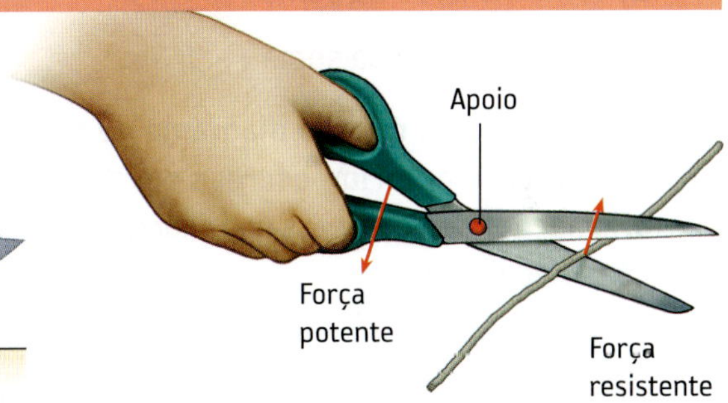

A tesoura também é um exemplo de alavanca.

EXEMPLOS DE ALAVANCAS NO CORPO HUMANO

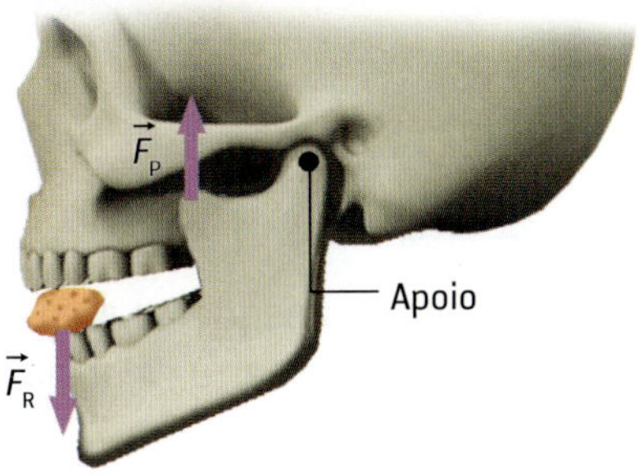

O maxilar funciona como uma alavanca. Quando mordemos um alimento, ele realiza a força resistente, enquanto a força potente é exercida pela musculatura entre a articulação e a força resistente.

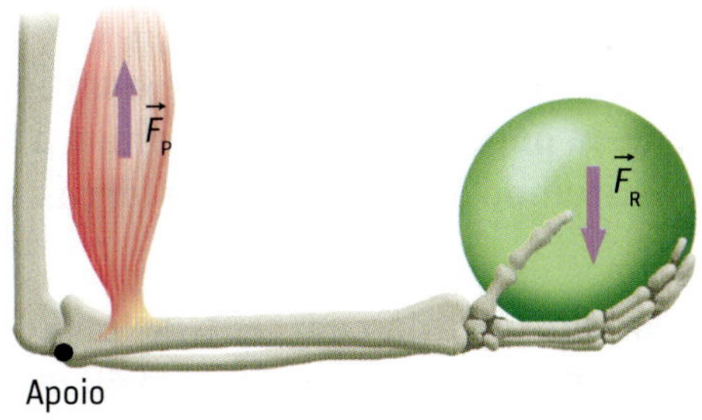

Quando seguramos um objeto no braço, a mão e o antebraço funcionam como alavanca. Os músculos flexores do braço exercem a força potente, localizada entre a força resistente que atua na mão e o apoio do cotovelo.

Fonte: *The human body book*, de S. Parker. Londres: Dorling Kindersley, 2007.

ATIVIDADES

TEMAS 3 A 5

ORGANIZAR O CONHECIMENTO

1. Suponha que a resultante das forças aplicadas sobre um corpo seja nula. O que podemos concluir a respeito do movimento desse corpo?

2. Com base no que foi estudado nesta Unidade, redija uma explicação para o seguinte fenômeno: coloca-se um cartão sobre a boca de um copo e uma moeda sobre o cartão. Puxando-se rapidamente o cartão, a moeda cai dentro do copo.

3. Com base no diagrama de forças ilustrado abaixo, determine:

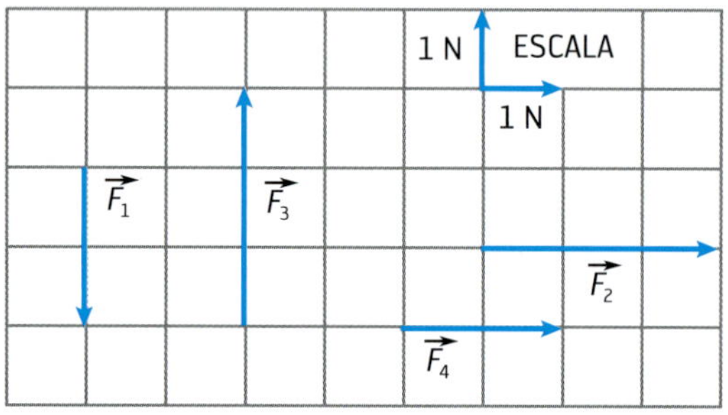

a) As intensidades das forças $\vec{F_1}$, $\vec{F_2}$, $\vec{F_3}$ e $\vec{F_4}$.

b) A intensidade da soma $\vec{F_1} + \vec{F_3}$.

c) A intensidade da soma $\vec{F_2} + \vec{F_4}$.

4. Aproveitando o mesmo diagrama de forças ilustrado no exercício anterior, escreva em seu caderno se as afirmações são corretas ou incorretas. Faça as correções necessárias.

a) As forças $\vec{F_1}$ e $\vec{F_3}$ têm a mesma direção.

b) As forças $\vec{F_1}$ e $\vec{F_3}$ têm os mesmos sentidos.

c) As forças $\vec{F_1}$ e $\vec{F_2}$ têm a mesma intensidade.

d) As forças $\vec{F_3}$ e $\vec{F_3}$ têm a mesma intensidade.

5. Como os lubrificantes reduzem o atrito?

ANALISAR

6. Discuta a frase: "Um vaso permanece em repouso sobre uma mesa porque a força peso anula a força normal, constituindo assim um par de forças ação--reação".

7. Para levantar voo, um avião em repouso percorre a pista em 20 s até atingir a velocidade de 40 m/s. Supondo que sua massa total seja de 400 kg, determine:

a) a aceleração média até o avião levantar voo;

b) a intensidade da força resultante a que o avião esteve submetido até levantar voo.

8. Leia a tirinha e explique, com base no que você aprendeu nesta Unidade, o que o gato Garfield quis dizer com sua resposta.

9. Uma pessoa está em pé em uma canoa, perto do píer, e tenta pular para ele. Mesmo que a pessoa pule com força, ela pode cair na água? Justifique a resposta usando seus conhecimentos sobre forças.

10. Analisando as figuras abaixo, o que você pode afirmar sobre a estabilidade dos veículos? Justifique sua resposta.

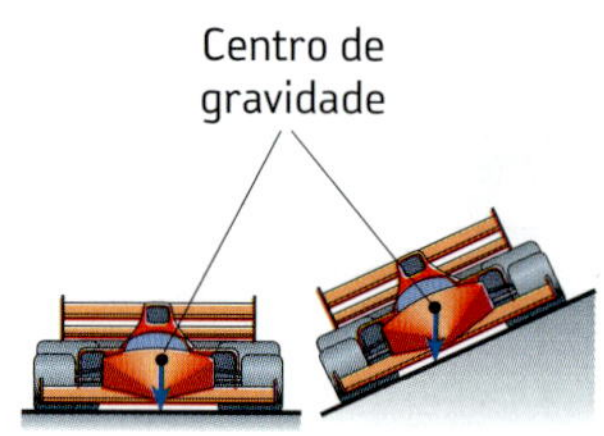

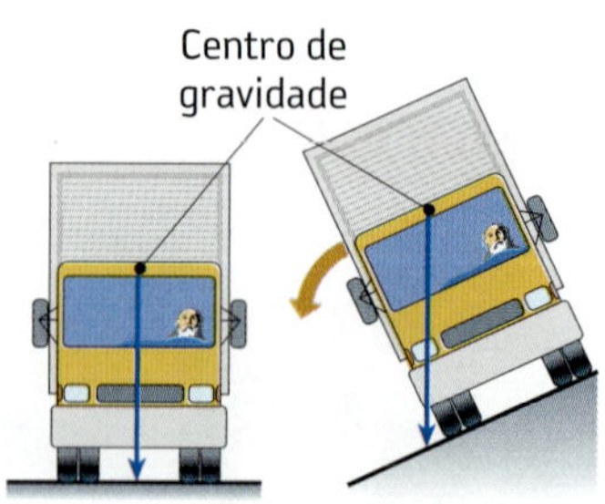

11. Para que a alavanca do esquema abaixo mantenha-se em equilíbrio, qual deve ser o valor da força $\vec{F}$?

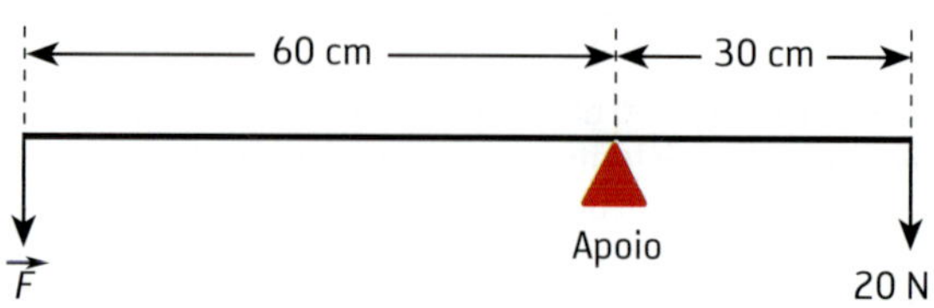

Esporte, pesquisa e investimento

Até onde deve chegar a intervenção da ciência no esporte?

O importante não é competir. O esporte de alto desempenho, em sua procura incessante por cada milímetro ou milésimo de segundo, aposta cada vez mais na ciência e na tecnologia para superar os limites do corpo humano. As últimas três décadas testemunharam o nascimento de um mercado olímpico multibilionário, mas a interseção cada vez maior de áreas como bioquímica, biomecânica, eletrônica e genética suscita questões fundamentais para o futuro. Quais os limites para a aplicação da ciência e da tecnologia no esporte?

[...]

A introdução da ciência e da tecnologia no esporte não é algo recente. Desde a recriação das Olimpíadas, em 1896, vem ocorrendo gradativamente, acompanhando a evolução do próprio conhecimento – muitas vezes em áreas de vanguarda, como a indústria aeroespacial.

[...]

Nos anos de 2008 e 2009, os chamados supermaiôs invadiram as piscinas do mundo todo e pulverizaram recordes. O primeiro supermaiô, lançado em 2008, foi produzido por uma marca esportiva em parceria com a Nasa. Feito de um polímero especial, o poliuretano, ele cobria a maior parte do corpo dos atletas, auxiliava o fluxo de oxigênio, diminuía o atrito com a água e comprimia os músculos para que gastassem menos energia nos movimentos, conferindo uma velocidade incrível na água. O sucesso foi copiado por outros fabricantes e permitiu que, apenas em 2009, 108 recordes mundiais fossem quebrados. Em 2010, a Federação Internacional de Natação decidiu, com a anuência de federações de mais de 180 países, proibir o uso do traje e criou uma nova regra, que impede os nadadores de utilizarem qualquer máquina ou maiô que possa dar velocidade, resistência ou flutuação extras durante uma competição.

Fonte: No limite, de Marcelo Garcia. *Ciência Hoje*, Rio de Janeiro: SBPC, v. 52, n. 312, p. 20-25, mar. 2014.

Nadadora australiana Stephanie Rice com um supermaiô.

GREG WOOD/FILES/AFP PHOTO

Atividades

1. Qual é a discussão apresentada no primeiro e segundo parágrafos do texto e como ela é exemplificada no parágrafo seguinte?
2. Cite aspectos positivos e negativos para o uso dos conhecimentos científicos e tecnológicos em competições esportivas.
3. Qual é sua opinião sobre as mudanças trazidas pela tecnologia e pelo interesse econômico no esporte? Ao responder, considere o espírito olímpico e a prática esportiva para o bem-estar.

Explorar o tema

Vale a pena pagar mais?

Uma lei federal passou a exigir que todos os carros fabricados no Brasil a partir de 2014 saíssem de fábrica com dois itens de segurança que eram opcionais: o freio ABS (*Antilock Braking System*, "Sistema de Freio Antitravamento") e o *airbag*. Essa exigência do governo visa reduzir o número de acidentes e os danos aos ocupantes dos veículos acidentados. Para entender melhor a questão, leia a seguinte reportagem:

A partir desta quarta-feira, 1º [de janeiro de 2014], todos os automóveis fabricados no Brasil terão que sair das fábricas com *airbag* e sistema de freios ABS. Esses itens passaram a ser obrigatórios e não podem mais ser vendidos como opcionais. A medida cumpre uma determinação aprovada em 2009 pelo Conselho Nacional de Trânsito (Contran). O porcentual de carros novos com esses itens aumentou gradualmente desde 2010 até chegar aos 100% neste ano.

[...] a inclusão desses mecanismos de segurança deve aumentar o preço dos automóveis. O ministro da Fazenda, Guido Mantega, já previu que o preço dos carros populares deverá subir de 4% a 8%, como repasse dos custos. A Associação Nacional dos Fabricantes de veículos Automotores (Anfavea) estimou que o valor da instalação dos equipamentos seria de R$ 1 mil a R$ 1,5 mil nos carros que ainda não possuíam os itens.

Temendo um impacto grande na inflação com o reajuste das tabelas nas concessionárias, o ministro Mantega cogitou adiar a entrada em vigor da obrigatoriedade do *airbag* e dos freios ABS por um ou dois anos, mas voltou atrás. O governo também temia demissões nas fábricas porque modelos que não podem ser adaptados para a inclusão dos itens de segurança deixarão de ser produzidos. No entanto, Mantega obteve a garantia das montadoras de que os trabalhadores serão absorvidos em outra área da produção. [...]

Fonte: *Airbag* em carro novo já é obrigatório, de R. Veríssimo. *Agência Estado*, São Paulo, jan. 2014. Disponível em: <http://economia.estadao.com.br/noticias/economia-geral,airbag-em-carro-novo-ja-e-obrigatorio,174225,0.htm>. Acesso em: abr. 2014.

Uso do freio ABS

O que é o ABS? É um sistema de segurança que impede o bloqueio das rodas durante uma frenagem de emergência, evitando que o motorista perca o controle sobre o veículo.

Como funciona o ABS? Em situações de emergência, ao tentar evitar uma colisão, normalmente o condutor atua com força sobre o pedal de freio, causando o bloqueio total das rodas. O bloqueio das rodas implica perda de aderência do pneu com o solo. Nessas situações, o veículo fica fora de controle, pois não obedece ao comando do volante.

Com o freio ABS, o motorista é capaz de frear e desviar do obstáculo ao mesmo tempo, minimizando a perda de controle do veículo. Ao frear no meio de uma curva ou sobre superfícies escorregadias o sistema atua para que o bloqueio das rodas não aconteça.

Fonte: Uso do freio ABS, da Associação Brasileira de Engenharia Automotiva. Denatran. Disponível em: <www.denatran.gov.br/download/aea_abs_digital.pdf>. Acesso em: abr. 2014.

JANNOON028/SHUTTERSTOCK

Os freios de um automóvel funcionam com base no atrito. As pastilhas pressionam o disco da roda para reduzir a velocidade.

Uso do *airbag* frontal

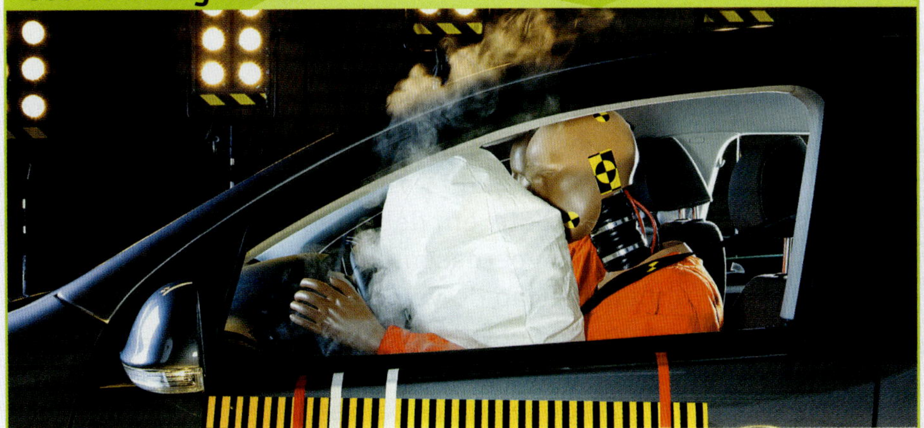

FSTOP IMAGES - CASPAR BENSON/GETTY IMAGES

O *airbag* é um dispositivo de segurança complementar ao cinto de segurança. O cinto garante a retenção necessária para que o *airbag* venha a atuar com eficácia, além de garantir a correta trajetória do ocupante na direção da bolsa de ar.

O *airbag* não é projetado para acionar em qualquer tipo de colisão. O parâmetro de controle de acionamento do *airbag* está associado à desaceleração do veículo, ao ângulo de colisão e ao risco de lesão grave ou fatal. [...]

Fonte: Uso do *airbag* frontal, da Associação Brasileira de Engenharia Automotiva. Denatran. Disponível em: <www.denatran.gov.br/download/aea_air-bag.pdf>. Acesso em: abr. 2014.

Interpretar

1. Explique o funcionamento do cinto de segurança e do *airbag* com base no que você aprendeu sobre movimentos.
2. Outro dispositivo de segurança bastante presente nos carros brasileiros é o encosto de cabeça nos bancos frontais e traseiros. Explique o funcionamento dele com base no que você aprendeu sobre movimentos.

Trocar ideias sobre o tema

Refletir

3. Discuta com seus colegas: qual é a opinião de vocês sobre a obrigatoriedade do *airbag* e dos freios ABS nos carros fabricados no país? Vocês consideram que eles são necessários, mesmo que encareçam os veículos? Justifiquem suas ideias com argumentos claros e ouçam com atenção a opinião de seus colegas.

Compartilhar

4. Em grupo, elaborem uma campanha de conscientização no trânsito. Para esse trabalho, vocês podem pesquisar diversas fontes, como no *site* do Departamento Nacional de Trânsito (Denatran): <www.denatran.gov.br> (acesso em: abr. 2014). Vocês podem produzir cartazes, vídeos ou outros materiais e compartilhar esses conteúdos nas redes sociais ou divulgá-los na escola.

Discussões produtivas

Ao conversar sobre assuntos polêmicos, é comum encontrar pessoas com posições diferentes das nossas. Saber ouvir essas opiniões é importante para conhecer outros pontos de vista e refletir sobre as nossas ideias.

Texto 1

A Ciência para entender a corrida dos seres humanos e dos animais

Entre os quadrúpedes, os mamíferos chita e gazela, os quais formam um par predador-presa, são os campeões na corrida, alcançando respectivamente velocidades máximas de 30,5 m/s (110 km/h) e 28 m/s (101 km/h). Outros pares de predador-presa, como raposa/coelho e lobo/raposa, possuem velocidades máximas próximas, corroborando o velho ditado "um dia é da caça e o outro do caçador". O caso da avestruz, que alcança 23 m/s (83 km/h), serve de contraexemplo para afastar a "explicação" de que o homem ($v_{\text{máximo}} \simeq 12{,}5$ m/s ou 45 km/h) corre bem menos do que muitos animais por ser bípede. Ao longo da evolução, as avestruzes, bem como todos os grandes corredores, como chitas e gazelas, transferiram para os respectivos troncos muito da massa muscular necessária para a corrida, deixando suas pernas desproporcionalmente muito mais leves do que as pernas humanas. Animais com pernas pesadas, como o homem, pagam um alto custo energético simplesmente para colocá-las em movimento acelerado. Atentos a esses detalhes, os treinadores dos corredores olímpicos de 100 m e 200 m, as provas mais rápidas de corrida, vêm realizando nas últimas décadas um verdadeiro trabalho de reengenharia muscular, cujo resultado é o de fortalecer muito a massa muscular do tronco e os ligamentos perna-tronco desses atletas.

Fonte: Física e esporte, de M. A. F. Gomes. *Ciência e Cultura*, v. 57, n. 3, p. 36-39, jul./set. 2005. Disponível em: <http://cienciaecultura.bvs.br/pdf/cic/v57n3/a18v57n3.pdf>. Acesso em: abr. 2014.

Texto 2

A Física nos esportes

Muitos mamíferos, como os gatos (pequenos e grandes, incluindo os leões), têm pernas muito musculosas, que privilegiam a aceleração no momento do bote, em detrimento da velocidade. Já as gazelas têm pernas muito leves, as quais privilegiam a manutenção de velocidades altas durante muito tempo, em detrimento simplesmente da aceleração. Por essa razão, os leões têm apenas uma ou duas dezenas de segundos para tentar alcançar essas suas rápidas presas. Se eles não o fazem nesse restrito intervalo, não conseguem acompanhar o ritmo de alta velocidade das gazelas por muito tempo. O chita, o rei das corridas, também não consegue manter a sua grande velocidade máxima por muito tempo; esse animal vai de 0 a 108 km/h em apenas três segundos, o que corresponde a uma aceleração de 10 m/s^2, pouco maior do que a da gravidade, e maior do que a de carros de corrida, em geral. Devemos observar aqui que, comparativamente à pulga, que alcança 2 m/s em apenas 0,0015 s, com uma aceleração de 136 g [136 vezes maior que a aceleração da gravidade na Terra], o chita tem uma aceleração insignificante.

Nas corridas olímpicas mais curtas, de 100 e 200 metros, a arrancada inicial, fase de grande aceleração, ocupa uma fração apreciável da corrida (cerca de 20% do tempo total para a de 200 m e 40% para a

FRANS LANTING/MINT IMAGES/GLOW IMAGES

de 100 m), por isso os músculos das pernas nos atletas que se dedicam a essas modalidades têm uma preparação bem diferente do que acontece para os corredores das demais modalidades. Esse aspecto fica patente ao examinarmos as diferenças de perfil físico entre os atletas dos diversos tipos de corridas. Corredores que aspiram a uma medalha de ouro nas provas olímpica de 100 e 200 metros devem estar preparados para uma aceleração típica de 8 m/s^2 no primeiro segundo dessas corridas.

Fonte: A Física nos esportes, de M. A. F. Gomes e E. J. R. Parteli. *Revista Brasileira de Ensino de Física*, v. 23, n. 1, mar. 2001. Disponível em: <http://www.sbfisica.org.br/rbef/pdf/v23_10.pdf>. Acesso em: abr. 2014.

ANDREAS RENTZ/BONGARTS/GETTY IMAGES

MIREYA ACIERTO/WIREIMAGE/GETTY IMAGES

Atletas de corridas curtas, como o americano Maurice Greene (**A**), possuem corpos preparados para explosão muscular. Já corredores de grandes distâncias, como o maratonista ugandense Jackson Kiprop (**B**), são preparados para sustentar o esforço por longos períodos. Note que a musculatura de Greene é muito mais volumosa que a de Kiprop.

Atividades

OBTER INFORMAÇÕES

1. De acordo com o texto, quais são os mamíferos que atingem maior velocidade na corrida? Como a estrutura corporal deles contribui para a corrida?

2. Qual é a aceleração típica de um atleta de alto desempenho nas provas de curta distância? Uma chita ou uma pulga podem ter aceleração maior que a desse atleta?

INTERPRETAR

3. Compare a constituição física dos corredores de curta e longa distâncias com a dos animais citados nos textos acima, justificando suas escolhas.

REFLETIR

4. O conteúdo genético é o único fator importante para determinar se um atleta se destacará na modalidade esportiva que pratica?

UNIDADE

6 ENERGIA

POR QUE ESTUDAR ESTA UNIDADE?

A maioria das fontes de energia utilizadas na Terra tem origem no Sol. Da energia dos ventos de um furacão ao calor de um deserto, do ciclo da chuva ao fluxo dos rios, da queima da madeira à combustão do álcool e da gasolina e da fotossíntese das plantas à digestão dos alimentos que ingerimos, os átomos que compõem o Sol originam a energia que possibilita todos esses eventos.

Conhecer como essa energia radiante pode ser transformada e utilizada ajuda a compreender desde os fenômenos mais comuns do dia a dia até as manifestações mais complexas da natureza.

Começando a Unidade

1. Quais tipos de energia você conhece?
2. O que você entende da expressão “conservação da energia”?
3. De onde vem a energia elétrica que abastece as casas?
4. Como o corpo humano obtém energia para o seu funcionamento?

JOSE ROBERTO COUTO /TYBA

SOHO - EIT CONSORTIUM/ESA/NASA

Estrelas como o Sol convertem hidrogênio em hélio, liberando grande quantidade de energia. Assim, a energia irradiada por essas estrelas tem origem no núcleo dos átomos que as compõem. É dessa maneira que as estrelas mantêm a geração de energia por até 10 bilhões de anos, dependendo de sua massa. Da energia irradiada pelo Sol, somente uma pequena fração chega à Terra. Ainda assim, ela é responsável por praticamente todos os processos naturais que aqui ocorrem, como o ciclo da água, a formação dos ventos, a manutenção da vida, entre outros.

TEMA

1 A energia

A natureza está em constante transformação, e a energia está envolvida em todos esses fenômenos.

As diversas formas da energia

Você acorda pela manhã e resolve tomar banho quente antes de ir para a escola. Para aquecer a água, os chuveiros elétricos precisam de energia elétrica, que é gerada em usinas distantes de sua casa e transmitida por cabos elétricos. Mas o que é energia?

Energia é um conceito abstrato e difícil de ser definido, mas, de maneira bem simplificada, podemos dizer que energia é a capacidade de realizar uma ação. No Sistema Internacional de Unidades (SI), a energia é medida em **joules** (J).

A energia está associada, por exemplo, aos seres vivos, ao movimento, ao calor, ao som, à luz, à matéria e à carga elétrica. A energia, nas suas mais variadas formas, participa de todas as nossas atividades cotidianas. Isso mesmo, a energia pode se apresentar de muitas formas, ou transformar-se, recebendo nomes diferentes, conforme ela se manifesta: energia **cinética**, energia **gravitacional**, energia **térmica**, energia **elétrica**, energia **luminosa**, energia **nuclear**, entre outras.

KENT F. BERG/THE MIAMI HERALD/GETTY IMAGES

Os tornados são fenômenos climáticos nos quais os ventos podem alcançar velocidades superiores aos 200 km/h, com energia cinética suficiente para causar grande destruição. (Miami, EUA, 2007.)

Energia cinética

Nas competições de tiro com arco (conhecido popularmente como arco e flecha), o atleta dispara uma flecha em direção ao alvo. Imagine essa flecha voando pelo ar e atingindo o centro de seu objetivo e marcando-o com um pequeno buraco. Podemos dizer que há energia associada a essa flecha, pois ela realizou uma ação: deslocou-se através do ar e perfurou o alvo. Toda energia associada ao movimento de um objeto recebe o nome de **energia cinética**.

Dois fatores determinam a quantidade de energia cinética de um objeto que se movimenta. O primeiro é a massa: quanto maior for a massa, maior será a energia cinética associada ao objeto em movimento. Para ilustrar esse fato, basta imaginar a diferença entre um caminhão e uma moto que se deslocam com a mesma velocidade. O caminhão pode causar muito mais estragos em uma colisão – isso indica que ele tem maior quantidade de energia cinética que a moto.

O segundo fator que determina a quantidade de energia cinética de um corpo é a velocidade na qual ele se move: quanto mais rápido, maior será a energia cinética.

Para o cálculo da energia cinética (E_c) de um corpo, utiliza-se a expressão que relaciona da seguinte forma a massa (***m***) e a velocidade (***v***) do objeto:

$$E_c = \frac{m \cdot v^2}{2}$$

RAUL ARBOLEDA/AFP PHOTO

Enquanto está em movimento, a flecha possui energia cinética associada a ela.

Como exemplo, vamos calcular a energia cinética de uma moto de 200 kg que se move a 36 km/h (ou 10 m/s):

$$E_C = \frac{200 \text{ kg} \cdot (10 \text{ m/s})^2}{2} = 10.000 \cdot \frac{\text{m}^2}{\text{s}^2} = 10.000 \text{ J}.$$

Note que $1 \text{ J} = 1 \text{ kg} \cdot \frac{\text{m}^2}{\text{s}^2}$.

Energia potencial gravitacional

Observe a rocha na fotografia ao lado. O apoio parece ser tão inseguro que, com um pequeno toque, a rocha rolaria penhasco abaixo. Se a rocha de fato cair, sabemos que adquirirá energia cinética. De onde vem essa energia?

Nesse caso, temos uma manifestação da chamada **energia potencial gravitacional**, com origem na interação gravitacional entre a rocha e a Terra.

Todos os corpos na Terra estão sob a ação da gravidade do planeta. Assim, podemos associar certa quantidade de energia potencial gravitacional (E_G) a qualquer objeto que se encontre a determinada altura do solo. Essa quantidade depende da massa (***m***) do objeto, de sua altura (***h***) e da aceleração da gravidade (***g***). Essas grandezas são relacionadas pela expressão:

$$E_G = m \cdot g \cdot h$$

Ou seja, quanto maior a altura de um objeto em relação ao solo e quanto maior a sua massa, maior será a energia potencial gravitacional associada ao sistema objeto-Terra. Vamos calcular, como exemplo, a energia potencial gravitacional de um coco de 1,5 kg prestes a cair de um coqueiro, a 8 m do chão (considerando $g = 10 \text{ m/s}^2$):

$$E_G = 1{,}5 \text{ kg} \cdot 10 \text{ m/s}^2 = 8 \text{ m} = 120 \text{ kg} \cdot \frac{\text{m}^2}{\text{s}^2} = 120 \text{ J}$$

Essa forma de energia é chamada potencial porque se trata de uma energia armazenada no sistema e que pode ser transformada em outros tipos a qualquer momento. Se o coco começar a cair, por exemplo, a energia potencial se converterá em energia cinética ao longo da queda.

Energia térmica

Qual é a diferença entre dois corpos com temperaturas diferentes?

A diferença reside na agitação das partículas que compõem esses corpos. Todos os átomos e moléculas que compõem os objetos estão sempre em movimento; eles podem vibrar em torno de suas posições de equilíbrio, no caso dos sólidos, ou se mover mais livremente, no caso de líquidos e gases. A **energia térmica** está associada ao movimento, ou energia cinética, das partículas. Quanto maior for o grau de agitação das partículas que compõem um corpo, maior será a quantidade de energia térmica associada a ele. Percebemos esse aumento da agitação dos átomos e moléculas de um objeto pelo aumento de sua temperatura ou pela mudança de estado físico.

ELISABETH SCHMITT/GETTY IMAGES

O aumento da temperatura do leite provoca o levantamento da fervura.

Entrando na rede

Quer conhecer um simulador de pista de *skate*? Visite: http://phet.colorado.edu/pt_BR/simulation/energy-skate-park

Acesso em: abr. 2014.

ART WOLFE STOCK/IMAGE SOURCE RM/DIOMEDIA

A Rocha de Ouro de Pagoda Kyaiktiyo é um local de peregrinação budista em Mianmar. Embora esteja nessa posição há milhares (ou talvez milhões) de anos, parece que a rocha pode cair a qualquer instante.

AL BELLO/GETTY IMAGES

Quanto maior a altura do salto, maior será a quantidade de energia potencial convertida em energia cinética durante a queda.

Energia luminosa (radiante)

As ondas são fenômenos que transportam energia sem o transporte de matéria. É dessa forma que a **energia luminosa** do Sol chega ao nosso planeta e permite às plantas a realização da fotossíntese. Essa forma de energia é propagada por meio de ondas eletromagnéticas, que podem percorrer grandes distâncias sem precisar de um meio material, ou seja, podem se propagar no vácuo.

EDUARDO AIGNER/ARGOSFOTO

A energia luminosa do Sol demora cerca de oito minutos para chegar à Terra.

Energia nuclear

A **energia nuclear** está relacionada à força nuclear entre os prótons e os nêutrons que compõem o núcleo dos átomos. A força de atração entre essas duas partículas é extremamente intensa e mantém o núcleo dos átomos estável. Essa energia pode ser utilizada para gerar energia elétrica nas usinas nucleares. As bombas atômicas e as estrelas também dependem da conversão da energia nuclear em outras formas de energia.

Multimídia interativa

A história da energia nuclear

Saiba mais!

A ORDEM DE GRANDEZA DA ENERGIA

A energia está presente em qualquer atividade humana ou qualquer transformação da natureza. Veja no esquema abaixo alguns valores da quantidade de energia, em joules, empregada em cada evento.

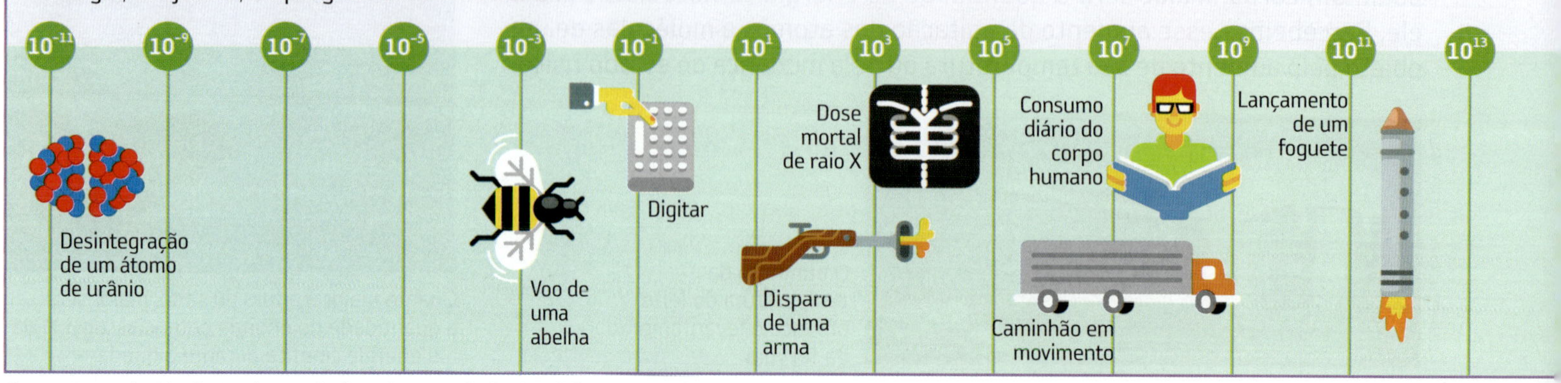

Fonte: *A energia*. Rio de Janeiro: José Olympio, 1968. (Coleção Biblioteca Científica Life.)

Outras formas de energia

Partículas com cargas elétricas iguais se repelem, enquanto partículas com cargas opostas se atraem. A **energia elétrica** é uma forma de energia associada a essas cargas elétricas.

É a energia elétrica, fornecida nas tomadas ou por pilhas e baterias, que permite o funcionamento dos aparelhos eletrônicos. Ela é geralmente produzida nas usinas a partir de energia cinética (esse assunto será explorado no Tema 3 desta Unidade). Em pilhas e baterias, a energia elétrica é gerada por reações químicas em que há transferência de elétrons (reações de oxirredução).

A energia presente nas ligações entre os átomos que formam uma substância é conhecida como **energia química** ou **energia potencial química**. Ela está armazenada, por exemplo, nos alimentos que comemos e nos combustíveis necessários para que um automóvel se movimente.

Materiais que têm a propriedade da elasticidade armazenam **energia potencial elástica**, ou energia elástica. Uma mola, por exemplo, apresenta mais energia potencial elástica depois de esticada ou comprimida.

De olho no tema

Quais tipos de energia você utiliza no seu dia a dia? Dê exemplos.

COLETIVO CIÊNCIAS

Usina de ondas

A busca e a implementação de fontes de energia ecologicamente corretas envolvem grupos multidisciplinares, que podem contar com físicos, geólogos, engenheiros de diversas especialidades, políticos, entre outros. Um exemplo disso é a primeira usina de ondas da América Latina, construída no porto de Pecém, a 60 quilômetros de Fortaleza (CE). O projeto insere o Brasil no seleto grupo de países que estão testando diferentes ideias para atingir um mesmo objetivo: comprovar que a energia cinética associada ao movimento das ondas do mar pode ser utilizada para produzir eletricidade com confiabilidade e a custos viáveis.

RODRIGO CARVALHO/DIARIO DO NORDESTE/FOLHAPRESS

A usina de ondas de Pecém foi idealizada e projetada por pesquisadores da Universidade Federal do Rio de Janeiro e contou com apoio de empresas e do governo do Ceará.

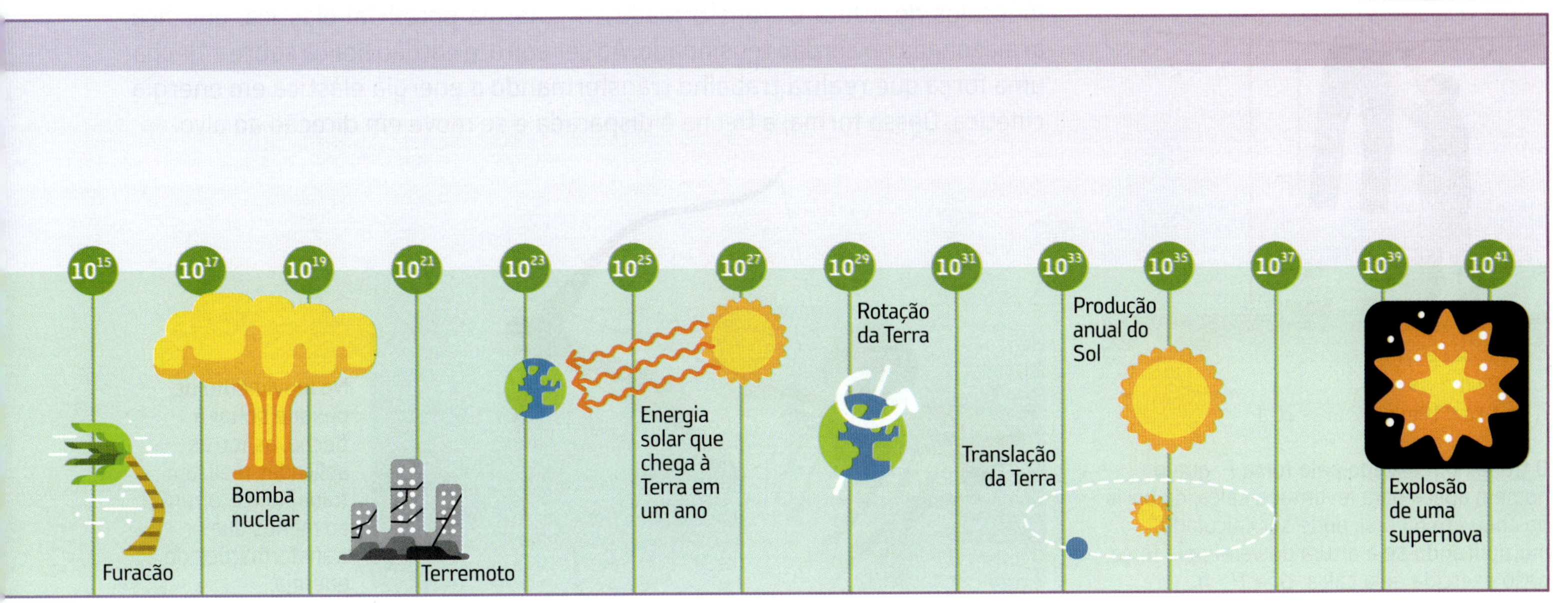

TEMA

2 Trabalho e potência

Quando uma força age sobre um corpo, deslocando-o, ela realiza trabalho. A potência é uma medida da eficiência de uma força na realização do trabalho.

A força $\vec{F}$, aplicada pela pessoa ao empurrar o carrinho por um deslocamento Δs, realiza trabalho.

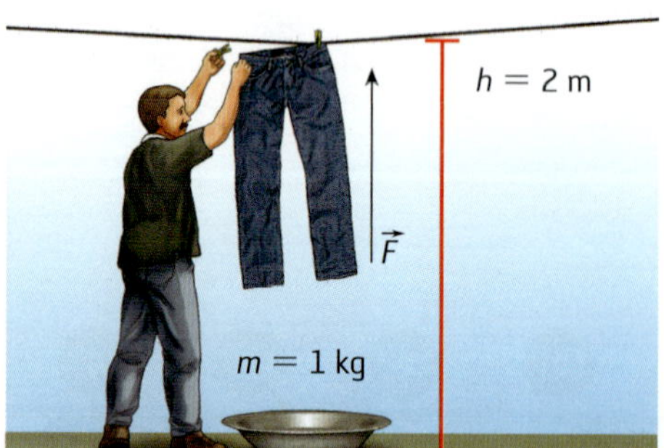

$\tau = P \cdot h$

$\tau = 1 \text{ kg} \cdot 10 \text{m/s}^2 \cdot 2 \text{ m} = 20 \text{ J}$

O trabalho realizado pela força $\vec{F}$ que o homem aplica para levantar a calça, da bacia no chão até o varal, pode ser calculado multiplicando-se a altura do varal pela força peso exercida pela calça: $\tau = P \cdot h$.

Trabalho

No dia a dia, geralmente utilizamos o termo "trabalho" em referência a um emprego ou a uma tarefa que precisamos executar. Em Física, o termo **trabalho** (representado pela letra grega τ; lê-se *tau*) refere-se à ação de uma força e à transformação de energia.

Se um corpo é deslocado na mesma direção de uma força que é aplicada sobre ele, dizemos que essa força realizou trabalho, que pode ser calculado multiplicando-se a intensidade da força (F) pelo deslocamento (Δs).

$$\tau = F \cdot \Delta s$$

A unidade de medida de trabalho, no SI, é o **joule** (**J**), sendo a força medida em **newton** (**N**) e o deslocamento em **metro** (**m**). Vamos calcular, como exemplo, o trabalho exercido por uma força $F = 60$ N, que desloca um corpo por 12 metros:

$$\tau = 60 \text{ N} \cdot 12 \text{ m} = 720 \text{ N} \cdot \text{m} = 720 \text{ J}$$

Note que $1 \text{ J} = 1 \text{ N} \cdot \text{m}$.

O trabalho e a energia têm a mesma unidade de medida (**J**), o que mostra que esses conceitos guardam alguma relação entre si. De fato, o trabalho é uma medida da transformação de um tipo de energia em outro, isto é, sempre que uma força realiza trabalho, ocorre transformação de energia.

Voltemos ao exemplo do tiro com arco. Quando o atleta apoia a flecha no cordão do arco e o puxa, esse cordão se desloca para trás, e a força aplicada pela mão da pessoa realiza trabalho. Nesse movimento, a energia química dos músculos do atleta é transformada em energia potencial elástica, que fica armazenada no cordão tensionado. Ao ser solto, o cordão aplica sobre a flecha uma força que realiza trabalho transformando a energia elástica em energia cinética. Dessa forma, a flecha é disparada e se move em direção ao alvo.

DAVE AND LES JACOBS/LLOYD DOBBIE/GETTY IMAGES

No movimento de puxar e soltar a flecha, as forças aplicadas realizam trabalho e ocorrem ao menos duas transformações de energia.

Potência

Pense em quantas vezes você já subiu uma escada. Provavelmente já percebeu que é mais cansativo subir a escada correndo do que lentamente. Por que isso acontece?

Vamos analisar essa situação utilizando o conceito de trabalho e energia. A força aplicada pelos pés para levantar seu corpo realiza o mesmo trabalho quando sobe a escada lentamente ou correndo?

Note que, nos dois casos, seu corpo é deslocado até a mesma altura, que corresponde à altura da escada; assim, a força é a mesma e o deslocamento também, correndo ou subindo lentamente. Portanto, o trabalho realizado pela força é igual, com gasto de mesma quantidade de energia. Então, por que você se cansa mais ao subir a escada correndo?

A velocidade com que você sobe a escada influi nesse cansaço, pois seus músculos precisam transformar a mesma quantidade de energia em um intervalo de tempo menor, isto é, de maneira mais rápida. O conceito físico que mede a transformação de energia por unidade de tempo é a **potência**. Quanto maior a potência, menor é o tempo gasto para realizar um trabalho.

A potência (P_{ot}) é calculada dividindo-se o trabalho (τ) ou a variação da energia (ΔE) pelo intervalo de tempo (Δt) gasto em sua realização.

$$P_{ot} = \frac{\tau}{\Delta t} \text{ ou } P_{ot} = \frac{\Delta E}{\Delta t}$$

No SI, a unidade de medida de potência é o **watt** (**W**), equivalente a um joule por segundo (J/s).

Os aparelhos eletrônicos normalmente possuem indicação do valor de sua potência, isto é, da quantidade de energia que consomem por unidade de tempo. Por exemplo, se um televisor tem potência de 80 W, significa que ele transforma 80 J de energia a cada segundo.

Os motores dos carros também apresentam diferentes potências. Esses valores são dados em outra unidade de medida, o **cavalo-vapor** (**cv**), em que 1 cv equivale a cerca de 735 W. A maioria dos carros populares no Brasil possui motores com potência da ordem de 70 cv ou 51.500 W.

De olho no tema

O que faz com que alguns carros sejam mais potentes que outros? Explique as transformações de energia que ocorrem no funcionamento de um carro.

Saiba mais!

O CONSUMO DE ENERGIA AO LONGO DA HISTÓRIA

Quanto de energia os seres humanos gastam por ano para garantir o próprio conforto e bem-estar?

O gráfico ao lado mostra a evolução do consumo mundial de energia desde o período em que se iniciou a Revolução Industrial.

Estima-se que, no início da década de 1850, o consumo mundial anual de energia era de aproximadamente 10 exajoules (10 quintilhões de joules, ou 10^{18} J) e que, nos dias atuais, estamos perto dos 500 exajoules. Isso representa um aumento de 50 vezes no consumo de energia em apenas 160 anos.

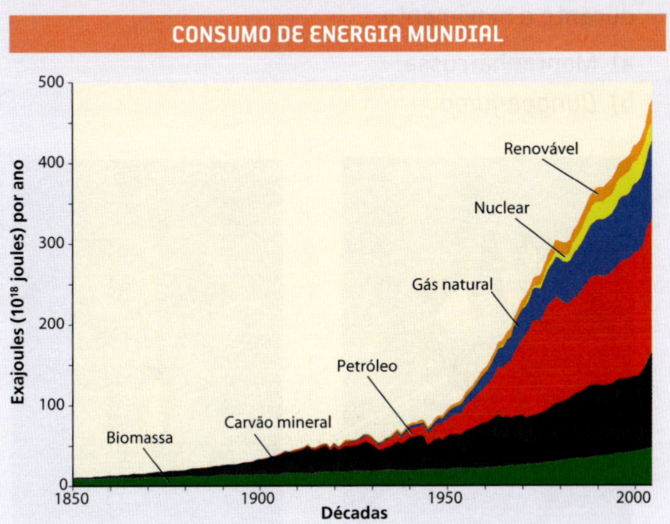

Fonte: Nações Unidas. Disponível em: <www.un.org/en/development/desa/policy/wess/wess_current/2011wess.pdf>. Acesso em: abr. 2014.

ATIVIDADES

TEMAS 1 E 2

ORGANIZAR O CONHECIMENTO

1. **Quais são as principais formas de energia associadas às seguintes situações?**

a) Jogadora de futebol chutando uma bola.

b) Arqueiro disparando uma flecha.

c) Automóvel acelerando.

d) Atleta praticando salto em altura.

e) Jogador de vôlei correndo e saltando para sacar.

2. **Qual é a relação entre trabalho e energia?**

3. **Uma televisão de 14 polegadas tem 40 W de potência, enquanto outra com 42 polegadas tem 150 W de potência. Interprete esses valores e explique o motivo da maior potência do segundo modelo.**

ANALISAR

4. **Antes de dar início ao jogo, um juiz de futebol lança uma moeda para cima para decidir qual time dará o pontapé inicial. Considere desprezível a força de resistência do ar e responda às questões.**

a) À medida que a moeda sobe, sua energia cinética aumenta, diminui ou não se altera? Explique.

b) E sua energia potencial gravitacional?

c) Quando a moeda chega ao ponto mais alto da trajetória, qual é o valor de sua energia cinética?

5. **Cite os tipos de energia que estão envolvidos nas atividades a seguir e descreva o que ocorre com eles durante o movimento.**

a) Montanha-russa

b) *Bungee-jump*

MONK/RELAXIMAGES RM/DIOMEDIA

ELINA/SHUTTERSTOCK

6. **Um cubo de gelo que derrete sobre a mesa tem energia? O que acontece durante o derretimento?**

IEVGEN SOSNYTSKYI/SHUTTERSTOCK

7. **A imprudência ao volante é a causa de muitos acidentes no trânsito, retirando a vida de milhares de pessoas todos os anos. Suponha que o veículo da fotografia abaixo estivesse em alta velocidade antes de se chocar com o poste. Descreva as transformações de energia envolvidas nesse acidente.**

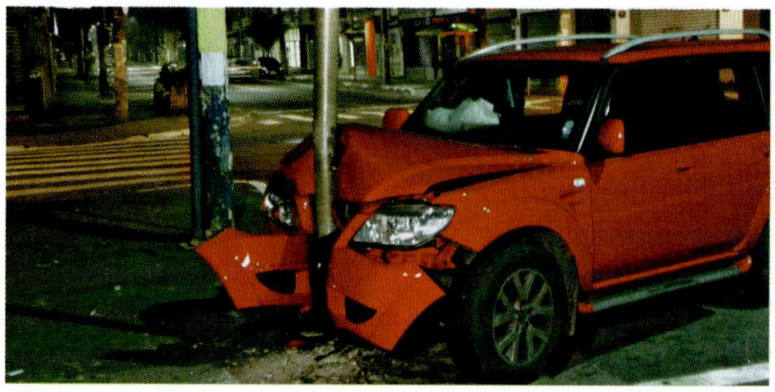

EDISON TEMOTEO/FUTURA PRESS

8. **Uma motorista conduz seu carro de 2 toneladas por uma rodovia a 108 km/h quando vê um animal atravessando a pista. Para não causar um acidente, ela reduz a velocidade do veículo para 36 km/h.**

a) Qual o valor da energia cinética em cada velocidade?

b) A energia cinética foi reduzida em quantas vezes?

c) A velocidade do carro foi reduzida em quantas vezes?

d) Explique por que a redução da energia cinética foi maior que a redução da velocidade.

9. **Um trabalhador arrasta uma caixa de massa 60 kg por uma distância de 6 m. Nesse movimento, ele aplica uma força constante de 300 N. Em seguida, levanta essa caixa a uma altura de 1,5 m e a acomoda sobre uma prateleira. Qual foi o trabalho realizado pela força aplicada pelo trabalhador em cada caso? Considere $g = 10\ m/s^2$.**

10. **Um barco cujo motor tem 50 kW de potência atravessa uma represa em 1 hora. Qual é o trabalho realizado por esse motor?**

Hawking e a divulgação científica

Nascido no dia do aniversário de 300 anos da morte do cientista italiano Galileu Galilei, este menino não imaginaria o quanto sua vida estaria ligada a esse homem e a suas descobertas. Vindo de uma família de intelectuais, com pai médico especialista em doenças tropicais e mãe ativista do Partido Liberal, o inglês nascido em 1942, Stephen William Hawking, desde muito cedo se interessou pela Ciência. Sua paixão por Matemática fez com que, com colegas, construíssem um computador primitivo em 1958.

Em 1962, formou-se em Física na Universidade de Oxford, seguindo para o doutorado em cosmologia na Universidade de Cambridge, onde atualmente preside o Departamento de Cosmologia Teórica.

Ainda com 21 anos, Hawking foi diagnosticado com uma doença congênita muito grave que paralisou grande parte dos músculos do seu corpo, fazendo com que o cientista necessitasse desde então do auxílio de uma cadeira de rodas. Em 1985, contraiu uma pneumonia que acabou afetando suas cordas vocais e hoje usa um sistema sintetizador de voz para se comunicar.

Em 1988, publicou o livro *Uma breve história do tempo: do Big Bang aos buracos negros*, no qual explica a evolução de seu pensamento sobre o cosmos para o público em geral e que se tornou um dos livros de divulgação científica de maior sucesso de todos os tempos.

A doença de Stephen Hawking não atingiu sua capacidade intelectual. O pesquisador continua estudando e produzindo conhecimento. Por sua fama e prestígio, fez participações em filmes e seriados de televisão.

SONJA FLEMMING/CBS VIA GETTY IMAGES

Stephen Hawking (à esquerda) em participação no seriado norte-americano *The big bang theory*.

Atividades

1. Você acredita que a Ciência que é estudada nas universidades deve chegar à sociedade? Qual é a importância da divulgação científica?
2. Stephen Hawking é um pesquisador bastante importante no meio acadêmico, mas ficou conhecido por seus livros de divulgação científica para o grande público. Converse com seus colegas e apontem quais características um livro de divulgação científica deve ter para ser atrativo para o público.

TEMA

3 Algumas transformações de energia

Mesmo que a energia se transforme de um tipo em outro, a quantidade total sempre se conserva.

Animação
Energia

Conservação da energia

Vimos que a energia pode ser constantemente transformada de um tipo em outro. Contudo, ela não é criada nem perdida durante essas transformações. Esse fato, constatado por diversos cientistas em meados do século XIX, é conhecido como o **princípio da conservação da energia**, e é um dos princípios fundamentais da Física.

Vamos analisar o que ocorre com a energia associada a um foguete lançado para colocar um satélite em órbita. Nosso exemplo é uma versão simplificada em que o lançamento é dividido em quatro estágios. Os pequenos gráficos mostram de maneira aproximada a distribuição da quantidade de energia entre quatro tipos: química (Q), potencial gravitacional (G), cinética (C) e térmica (T).

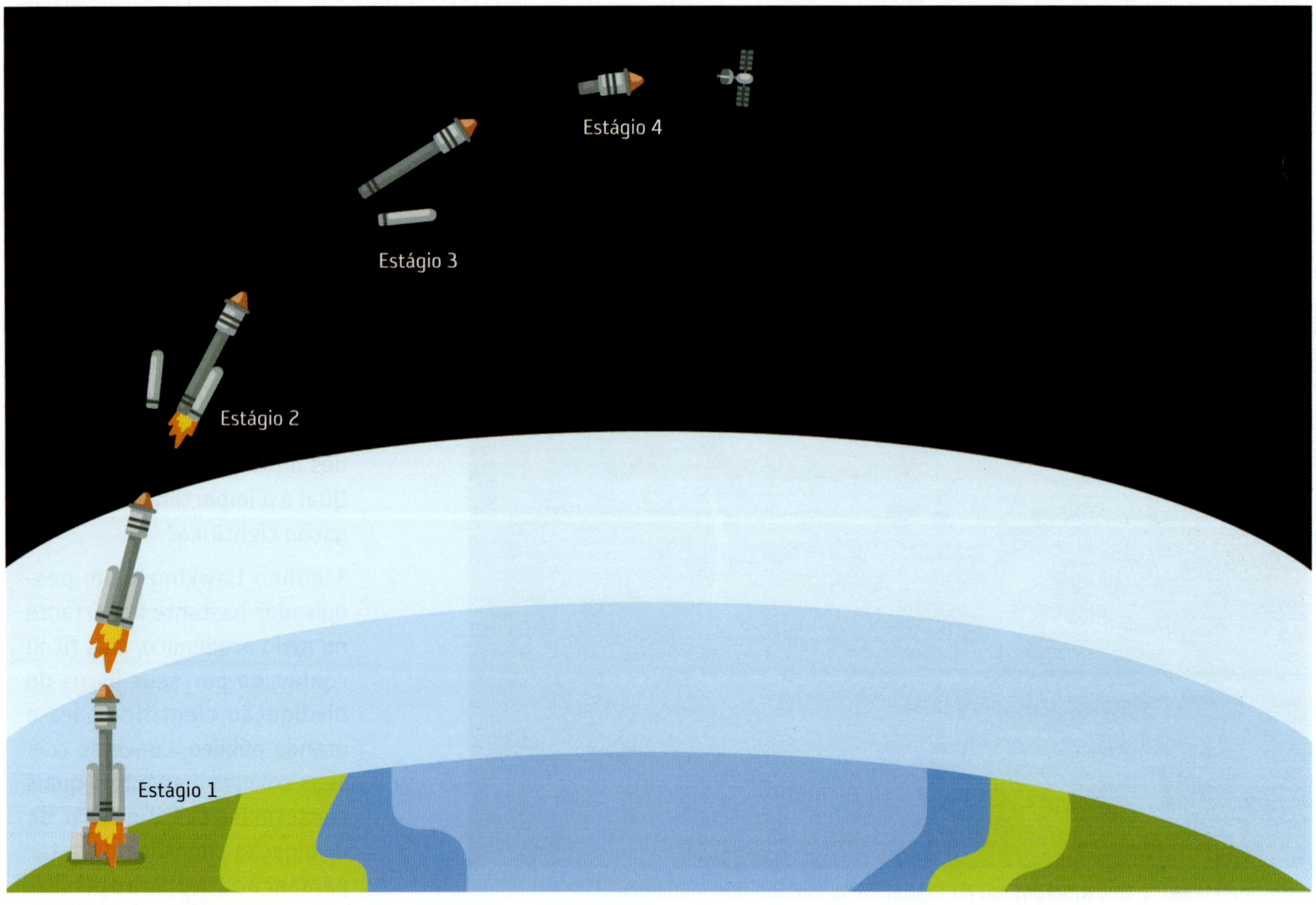

Estágios do lançamento de um foguete para colocar um satélite em órbita. (Imagem sem escala; cores-fantasia.)

Estágio 1: Inicialmente, toda a energia que será utilizada para o lançamento do foguete está armazenada no combustível como energia química. O combustível fica acondicionado em dois módulos que, quando vazios, são separados do restante do foguete.

Estágio 2: Durante a primeira parte da subida, ocorre a queima do combustível do primeiro módulo. Parte da energia química é transformada em energia térmica, liberando calor para o ambiente, e em energia cinética, associada ao movimento do foguete para cima. Conforme o foguete ganha altitude, uma parcela da energia é transformada em energia potencial gravitacional. Ao final, o foguete libera o seu primeiro módulo vazio.

Estágio 3: Para alcançar a altitude desejada para colocar o satélite em órbita, o foguete inicia a queima do combustível do segundo módulo. Novamente, a energia química é transformada em cinética, térmica e potencial gravitacional. Nessa etapa, a direção do foguete não é muito vertical e, consequentemente, o ganho de altitude não é tão grande quanto na etapa anterior. A liberação do segundo módulo indica que toda a energia química foi convertida.

Estágio 4: Nessa etapa o foguete não tem mais combustível para queimar. Agora, sem a propulsão, o foguete fica sob a ação exclusiva da força de gravidade, que o atrai novamente para a superfície. Assim, ao continuar subindo, parte da energia cinética que o foguete adquiriu é convertida em energia potencial gravitacional. É o que ocorre com qualquer objeto lançado para o alto: durante a subida, o objeto desacelera, e a energia cinética vai sendo convertida em energia potencial gravitacional.

Ao atingir a altitude desejada, o foguete libera o satélite, que se mantém em órbita graças à sua inércia e à atração da Terra.

Note que, durante todo o trajeto do foguete, a energia foi transformada de um tipo em outros, mas a quantidade total de energia sempre se manteve constante. Se você somar as alturas das barras de cada gráfico, notará que o resultado dessa adição será sempre o mesmo.

Estágio 1

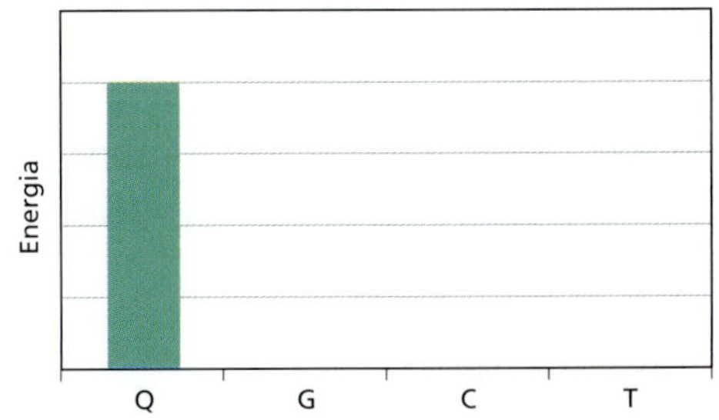

Estágio 2

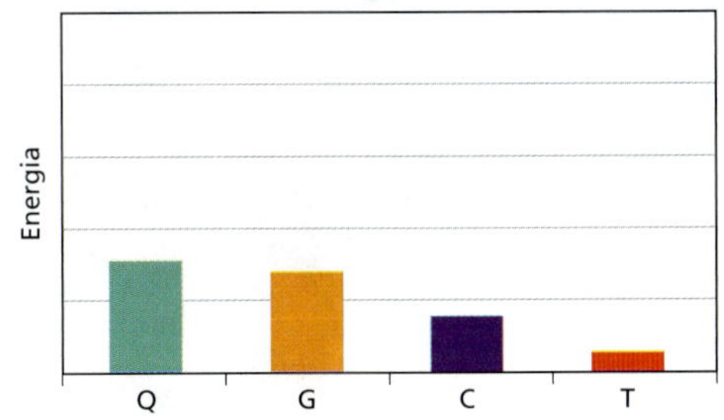

Estágio 3

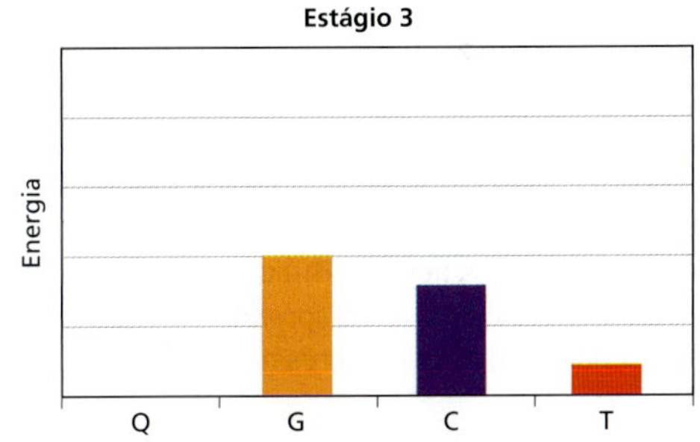

Estágio 4

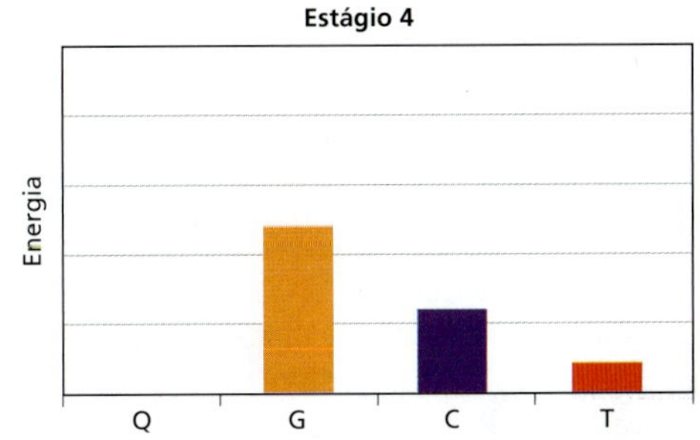

Q = Energia química
G = Energia potencial gravitacional
C = Energia cinética
T = Energia térmica

A produção de energia elétrica

O conhecimento sobre transformações de energia possibilitou ao ser humano obter energia elétrica utilizando diferentes fontes, como quedas-d'água, ventos, queima de matéria orgânica ou mesmo com a quebra de átomos radioativos. Veja alguns exemplos na próxima página.

Entrando na rede

O simulador disponível nesse *site* pode auxiliá-lo a se familiarizar com os diferentes tipos de transformação de energia: **https://phet.colorado.edu/pt_BR/simulation/energy-forms-and-changes**.

Acesso em: abr. 2014.

No Brasil, a principal forma de geração de energia elétrica é pelas usinas e centrais hidroelétricas, que respondem por aproximadamente 65% da capacidade de produção de energia no país. As usinas termoelétricas correspondem a cerca de 30% e utilizam, principalmente, gás natural, biomassa e derivados do petróleo. Usinas nucleares e eólicas representam, juntas, menos de 4% do total.

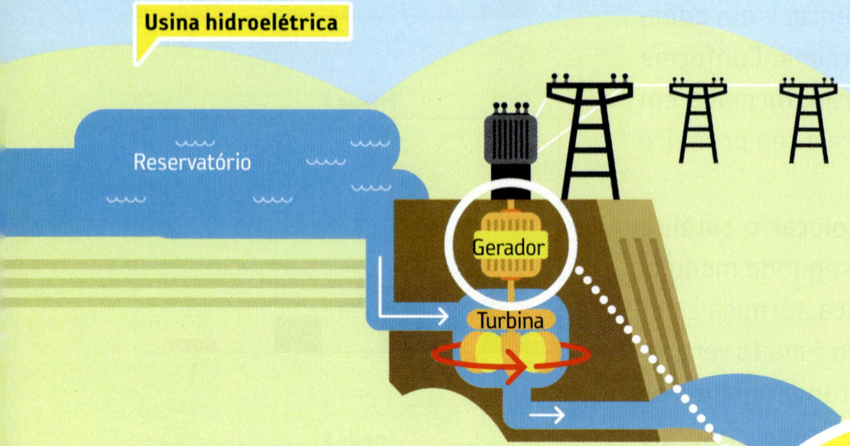

Usinas hidroelétricas
A energia potencial gravitacional associada ao desnível de um volume de água represado é transformada em energia cinética nas quedas-d'água. Ao passar pelo interior das turbinas, a água movimenta geradores, convertendo energia cinética em elétrica. Você aprenderá mais sobre o funcionamento dos geradores na Unidade 9.

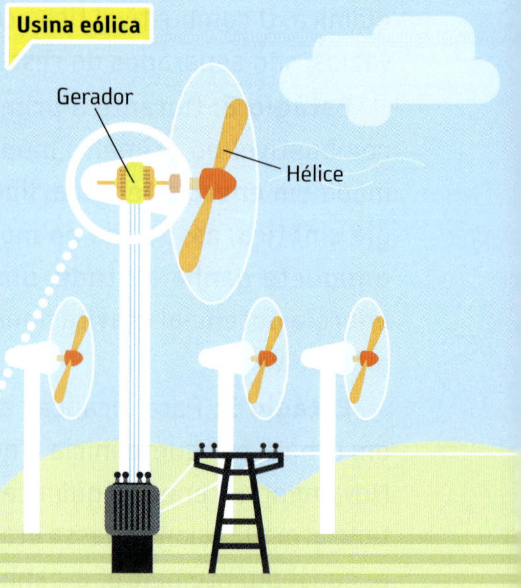

Usinas eólicas
Ao aquecer a superfície do planeta, a energia proveniente do Sol provoca a movimentação de massas de ar, originando os ventos. Ao passar pelas hélices das turbinas eólicas, o vento transfere energia cinética para elas, fazendo-as girar. Esse movimento é transmitido para um gerador, que converte a energia cinética em elétrica.

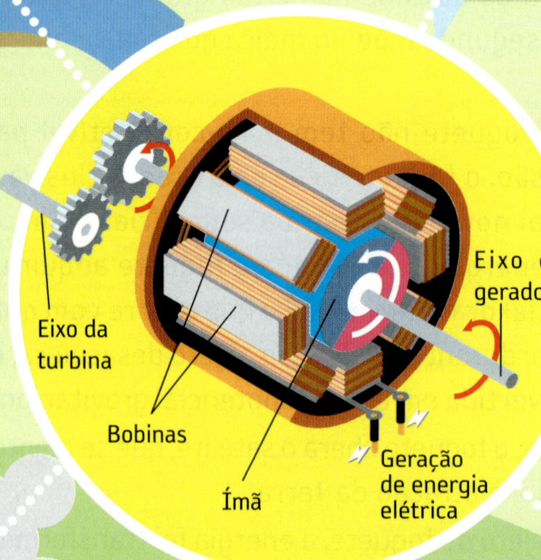

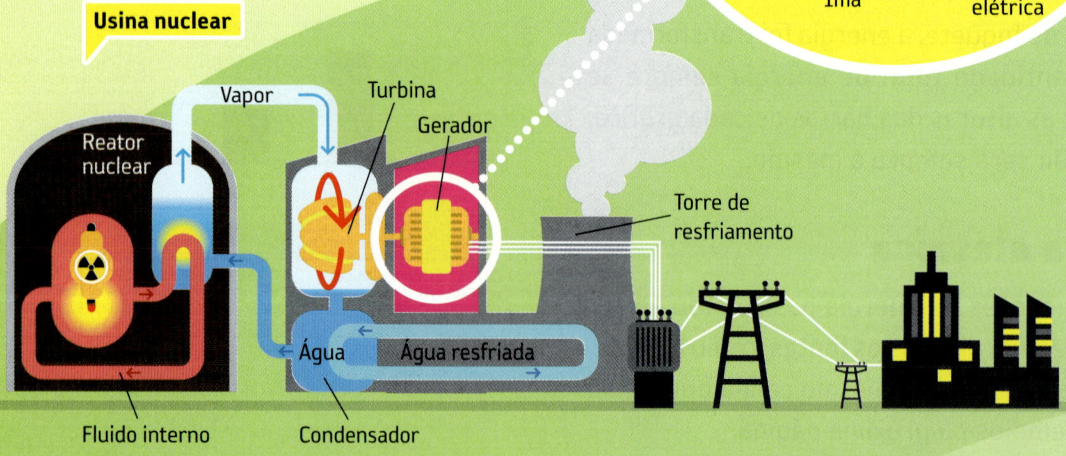

Usinas nucleares
O material radioativo converte energia nuclear em energia térmica, aquecendo o fluido interno do reator. Esse fluido aquece a água a mais de 300 °C, convertendo-a em vapor. Ao se deslocar pela tubulação, o vapor-d'água faz girar as turbinas e, consequentemente, os geradores, que convertem a energia cinética em elétrica.

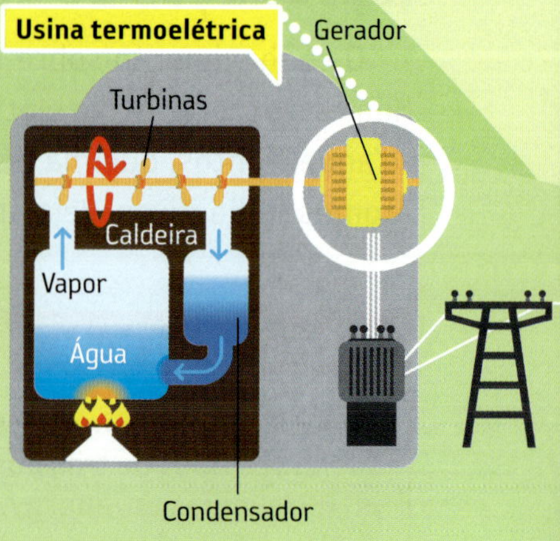

Usinas termoelétricas
A queima do combustível, em geral carvão mineral, óleo, biomassa ou gás natural, converte energia química em energia térmica, usada na vaporização da água da caldeira. Esse vapor passa por tubulações e faz girar uma turbina conectada ao gerador, que converte a energia cinética em elétrica.

TECNOLOGIA EM PAUTA

Usina elétrica solar

Em fevereiro de 2014 foi inaugurada na Califórnia, Estados Unidos, a maior usina elétrica solar do mundo. A usina Ivanpah foi projetada para produzir 392 MW de energia e abastecer cerca de 140 mil residências.

Em geral, usinas desse tipo são compostas de espelhos móveis espalhados por uma grande área. Esses espelhos refletem a luz solar em direção ao topo de uma torre, onde se localiza uma caldeira com água ou outra substância. O aquecimento da água a converte em vapor, que circula por tubulações e aciona uma turbina ligada a um gerador, produzindo eletricidade.

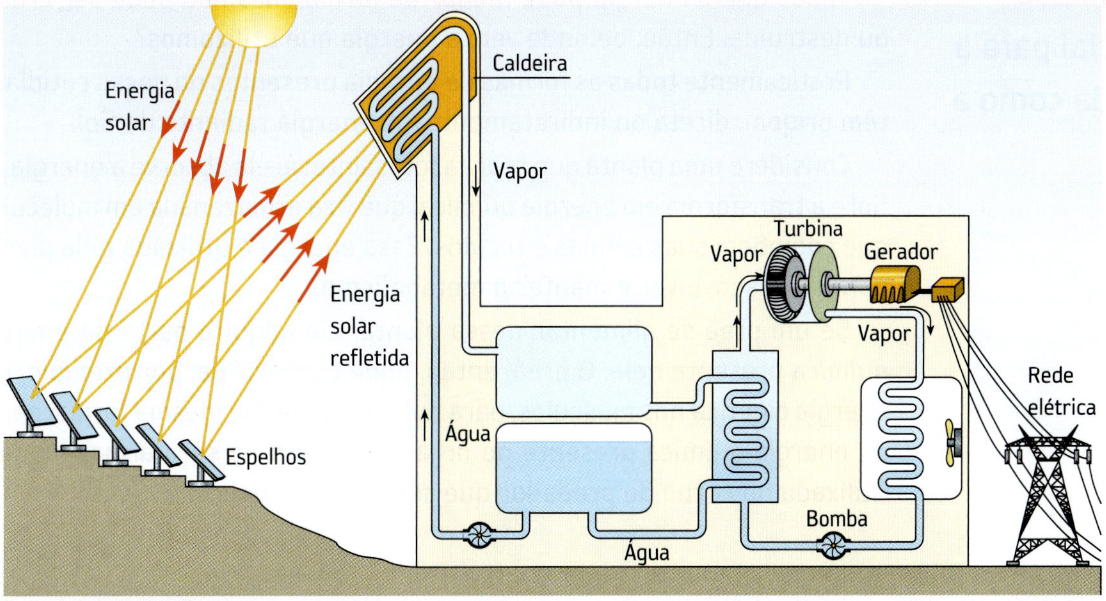

Controlados por computador, os espelhos móveis acompanham o movimento do Sol ao longo do dia. A temperatura no interior da caldeira pode superar os 500 °C.

Fonte: <www.helioscsp.com/noticia.php?id_not=1825>. Acesso em: abr. 2014.

JACOB KEPLER/BLOOMBERG VIA GETTY IMAGES

Vista aérea de uma das torres da usina Ivanpah, cercada por milhares de espelhos.

De olho no tema

Escolha uma atividade do seu cotidiano que envolva ao menos três transformações de energia. Explique o papel de cada tipo de energia e suas respectivas transformações durante a realização dessa atividade.

TEMA

4 Energia e vida

O Sol é a principal fonte de energia para o nosso planeta e é essencial para a manutenção da vida como a conhecemos.

O fluxo de energia e a vida

Vimos que a energia pode mudar de forma, mas não pode ser criada ou destruída. Então, de onde vem a energia que utilizamos?

Praticamente todas as formas de energia presentes no nosso cotidiano têm origem, direta ou indiretamente, na energia radiante do Sol.

Considere uma planta que realiza fotossíntese: ela absorve a energia do Sol e a transforma em energia química, que fica armazenada em moléculas que compõem suas células e tecidos. Essa energia é utilizada pela planta para se desenvolver e manter o metabolismo.

Se um preá se alimentar dessa planta, ele adquire parte da energia química presente nela. O preá, então, pode convertê-la, por exemplo, em energia cinética nos músculos, para pular e correr. Da mesma forma, parte da energia química presente no organismo do preá será armazenada e utilizada no corpo do predador que se alimentar dele.

O Sol é a fonte primária de energia nas cadeias alimentares. Por meio da fotossíntese, as plantas são capazes de transformar a energia radiante do Sol em energia potencial química, que fica disponível para os demais níveis tróficos.

A planta, portanto, utiliza a energia do Sol diretamente, para fazer a fotossíntese. Os animais e outros seres heterótrofos também "alimentam-se" de energia solar, mas de maneira indireta, ao ingerirem vegetais ou outros organismos.

A energia solar não é aproveitada somente nas cadeias alimentares, mas também nos fenômenos naturais, como na evaporação da água ou no aquecimento da superfície do planeta. Até mesmo a energia química associada ao petróleo é de origem solar, pois é proveniente da decomposição de restos orgânicos de animais e de plantas que viveram há milhões de anos.

De olho no tema

De que maneira o Sol fornece energia para o funcionamento de seu corpo?

Saiba mais!

SOL DESNECESSÁRIO

Uma expedição [no ano 2000] que mapeava uma montanha submersa, conhecida como maciço Atlantis, a meio caminho entre as ilhas Bermudas e Canárias, e a 800 metros abaixo da superfície do Atlântico Norte, deparou com um pilar de rocha branca, alto como um edifício de 20 andares, que se erguia do leito marinho. [...] Embora restrições de tempo limitassem a investigação a um único mergulho do [submarino] Alvin, os pesquisadores conseguiram reunir informações suficientes para determinar que a formação rochosa era apenas uma de várias estruturas semelhantes que emitiam água marítima morna. Eles haviam descoberto uma região de fontes termais submarinas, que batizaram de Campo Hidrotermal de Lost City. E ele não se assemelhava a nada conhecido, nem às agora famosas "black smokers" (fumarolas, ou chaminés negras).

[...]

As concentrações de hidrogênio, em particular, estão entre as mais elevadas já detectadas em um ambiente natural. E é aqui que as coisas começam a ficar realmente interessantes.

A riqueza energética do hidrogênio deve-se à sua capacidade de transferir facilmente elétrons para outros compostos, como o oxigênio, e liberar energia. [...]

Muitos microrganismos desenvolveram a capacidade de consumir a abundante energia contida no hidrogênio. Os metanogenos são um desses grupos. Como seu nome sugere, eles geram metano, gás natural que muitos de nós utilizam para cozinhar alimentos. Como se constatou, até um terço dos microrganismos em Lost City são metanogenos pertencentes à familia Methanosarcinales. Sua presença não surpreende, dada a abundância de hidrogênio nas águas termais. Notável é que os metanogenos de Lost City operam independentemente do Sol.

Quase toda vida na Terra depende de energia solar – tanto para seres humanos, que contam com organismos fotossintéticos como alimento, ou plantas e algas que realizam a fotossíntese. Até nas chaminés negras, nas profundezas abissais dos oceanos, a vida depende do Sol. Os microrganismos que asseguram o crescimento dos vermes tubiformes gigantes, por exemplo, necessitam tanto de sulfeto como de oxigênio. E a fonte suprema de oxigênio são organismos fotossintéticos que vivem muito mais acima. Comparativamente, os metanogenos de Lost City precisam apenas de dióxido de carbono, água em estado líquido e [do mineral] peridotito, que reagem para formar os ingredientes naturais de que necessitam para sobreviver.

[...]

As descobertas de Lost City também reforçam as hipóteses sobre onde mais, em nosso Sistema Solar, pode existir ou ter existido vida no passado. É concebível que qualquer planeta ou lua que contenha peridotito e água em estado líquido [...] seja capaz de sustentar formas de vida análogas aos microrganismos de Lost City. As evidências mais claras desses componentes ocorrem em Marte e em Europa, uma das luas de Júpiter. [...]

Fonte: As raízes mais profundas da vida, de A. S. Bradley. *Scientific American Brasil*. Disponível em: <www2.uol.com.br/sciam/reportagens/as_raizes_mais_profundas_da_vida.html>. Acesso em: abr. 2014.

D. KELLEY AND M. ELEND/UNIVERSITY OF WASHINGTON

Torres calcárias de Lost City, com aproximadamente 20m de altura.

ORGANIZAR O CONHECIMENTO

1. Descreva as principais transformações de energia envolvidas nas atividades de cada item.

a) Carregar a bateria de um aparelho celular.

b) Escalar uma montanha.

c) Ligar o motor de um carro.

d) Ligar uma TV.

e) Caminhar.

2. Reescreva as frases abaixo, corrigindo-as quando necessário.

a) Toda energia gerada pelo Sol é utilizada no aquecimento da Terra.

b) A energia contida nos alimentos de origem vegetal é proveniente dos sais minerais do solo.

c) O petróleo é formado por restos orgânicos de plantas e animais que realizam fotossíntese sob o solo.

d) A energia solar aquece a superfície do planeta e contribui para a formação dos ventos, que são utilizados para a geração de energia elétrica.

3. Alguns modelos de chaleira possuem um tipo de apito por onde o vapor-d'água passa, emitindo um som que avisa quando a água entra em ebulição. Liste os tipos de energia envolvidos nesse processo e explique as transformações sofridas por eles.

ANDREI KUZMIK/SHUTTERSTOCK

ANALISAR

4. Observe a figura e responda.

a) Quais são as transformações de energia envolvidas no processo?

b) Quanto maior for a altura da água em relação à roda, mais rápido esta vai girar. Considerando seus conhecimentos sobre energia, elabore uma explicação para esse fato.

5. A maioria das formas de energia estudadas nesta Unidade tem como origem a energia solar. Quais são as formas de energia presentes na Terra que não vieram do Sol?

6. Vimos que o joule é a unidade de medida de energia e do trabalho de uma força. No entanto, quando fazemos cálculos da quantidade de energia, vemos que $J = kg \cdot m^2/s^2$; quando calculamos o trabalho de uma força, vemos que $J = N \cdot m$. Isso significa que os "joules de energia" são diferentes dos "joules de trabalho"? Justifique.

7. Suponha que uma barra de chocolate tenha 540 kJ. Caso a energia contida nessa barra fosse utilizada para elevar uma pessoa de 60 kg para o alto de um prédio, quantos andares ela subiria? (Considere que cada andar tem 3 m de altura e que a aceleração da gravidade é 10 m/s².)

8. A quantidade de energia solar que chega ao topo da atmosfera, chamada de constante solar, é de aproximadamente 1.360 W/m². Analise essas unidades de medida e explique o que elas significam, em termos da quantidade de energia.

9. O gráfico a seguir mostra, de forma resumida, a evolução do consumo médio diário de energia *per capita* desde as primeiras sociedades humanas até os dias de hoje (Mcal = 1 milhão de calorias).

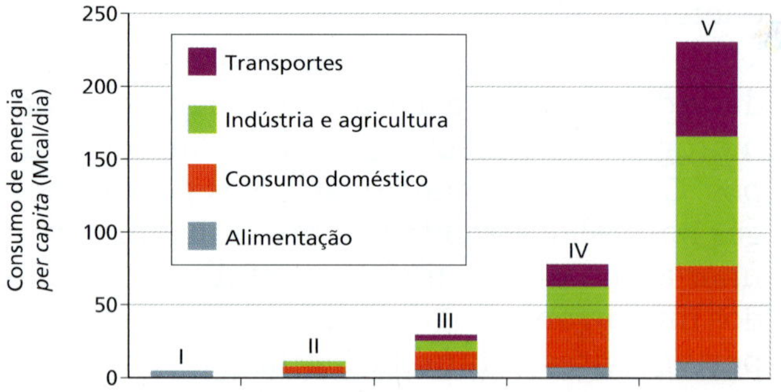

I – Primeiras sociedades humanas
II – Sociedades agrícolas da Antiguidade
III – Sociedades agrícolas da Idade Média
IV – Sociedades industriais dos séculos XVIII e XIX
V – Sociedades tecnocientíficas do século XX e início do século XXI

Fonte: *Géographie de l'énergie*, de B. Mérenne-Schoumaker. Paris: Nathan, 1999.

a) Por que a barra de cor roxa não aparece nas colunas **I** e **II**?

b) Uma pessoa que viveu no século XX consumiu quantas vezes mais energia que uma pessoa que tenha vivido entre os séculos XVIII e XIX?

c) Quais são as atividades que consumiam mais energia no século XX e início do século XXI, segundo o gráfico? Liste-as ordenando daquela que consumia mais para a que consumia menos.

Medindo e calculando a energia de uma bola

Quando soltamos uma bola, ela cai em direção ao chão, quica e volta para o alto. Nesse fenômeno, podemos identificar a participação de, ao menos, três tipos de energia: potencial gravitacional (quando ainda estamos segurando a bola), cinética (durante a queda) e elástica (que faz com que a bola quique).

Nesta atividade, você e seu grupo estudarão esse fenômeno para compreender melhor as transformações de energia envolvidas.

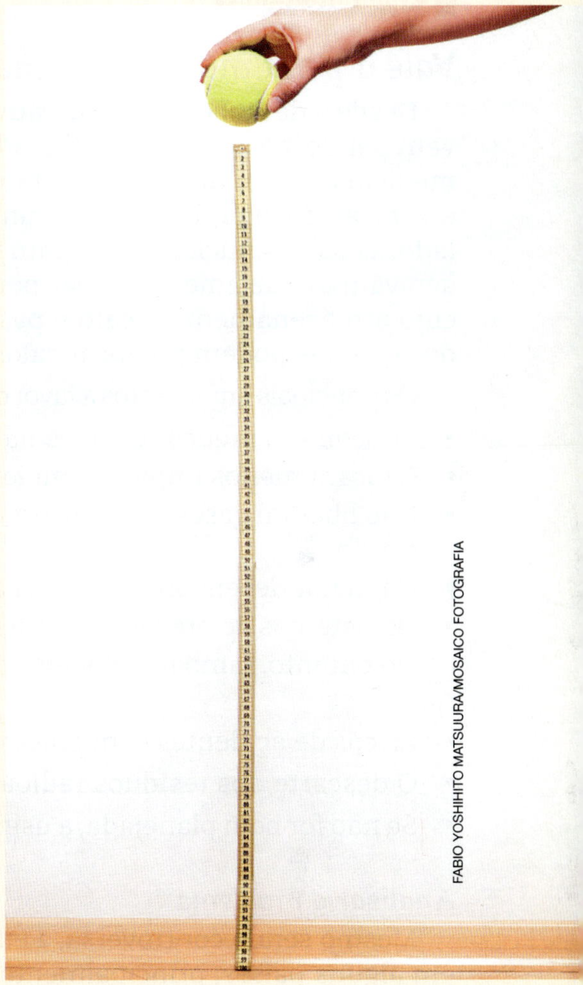
FABIO YOSHIHITO MATSUURA/MOSAICO FOTOGRAFIA

MATERIAL

- Bola de tênis ou similar
- Balança
- Fita métrica
- Fita adesiva
- Opcional: filmadora ou celular com essa função

PROCEDIMENTO

1. Meça a massa da bola. Se não houver uma balança disponível, faça uma estimativa desse valor.
2. Prenda a fita métrica em uma parede, esticada verticalmente, de maneira que a marca "0 cm" encoste no chão.
3. Um integrante do grupo deve segurar a bola próximo à marca de 1 metro da fita métrica. Outro integrante deve ficar sentado no chão, de frente para a fita, para observar (e filmar, se possível) a trajetória da bola.
4. Solte a bola e deixe-a quicar. Com muita atenção, o aluno que está sentado deve observar a altura máxima que a bola atinge antes de iniciar o movimento de queda novamente. Se vocês filmaram o movimento da bola, podem analisar o vídeo para saber com mais precisão a altura a que a bola chegou após o quique.

Atividades

ANALISAR

1. Quando a bola é segurada na marca de 1 metro, quanta energia potencial gravitacional ela possui?
2. Durante a queda, o que acontece com a energia potencial gravitacional da bola?
3. Quais são as transformações de energia que ocorrem do momento em que a bola toca o chão até o momento em que ela sobe novamente, atingindo a altura máxima?

INTERPRETAR OS DADOS

4. Que altura a bola atinge após o quique? Qual é o valor da energia potencial gravitacional da bola nesse momento?
5. Compare o valor calculado para o item anterior com a quantidade de energia potencial gravitacional que a bola possuía antes de ser solta. Esses valores são diferentes? Por quê? Isso contraria o que você estudou sobre conservação de energia? Justifique.

Trabalhando com precisão

A qualidade das medições é fundamental para um experimento. Se alguma medição for imprecisa, podemos chegar a uma conclusão completamente diferente. Assim, uma boa ideia é procurar planejar bem a execução do experimento antes de iniciá-lo, de modo a conseguir um bom nível de exatidão nas medições.

POR UMA NOVA ATITUDE

Meio ambiente

Explorar o tema

Vale a pena investir em energia nuclear?

Desde a descoberta da radioatividade, em 1896, a energia nuclear vem sendo pesquisada e utilizada em diversos setores, como na medicina e na indústria. Entretanto, o uso da energia nuclear para a geração de energia elétrica é um assunto controverso. Se, por um lado, as usinas nucleares ocupam relativamente pouco espaço e não agravam o aquecimento global; por outro, elas geram lixo radioativo – cujo armazenamento é caro e passível de vazamentos – e, em caso de acidente, podem provocar catástrofes.

Os principais argumentos a favor da utilização de usinas nucleares são:

- Consomem menos recursos naturais que outras usinas.
- Causam menos impacto ambiental que outras usinas.
- Não liberam gases que contribuem para a intensificação do efeito estufa.
- Há maior desenvolvimento na área de pesquisa no país.
- Os sistemas de prevenção de acidentes estão mais desenvolvidos.

No entanto, também existem fortes argumentos contra as usinas nucleares:

- Riscos de acidentes com graves consequências.
- O descarte dos resíduos radioativos é caro e perigoso.
- Se não for bem planejada, a usina pode provocar poluição térmica.

Acidentes nucleares

Os dois maiores acidentes nucleares da história aconteceram com as usinas de Chernobyl, na Ucrânia, em 1986, e em Fukushima, no Japão, em 2011.

Em Chernobyl, a explosão de um dos reatores da usina levantou uma nuvem de material radioativo, intoxicando milhares de pessoas. O medo de novos acidentes provocou o fechamento de diversas usinas nucleares ao redor do mundo.

A usina de Fukushima foi atingida por um *tsunami* em 2011, o que provocou falha no sistema de refrigeração e o vazamento de grande quantidade de material radioativo.

Analisar o problema

Mesmo sendo controversa, a energia nuclear é bastante utilizada em alguns países, principalmente na Europa. Usinas nucleares respondem por 14,8% da produção de energia no mundo, mas apenas 1,6% no Brasil, onde as usinas hidroelétricas são as principais produtoras, com aproximadamente 68%.

Vídeo

Os animais de Chernobyl

MATRIZ DE ENERGIA ELÉTRICA DO MUNDO E DO BRASIL

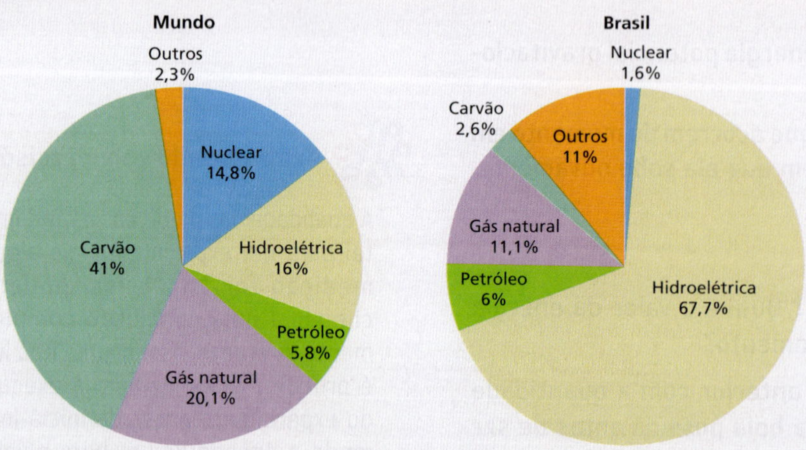

Fontes: Mundo: Agência Internacional de Energia (dados de 2008); Brasil: Agência Nacional de Energia Elétrica (dados de 2014). Disponível em: <www.aneel.gov.br/aplicacoes/capacidadebrasil/operacaocapacidadebrasil.asp>. Acesso em: abr. 2014.

Central nuclear brasileira (Central Nuclear Almirante Álvaro Alberto). Das três usinas previstas no projeto, Angra 1 entrou em operação comercial em 1985, e Angra 2, em 2001. A usina Angra 3 teve sua construção retomada em 2010 com término planejado para 2016. Com as três usinas em operação, o complexo será capaz de atender a 80% da demanda energética do estado do Rio de Janeiro.

Interpretar

1. **Compare os gráficos referentes ao Brasil e ao mundo. Comente as principais diferenças que você percebe e elabore uma explicação para elas.**
2. **Em sua opinião, por que o Brasil usa muito menos energia nuclear que o restante do planeta?**
3. **No Brasil, que fração da energia elétrica é gerada em usinas termoelétricas?**

Trocar ideias sobre o tema

Tomar uma decisão

4. **A escolha e a construção de uma usina elétrica não é uma questão simples, pois deve considerar muitos fatores: risco ambiental, risco à população, eficiência, custo de implantação, custo de operação etc. Tendo esses fatores em mente, você deverá se juntar a outros colegas e, em grupo, devem refletir sobre a seguinte questão:**

O Brasil deve construir mais usinas nucleares?

Após a discussão, vocês devem elaborar o material de divulgação, que pode ser cartaz, vídeo ou outro, informando o que decidiram e apresentando suas justificativas. Esse material pode ser divulgado na internet, por meio de *blogs* ou redes sociais.

Para ajudar no debate, considerem as seguintes informações:

- O custo de construção de uma usina nuclear é bastante alto.
- O custo de produção da energia elétrica em uma usina nuclear é quase duas vezes mais alto que o de uma hidroelétrica.
- Ainda não existe uma solução satisfatória para o destino final do lixo radioativo produzido nas usinas nucleares.
- O Brasil possui a sexta maior reserva de urânio no mundo, matéria-prima para a produção do chamado combustível nuclear.
- Com 1 kg de urânio, é possível produzir energia em quantidade equivalente à que se produz com 700 kg de óleo ou 1.200 kg de carvão mineral.
- Ao contrário das hidroelétricas, que exigem grandes áreas alagadas, as usinas nucleares são relativamente pequenas.

Controlar a impulsividade

Às vezes, diante de perguntas aparentemente simples, elaboramos respostas rápidas e intuitivas. Quando fazemos isso, no entanto, corremos o risco de ignorar informações importantes, por desconhecimento ou por esquecimento. Assim, uma boa opção é tentar refletir com calma sobre a questão, considerando as informações relevantes que temos sobre o assunto.

A energia dos gadgets

Há 20 anos, poucos imaginariam que o arsenal tecnológico pessoal básico de hoje seria constituído de *notebook*, *smartphone*, *MP3 player*, TV de LCD e *videogame*. Mas aí estão eles, e, daqui a 20 anos, esses *gadgets* vão se multiplicar. Hoje, eles respondem por 15% do consumo doméstico mundial de energia. Em 2030, esse porcentual deve subir para 45%. Quando esse futuro chegar, em termos tecnológicos a vida será boa como nunca antes na história da humanidade. Tudo perfeito, a menos que... Nada. Até a crise do ano passado [2012], havia a ameaça de que o crescimento econômico superasse a capacidade de geração de energia. Mas a desaceleração no Primeiro Mundo reequilibrou as estimativas de produção de eletricidade com o nosso impulso incontrolável de apertar a tecla "play".

Mas nós ainda não estamos no Primeiro Mundo. E os especialistas acendem uma luz – de LED – amarela. É que, em países emergentes como o Brasil, grande parte da população está saindo da miséria e passando a consumir *gadgets*, inclusive. Mantidas as projeções, em 2030 seremos o quinto maior consumidor mundial de energia elétrica. Para chegarmos lá com os celulares carregados e longe de ameaças como os apagões de 2001 e 2002, é preciso que a nossa produção de eletricidade cresça 4,2% por ano.

E aí, a solução é desembolsar US$ 310 bilhões para a construção de usinas, turbinas e painéis solares. Mas, como no restante do mundo, a crise também deu uma aliviada na demanda por aqui. Por conta disso, as chances de faltar energia elétrica até 2030 não ultrapassam os 5%, segundo o Operador Nacional do Sistema Elétrico (ONS), entidade responsável pela coordenação e controle da operação das instalações de geração e transmissão de energia elétrica no Sistema Interligado Nacional (SIN).

Se o funcionamento do seu *laptop* parece garantido pelos próximos 20 anos, o último relatório da IEA (Agência Internacional de Energia, na sigla em inglês), publicado em junho, levanta outras ques-

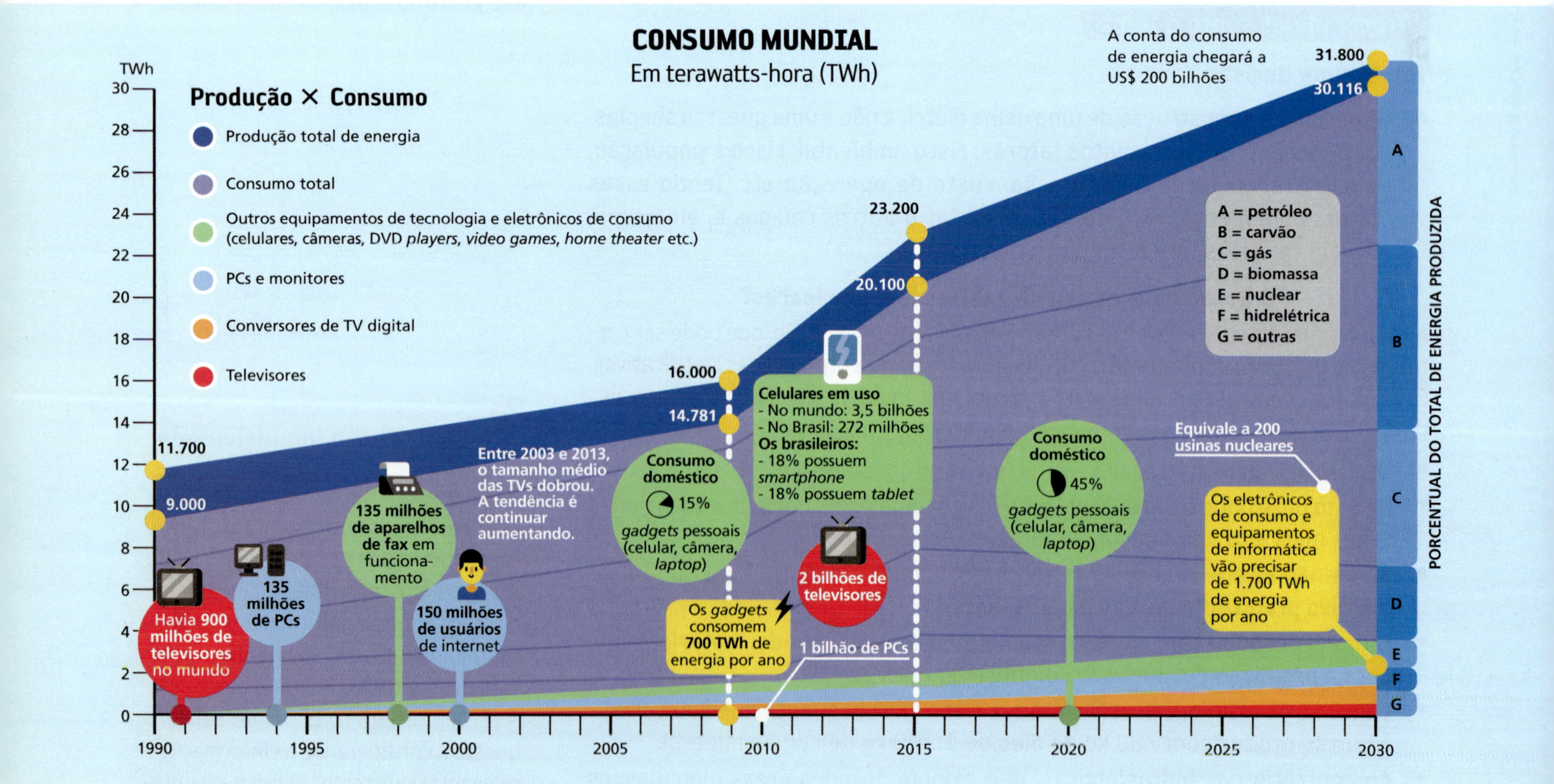

Fonte: Infográfico produzido com informações da reportagem original (revista *Galileu*), de pesquisa do Ibope e de reportagem da Agência Brasil.

tões. Paul Waide, um dos autores do documento e analista da IEA, diz que é preocupante o aumento da emissão de gases estufa associada ao consumo de energia. O setor de geração [de energia] soma 80% das emissões globais de CO_2 e 60% das de gases estufa. A solução de Waide é simples e ataca duas frentes, a geração e a poluição: "Os eletrônicos mais eficientes consomem metade da energia. Se todos usássemos tecnologias melhores já disponíveis, economizaríamos 150 bilhões de watts ou US$ 130 bilhões até 2030. Além disso, evitaríamos a emissão de 8,2 bilhões de toneladas de CO_2".

Waide afirma que é muito mais caro investir em novas fontes de energia do que reduzir a demanda com a ajuda de equipamentos eficientes. Um exemplo, segundo ele, é o mercado de eletrônicos portáteis. Como a vida das baterias é um fator determinante na competição entre os fabricantes, tais aparelhos são projetados para ser mais eficientes que os não portáteis, que estão sempre plugados na tomada. Resumindo: quer ser ecologicamente correto? Vire um *geek*.

Fonte: A energia dos *gadgets*, de I. Chayamiti. *Galileu Online*. Disponível em: <http://revistagalileu.globo.com/Revista/Galileu/0,,EDG86972-7943-216,00-A+ENERGIA+DOS+GADGETS.html>. Acesso em: jun. 2014.

RA2STUDIO/SHUTTERSTOCK

GLOSSÁRIO

geek: gíria do inglês para designar pessoas com interesse em novidades tecnológicas.

Atividades

OBTER INFORMAÇÕES

1. Os *gadgets* correspondem a que fração do consumo doméstico de eletricidade no mundo? Qual é a tendência desse consumo para os próximos anos?
2. Segundo a ONS, há grandes chances de faltar energia elétrica no Brasil no futuro?
3. O setor de geração de energia elétrica é responsável por qual fração da emissão de gases estufa no mundo?
4. Quais serão as três principais fontes de energia no mundo, no futuro próximo, segundo o gráfico?

INTERPRETAR

5. Substituir aparelhos eletrônicos por modelos mais novos pode ajudar a reduzir o consumo de energia elétrica? Por quê?
6. O gráfico mostra que há uma forte tendência de aumento no consumo de energia no mundo. Isso se deve à popularização dos *gadgets*? Justifique.

REFLETIR

7. O texto sugere que virar *geek* é ecologicamente correto. Você concorda com essa afirmação? Justifique.

UNIDADE

7 CALOR E TEMPERATURA

POR QUE ESTUDAR ESTA UNIDADE?

Em um dia frio, nada como um chá ou um chocolate quente, não é mesmo? No verão, por outro lado, um suco bem geladinho sempre cai bem. Por que a temperatura das bebidas é tão importante? Qual é a diferença entre uma bebida quente e uma bebida fria? Como podemos esquentar ou esfriar os alimentos?

Nesta Unidade, estudaremos os fenômenos térmicos, isto é, aqueles relacionados a calor e temperatura. Entenderemos, por exemplo, por que as substâncias se aquecem ou derretem quando recebem calor.

ROGERIO REIS/TYBA

Dispositivos construídos pelos seres humanos também podem alcançar temperaturas bastante elevadas. Nos fornos de siderúrgicas, para produção de ligas metálicas como o aço, é necessária a fusão do minério de ferro a temperaturas superiores a 1.500 °C. (Siderúrgica em Volta Redonda, Rio de Janeiro, 2009.)

Começando a Unidade

1. Explique, com suas palavras, o que é calor.
2. O que acontece com a temperatura de um suco quando colocamos pedras de gelo dentro dele?
3. Por que alguns materiais derretem quando são aquecidos?
4. Como um termômetro mede nossa temperatura?

GIOVANNI ISOLINO/AFP PHOTO

A temperatura no interior da Terra pode atingir valores acima de 5.000 °C. Logo abaixo da crosta, no manto, podem ser encontradas câmaras onde se deposita o magma, formado por rochas submetidas a temperaturas e pressões altíssimas. Quando um vulcão entra em erupção, esse magma é expelido na forma de lava. (Erupção do vulcão Etna, na Itália, em 2013.)

TEMA

1 A medida da temperatura

Existem várias unidades e escalas de medida de temperatura, propostas por diversos cientistas.

Sensação térmica

Ao colocar a mão sobre um objeto, o tato nos permite obter a sensação térmica a respeito dele: percebemos se está quente, frio, gelado ou morno. Embora nossa capacidade de perceber se algo está quente ou frio seja muito útil, ela não tem muita precisão e pode, inclusive, nos enganar.

Pense, por exemplo, na sensação térmica que temos ao sair de uma piscina ou rio. Por que sentimos frio? Nesse momento, com o corpo molhado, forma-se sobre nossa pele uma fina camada de água que vai evaporando aos poucos, produzindo troca de calor entre o nosso corpo e a água; como o corpo perde calor, temos a sensação de que o ar está mais frio do que antes de nos molharmos, mesmo que ele não esteja.

Para conhecermos a temperatura de um objeto de maneira precisa, devemos utilizar instrumentos específicos, os **termômetros**.

A sensação térmica do corpo humano é alterada por diversos fatores, não sendo um bom instrumento de medida da temperatura.

ODILON DIMIER/PHOTOALTO/GETTY IMAGES

Termômetros

Em geral, quando a temperatura de um material varia, outras propriedades dele também podem ser alteradas. Por exemplo, o volume da maioria dos materiais aumenta quando sua temperatura aumenta e diminui quando sua temperatura diminui. No primeiro caso, dizemos que o corpo sofre **dilatação térmica** e, no segundo, **contração térmica**.

Nos termômetros comuns, a temperatura é medida pela dilatação de líquidos, geralmente mercúrio ou álcool. Na indústria, outros tipos de termômetro são largamente empregados, como os que analisam a radiação emitida pelo corpo.

SERGIO DOTTA JÚNIOR

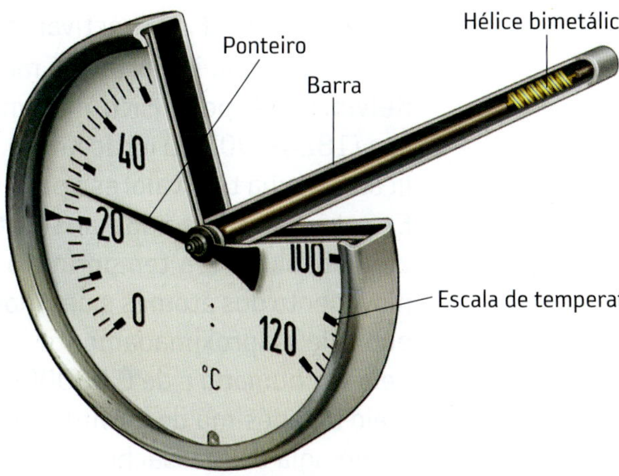

No termômetro bimetálico, dois metais distintos sofrem dilatação em diferentes intensidades quando a temperatura varia. Essa diferença de dilatação é usada para medir a temperatura.

O termômetro de coluna líquida

O termômetro de coluna líquida é, em geral, utilizado para medir a temperatura do corpo (humano ou de outros animais), do ambiente e de substâncias em laboratórios. A extremidade inferior do termômetro forma um recipiente chamado **bulbo**, que contém o líquido. Conectado ao bulbo, há um tubo bem fino de vidro, o **capilar**.

Mede-se a temperatura de um objeto colocando-o em contato com o bulbo; espera-se algum tempo para que a temperatura do termômetro se iguale à temperatura do objeto. Se o objeto está a uma temperatura mais alta que a do termômetro, ele transfere calor ao vidro e ao líquido, que então se aquecem. Com isso, o líquido se dilata visivelmente, subindo pelo capilar. Se o objeto está a uma temperatura mais baixa, é o termômetro que transfere calor ao objeto e, então, o líquido se contrai e desce pelo capilar.

Quando o objeto e o termômetro atingem a mesma temperatura, o líquido se estabiliza a uma determinada altura no capilar. Como a dilatação do líquido é diretamente proporcional à sua temperatura, cada altura no capilar corresponde a um valor de temperatura, definido por uma **escala de temperatura**.

Durante muito tempo, o mercúrio foi o líquido mais utilizado na produção de termômetros, mas, por ser altamente tóxico ao ser humano e ao ambiente, sua comercialização foi proibida. Atualmente, os termômetros de coluna líquida mais comuns utilizam álcool, geralmente com a adição de corantes.

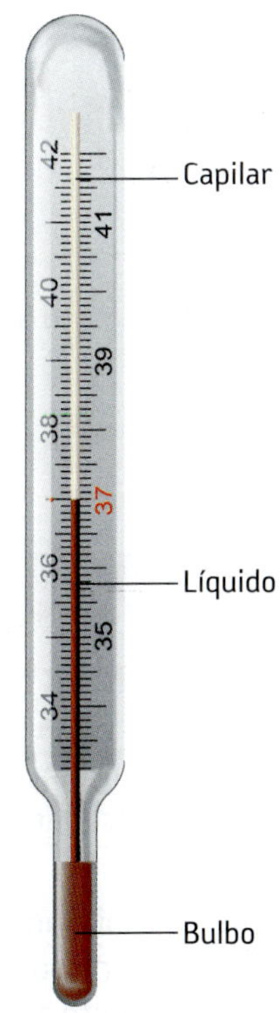

Termômetro de coluna líquida.

As escalas de temperatura

Um astrônomo de origem sueca, Anders Celsius (1701-1744), concebeu uma escala de temperatura muito utilizada nos dias de hoje. Inicialmente, ele precisava definir dois pontos fixos em sua escala e escolheu a temperatura de fusão e de ebulição da água ao nível do mar. A esses pontos atribuiu os valores arbitrários 0 para o ponto de fusão e 100 para o ponto de ebulição. Para criar a escala, Celsius dividiu a distância entre essas duas marcas (0 °C e 100 °C) em 100 partes iguais. Assim, cada divisão representa a variação de temperatura de 1 grau Celsius (1 °C). Essa é a chamada **escala Celsius** de temperatura.

Além da Celsius, outras escalas são adotadas no mundo todo. A **escala Fahrenheit**, por exemplo, é utilizada em alguns países de língua inglesa. Foi criada pelo físico e engenheiro alemão Daniel Gabriel Fahrenheit (1686-1736). Nessa escala, os pontos de fusão e de ebulição da água têm valores de 32 °F e 212 °F, respectivamente.

Outra escala importante, muito utilizada no meio científico, é a **escala Kelvin**, criada pelo físico, matemático e engenheiro britânico William Thomson (1824-1907), o lorde Kelvin. Nessa escala, os pontos de fusão e de ebulição da água têm valores aproximados de 273 K e 373 K, respectivamente. Essa escala é chamada **absoluta**, pois o valor de 0 K, também chamado zero absoluto, é a temperatura mais baixa que se pode atingir, em que o movimento dos átomos e das moléculas cessaria completamente. Esse valor equivale a aproximadamente −273 °C. A menor temperatura já produzida pelo ser humano é de 0,00000000045 K (450 picokelvins, pouco menos de meio bilionésimo de kelvin), conseguido em um laboratório do Instituto de Tecnologia de Massachusetts (MIT), nos Estados Unidos, em 2003.

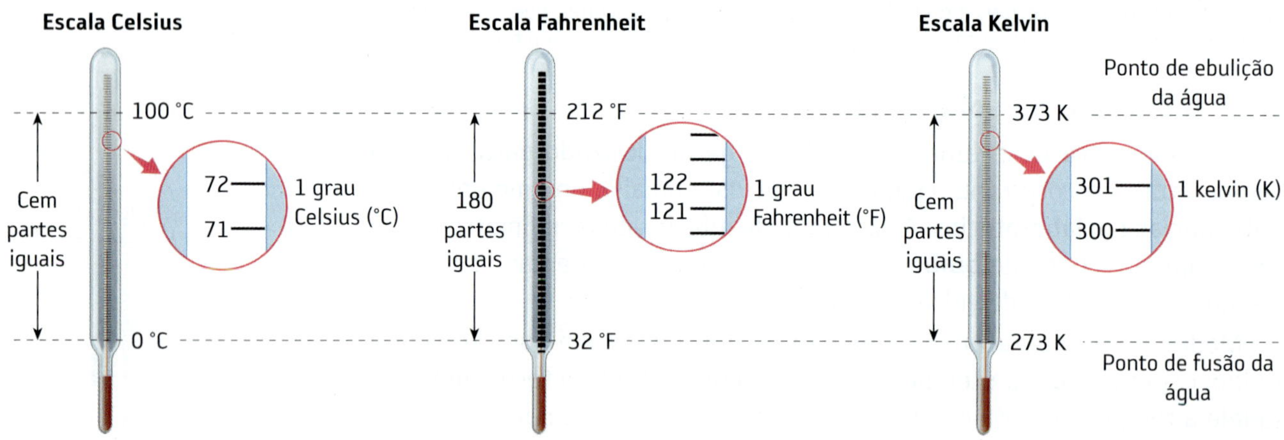

Comparação entre as escalas Celsius, Fahrenheit e Kelvin.

Saiba mais!

A ESCALA FAHRENHEIT

Os pontos de referência da escala Fahrenheit, 32 °F e 212 °F, podem parecer um tanto quanto inusitados, mas podemos entendê-los conhecendo um pouco da história da construção dessa escala.

Em sua escala inicial, Daniel Fahrenheit havia escolhido outros pontos fixos: o 0 correspondia à temperatura de uma mistura de água, gelo e cloreto de amônio; o valor 100, à temperatura do corpo humano. Contudo, após testar os termômetros produzidos com essa escala, ele detectou alguns problemas e precisou repensar os pontos fixos escolhidos. Em sua versão final, ele adotou 32 °F para a temperatura de fusão da água pura e 96 °F para a temperatura do corpo humano. Nessa nova convenção, a temperatura de ebulição da água corresponde a 212 °F. Após a morte de Fahrenheit, esse valor foi tomado como ponto fixo, no lugar da temperatura do corpo humano.

TEMA

2 Energia térmica

Energia térmica é a energia cinética das partículas – átomos, moléculas ou íons – que compõem um objeto. A temperatura é uma medida dessa energia cinética.

Temperatura

No nosso dia a dia, utilizamos as palavras **temperatura** e **calor** quase como sinônimos; entretanto, a Ciência atribui diferentes significados a elas.

A temperatura de um corpo está relacionada ao movimento de átomos, moléculas ou íons que o constituem. Formalmente, chamamos esse movimento de **agitação térmica**, e a energia cinética média das partículas associada a essa agitação é denominada **energia térmica**.

No caso dos sólidos, a agitação térmica refere-se principalmente ao movimento de vibração das partículas que os constituem, visto que elas não podem se deslocar dentro do corpo. No caso de líquidos ou gases, a agitação térmica inclui também os deslocamentos de suas partículas. Dessa forma, a **temperatura** de um corpo é entendida como a medida da intensidade de agitação térmica de suas partículas, isto é, de suas energias cinéticas médias. Assim, quanto maior a energia cinética das partículas, maior será a temperatura do corpo. Por exemplo, quando aquecemos a água, o movimento de suas partículas torna-se mais intenso e a temperatura aumenta. Quando a água esfria, a agitação de suas partículas diminui e, portanto, a temperatura também diminui.

As moléculas de água que recebem calor da chama (**B**) têm mais energia cinética que as moléculas em (**A**). Assim, a água em (**B**) tem temperatura mais elevada.

MACKNIMAL/SHUTTERSTOCK

A chama aumenta a agitação térmica das moléculas que compõem o ar no interior do balão. Com isso, o ar expande-se e torna-se menos denso que o ar exterior, fazendo com que o balão suba.

COWARDLION/SHUTTERSTOCK

Enquanto aguardamos o chá esfriar, ele perde calor para o ambiente.

Calor

O que acontece quando um corpo é aquecido? No exemplo anterior, em que um recipiente com água foi colocado sobre a chama de um fogão, o líquido é aquecido e sua temperatura aumenta porque ele ganha calor.

Chama-se **calor** a energia que se transfere entre corpos que estão a temperaturas diferentes; logo, calor é a **energia térmica em trânsito** ou o fluxo de energia térmica. É uma das formas de energia mais presentes em nosso cotidiano.

De forma espontânea, o calor **sempre** se transfere de corpos com maior temperatura para corpos com menor temperatura. Esse princípio pode ser constatado em diversas situações cotidianas. Por exemplo, o que fazemos para tomar chá muito quente? Se esperarmos, sabemos que o chá vai esfriar. Isso ocorre porque a bebida **perde calor** para o ambiente, pois está a uma temperatura mais alta que ele. Nesse processo, o ambiente **ganha calor** e tem sua temperatura elevada. O calor recebido não é suficiente para aumentar a temperatura do ambiente de maneira perceptível, pois ele é muito maior que o volume da bebida quente.

Contudo, se estivermos com pressa para tomar o chá, podemos acelerar o processo de resfriamento colocando a xícara com a bebida em uma vasilha cheia de gelo. Nessa situação, como o recipiente que contém o chá encontra-se em um meio com temperatura muito mais baixa, a transferência de calor da bebida para o ambiente será maior. Conforme recebem calor da bebida, as pedras de gelo derretem.

É importante ressaltar que, embora estejam relacionados, temperatura e calor não são sinônimos: o primeiro é a medida da energia cinética média das partículas de um objeto ou sistema, e o segundo é o fluxo dessa energia.

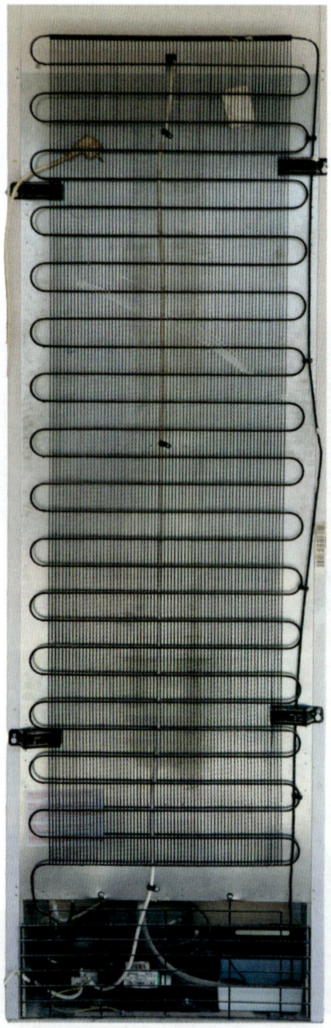
FOTOLIA/GRUPO KEYSTONE

A rede de tubos na parte de trás das geladeiras transfere para o ambiente o calor retirado dos alimentos armazenados.

Equilíbrio térmico

Vimos que o chá quente transfere energia térmica para o ambiente e esfria. Após certo tempo, tanto o chá quanto o ambiente estarão na mesma temperatura.

Quando dois corpos que estão em contato possuem a mesma temperatura, dizemos que eles estão em **equilíbrio térmico**. No caso explorado, o chá e o ambiente entram em equilíbrio térmico. O mesmo ocorre com alimentos armazenados na geladeira; esse eletrodoméstico conta com um mecanismo que resfria o ar no seu interior, mantendo-o a uma temperatura geralmente próxima de 4 °C. Quando colocamos algum alimento na geladeira, ele tende a entrar em equilíbrio térmico com esse ar refrigerado – isto é, ele cede calor para o ar e, consequentemente, tem sua temperatura reduzida.

Nessa transferência de calor, a temperatura no interior do refrigerador aumenta um pouco; um sensor detecta essa elevação da temperatura e ativa ou intensifica o mecanismo de refrigeração. O calor retirado do interior da geladeira é, então, transferido para o ambiente externo, por meio de uma rede de pequenos tubos, geralmente localizada na parte de trás do eletrodoméstico. É por isso que o ar atrás da geladeira é mais quente que o ar ao redor.

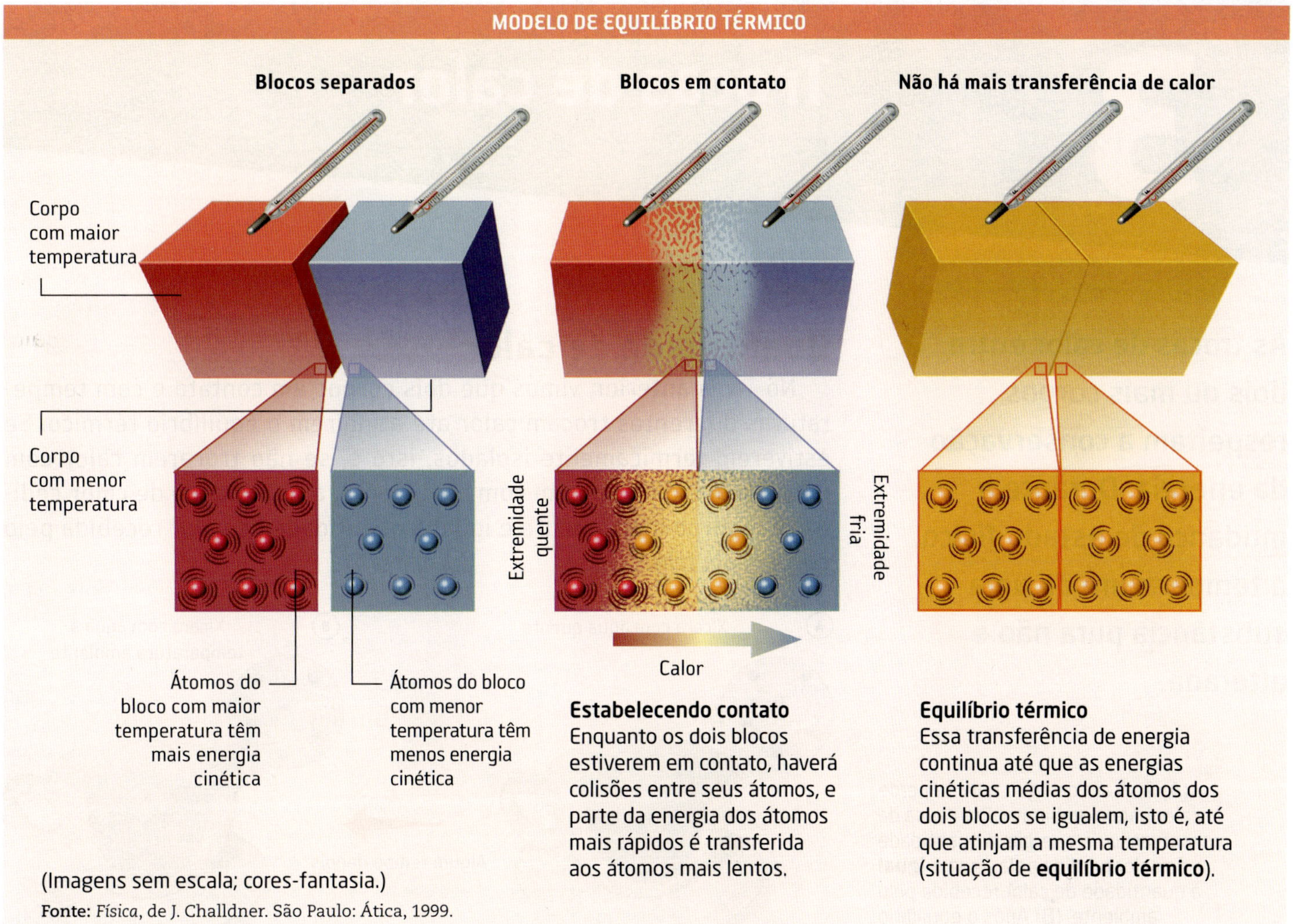

(Imagens sem escala; cores-fantasia.)

Fonte: *Física*, de J. Challdner. São Paulo: Ática, 1999.

Vamos pensar agora numa mistura de café com leite. Suponha que consigamos um pouco de café a 50 °C, retirado de uma garrafa térmica, e um copo com leite a 5 °C, obtido diretamente da geladeira. Essas são as temperaturas iniciais de cada bebida. Ao misturarmos as duas, o café cederá calor para o leite e sua temperatura diminuirá. Em contrapartida, a temperatura do leite aumentará. Esse fluxo de energia ocorre até que toda a mistura esteja a uma mesma temperatura, em equilíbrio térmico.

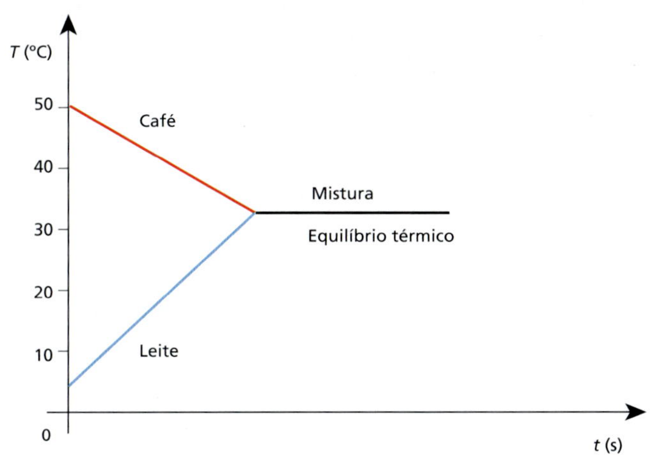

Após algum tempo, a situação de equilíbrio térmico é atingida e as temperaturas do café e do leite param de variar, estabilizando-se no mesmo valor.

De olho no tema

1. Qual é a relação entre a temperatura de um corpo e a energia cinética das moléculas que o compõem?
2. Qual é a unidade utilizada para medir quantidades de energia no SI?
3. Descreva como se dá o equilíbrio térmico entre dois corpos que têm, inicialmente, temperaturas diferentes.

TEMA

3 Trocas de calor

As trocas de calor entre dois ou mais corpos respeitam a conservação da energia. Durante a mudança de estado físico, a temperatura de uma substância pura não é alterada.

Quantidade de calor

No Tema anterior, vimos que dois corpos em contato e com temperaturas diferentes trocam calor até atingirem o equilíbrio térmico. Se estiverem termicamente isolados, isto é, se não trocarem calor com nenhum outro corpo nem com o ambiente, a quantidade de calor cedida pelo corpo mais quente é igual à quantidade de calor recebida pelo corpo mais frio.

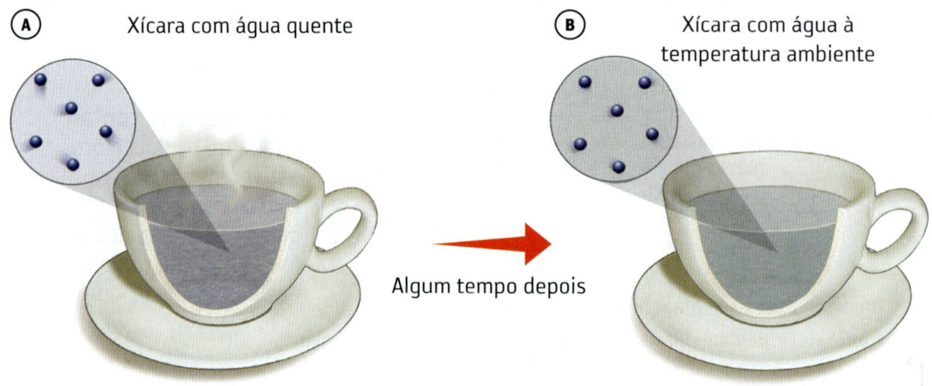

(**A**) A xícara de água quente perde calor para o ambiente. Por causa da conservação de energia, a quantidade de calor perdida pela água é **igual** à quantidade de calor recebida pelo ambiente. (**B**) Após o equilíbrio térmico, o fluxo de calor cessa.

O calor e a energia térmica são formas de energia e, portanto, são medidas em **joule** (**J**). É comum falarmos em **quantidade de calor** quando nos referimos ao valor da energia em trânsito e usarmos outra unidade de medida, a **caloria** (**cal**) ou um de seus múltiplos, a **quilocaloria** (**kcal**). A caloria é muito utilizada no dia a dia para expressar o valor energético dos alimentos. Uma caloria equivale a 4,186 joules.

A seguir, vamos analisar mais detalhadamente duas consequências da troca de calor: a variação de temperatura e a mudança de estado físico.

Calor específico

Pense em um pernil com batatas que acabam de ser assados. Se você tentar comê-los assim que saírem do forno, certamente queimará a língua. Esperando alguns minutos, o pernil atingirá uma temperatura agradável, mas as batatas provavelmente demorarão mais para esfriar a ponto de serem comidas. Por que isso ocorre? Será que as batatas saíram do forno a uma temperatura maior que a do pernil? Não! Se esses alimentos foram preparados juntos, eles saem do forno com a mesma temperatura. Então, como explicar essa diferença?

Isso ocorre porque certos materiais perdem mais calor que outros ao sofrer uma mesma redução de temperatura; esses materiais também requerem maior quantidade de calor para sofrer um mesmo aumento de temperatura. Essa propriedade da matéria é chamada calor específico.

O **calor específico** (*c*) é a quantidade de calor que um grama de determinado material recebe ou cede para que sua temperatura se altere em 1 °C. Cada substância tem calor específico diferente. Por exemplo: para 1 g de ferro aumentar sua temperatura em 1 °C, é necessário fornecer 0,11 cal. Já o chumbo precisa de uma quantidade de calor menor: com 0,03 cal é possível aumentar em 1 °C a temperatura de 1 g de chumbo.

A água é a substância adotada como padrão para a definição de caloria: estipulou-se que 1 g de água pura precisaria de 1 cal para aumentar sua temperatura em 1 °C. A unidade mais utilizada de calor específico é **cal/g · °C**; assim, o calor específico da água é 1 cal/g · °C.

Materiais com baixo calor específico se aquecem e se esfriam mais facilmente que outros. Veja os valores do calor específico de alguns materiais na tabela ao lado.

Voltemos à situação dos alimentos recém-saídos do forno. Por que alguns alimentos queimam a língua enquanto outros podem ser ingeridos após pouco tempo? Sabemos que o alimento quente vai ceder calor à boca e, com isso, a temperatura dele vai diminuir e a da boca vai aumentar. Mas, ao sofrerem a mesma redução de temperatura, alimentos diferentes cedem quantidades de calor diferentes, de acordo com seu calor específico. A batata, com calor específico de 0,82 cal/g · °C, demora mais para esfriar e cede mais calor para a boca do que a carne de porco, que tem calor específico igual a 0,50 cal/g · °C.

Material	Calor específico (cal/g · °C)
Água	1,00
Tomate	0,95
Batata	0,82
Carne de frango	0,80
Carne de porco	0,50
Madeira	0,42
Mel	0,36
Ferro	0,11
Chumbo	0,031

Fontes: *CRC Handbook of Chemistry and Physics*, de William M. Haynes (Org.). 94. ed. Boca Raton: Taylor & Francis, 2013. *Food Properties Handbook*, de S. Rahman (Org.). 2. ed. Boca Raton: Taylor & Francis, 2009.

ALGIRDAS MAZEIKA/SHUTTERSTOCK

A batata tem calor específico alto porque contém muita água em sua composição.

Saiba mais!

A ÁGUA E SEU PAPEL NO CLIMA

A quantidade de água presente em um ambiente tem papel decisivo no aspecto climático da região, pois influencia e regula as variações de temperatura desse local.

Isso acontece por causa das diferenças de calor específico: a transferência de 20 cal para 1 grama de areia eleva sua temperatura em 100 °C, enquanto a mesma quantidade de calor fornecida a 1 g de água produz aumento de temperatura de apenas 20 °C. Ou seja, para a mesma variação de temperatura, a água precisa receber ou perder uma quantidade de calor muito maior que a areia. Supondo as mesmas taxas de transferência de calor, fornecido pelo Sol, a água demora mais para esquentar ou para esfriar.

RICARDO AZOURY/PULSAR IMAGENS

DELFIM MARTINS/TYBA

Em regiões de clima tropical e alta umidade, como a floresta Amazônica (**A**), as temperaturas são mais estáveis do que em regiões áridas, como a Caatinga (**B**). (**A**: Novo Airão, AM, 2012; **B**: Belém de São Francisco, PE, 2012.)

ROMAN SIGAEV/SHUTTERSTOCK

Durante as mudanças de estado físico, a temperatura de uma substância pura permanece constante. Durante a ebulição, a água mantém-se a 100 °C (à pressão de 1 atm).

Calor latente

Quando aquecemos uma substância, sabemos que sua temperatura aumenta; mas será que isso acontece indefinidamente? Isto é, se colocarmos uma porção de água pura em uma panela e levá-la ao fogo, a temperatura da água vai subir sem parar enquanto houver fonte de calor?

A resposta é não. Quando uma substância pura está mudando de estado físico, sua temperatura para de aumentar e o calor recebido, em vez de alterar a temperatura, altera a intensidade das forças de atração entre suas partículas.

Voltemos ao caso da panela com água sobre a chama de um fogão. Inicialmente, ela se encontra à temperatura ambiente, digamos que seja de 20 °C. À medida que recebe calor, a temperatura da água aumenta de maneira constante até alcançar 100 °C (considerando que está ao nível do mar). Nesse momento, a água entra em ebulição, isto é, muda do estado líquido para o gasoso. Durante esse processo, a temperatura mantém-se constante em 100 °C.

A quantidade de calor que uma substância troca para mudar de estado físico depende de sua composição e do tipo de transformação física. A grandeza física que mede a quantidade de calor necessária para uma substância mudar de estado físico é chamada calor latente.

O **calor latente** (**L**) é a quantidade de calor que 1 g de uma determinada substância deve perder ou receber para mudar de estado físico. Por exemplo, para 1 g de água pura, a 100 °C, mudar do estado líquido para o gasoso, ela deve receber 540 cal. A mudança do estado sólido para o líquido requer uma quantidade menor de calor, 80 cal (para 1 g de gelo a 0 °C). A unidade de medida do calor latente é **cal/g**.

GORDON CHIBROSKI/PORTLAND PRESS HERALD/GETTY IMAGES

O gelo precisa receber bastante calor para derreter; com isso, ele pode se manter a uma temperatura baixa durante períodos relativamente longos. Por essa característica, ele é muito utilizado na conservação de alimentos.

TECNOLOGIA EM PAUTA

Energia geotérmica

A energia geotérmica existe desde que o nosso planeta foi criado. *Geo* significa Terra e *térmica* está ligada à quantidade de calor. Abaixo da crosta terrestre existe uma rocha líquida, o magma. A crosta terrestre flutua nesse magma, que por vezes atinge a superfície através de um vulcão ou de uma fenda. [...]

A água contida nos reservatórios subterrâneos pode aquecer ou mesmo ferver quando em contato com o magma. Existem locais onde a água quente sobe até a superfície terrestre, formando pequenos lagos. A água é utilizada para aquecer prédios, casas, piscinas no inverno e até para produzir eletricidade. [...]

Abrem-se buracos fundos no chão até chegar aos reservatórios de água e vapor, estes são drenados até a superfície por meio de tubos e canos apropriados. Através desses tubos o vapor é conduzido até a central elétrica geotérmica. Tal como uma central elétrica normal, o vapor faz girar as lâminas da turbina como uma ventoinha. A energia mecânica da turbina é transformada em energia elétrica através de um gerador. A diferença dessas centrais elétricas é que não é necessário queimar um combustível para produzir eletricidade. Após passar pela turbina, o vapor é conduzido para um tanque onde será resfriado. A água que se forma será novamente canalizada para o reservatório onde será naturalmente aquecida pelas rochas quentes.

Fonte: *Energia geotérmica*, de Fórum Capixaba de mudanças climáticas e uso racional da água. Disponível em: <http://www.fcmc.es.gov.br/download/energia_geotermica.pdf>. Acesso em: abr. 2014.

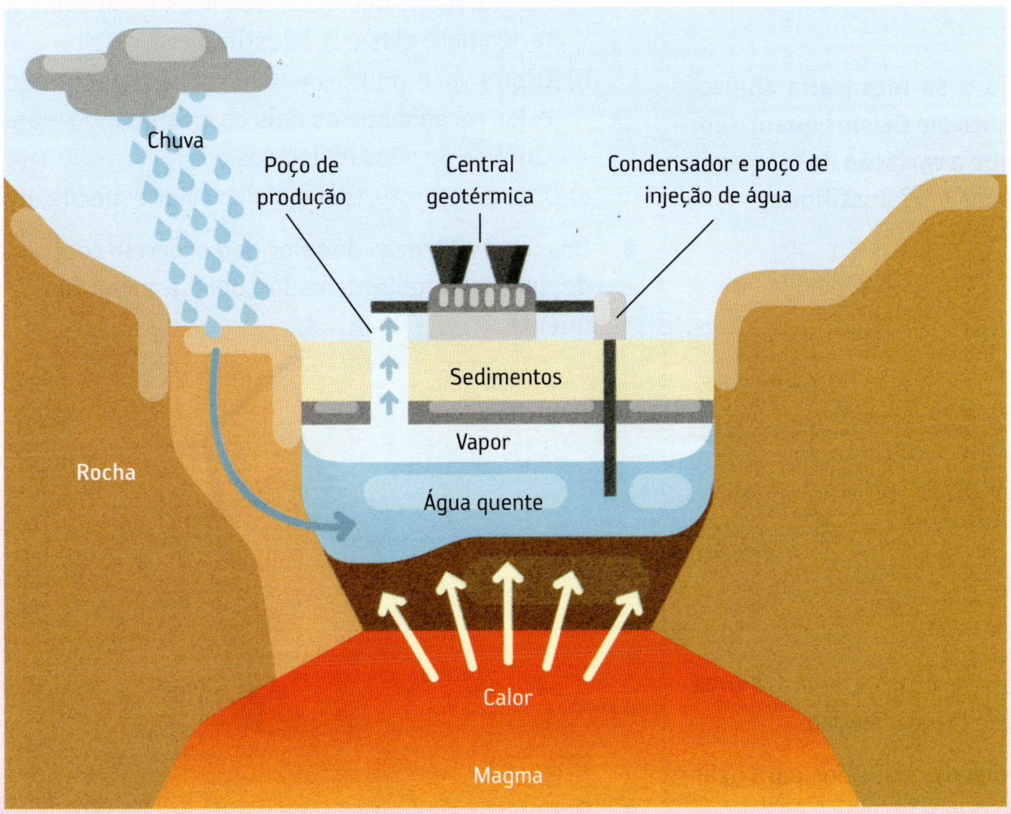

O vapor sobe pelo poço de produção e movimenta as turbinas e o gerador da central. Após resfriar e condensar, a água volta para o interior da Terra pelo poço de injeção e será aquecida novamente. (Imagem sem escala; cores-fantasia.)

De olho no tema

Imagine que você esquente água para cozinhar macarrão. Supondo que a água utilizada seja pura e esteja a 25 °C, elabore um gráfico da variação da temperatura da água em função do tempo até depois de a água ferver.

ORGANIZAR O CONHECIMENTO

1. **Responda às questões.**

a) O que acontece com as temperaturas de um café quente e de um refrigerante gelado quando são deixados sobre uma mesa? Por quê?

b) Para medir a temperatura do nosso corpo, colocamos um termômetro sob a axila ou sob a língua. Por que é necessário aguardar um tempo antes de fazer a leitura?

c) Como funciona um termômetro de coluna líquida?

2. **Reescreva as frases incorretas, fazendo as correções necessárias.**

a) Calor é a energia térmica contida nos corpos.

b) A temperatura é a medida do calor de um corpo.

c) O termômetro é um instrumento que associa a energia térmica de um corpo a um valor de temperatura.

d) Quando um corpo recebe calor, sua temperatura sempre aumenta.

ANALISAR

3. **Alguns termômetros, como o da fotografia abaixo, informam a temperatura tanto em Celsius quanto em Fahrenheit. Isso significa que a variação de temperatura de 1 °C corresponde à de 1 °F? Justifique.**

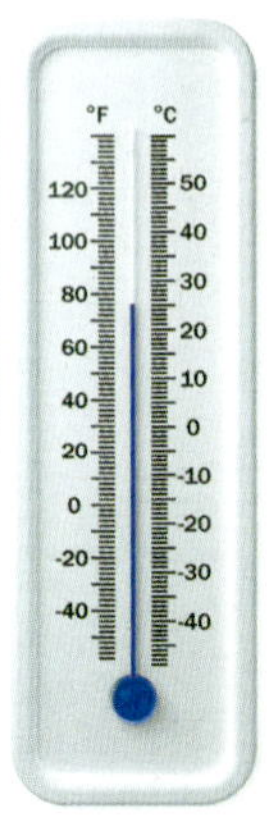

PINCAREL/SHUTTERSTOCK

4. **Diz-se que a medida de temperatura é sempre uma medida indireta. Justifique essa afirmação.**

5. **Nos dias frios, é comum ouvirmos conselhos para usar roupas grossas, pois elas "esquentam mais". As roupas transferem calor para o corpo? Explique sua resposta.**

6. **Dois corpos de materiais diferentes, cada um com massa de 1 kg, recebem a mesma quantidade de calor. O corpo A sofre um aumento de temperatura de 20 °C, enquanto no corpo B o aumento é de 50 °C. Qual dos dois materiais tem calor específico menor? Justifique.**

7. **O gráfico mostra a variação da energia cinética (E_C) das moléculas de dois corpos A e B em função da quantidade de calor (Q) recebida.**

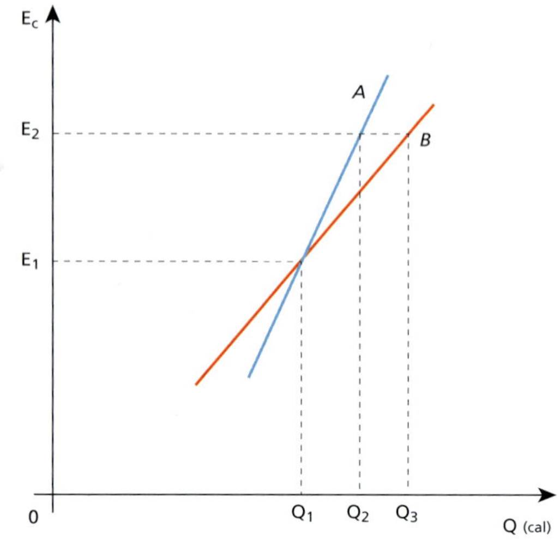

a) O que você pode concluir sobre a temperatura dos corpos **A** e **B** quando a quantidade de calor transferida para eles é Q_1? Justifique.

b) O que você pode concluir sobre a quantidade de calor recebida pelos dois corpos quando a energia cinética de suas moléculas é E_2?

c) Qual dos corpos tem o maior calor específico?

8. **Descreva as trocas de calor que ocorrem com um copo de suco com gelo deixado sobre a mesa em um dia quente.**

KUNGVERYLUCKY/SHUTTERSTOCK

9. **Por que os acidentes envolvendo queimaduras provocadas por óleo quente tendem a ser mais graves que os provocados por água quente?**

10. **As temperaturas de fusão e de ebulição do mercúrio são, respectivamente, −39 °C e 357 °C. Esse amplo intervalo representa alguma vantagem para a utilização do mercúrio como material líquido do bulbo de um termômetro? Justifique.**

As teorias para o calor

Toda teoria científica tem uma longa história de gênese; para o calor não foi diferente. Na segunda metade do século XVII, o alquimista alemão Johann Joachim Becher (1635-1682) elaborou uma teoria para explicar o fogo e a queima dos materiais com base na ideia de que a combustão dependia de uma substância que ele denominou *terra pinguis*, que estaria presente no interior dos corpos.

Já no início do século XVIII, o físico alemão Georg Ernst Stahl (1659-1734) partiu das ideias de Becher para propor uma nova teoria. Stahl substituiu o nome *terra pinguis* por **flogisto** ou **flogístico** (do grego *phlogistós*, que significa inflamável). De acordo com essa teoria os materiais combustíveis, como madeira, papel e carvão, queimavam porque tinham o flogístico em sua composição. A combustão terminava quando essa substância era totalmente consumida. Os materiais que não queimavam, como os metais, não tinham o flogístico em sua composição.

Posteriormente, mas ainda no século XVIII, outra teoria ganhou boa aceitação da comunidade científica. Nela o calor era concebido como um fluido, uma substância invisível que poderia ser transferida de um corpo para outro. Esse fluido ficou conhecido como **calórico**. Assim, quando colocamos um corpo quente em contato com um corpo frio, o primeiro esfria porque perde o calórico e o segundo esquenta porque acumula mais calórico, ou seja, quanto maior a quantidade de calórico, maior a temperatura de um corpo, e vice-versa. Essa teoria passou a ser questionada ainda no final do século XVIII, por outras teorias que consideravam o calor como **movimento**. A consolidação dessa abordagem ocorreu em meados da década de 1840 com os trabalhos de conservação de energia e calor associado ao movimento das partículas de um corpo.

Atividades

1. **Como você explicaria a dilatação dos corpos com base na teoria do calórico?**

2. **Quando estamos com frio nas mãos, geralmente esfregamos uma na outra. Seria possível explicar esse aumento da temperatura com base na teoria do calórico?**

3. **Reúna-se em grupo com alguns colegas e retome alguns conceitos e definições apresentadas nessa unidade. Como vocês relacionam termos como "quantidade de calor", "capacidade térmica", "transferir calor", "ganhar ou ceder calor", "liberar calor" com as teorias expostas nesta seção?**

DESCHANKZ/SHUTTERSTOCK

TEMA 4

A propagação do calor

As transferências de calor, ou propagação, podem ocorrer por meio de três diferentes mecanismos: condução, convecção e irradiação.

SEVENKE/SHUTTERSTOCK

Por ser um bom condutor térmico, o metal é muito usado na fabricação de panelas. Cabos feitos de materiais isolantes, como determinados plásticos, tornam o manuseio das panelas muito mais seguro.

As formas de propagação do calor

O calor é o fluxo de energia térmica que se propaga espontaneamente de locais de maior temperatura para outros de menor temperatura. A propagação do calor pode se dar de três maneiras diferentes: condução térmica, convecção térmica e irradiação. Vamos conhecer cada uma delas.

Condução térmica

Você já reparou que a maioria das panelas é feita de metal e possui um revestimento de madeira ou de plástico em seu cabo e tampa? Você consegue formular alguma explicação para isso?

Se fosse de metal, o cabo da panela atingiria uma temperatura muito alta durante o uso. No fundo da panela, que está recebendo o calor da chama, os átomos passam a agitar-se com maior velocidade e, ao chocarem com os átomos vizinhos, transferem para eles parte de sua energia cinética. Assim, a agitação térmica aumenta gradativamente, partindo do fundo, e chega ao cabo. Esse processo de propagação de calor é chamado de **condução térmica** e ocorre principalmente nos sólidos.

A rapidez com que um corpo conduz calor depende do material de que é feito. Por exemplo, quando se utiliza uma colher de metal para mexer um chá quente, em pouco tempo a colher fica tão quente que pode queimar a pele. Isso não acontece se a colher for de plástico.

MODELO DE CONDUÇÃO TÉRMICA

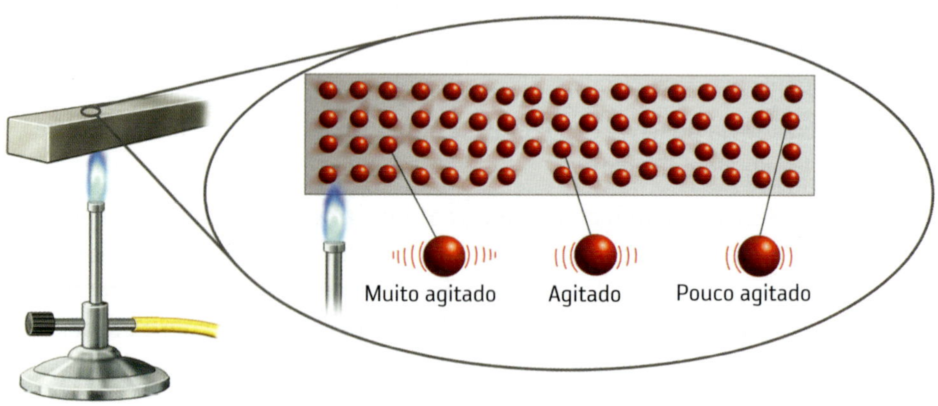

Inicialmente, os átomos mais próximos ao fogo estão mais agitados. Essa agitação é continuamente transferida para os átomos vizinhos e, após algum tempo, toda a barra estará aquecida. Essa forma de propagação de calor é denominada condução térmica. (Imagem sem escala; cores-fantasia.)

Animação

Sistema de calefação

Os materiais que conduzem o calor rapidamente são denominados **condutores térmicos**. Os metais são ótimos condutores de calor. Materiais como madeira, gelo, plástico, vidro, cortiça e ar são maus condutores de calor e são chamados **isolantes térmicos**. Essa classificação permite entender por que, quando tocamos um objeto de metal e um de madeira, ambos à temperatura ambiente, o metal parece estar "frio": como o metal é um bom condutor térmico, ele recebe rapidamente o calor de sua mão, resfriando-a.

A grandeza física que mede a eficiência na propagação do calor em materiais é chamada **condutividade térmica**. Os materiais condutores têm alta condutividade térmica; os isolantes, baixa.

LOUISE MURRAY/VISUALS UNLIMITED/GLOW IMAGES

A gordura sob a pele de animais que vivem nas regiões polares, como a morsa (*Odobenus rosmarus*), atua como isolante térmico e ajuda a diminuir a perda de calor para o ambiente.

Convecção térmica

Nos líquidos e nos gases, o calor pode se propagar por **convecção**, um processo de transferência de calor no qual há deslocamento de matéria de uma região para outra.

Esse processo ocorre, por exemplo, em uma chaleira com água sobre a chama de um fogão. Conforme a água próxima ao fundo da chaleira é aquecida, ela se expande, tornando-se menos densa que a água fria imediatamente acima dela. Essa porção de água menos densa (mais quente) tende a subir em relação à porção mais densa (mais fria), que passa para o fundo da chaleira. Mantido o aquecimento, esse movimento torna-se contínuo, pois a porção de água quente que chega à superfície perde calor para o ambiente e se esfria, enquanto a porção próxima ao fundo recebe calor. Com esse deslocamento, formam-se correntes no interior do líquido, denominadas **correntes de convecção** ou **correntes térmicas**. Esse processo também pode ocorrer com outros líquidos e gases.

A água mais quente e menos densa do fundo do recipiente sobe, deslocando a água menos quente e mais densa da superfície para baixo.

Correntes de convecção no ar são importantes, por exemplo, para urubus e aviões planadores, que aproveitam as correntes ascendentes de ar quente e permanecem voando por horas. O ar próximo ao solo se aquece, fica menos denso e, então, sobe, "empurrando" as aves e os planadores.

Irradiação

A energia radiante emitida pelo Sol viaja por cerca de 150 milhões de quilômetros e aquece nosso planeta. Esse calor não chega nem por condução nem por convecção, mas por um processo de propagação de energia chamado **irradiação**.

A irradiação é a propagação de calor por meio de ondas eletromagnéticas, além de ser uma forma de transporte de energia que não depende de um meio material (ou seja, que pode se propagar no vácuo). Todos os corpos emitem, por exemplo, **radiação infravermelha**, um tipo de radiação eletromagnética que apresenta efeitos térmicos mais intensos e que é percebida pela maioria dos seres vivos na forma de calor. É principalmente por meio da irradiação que sentimos, por exemplo, o calor de uma vela ou lâmpada.

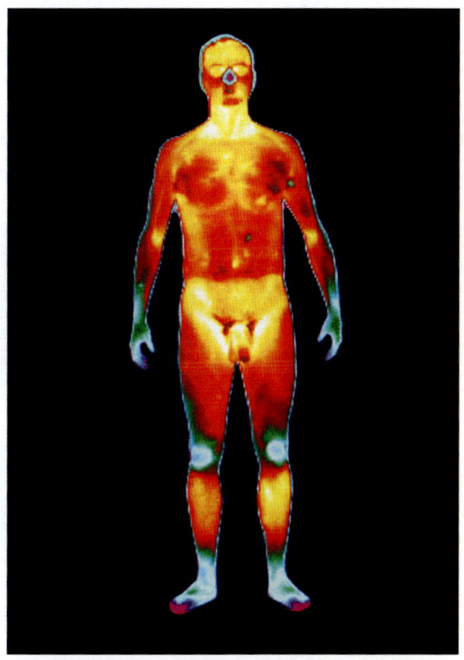

DR. ARTHUR TUCKER/SCIENCE PHOTO LIBRARY/LATINSTOCK

Utilizando aparelhos sensíveis ao infravermelho, podemos obter termogramas como este. Nosso corpo irradia constantemente calor ao ambiente: as regiões mais quentes são destacadas com a cor vermelha; as mais frias, com a cor azul.

A intensidade da radiação infravermelha emitida pelos corpos é tanto maior quanto maior for a temperatura do corpo emissor. Superfícies escuras absorvem e emitem maior quantidade de radiação que superfícies claras ou brilhantes.

Alguns animais, como algumas espécies de serpentes, têm órgãos sensoriais que detectam a radiação infravermelha, o que lhes permite localizar potenciais presas ou predadores.

De olho no tema

A condução e a convecção podem ocorrer em sólidos, líquidos e gases? Por quê?

Vamos fazer

PROPAGAÇÃO DE CALOR

Material

- Vela
- Régua de 30 cm

Procedimento

1. Com cuidado, acenda a vela.
2. Coloque uma de suas mãos 30 cm acima da chama. Não encoste nela!
3. Ao mesmo tempo, coloque sua outra mão ao lado da chama, também a 30 cm de distância dela. Mantenha suas mãos nessa posição por 10 segundos.

Registre em seu caderno

- Em qual das mãos você sentiu mais calor? Por quê?

COLETIVO CIÊNCIAS

Fogões solares

A capacidade de cozinhar os alimentos foi determinante para a evolução de nossa espécie; o cozimento facilita a mastigação dos alimentos e a absorção de seus nutrientes. Segundo pesquisadores, isso permitiu que os ancestrais da espécie humana aumentassem sua ingestão de calorias, o que possibilitou um grande desenvolvimento do cérebro.

Atualmente, os alimentos cozidos fazem parte da alimentação cotidiana da maioria da população em todo o mundo. No Brasil, a maioria dos fogões utiliza a queima de um gás para produzir calor; também são muito utilizados os fogões a lenha e os elétricos.

Em regiões muito pobres ou afastadas, no entanto, o acesso a esses combustíveis ou à energia elétrica não é possível, o que dificulta, ou mesmo impossibilita, o cozimento dos alimentos. Com o intuito de resolver esse problema, cientistas, políticos e voluntários de diversas partes do mundo têm se unido para fornecer às comunidades necessitadas uma solução que não precisa de nenhum combustível nem de energia elétrica: o fogão solar.

Esse tipo de equipamento pode ser construído com materiais de baixo custo e permite o cozimento de alimentos utilizando apenas a radiação solar como fonte de calor. As placas metálicas que compõem esse equipamento refletem a radiação solar, concentrando-a sob o fundo de uma panela. Com isso, é possível ferver água para cozinhar os alimentos ou mesmo assá-los.

RICARDO AZOURY/PULSAR IAMGENS

Fogão solar em São José da Tapera, Alagoas, em 2007.

TEMA

5 Dilatação e contração térmicas

O aumento e a diminuição de temperatura alteram as dimensões dos corpos.

Afastamento e aproximação das partículas

Quando um corpo recebe calor, a agitação térmica de suas partículas aumenta, fazendo com que elas se afastem umas das outras. Esse afastamento provoca o aumento das dimensões do corpo, processo denominado **dilatação térmica**. Já vimos esse fenômeno quando estudamos os termômetros de bulbo, no Tema 1 desta Unidade.

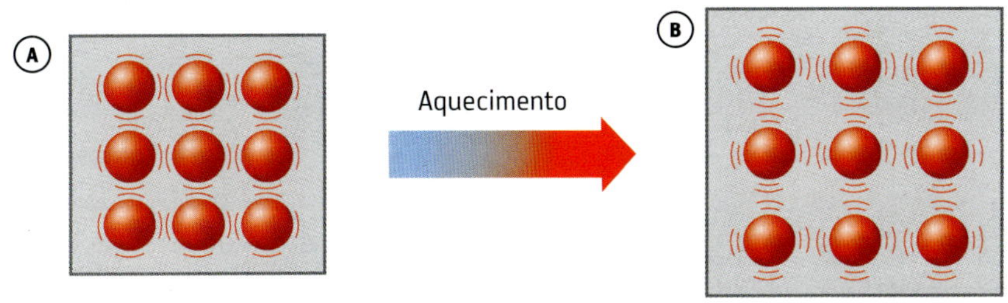

Os átomos e as moléculas de um objeto frio estão mais próximos e vibram menos (**A**). Logo após o aquecimento (**B**), eles vibram mais e ficam mais afastados, causando o aumento do volume. (Imagem sem escala; cores-fantasia.)

Por outro lado, quando um corpo cede calor, sua temperatura diminui e suas partículas passam a se agitar com menor intensidade, aproximando-se umas das outras. Ocorre, então, a diminuição das dimensões do corpo, denominada **contração térmica**. É importante notar que, ao se expandir ou contrair, as partículas não mudam de tamanho: o que altera é a distância entre elas.

Observando a dilatação

A dilatação e a contração térmicas são propriedades específicas da matéria, ou seja, substâncias diferentes dilatam-se e contraem-se de maneira desigual quando submetidas à mesma variação de temperatura. Essas propriedades são estudadas experimentalmente em laboratório. Em geral, aquece-se um objeto para determinar com precisão sua variação de temperatura e de tamanho.

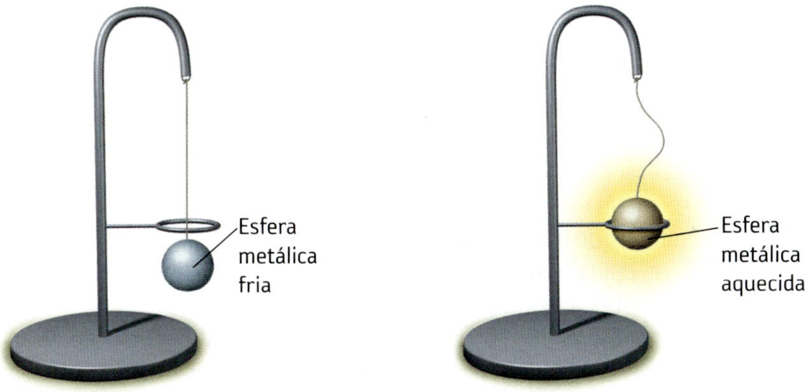

A esfera passa através do anel quando ambos estão em temperatura ambiente. Se a esfera for aquecida ou o anel for resfriado, a esfera não conseguirá passar pelo anel.

Podemos ver alguns efeitos da dilatação e da contração térmicas no dia a dia. Na construção de linhas férreas, por exemplo, são usadas folgas entre duas peças de trilho consecutivas para evitar estragos decorrentes da dilatação térmica. As folgas são chamadas de **juntas de dilatação** e, em alguns casos, são preenchidas com material deformável (madeira, piche etc.).

MARK DYBALL/ALAMY/GLOW IMAGES

AP PHOTO/GLOW IMAGES

Para evitar danos decorrentes da dilatação térmica nos trilhos, deve existir certa folga entre eles – a junta de dilatação (**A**). Antigamente, algumas linhas férreas eram construídas sem essas juntas; com o calor, o metal se dilata e os trilhos ficam retorcidos (**B**) (Nova Jersey, EUA, 1978).

Lâmina bimetálica

Uma aplicação da dilatação térmica pode ser encontrada na lâmina bimetálica, peça presente em equipamentos como termômetros, termostatos, relês, disjuntores, ferros de passar roupa e aquecedores.

Como o próprio nome diz, essa lâmina é composta de dois metais diferentes. Estes, ao serem submetidos a determinada variação de temperatura, sofrem dilatações diferentes. Veja um exemplo na figura a seguir.

A lâmina bimetálica é usada para o controle térmico ou elétrico. Nos ferros de passar, aquecedores e termostatos, são conectadas a circuitos que ligam ou desligam os aparelhos quando atingem determinada temperatura.

DILATAÇÃO E CONTRAÇÃO DE UMA LÂMINA BIMETÁLICA

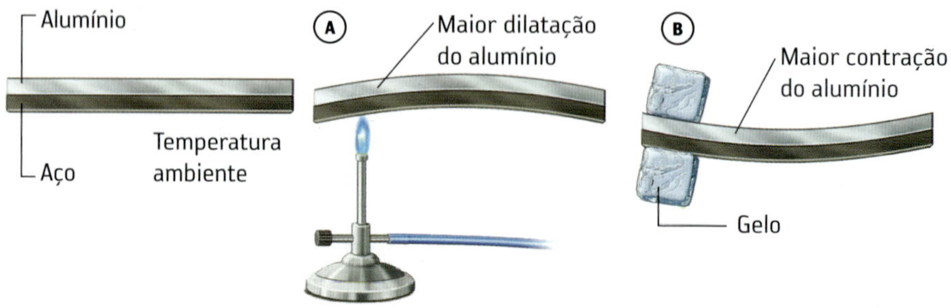

O alumínio se contrai e se dilata mais que o aço. Como as chapas estão soldadas, elas se deformam em direções diferentes conforme são aquecidas (**A**) ou resfriadas (**B**).

Saiba mais!

ÁGUA QUENTE E VIDROS

Você já deve ter tentado abrir um pote de alimento – como azeitonas ou palmito – e não conseguir. Se o pote for de vidro e a tampa for de metal, uma maneira de abri-lo é despejando um pouco de água quente sobre a tampa. Com o calor, o metal se dilata, e a tampa poderá ser removida com facilidade. Essa estratégia funciona porque o metal se dilata mais que o vidro.

Embora essa dica seja útil, sempre tome cuidado com a ação do calor no vidro, principalmente se sua espessura for pequena. Os recipientes de vidro podem se quebrar com o calor, pois as partes que recebem mais calor sofrem dilatação maior que o restante do vidro. Portanto, cuidado ao manusear substâncias quentes e vidro! O ideal é **não** utilizar água fervendo.

O caso especial da água

A maior parte das substâncias se expande à medida que a temperatura aumenta. A água, porém, tem um comportamento dito anômalo. Imagine um copo com água a 0 °C. Se essa água for aquecida, seu volume diminuirá até que atinja 4 °C; a partir desse ponto, o volume aumentará com a temperatura.

Na natureza, essa propriedade da água garante a sobrevivência de organismos como o plâncton, animais e plantas de vida aquática em regiões onde a temperatura ambiente fica abaixo de 0 °C, pois faz com que rios e lagos congelem somente na superfície.

Imagine um lago numa região de inverno rigoroso. Quando a temperatura ambiente começa a diminuir, a superfície da água em contato com o ar começa a esfriar. À medida que a temperatura diminui, a massa de água na superfície do lago se contrai e sua densidade aumenta. Essa massa de água fria desce deslocando a água do fundo do lago, mais quente e menos densa, para a superfície. Nesse momento, temos a formação de correntes de convecção que esfriam todo o lago até que a temperatura da água atinja 4 °C.

Como a água próxima de 0 °C é menos densa que a água a 4 °C, ela não vai para o fundo do lago. Desse modo, não se formam correntes de convecção, e a água no fundo do lago não se torna tão fria como na superfície. A água da superfície vai esfriando até atingir 0 °C, quando se solidifica. O gelo, menos denso que a água, flutua, enquanto a água embaixo do gelo se mantém no estado líquido. Além disso, o fato de o gelo ser um bom isolante térmico impede que as camadas não congeladas de água troquem calor com o ambiente e congelem também.

VOLUME DA ÁGUA EM FUNÇÃO DA TEMPERATURA

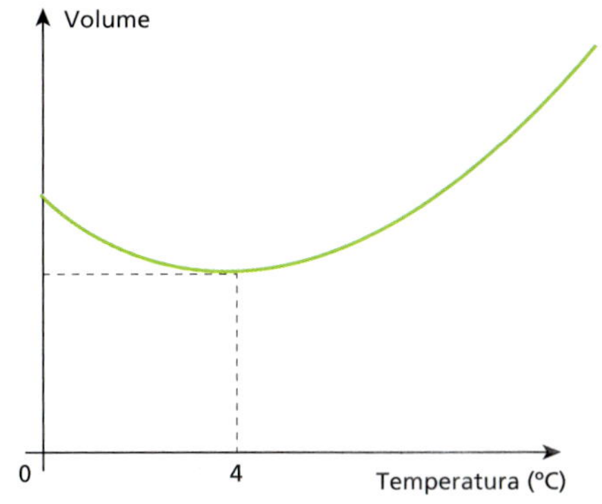

Ao contrário do que ocorre com outras substâncias, o volume da água aumenta conforme ela é resfriada de 4 °C para 0 °C. A densidade da água a 4 °C é 1 g/mL.

De olho no tema

Explique por que os objetos aumentam de volume quando aquecidos.

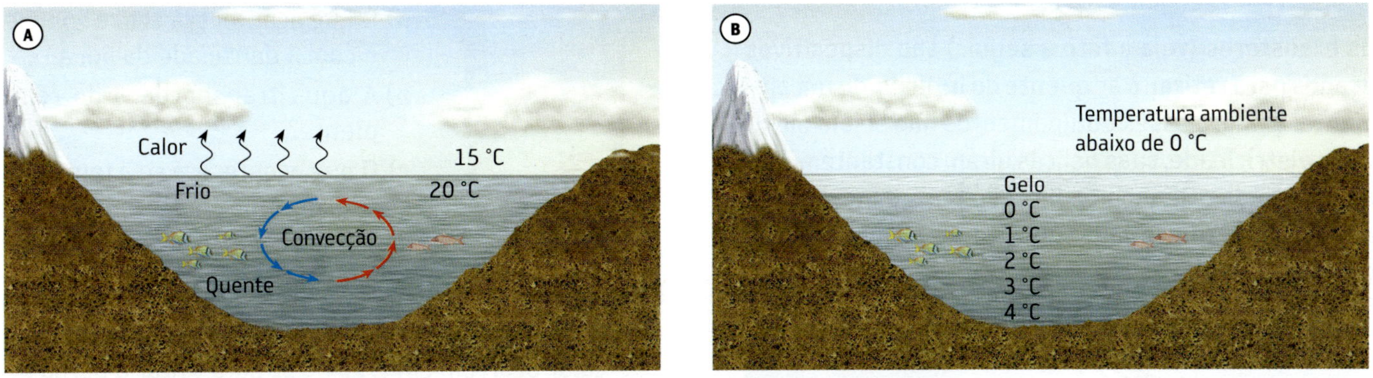

Conforme a temperatura do ar vai diminuindo, a água da superfície do lago esfria e formam-se correntes de convecção que esfriam todo o lago (**A**). Entre 0 °C e 4 °C cessa o processo de convecção, pois a água na superfície, mais fria, é também menos densa e não afunda. Quando a temperatura ambiente fica abaixo de 0 °C, a superfície do lago congela, mas seu interior permanece líquido (**B**).

Vamos fazer

LAGOS CONGELADOS

Material

- Copinho de plástico (50 mL)
- Água
- Relógio ou cronômetro
- Congelador ou *freezer*

Procedimento

1. Encha o copo com água e coloque-o no congelador.
2. Observe e anote em seu caderno o que acontece a cada 15 minutos, até a água estar completamente congelada.

Registre em seu caderno

1. Monte uma tabela com suas anotações.
2. Existe alguma semelhança entre a formação do gelo no copo e o congelamento dos lagos? Justifique.

ORGANIZAR O CONHECIMENTO

1. Responda às questões.

a) Quais são as três maneiras pelas quais o calor se propaga? Dê exemplos com eventos que ocorrem na sua casa.

b) Por que peças metálicas parecem mais "frias" à temperatura ambiente do que um pedaço de madeira ou plástico?

c) Quando você segura uma lata de refrigerante tirada da geladeira, o que acontece quanto à transmissão de calor para a bebida? Cite os nomes dos processos de transferência de calor envolvidos.

ANALISAR

2. Suponha que uma pessoa se encontre numa sala com piso de cerâmica e um tapete esticado sobre o chão. Essa pessoa coloca um dos pés diretamente na cerâmica e o outro no tapete.

a) Por que ela tem a sensação de que o tapete está com uma temperatura maior, se ambos os pés estão no mesmo ambiente?

b) Qual é o principal processo de transferência de calor que está ocorrendo nos pés?

3. Os exaustores (veja a foto a seguir) são dispositivos usados para retirar o ar quente do interior de um ambiente. Embora esses equipamentos não sejam movidos a eletricidade, suas hélices giram constantemente durante o dia. Dê uma explicação para o movimento das hélices utilizando o conceito de propagação de calor.

DPD IMAGESTOCK/ALAMY/GLOW IMAGES

4. O proprietário de um posto de gasolina encomendou 50.000 L de combustível. O caminhão saiu da refinaria em um dia em que a temperatura era de 35 °C. Ao chegar ao destino, encontrou uma frente fria, e a temperatura baixou para 10°C. Nessas condições, o proprietário do posto recebeu o volume encomendado? Justifique sua resposta.

5. Alguns tipos de refrigeradores de supermercados, como o da foto a seguir, não precisam ser fechados. Como esses equipamentos conservam os alimentos congelados, se eles ficam permanentemente abertos?

IMAGEBROKER/AGB PHOTO LIBRARY/GRUPO KEYSTONE

6. Enquanto guardava a louça no armário, Pedro encaixou um copo no outro. Quando precisou utilizar um desses copos, percebeu que eles estavam presos um ao outro. Para separá-los, Pedro ficou em dúvida se deveria colocar água quente ou gelada no copo interno. O que ele deve fazer? Justifique.

7. Um béquer de vidro está cheio de água a 1 °C e será aquecido até sua temperatura atingir 4°C.

a) O que acontecerá com o volume e com a densidade da água?

b) A água transbordará do recipiente?

c) O que acontecerá se a temperatura da água mudar de 4 °C para 20 °C?

8. Pesquise e responda.

a) Numa garrafa térmica, que processos referentes ao calor ocorrem em **I**, **II** e **III** para evitar a perda de calor do conteúdo em seu interior?

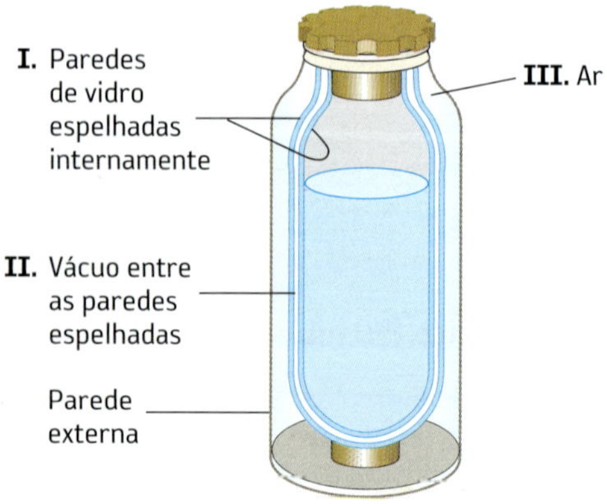

b) Por que os aparelhos de ar-condicionado são instalados perto do teto e os congeladores da maior parte das geladeiras ficam na parte superior?

Estudando a agitação térmica

A construção de hipóteses e explicações para o **calor** e a **temperatura** apoia-se no modelo atômico e admite que toda matéria é formada por partículas em constante movimento.

Nesta atividade, mesmo não sendo possível visualizar diretamente essas partículas, podemos inferir sobre a ação delas por meio da dissolução de um corante na água.

Atividades

ELABORAR HIPÓTESES

1. Quando pingamos corante na água, as moléculas que o constituem chocam-se constantemente com as moléculas que constituem a água. Isso ocorre por causa da agitação dessas partículas e garante que o corante se misture à água após algum tempo. Com essa informação em mente, discuta a seguinte questão com seus colegas:
   - A temperatura influencia na rapidez com que um corante se mistura à água?
2. Nos materiais sólidos, o calor é transmitido principalmente por condução, enquanto nos líquidos a convecção é o principal meio de propagação de calor. Assim, discuta com seus colegas a seguinte questão:
   - Que forma de propagação de calor é a principal responsável pelo resfriamento de uma bebida (líquido) com gelo (sólido)?

Anotem suas hipóteses para essas duas perguntas e realizem os seguintes experimentos para testá-las.

MATERIAL

- 3 copos de vidro (de 300 mL ou mais)
- 1 copinho de plástico (50 mL)
- Corante alimentício ou groselha
- Congelador
- Água gelada
- Água morna

PROCEDIMENTO I

3. Coloque a água morna em um dos copos e a água gelada em outro.
4. Pingue uma gota de corante em cada copo.
5. Observe atentamente o que ocorre com a gota do corante em cada um dos copos ao longo do tempo.

PROCEDIMENTO II

6. Complete o copinho de plástico com água, misture 5 gotas do corante e leve-o para o congelador até virar gelo.
7. Coloque água à temperatura ambiente em um dos copos de vidro.
8. Coloque o cubo de gelo com corante no copo e observe o derretimento.

ANALISAR RESULTADOS

9. Confronte os resultados obtidos com as hipóteses que vocês fizeram. Elas foram confirmadas ou refutadas? Comente.

Explorar o tema

Estudo aponta existência de Ilhas de Calor Urbanas em Manaus

As alterações sofridas tanto na ocupação populacional quanto no planejamento urbano da cidade de **Manaus** representaram também mudanças na estrutura atmosférica da capital. Um desses efeitos, em especial, chamou a atenção de dois pesquisadores da Universidade do Estado do **Amazonas** (UEA). Doutores em Meteorologia pelo Instituto Nacional de Pesquisas Espaciais (Inpe), os professores Francis Wagner Correa e Rodrigo Souza realizaram um estudo sobre a Ilha de Calor Urbana (ICU), fenômeno decorrente de oscilações climáticas.

[...]

Zona Centro-Sul tem mais incidência de ICU

Os professores tiveram acesso a toda a área metropolitana de Manaus, por meio de satélite. Com os dados do Sistema de Processamento e as imagens da cidade, foi comprovado que em Manaus existe o fenômeno de Ilha de Calor Urbana (ICU), sobretudo na estação seca (meses de julho, agosto e setembro), afirmou Francis Wagner.

A pesquisa, que teve como base o período entre 2002 e 2012, revelou que os picos de temperatura são mais notáveis na Zona Centro-Sul e Sul de Manaus, em bairros como Aleixo e Petrópolis. Outras áreas da cidade com proeminência das Ilhas de Calor são a Cidade Nova, Tancredo Neves, Zumbi e Japiim.

Por meio de uma avaliação da média dos três primeiros anos (2002, 2003 e 2004) em relação aos três últimos (2010, 2011 e 2012), Wagner e Souza comprovaram que o aquecimento nesses locais deve aumentar ainda mais no futuro. Um dos principais fatores para o aparecimento desse fenômeno, como apurou o pesquisador, é o excesso de calor armazenado na área urbana em relação à zona rural. “Esse aumento vem das emissões dos veículos, da poluição das indústrias e da atmosfera como um todo. As ilhas também surgem a partir da diminuição da cobertura vegetal, que leva a uma redução na ‘evapotranspiração’. Isso faz com que [a zona urbana] acumule mais energia. Outro fator importante é a natureza de materiais impermeáveis, como concreto, asfalto e pavimentos, na área urbana”, enumerou.

Além das áreas com mais intensidade de Ilhas de Calor, também foi constatado o horário com temperaturas mais altas. “São dois picos. O primeiro, das 7h, acontece porque todos os carros saem de casa e liberam uma grande quantidade de poluentes na atmosfera. O segundo é às 20h e é explicado pelo aquecimento do asfalto após o pôr do sol. Esse calor fica preso na atmosfera e se dissipa lentamente durante a madrugada. Em termos médios, pode-se dizer que a ICU é mais intensa à noite”, avaliou.

Fonte: Ilha de calor na Amazônia, de Marcos Pivetta. *Pesquisa Fapesp*. n. 200, out. 2012. Disponível em: <http://revistapesquisa.fapesp.br/2012/10/11/ilha-de calor-na-amazonia/>. Acesso em: abr. 2014.

Nova etapa ainda este semestre

[...]

Para o diretor de arborização da Secretaria Municipal de Meio Ambiente e Sustentabilidade, Heitor Liberato, o diagnóstico dos pesquisadores da UEA está diretamente ligado à perda da massa arbórea nesses espaços com Ilhas de Calor. "É um levantamento fundamental para a gestão ambiental do município, já que temos como prioridade a implantação de projetos de arborização urbana. Queremos, inclusive, apresentar esse relatório para as demais secretarias da prefeitura", disse.

Fonte: Estudo aponta existência de ilhas de calor urbanas em Manaus, de C. Henriques e T. Melo. *G1 AM*, 24 mar. 2013. Disponível em: <http://g1.globo.com/am/amazonas/noticia/2013/03/estudo-aponta-existencia-de-ilhas-de-calor-urbanas-em-manaus.html>. Acesso em: maio 2014.

A formação das ilhas de calor está associada à crescente urbanização e ao uso de alguns materiais nas construções. Esse fenômeno pode ser constatado no gráfico abaixo, que mostra a temperatura média, ao longo de 100 anos, em regiões rurais e urbanas da Austrália.

TEMPERATURA EM FUNÇÃO DO TEMPO

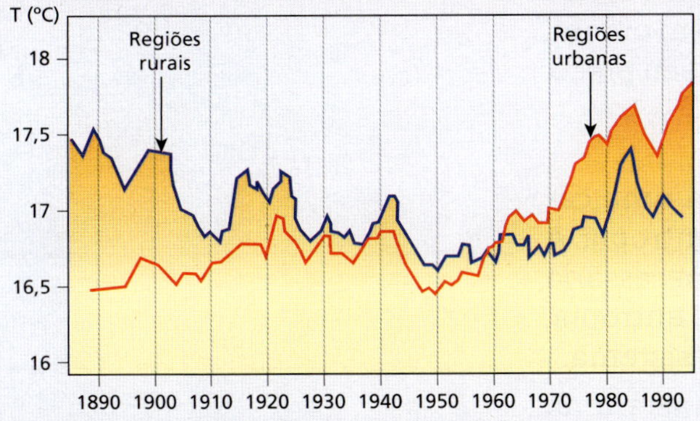

Até 1960, aproximadamente, a temperatura média nas regiões rurais era maior que nas regiões urbanas.

Fonte: *Scientific American Brasil*, jan. 2003, p. 57.

Um dos fatores que contribuem para a formação das "ilhas de calor" é o albedo dos materiais usados na construção. O **albedo** é a medida da capacidade de reflexão da superfície de um corpo. Quanto maior o valor do albedo de um material, maior é sua capacidade de reflexão de radiação eletromagnética. Consequentemente, materiais com alto albedo esquentam menos quando submetidos a uma fonte de luz, como o Sol. Veja na tabela a seguir o albedo de alguns elementos comuns nas áreas urbanas.

Material	Albedo
Árvores	0,15 - 030
Asfalto	0,05 - 0,20
Concreto	0,10 - 0,25
Grama	0,25 - 0,30
Pintura branca	0,50 - 0,90
Pintura colorida	0,15 - 0,35
Telhado rugoso	0,10 - 0,15
Telhado vermelho ou marrom	0,10 - 0,35

Interpretar

1. **Que tendências podemos observar no gráfico? O que elas significam?**

2. **Analise os dados do quadro acima e liste os materiais em ordem decrescente de valores máximos de albedo.**

3. **Quais desses materiais esquentam mais por causa da irradiação?**

4. **Qual é a relação entre o albedo dos materiais comuns nas cidades e a formação das ilhas de calor?**

Trocar ideias sobre o tema

Pesquisar e compartilhar

5. **Em grupo, pesquisem medidas que possam amenizar a formação de ilhas de calor nos centros urbanos. Apresentem as ideias mais interessantes para os demais grupos. Caso ocorram ilhas de calor no seu município, vocês podem selecionar as soluções que julgarem mais apropriadas e elaborar uma carta para o prefeito, apresentando o problema e as ideias para solucioná-lo.**

Assumindo riscos

Nem sempre é possível prevermos com exatidão os resultados de alguma ação. Por isso, uma boa prática é tentar considerar os possíveis efeitos positivos e negativos da nossa proposta. Levando essas informações em conta, conseguimos assumir riscos de maneira mais responsável.

O caos e a ordem

A vida em grandes metrópoles – como São Paulo, Tóquio, Nova York e Paris – apresenta uma série de vantagens que tornam essas cidades especiais. Nelas encontramos muitos dos atributos que consideramos sinônimos de progresso, como facilidades de acesso aos bens de consumo, oportunidades de trabalho, lazer, serviços, educação, saúde etc.

Por outro lado, em algumas delas, devido à grandiosidade dessas cidades e aos milhões de cidadãos que ali moram, existem muito mais problemas do que benefícios. Seus habitantes sabem como são complicados o trânsito, a segurança pública, a poluição, os problemas ambientais, a habitação etc. Sem dúvida, são desafios que exigem muito esforço não só dos governantes, mas também de todas as pessoas que vivem nesses lugares. Essas cidades convivem ao mesmo tempo com a ordem e o caos, com a pobreza e a riqueza, com a beleza e a feiura.

A tendência de as coisas se desordenarem espontaneamente é uma característica fundamental da natureza. Para que ocorra a organização, é necessária alguma ação que restabeleça a ordem. É o que acontece nas grandes cidades: despoluir um rio, melhorar a condição de vida dos seus habitantes e diminuir a violência, por exemplo, são tarefas que exigem muito trabalho e não acontecem espontaneamente. Se não houver qualquer ação nesse sentido, a tendência é que prevaleça a desorganização.

Em nosso cotidiano percebemos que é mais fácil deixarmos as coisas desorganizadas do que em ordem. Quando espalhamos objetos pela casa, temos muito trabalho para colocarmos as coisas em ordem. Organizar é sempre mais difícil que bagunçar. A ordem tem seu preço.

Entropia

A existência da ordem/desordem está relacionada com uma característica fundamental da natureza que denominamos entropia. A entropia está relacionada com a quantidade de informação necessária para caracterizar um sistema. Dessa forma, quanto maior a entropia, mais informações são necessárias para descrevermos um sistema.

Para facilitar a compreensão desse conceito, podemos fazer uma analogia com algo bastante comum: cartas de baralho. Se inicialmente tivermos o baralho com as cartas organizadas de acordo com a sua sequência e naipes, o nosso sistema (baralho) conterá um certo grau de informação. Rapidamente descobrimos qual é a regra que está organizando as cartas.

Por outro lado, quando embaralhamos as cartas, bastam apenas alguns movimentos para que a sequência inicial seja desfeita, ou seja, as cartas ficam mais desorganizadas. Para recolocá-las na ordem inicial, necessitaremos de muito mais informações a respeito da posição da carta (teremos que descobrir onde está o 5 de copas para colocá-lo após o 4 de copas). As cartas embaralhadas apresentam, então, uma entropia maior do que a das cartas organizadas.

A tendência do aumento da entropia está relacionada com uma das mais importantes leis da física: A segunda lei da termodinâmica.

TATIANA POPOVA/SHUTTERSTOCK

BRONSON CHANG/SHUTTERSTOCK

Essa lei mostra que, toda vez que realizamos algum trabalho, parte da energia empregada é perdida para o ambiente, ou seja, não se transforma em trabalho útil. Ao organizarmos as cartas, gastamos energia e, consequentemente, liberamos algum calor para o meio ambiente. A energia liberada ajudará a desorganizar as moléculas de ar ao nosso redor, aumentando a entropia ao nosso redor. Dessa forma, para diminuir a entropia de um determinado lugar é necessário aumentar a entropia em outro.

Embate constante

[...]

Como a manutenção da vida é uma luta pela organização, quando esta cessa, imediatamente o corpo começa a se deteriorar e rapidamente perde todas as características que levaram muitos anos para se estabelecer. As informações acumuladas ao longo de anos, registradas em nosso cérebro a partir de configurações específicas dos neurônios, serão perdidas e não poderão ser novamente recuperadas com a completa deterioração do nosso cérebro.

A entropia nos mostra que a ordem que encontramos na natureza é fruto da ação de forças fundamentais que, ao interagirem com a matéria, permitem que esta se organize. Desde a formação do nosso planeta, há cerca de cinco bilhões de anos, a vida somente conseguiu se desenvolver às custas de transformar a energia recebida pelo Sol em uma forma útil, ou seja, capaz de manter a organização.

Para tal, pagamos um preço alto: grande parte dessa energia é perdida, principalmente na forma de calor. Dessa forma, para que existamos, pagamos o preço de aumentar a desorganização do nosso planeta. Quando o Sol não puder mais fornecer essa energia, dentro de mais cinco bilhões de anos, não existirá mais vida na Terra. Com certeza a espécie humana já terá sido extinta muito antes disso.

O universo também não resistirá ao embate contra o aumento da entropia. Em uma escala inimaginável de tempo de 10^{100} anos (10 seguido de 100 zeros!), se o universo continuar a sua expansão, que já dura aproximadamente 15 bilhões de anos, tudo o que conhecemos estará absolutamente disperso. A entropia finalmente vencerá. Mas essa historia fica para um outro dia.

Fonte: O caos e a ordem, de Adilson de Oliveira. *Ciência Hoje Online*, 9 mar. 2010. Disponível em: <http://cienciahoje.uol.com.br/colunas/fisica-sem-misterio/o-caos-e-a-ordem>. Acesso em: abr. 2014.

Atividades

OBTER INFORMAÇÕES

1. No primeiro e segundo parágrafos, o texto traz alguns pontos positivos e negativos quanto a morar nas grandes cidades. Quais são eles?
2. O que é entropia? Explique o exemplo das cartas de um baralho.
3. O que diz a segunda lei da Termodinâmica?
4. Como ocorre a ordenação de um sistema? Como isso é exemplificado pelas cartas do baralho?
5. Como o texto explica a manutenção da vida na Terra por meio da entropia?

INTERPRETAR

6. Como você entende a comparação que o autor faz entre a entropia e as grandes cidades?

REFLETIR

7. Escreva um parágrafo sobre a entropia do quarto onde você dorme.

UNIDADE

8

ONDAS: SOM E LUZ

Como explicar as vibrações que sentimos ao assistir a uma orquestra ou a uma banda tocando ao vivo? Por que a natureza apresenta uma multiplicidade de cores em diversas tonalidades? Como explicar a escuridão? Embora possa parecer que essas perguntas não tenham nenhuma relação entre si, elas tratam de um mesmo fenômeno: as ondas.

Apresentação musical em Dortmund, na Alemanha. A imponente iluminação e os sofisticados instrumentos e aparelhos de som garantem um grande espetáculo.

Começando a Unidade

1. Como você acha que, em um *show*, o som deixa as caixas acústicas no palco e chega até nossas orelhas?
2. Como o violão, a flauta e a bateria produzem sons?
3. Por que o céu é azul?
4. Como as lupas aumentam a imagem dos objetos?

THOMAS FREY/IMAGEBROKER RM/DIOMEDIA

Por que estudar esta Unidade?

Esta Unidade trata de alguns fenômenos ondulatórios, em particular o som e a luz. Apresentaremos os principais conceitos relativos às ondas com o objetivo de compreender e analisar a produção, a propagação e as propriedades das ondas sonoras, bem como descrever as características dos diferentes fenômenos relacionados às ondas eletromagnéticas.

TEMA

1 Ondas e suas características

As ondas transportam energia, mas não carregam massa.

Ondas

Quando chutamos uma bola, nosso pé transfere energia para a bola, que entra em movimento. Se essa bola atingir um objeto, a energia dela pode ser transferida para esse objeto, derrubando-o ou quebrando-o, pois a bola em movimento transporta energia e pode transferi-la. Nesse exemplo, a energia e a matéria (a bola) foram transportadas juntas de um ponto a outro.

Será que é possível transportar apenas energia sem que a matéria seja deslocada? A resposta para essa pergunta é sim, e isso ocorre por meio das ondas.

Movimentos ondulatórios

Realize a seguinte atividade: em um ambiente fechado e sem vento, deixe uma bacia ou panela com água em repouso e, com o auxílio de um conta-gotas, pingue uma gota de água no centro da bacia. Você verá algo muito parecido com a foto ao lado: uma série de círculos concêntricos afastando-se do centro – são ondas se propagando.

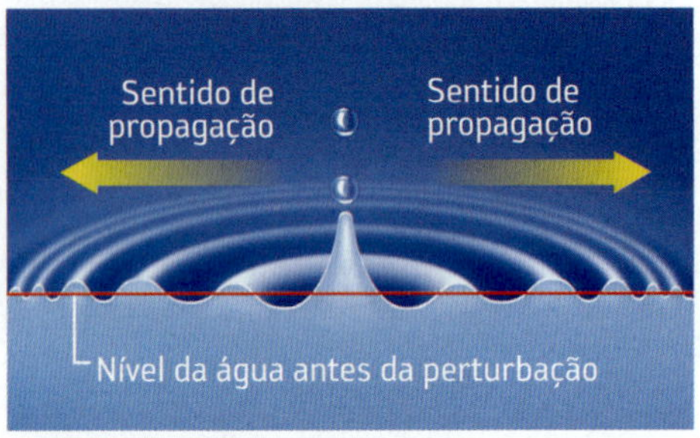

A perturbação é o movimento vertical da superfície da água. Não há movimento de água na direção horizontal.

Nesse exemplo, cada ponto da superfície da água oscila somente para cima e para baixo; não há deslocamento horizontal. Cada perturbação, isto é, cada gota que cai na água, gera o deslocamento de um pulso. Se essa fonte de perturbação for periódica, teremos a propagação de uma **onda**.

Embora a onda se mova do centro para as bordas, a água oscila apenas verticalmente com a passagem da perturbação. Em outras palavras, não há movimento da água na direção horizontal. Assim, a energia é transferida de um ponto a outro da bacia de água sem que haja transporte de matéria.

De acordo com a direção de oscilação e a direção de propagação, uma onda pode ser classificada em dois tipos: transversal ou longitudinal.

ONDAS EM UMA MOLA

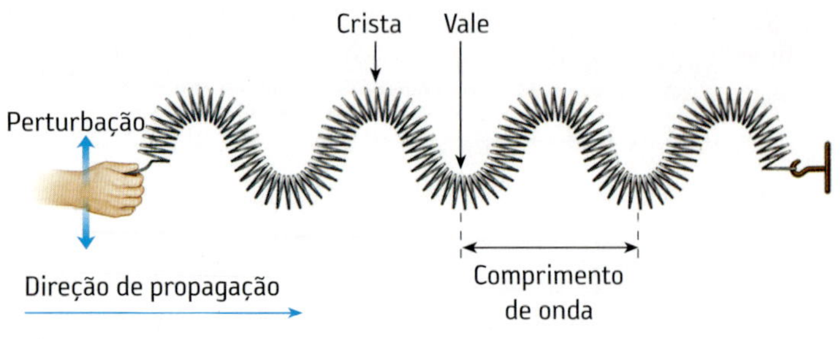

Onda transversal: a perturbação na mola (movimento de sobe e desce) é perpendicular à direção de propagação da onda.

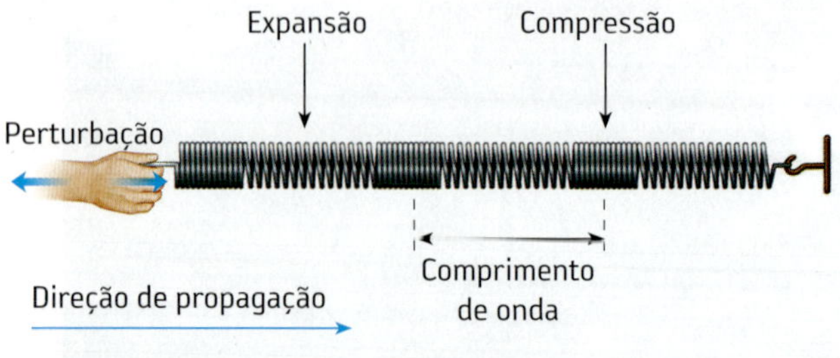

Onda longitudinal: a perturbação na mola (movimento de vaivém) tem a mesma direção que a propagação da onda.

De acordo com sua natureza, as ondas podem ser classificadas em mecânicas ou eletromagnéticas.

- **Ondas mecânicas**: são ondas que se propagam em meios materiais. O som, por exemplo, é uma onda que se propaga no ar. As ondas do mar, por sua vez, propagam-se na superfície da água, enquanto os terremotos geram ondas que se propagam nas rochas que compõem a Terra. As ondas mecânicas são geradas pela vibração de objetos materiais que, em geral, transmitem essa vibração ao meio.
- **Ondas eletromagnéticas**: são ondas que não necessitam de um meio material, podendo se propagar no vácuo. A luz, as ondas de rádio, as micro-ondas, os raios infravermelhos, os raios ultravioleta e os raios X são alguns exemplos.

ZOULOU_55/SHUTTERSTOCK

As cordas de um violão vibram pela ação dos dedos do músico. Cada corda passa essa vibração ao ar, produzindo o som.

Características das ondas

Para conhecermos melhor as ondas, precisamos analisar suas principais características: **amplitude**, **comprimento de onda**, **período** e **frequência**. Para estudarmos essas propriedades, imagine a produção de uma onda em uma corda presa a um poste, como na figura a seguir. Para cada perturbação produzida na corda pela garota, há a propagação de um pulso.

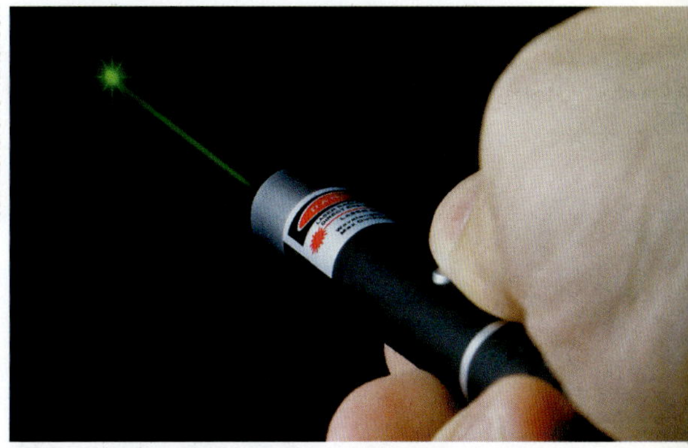
ROBIN LUND/SHUTTERSTOCK

A luz do *laser* é um exemplo de onda eletromagnética.

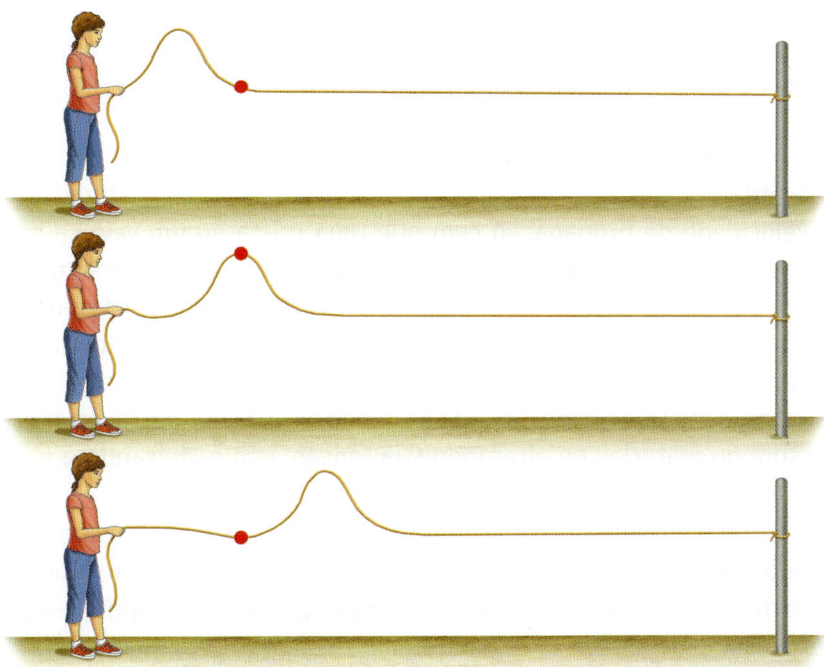

O ponto vermelho marcado na corda não se desloca ao longo dela, ele tem movimento apenas na direção vertical quando é atravessado pela perturbação.

Se a garota continuar a produzir as perturbações de forma regular, teremos a formação de uma onda. Visualmente, podemos reconhecer pelo menos dois pontos importantes na corda: os pontos de máximo e de mínimo da perturbação, que recebem o nome de crista e vale, respectivamente.

De maneira geral, as ondas são perturbações periódicas de alguma grandeza física que se propagam sem o transporte de matéria. Em ondas produzidas em uma corda ou na água, por exemplo, a perturbação que se propaga é a amplitude da corda ou do nível de água.

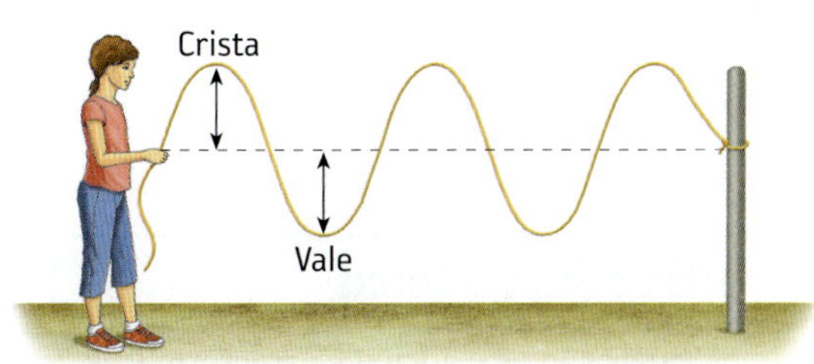

Onda se propagando em uma corda, produzindo cristas e vales.

A **amplitude** equivale à distância entre uma crista ou um vale e o **ponto de equilíbrio** (a posição que cada ponto da corda assume quando ela não está vibrando). Na figura abaixo estão representadas ondas propagando-se com diferentes amplitudes em uma corda. A amplitude em ambos os casos é dada pela metade da distância vertical entre uma crista e um vale. O **comprimento de onda** é a distância entre duas cristas ou entre dois vales consecutivos.

ONDAS COM AMPLITUDES DIFERENTES

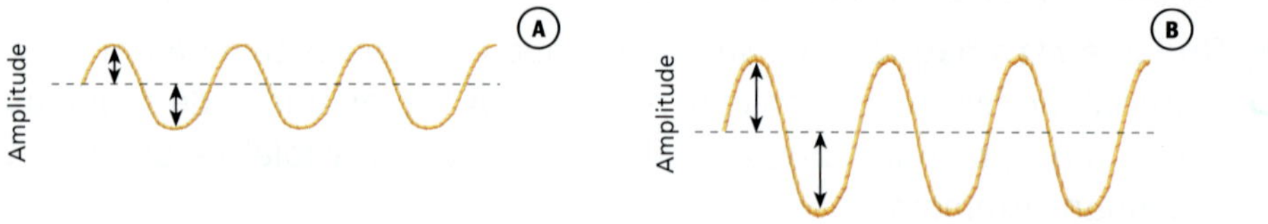

Quanto maior a **amplitude**, maior a quantidade de energia transportada pela onda. A onda **A** transporta menos energia que a **B**, pois tem menor amplitude. Neste exemplo, as duas ondas têm o mesmo **comprimento de onda**.

PERÍODO

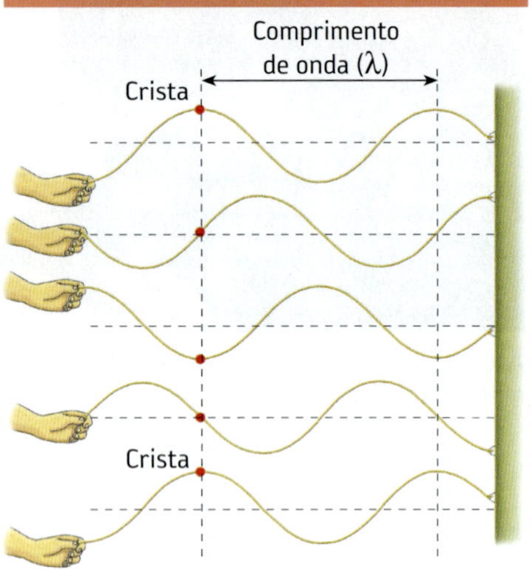

Período é o intervalo de tempo necessário para que ocorra uma oscilação completa (ponto vermelho) ou o deslocamento de um comprimento de onda.

O **período** é o tempo que a onda leva para exectar uma oscilação completa. Por exemplo, se em determinado instante um ponto da onda é uma crista (ponto vermelho na figura ao lado), ao completar um período completo, este ponto será novamente uma crista. Por exemplo: se uma onda oscila dez vezes por segundo, seu período é 0,1 segundo.

A **frequência** é o número de oscilações completas que ocorrem em uma unidade de tempo. No SI, a unidade de frequência é o hertz (Hz). Uma onda que oscila dez vezes por segundo tem frequência de 10 Hz.

Velocidade

A velocidade de propagação com que uma crista ou um vale se movem corresponde à velocidade de **propagação da onda**, e depende somente do meio em que ela se encontra. As ondas produzidas em uma corda, por exemplo, propagam-se sempre com a mesma velocidade, independentemente da amplitude, da frequência ou do comprimento de onda. Nesse caso, só é possível mudar a velocidade da onda trocando a corda por outra, de diferente espessura ou material, ou alterando sua tensão, isto é, deixando-a mais ou menos esticada.

Existe relação entre o comprimento de onda e a frequência de ondas que se propagam em um mesmo meio (isto é, com a mesma velocidade): quanto maior for a frequência, menor é o comprimento de onda. Isso pode ser expresso por:

$$v = \lambda \cdot f$$

em que v é a velocidade da onda, λ é o comprimento de onda e f é a frequência.

ONDAS COM FREQUÊNCIAS E COMPRIMENTOS DIFERENTES

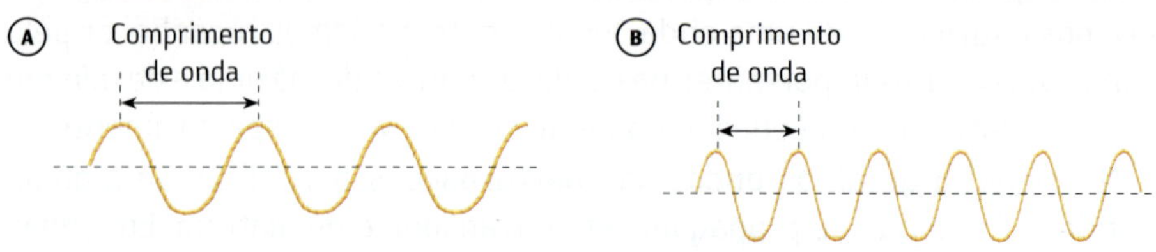

Para ondas que se deslocam com a mesma velocidade, quanto maior o comprimento de onda, menor a frequência. A onda **B** tem frequência maior que a **A**.

De olho no tema

Quais são as principais características de uma onda? Explique cada uma delas.

TEMA

2 O som

O som é produzido pela compressão e expansão sucessivas do ar ou de outro meio material.

Como se produz o som

Todos os sons estão associados à vibração de um meio físico. Quando ouvimos a voz de uma pessoa falando, perturbações no ar se deslocam desde o emissor até nossas orelhas. Acompanhe na figura a seguir o que ocorre quando se produz um som com um diapasão, uma pequena forquilha de metal usada para afinar instrumentos musicais. Quando ele é golpeado, suas extremidades vibram diversas vezes por segundo. A maioria dos diapasões é feita para vibrar a uma frequência de 440 Hz, que corresponde à nota musical Lá.

ONDAS DE COMPRESSÃO E RAREFAÇÃO DO AR

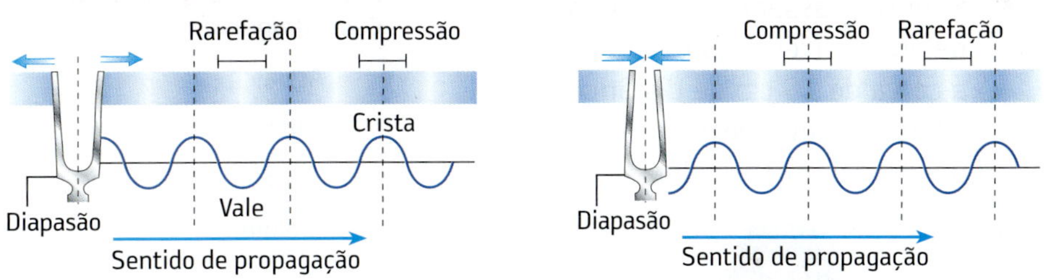

Apesar de o ar ser invisível, representamos para fins didáticos as regiões mais escuras como as de compressão do ar e as regiões mais claras como as de rarefação do ar.

A cada vibração dos ramos do diapasão, o ar em volta deles é comprimido e expandido. A sequência de compressões e rarefações sucessivas do ar se propaga em todas as direções na forma de uma onda longitudinal.

Saiba mais!

SISTEMA AUDITIVO HUMANO

Quando a onda sonora atinge o sistema auditivo de uma pessoa, faz vibrar sua membrana timpânica. Essas vibrações são então transmitidas para a orelha interna por meio de um conjunto de três ossos muito pequenos (ossículos), denominados martelo, bigorna e estribo. Na orelha interna as vibrações são captadas por células sensoriais especializadas e convertidas em impulsos nervosos, que são enviados ao cérebro pelo nervo auditivo.

ESTRUTURA DA ORELHA HUMANA

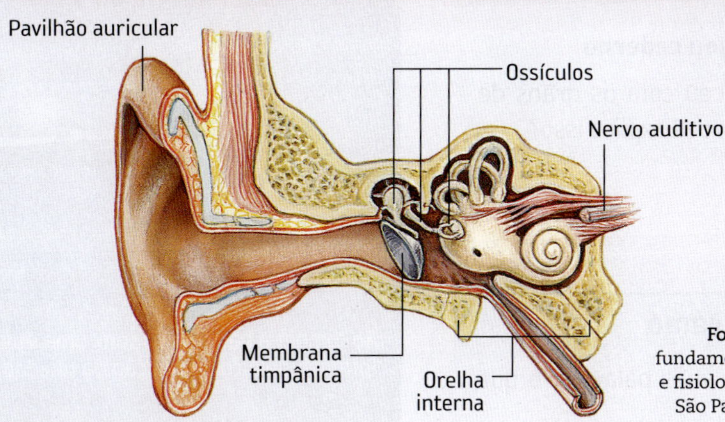

Fonte: *Corpo humano*: fundamentos de anatomia e fisiologia, de G. J. Tortora. São Paulo: Artmed, 2000.

Vamos fazer

ONDA DE CHOQUE

Material

- Pote de plástico rígido
- Elástico
- Saco plástico fino e liso
- Açúcar ou sal
- Colher
- Assadeira de metal ou pedaço de papelão grosso (aproximadamente 30 cm × 40 cm)

Procedimento

1. Estique bem o saco plástico sobre a boca do pote e prenda-o com um elástico.
2. Espalhe um pouco do açúcar sobre o saco plástico.
3. Segure a assadeira (ou o papelão) de frente para o pote, a cerca de 15 cm de distância, e bata algumas vezes na parte detrás dela com a colher.

Registre em seu caderno

O que aconteceu com os grãos de açúcar? Como você explica isso?

De olho no tema

Explique, com suas palavras, o que é o som.

Velocidade do som

Quando vemos um relâmpago, geralmente ouvimos o trovão somente após alguns segundos. Isso ocorre porque a velocidade do som é muito menor que a da luz: enquanto a velocidade do som no ar é de aproximadamente 340 m/s, a velocidade da luz é de cerca de 300.000.000 m/s. Lembre-se de que o som é uma onda mecânica e a luz, uma onda eletromagnética.

A velocidade do som depende das condições do meio em que ele se propaga, como a temperatura. No ar seco a −20 °C, a velocidade do som é de 319 m/s; a 0 °C, ela aumenta para 332 m/s; a 30 °C, para 355 m/s. Em geral, adotamos o valor médio de 340 m/s.

O som propaga-se não só no ar, mas também em sólidos e líquidos. A velocidade do som nesses meios é maior que nos gases, pois a transmissão da perturbação está relacionada com a coesão do material que compõe o meio físico. Como nos sólidos e líquidos as partículas estão mais agregadas, o som se propaga com maior velocidade nesses meios que nos gases. Confira na tabela abaixo a velocidade de propagação do som em diferentes materiais.

VELOCIDADE DO SOM EM DIFERENTES MEIOS MATERIAIS		
Meio de propagação	**Temperatura (°C)**	**Velocidade (m/s)**
Gás oxigênio	15	324
Gás hidrogênio	15	1.290
Água	20	1.490
Chumbo	20	1.200
Cobre	20	3.710
Alumínio	20	5.040

Fonte: <wwwp.feb.unesp.br/jcandido/acustica/Apostila/Capitulo%2003.pdf>. Acesso em: maio 2014.

TECNOLOGIA EM PAUTA

Aviões supersônicos

Muitos aviões a jato voam com velocidades maiores que a do som, ditas velocidades supersônicas. Nas velocidades próximas à do som, o ar comprime-se na frente do avião. Para transpor essa barreira de ar comprimido, um avião supersônico deve ter uma forma apropriada para vencer a resistência do ar.

Ao romper a barreira do som, uma nuvem é formada pela condensação da umidade do ar.

SUPER NOVA IMAGES/ALAMY/DIOMEDIA

TEMA

3 Propriedades do som

A intensidade do som é determinada pela energia da onda sonora. Já a frequência estabelece se um som é agudo ou grave.

Diversidade musical

Você já reparou nos instrumentos musicais de uma orquestra ou banda? Todos eles produzem e transmitem vibrações para o ar, e podem fazer isso de diversas maneiras. Nos instrumentos de sopro, como a flauta e o saxofone, o músico sopra por uma embocadura e movimenta a coluna de ar no interior do tubo. Nos instrumentos de corda, como o violino e o violão, a fricção ou o dedilhar de uma corda faz o ar ao seu redor vibrar. Existem ainda os instrumentos de percussão, como a bateria e o bumbo, que vibram superfícies rígidas, como pratos ou películas de plástico ou couro.

A seguir, veremos algumas das qualidades do som que permitem identificar as diferenças entre os diversos instrumentos.

Instrumentos de sopro (saxofone), corda (violão) e percussão (bateria).

Intensidade

A **intensidade** do som depende da **amplitude** da onda sonora. Quanto maior a amplitude, maior é a energia transportada por ela e maior é a intensidade do som. Usualmente chamamos os sons intensos de **fortes** e os pouco intensos de **fracos**. Por exemplo, tocando de leve as cordas de um violão, ouvimos um som fraco, de menor intensidade. Se a corda for tocada com mais força, ouvimos um som mais forte, de maior intensidade.

A unidade de medida de intensidade sonora no Sistema Internacional de Unidades (SI) é o bel, cujo símbolo é B. O decibel (dB), mais usado, é um submúltiplo que vale um décimo de bel.

À medida que o som se propaga, afastando-se da fonte que o emitiu, sua intensidade diminui. Reveja a imagem da queda da gota na página 180: cada círculo carrega uma quantidade fixa de energia, mas conforme a onda se propaga, seu raio vai aumentando, distribuindo essa energia por uma região cada vez maior e, assim, a amplitude das oscilações diminui.

NÍVEIS DE SOM

Fonte sonora	Intensidade aproximada (dB)
Barulho das folhas de uma árvore	10
Conversa em voz baixa	20
Casa tranquila	30
Rádio em volume normal	40
Automóvel em marcha lenta	50
Conversa em voz normal	60
Aspirador de pó a 3 m de distância	70
Tráfego intenso	80
Caminhão	90
Britadeira a 3 m de distância	100*
Trem	110
Alto-falante	120
Decolagem de um avião a jato	150
Carro de Fórmula 1	180

* Limiar de sensação de dor (sons mais intensos provocam dor).

Fonte: *Enciclopédia do estudante*, de A. C. Tavalera et al. São Paulo: Moderna, 2008. v. 10.

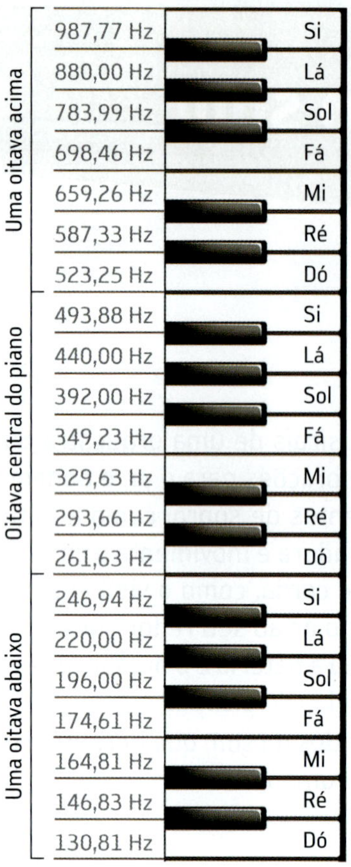

Agudos e graves

A **frequência** do som determina se ele é grave ou agudo. Corpos que vibram em altas frequências produzem sons **agudos**; corpos que vibram em baixas frequências emitem sons **graves**.

O sistema auditivo humano é capaz de distinguir sons com frequências entre 20 Hz e 20.000 Hz. Sons com frequências maiores que 20.000 Hz são chamados ultrassons, e sons com frequências menores que 20 Hz são os infrassons. Alguns animais, como os cachorros, os morcegos e os golfinhos, conseguem detectar ultrassons.

As notas musicais diferem entre si por suas frequências. A tabela abaixo apresenta as frequências das notas musicais.

Nota	Dó	Ré	Mi	Fá	Sol	Lá	Si
Frequência (Hz)	261,63	293,66	329,63	349,23	392	440	498,88

Fonte: *Enciclopédia do estudante*, de A. C. Tavalera et al. São Paulo: Moderna, 2008. v. 10.

A partir da oitava nota, a escala se repete e dizemos que cada nota se repete "uma oitava acima" ou "uma oitava abaixo". Portanto, se considerarmos as notas em uma "oitava acima", a frequência de cada uma delas será o dobro (sons mais agudos) daquelas apresentadas na tabela. Se considerarmos essas notas em uma "oitava abaixo", a frequência delas será a metade (sons mais graves) dos valores na tabela.

Timbre

O **timbre** é a característica do som que torna possível distinguir a fonte sonora que o emite. Por exemplo, a nota Dó produzida por um piano soa diferente da nota Dó produzida por um violão devido às diferenças em seu timbre. Isso ocorre porque, quando apertamos uma tecla do piano ou dedilhamos uma corda no violão, são produzidos sons de frequências diferentes, que se somam para constituir uma **onda resultante**. Essa onda tem a frequência da respectiva nota musical, mas sua forma varia entre os diferentes instrumentos musicais, conferindo o timbre característico de cada um.

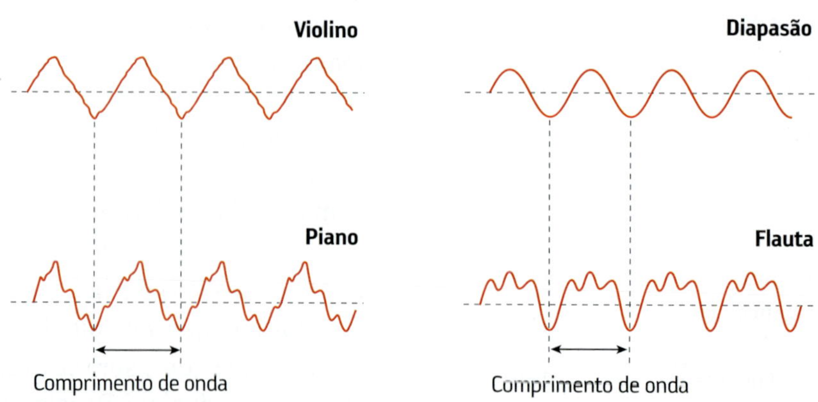

A mesma nota produzida por diferentes instrumentos soa diferente ao nosso sistema auditivo. Embora tenham o mesmo comprimento de onda (e, consequentemente, a mesma frequência), as ondas resultantes têm formas distintas.

Vídeo
Música para a vida

Reflexão do som e eco

As ondas sonoras, assim como outros tipos de onda, podem sofrer **reflexão** ao encontrar um obstáculo, retornando ao meio de origem. Quando gritamos diante de uma caverna ou região de montanhas, podemos ouvir novamente a nossa voz após alguns instantes. Esse fenômeno recebe o nome de **eco** e pode ser entendido por meio da reflexão da onda sonora. Em outras palavras, o eco é o som que emitimos e foi refletido, voltando a nós.

O sistema auditivo humano distingue dois sons iguais se eles chegarem às membranas timpânicas com um intervalo mínimo de 0,1 s. Nesse intervalo, propagando-se no ar a 340 m/s, o som percorre a distância de 34 m. Logo, para ouvir o eco de sua voz, é necessário estar a, pelo menos, 17 m de distância do anteparo onde o som é refletido. O som viaja 17 m até ser refletido e 17 m no caminho inverso, totalizando 34 m percorridos em 0,1 s.

REPRODUÇÃO DO ECO

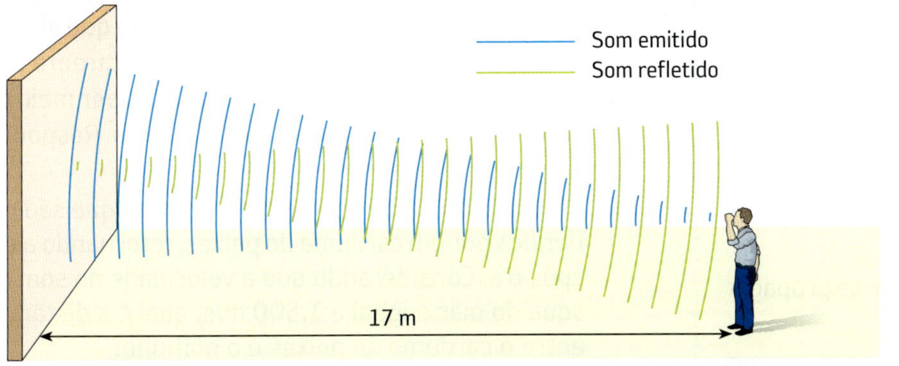

O eco é consequência da reflexão sonora sob condições adequadas. Para fins didáticos estão representados os pulsos de onda do som emitido e do som refletido.

TECNOLOGIA EM PAUTA

Ecocardiograma

O exame conhecido como ecocardiograma é uma análise do coração por meio das ondas sonoras. Como o aparelho emite ultrassons, isto é, ondas com frequência acima de 20.000 Hz, não conseguimos ouvi-las.

Durante o exame, o médico desliza um equipamento pelo peito do paciente e direciona as ondas emitidas para as diferentes áreas do coração. Essas ondas sofrem refração (que será estudada adiante) e reflexão ao encontrar os tecidos musculares. Parte dessas ondas refletidas é captada pelo equipamento, que as converte em imagens.

Essas imagens permitem detectar alterações na estrutura do coração ou do fluxo sanguíneo. Por ser um exame não invasivo e sem efeitos colaterais, o ecocardiograma é um dos exames diagnósticos de mais destaque na Medicina.

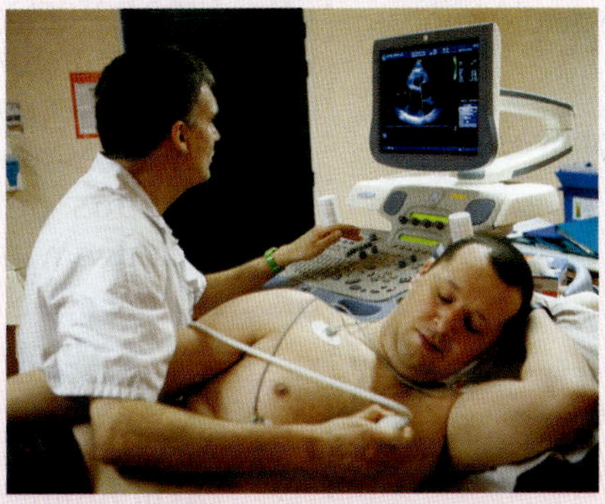

AMELIE-BENOIST/BSIP/GLOW IMAGES

O exame de ecocardiograma utiliza ultrassons para diagnosticar possíveis doenças do coração.

De olho no tema

1. Uma máquina de lavar roupas produz um som de 75 dB; um aspirador de pó, um som de 80 dB. Qual dos dois aparelhos produz som mais intenso? Qual deles produz ondas sonoras de maior energia? Por quê?
2. Em uma mesma oitava, a nota Lá é mais grave ou mais aguda que a nota Ré? E que a nota Si?

ATIVIDADES

TEMAS 1 A 3

ORGANIZAR O CONHECIMENTO

1. **Identifique o que está sendo indicado pelas letras *x* e *y* na onda que se propaga em uma corda:**

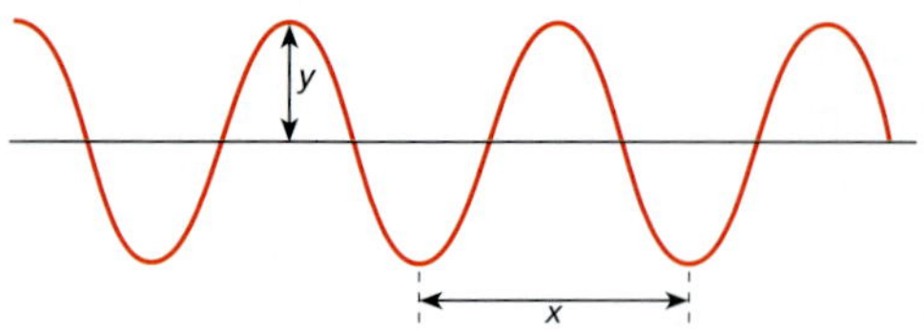

2. **Considere uma onda que se propaga em uma corda. Qual característica da onda está descrita em cada item abaixo?**

a) Parte mais alta de uma onda.

b) Parte mais baixa de uma onda.

c) Distância entre o ponto de equilíbrio e uma crista.

d) Distância entre duas cristas.

e) Número de oscilações em uma unidade de tempo.

f) Tempo de uma oscilação.

3. **Reescreva as frases abaixo, completando-as corretamente.**

a) O som é uma onda ______, por isso precisa de um ______ para se propagar.

b) A luz é uma onda ______, por isso pode se propagar no ______.

c) As diferentes notas musicais diferem entre si apenas pelas suas ______.

d) A ______ do som depende apenas do meio em que ele se propaga.

e) Podemos diferenciar a voz de uma pessoa por causa de seu ______.

ANALISAR

4. **Utilizando papel quadriculado e lápis ou canetas de duas cores, faça desenhos representando duas ondas:**

a) de mesmo comprimento de onda e de diferentes amplitudes;

b) de mesma amplitude e de diferentes comprimentos de onda;

c) de diferentes comprimentos de onda e de diferentes amplitudes.

5. **A figura abaixo representa duas ondas sonoras propagando-se no mesmo meio.**

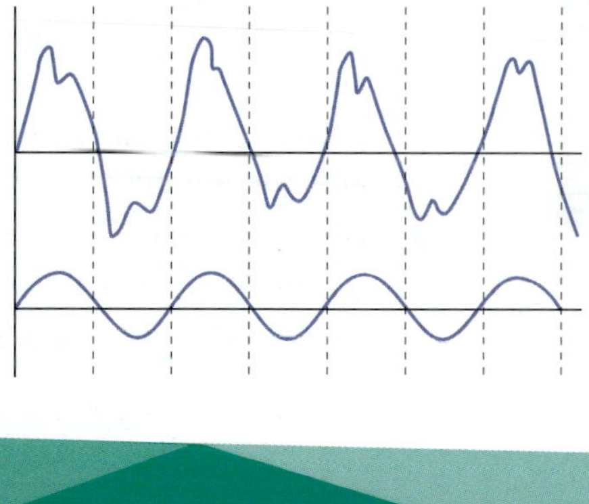

Indique quais das seguintes propriedades são iguais ou diferentes nessas duas ondas.

a) amplitude

b) comprimento da onda

c) frequência

d) timbre

6. **Em um exame de ecocardiograma, ondas são transmitidas pelo aparelho para dentro do peito do paciente, refletidas pelos tecidos do coração, e retornam para o equipamento.**

a) Conhecendo a velocidade com que as ondas de ultrassom se propagam no corpo do paciente, qual grandeza física o equipamento deve medir para calcular a distância a cada ponto do coração e formar a imagem?

b) Por que não ouvimos as ondas sonoras emitidas pelo aparelho?

7. **A ecolocalização ou biossonar é um sentido que alguns animais possuem de se localizarem e detectarem a distância de obstáculos ou de outros animais por meio da emissão e recepção de ondas ultrassônicas. Responda às questões.**

a) Um golfinho emite pulsos de ultrassom que são refletidos por um cardume de peixes, retornando a ele após 6 s. Considerando que a velocidade do som na água do mar é igual a 1.500 m/s, qual é a distância entre o cardume de peixes e o golfinho?

b) Um morcego emite ultrassons que refletem em uma árvore e retornam a ele em também 6 s. Considerando a velocidade do som no ar igual a 340 m/s, qual é a distância da árvore em relação ao morcego?

c) Qual dos animais consegue localizar um obstáculo mais distante? Por quê?

8. **Durante as tempestades, podemos aplicar uma curiosa regra para estimar a distância entre nós e um relâmpago. Assim que avistamos o raio, contamos quantos segundos demora para escutarmos o trovão. Dividindo esse valor por três, você obterá a distância aproximada a que se encontra do relâmpago, em quilômetros. Explique o fundamento dessa regra.**

9. **Uma bateria eletrônica é formada por *pads* colocados em uma diposição similar aos elementos de uma bateria acústica. Os chamados *pads* são discos com sensores que, ao serem tocados pelo bastão, produzem um sinal elétrico. Este é enviado ao módulo eletrônico ligado às caixas acústicas, que emitem o som correspondente. Compare o funcionamento dessa bateria com o de uma convencional.**

PHILIP SOWELS/FUTURE PUBLISHING/ REX FEATURES/GLOW IMAGES

Alan Turing e o julgamento da sociedade

Alan Turing (1912-1954).

Matemático, lógico, criptoanalista e cientista da computação, o inglês Alan Turing é conhecido como um dos pais da computação moderna e da inteligência artificial. Foi de suma importância na decifração de códigos secretos alemães na Segunda Guerra Mundial. Após a guerra trabalhou em um dos primeiros projetos para a criação de um computador. Para a sociedade inglesa da década de 1950, no entanto, havia um problema: Alan Turing era homossexual. Independentemente de sua competência e dos serviços prestados ao exército britânico, o pesquisador foi processado e condenado por "indecência repulsiva", pois a homossexualidade era considerada crime no Reino Unido por causa de uma lei de 1885. Para não ser preso, teve de se submeter a tratamentos cruéis de "cura". Turing acabou morrendo em 1954, supostamente envenenado por cianeto.

No final do século XIX, baseados em conceitos morais e religiosos, pesquisadores do comportamento humano passaram a classificar as relações afetivas entre pessoas do mesmo sexo como doença – chamada homossexualismo. Esse pensamento perdurou por quase todo o século XX, influenciando atitudes políticas, como a perseguição aos homossexuais durante a Segunda Guerra Mundial. Ainda durante o século XX, o tema começou a ser estudado cientificamente. Dois médicos, o alemão Magnus Hirschfeld e o britânico Havelock Ellis, foram os primeiros a debater publicamente a sexualidade, questionando de maneira científica o que se convencionou diagnosticar como doença. Ainda assim, muito tempo se passou até que outras mudanças fossem feitas. Somente em 1973, a Associação Psiquiátrica Americana excluiu o "homossexualismo" de seu catálogo como doença, desvio ou perversão.

Em 2013, Alan Turing recebeu o perdão da Rainha Elizabeth II por sua condenação. Infelizmente, tarde demais para ele e para a Ciência.

Atividades

Com seus colegas e seu professor, exponham suas ideias sobre as seguintes questões:

1. **Como as questões morais da época prejudicaram o trabalho de Alan Turing?**
2. **A cultura e os valores morais de uma sociedade influenciam a Ciência? E a Ciência, pode influenciar os valores de uma sociedade? Que exemplos vocês poderiam citar?**

Os riscos responsáveis e a ciência

Fatos da natureza não podem ser classificados moralmente. A radioatividade, por exemplo, não é "boa" ou "má", mas o uso que se faz dela pode caminhar para ambos os lados. As pessoas envolvidas no controle dos conhecimentos científicos e de seus usos precisam ter alto nível de responsabilidade sobre suas aplicações.

TEMA

4 A luz

A luz é composta de ondas eletromagnéticas que podem ser captadas pelo sentido da visão.

A onda que nos permite enxergar

Durante o dia, enxergamos o ambiente à nossa volta devido à luz solar, que é refletida pelos objetos e atinge nossos olhos. À noite, precisamos de outra fonte de luz, como uma lâmpada, uma vela, um lampião ou uma lanterna.

Enquanto o som se propaga na forma de ondas mecânicas capazes de sensibilizar a membrana timpânica pela compressão e rarefação do ar, a luz propaga-se na forma de ondas eletromagnéticas capazes de sensibilizar a retina, na parte interna de nossos olhos, o que se traduz na formação de uma imagem.

AIMEE GIESE/GETTY IMAGES

Somos capazes de ver a chama de uma vela, assim como os objetos iluminados por ela.

Saiba mais!

SISTEMA VISUAL HUMANO

Quando a luz atinge o olho de uma pessoa, ela atravessa a córnea, a íris, a pupila e a lente do olho, até sensibilizar a retina. A íris, parte colorida do olho, regula a passagem da quantidade de luz pela pupila, a abertura no centro do olho. A córnea é um tecido transparente que cobre a íris. A lente focaliza a luz sobre a retina, composta de milhões de células que traduzem as ondas luminosas em impulsos nervosos, que são dirigidos ao cérebro pelo nervo óptico.

ESTRUTURA DO OLHO HUMANO

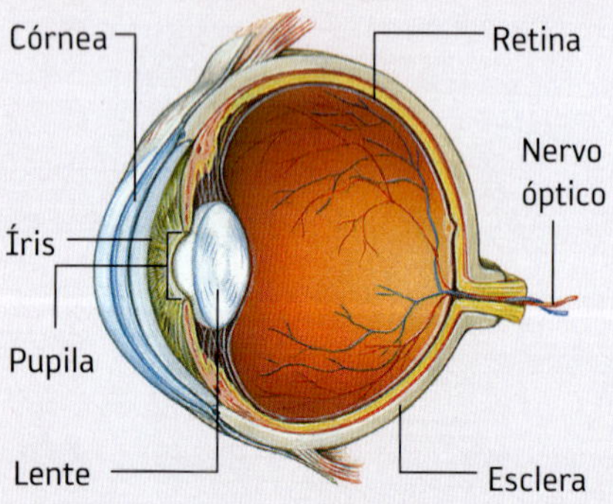

Fonte: *Biology*: concepts & connections, de N. A. Campbell et al. 6. ed. São Francisco: Benjamin Cummings, 2009.

Espectro eletromagnético

Como todas as ondas eletromagnéticas, a luz se propaga no vácuo com velocidade próxima a 300.000 km/s. Em qualquer outro meio, a velocidade da luz é menor. As ondas (ou radiações) eletromagnéticas compreendem diversos comprimentos de onda, e o que chamamos de **luz**, ou **luz visível**, corresponde a uma pequena parcela desse espectro. O conjunto dos diferentes comprimentos de onda é denominado **espectro eletromagnético** e abrange as ondas de rádio, as micro-ondas, os raios infravermelhos, ultravioleta, X e gama. O Sol emite todos esses tipos de radiação, sendo que a atmosfera bloqueia grande parte delas.

O olho humano é sensibilizado apenas por ondas eletromagnéticas cujos comprimentos de onda ficam entre 400 nm e 750 nm. Por esse motivo, as ondas dentro dessa faixa são chamadas de luz visível.

GLOSSÁRIO

Nanômetro (nm): unidade de medida de comprimento que equivale a um bilionésimo de metro. 1 nm $= 10^{-9}$ m.

ESPECTRO ELETROMAGNÉTICO

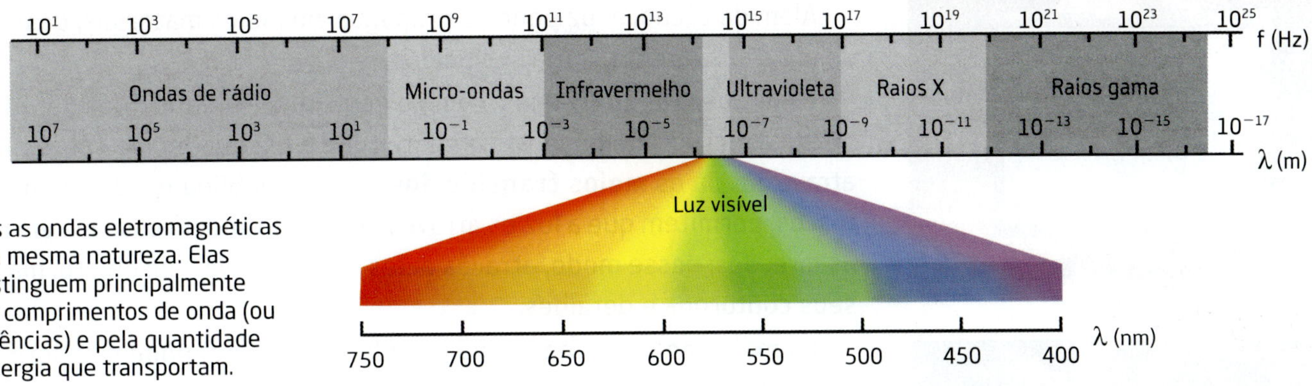

Todas as ondas eletromagnéticas têm a mesma natureza. Elas se distinguem principalmente pelos comprimentos de onda (ou frequências) e pela quantidade de energia que transportam.

Fonte: *Physics for scientists and engineers*, de P. A. Tipler; G. P. Mosca. 5. ed. Basingstoke: W. H. Freeman, 2003.

As fontes de luz

Conseguimos enxergar a chama de uma vela porque ela emite luz, e parte dessa luz chega aos nossos olhos. Os objetos no ambiente iluminado pela vela, por sua vez, são visíveis porque refletem parte da luz que recebem. Essa luz é refletida em várias direções, inclusive em direção aos nossos olhos.

Sabendo disso, podemos classificar os objetos visíveis em dois tipos:

- **Fonte primária ou corpos luminosos**: são corpos que emitem luz, como o Sol, uma vela ou uma lâmpada acesas e as telas de computadores, celulares e *tablets*.
- **Fonte secundária ou corpos iluminados**: são corpos, como um livro impresso, que recebem luz de alguma fonte luminosa. Quando não há fontes primárias de luz, o livro deixa de ser iluminado. A Lua é outro exemplo de corpo iluminado – no caso, pela luz do Sol.

Multimídia interativa

Poluição eletromagnética

As lâmpadas artificiais da cidade são fontes primárias de luz. A Lua, que reflete os raios do Sol, é uma fonte secundária de luz.

SILVESTRE MACHADO/OPÇÃO BRASIL IMAGENS

FOTOS: EDUARDO SANTALIESTRA

Meio opaco (**A**), meio translúcido (**B**) e meio transparente (**C**).

Meios de propagação da luz

Além do vácuo, a luz pode se propagar em meios materiais, desde que sejam transparentes ou translúcidos.

Os **meios transparentes**, como o ar, a água e alguns tipos de vidro ou plástico, permitem que praticamente toda a luz que incide sobre eles os atravesse. Já os **meios translúcidos**, como a neblina e vidro ou plástico foscos, permitem que a luz os atravesse, mas difundem essa luz em todas as direções; desse modo, através deles é possível ver um objeto, mas não seus contornos e detalhes.

Os meios **opacos**, como uma parede ou um livro, podem refletir e/ou absorver a luz que os atinge, não permitindo que ela os atravesse; assim, não é possível ver através de um meio opaco.

A luz e as sombras

Quando a luz atinge um corpo opaco, esse corpo reflete e/ou absorve a luz, de modo que a região atrás dele não é iluminada. Em um dia de Sol, você é o objeto opaco, o Sol é a fonte de luz e o chão é um anteparo onde se vê uma região não iluminada: sua sombra.

A formação das sombras é consequência de uma propriedade da luz: ela se propaga em **linha reta**. Além disso, os corpos luminosos emitem luz em todas as direções. Podemos representar a luz que sai de um corpo luminoso e atinge um objeto qualquer por meio de segmentos de reta que descrevem o caminho percorrido pela luz, como nos esquemas a seguir.

Se a fonte luminosa for pontual, isto é, de dimensão bem menor que o corpo opaco, forma-se no espaço uma região de **sombra**. Por outro lado, se a fonte tiver dimensões semelhantes às do corpo, forma-se também uma região de **penumbra**. A penumbra é uma área que recebe luz de apenas uma parte da fonte luminosa.

FORMAÇÃO DE SOMBRA

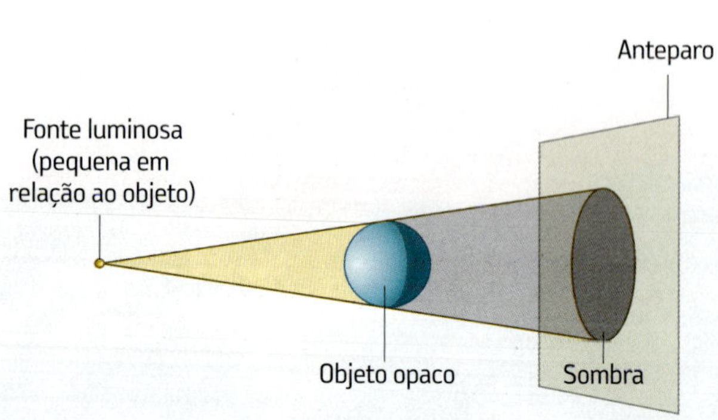

As sombras aparecem quando um objeto opaco fica entre uma fonte pontual de luz e um anteparo.

FORMAÇÃO DE SOMBRA E DE PENUMBRA

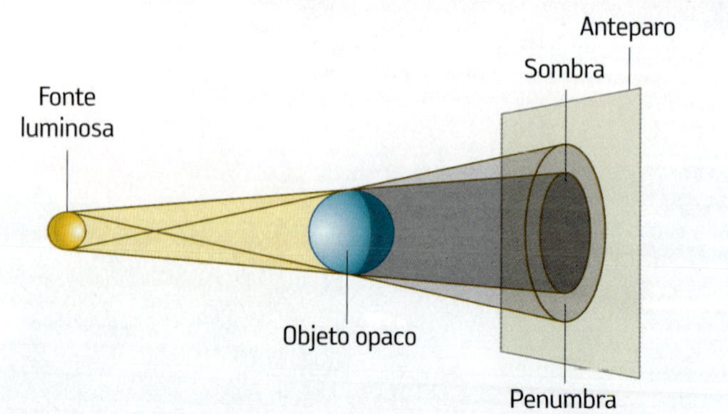

Quando a fonte de luz é extensa o suficiente, surge uma região que é iluminada apenas por parte da fonte luminosa: a penumbra.

Saiba mais!

OS ECLIPSES

A palavra eclipse deriva do grego e significa "esconder". Nos eclipses, um corpo celeste pode ser "escondido" por outro, que passa na sua frente. Os eclipses do Sol e da Lua ocorrem por causa de certos alinhamentos desses astros com a Terra.

Eclipse do Sol

Durante o eclipse solar, a Lua bloqueia nossa visão do Sol. Um eclipse solar pode ser total ou parcial, dependendo da região onde está a pessoa que vê o fenômeno. Se a pessoa está na região de sombra produzida pela Lua, vê um eclipse total do Sol, se está na região de penumbra, vê um eclipse parcial do Sol. Durante um eclipse solar, o dia fica escuro por alguns instantes, como se fosse noite.

MODELO DE ECLIPSE DO SOL

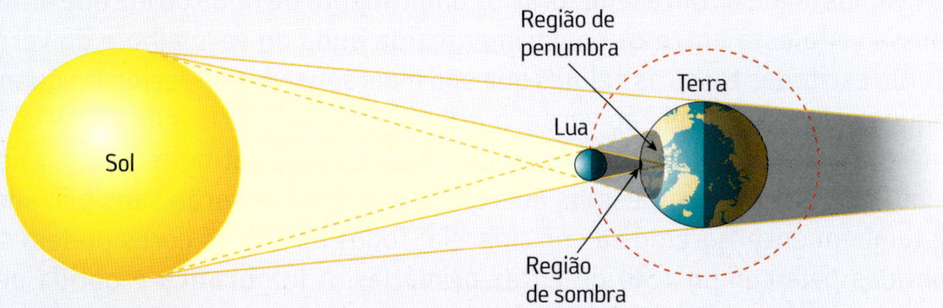

Fonte: Ilustração elaborada com base em: <http://astro.if.ufrgs.br/eclipses/eclipse.htm>. Acesso em: maio 2014.

KEITH TARRIER/SHUTTERSTOCK

Algumas regiões da Terra ficam dentro das regiões de sombra e de penumbra projetadas pela Lua, em que se observam os eclipses solares total e parcial, respectivamente. Acima, eclipse solar total fotografado em Tóquio, Japão, em 2012.

Eclipse da Lua

Ao contrário do eclipse do Sol, que só pode ser visto em algumas regiões da Terra, o eclipse da Lua pode ser observado em qualquer região onde ela esteja visível.

O eclipse lunar pode ocorrer quando a Terra está entre o Sol e a Lua. O eclipse é total se a Lua encontra-se completamente dentro da região de sombra produzida pela Terra. Quando apenas uma parte da Lua encontra-se dentro da região de sombra, o eclipse é parcial.

MODELO DE ECLIPSE DA LUA

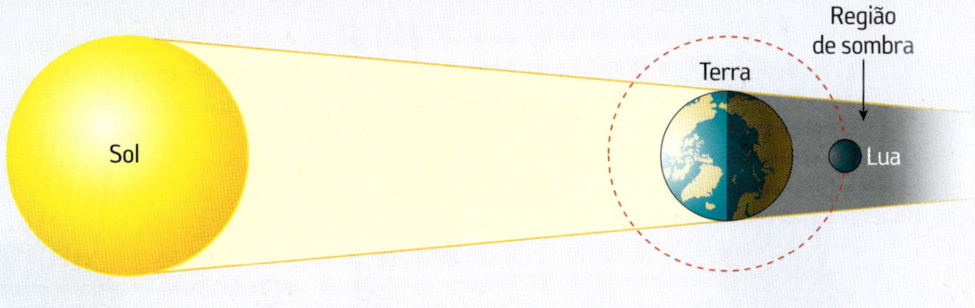

Fonte: Ilustração elaborada com base em: <http://astro.if.ufrgs.br/eclipses/eclipse.htm>. Acesso em: maio 2014.

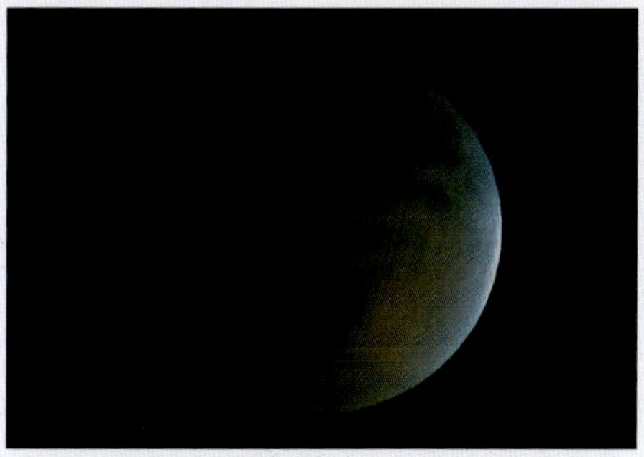

JUSTIN SULLIVAN/GETTY IMAGES

A Lua encontra-se dentro da região de sombra projetada pela Terra durante o eclipse lunar total. Na foto, um eclipse total da Lua fotografado na Califórnia, EUA, em 2014.

Cor da luz	Comprimento de onda (nm)
Violeta	400 a 450
Anil	450 a 500
Azul	500 a 530
Verde	530 a 570
Amarela	570 a 590
Laranja	590 a 620
Vermelha	620 a 750

Fonte: <www.if.ufrgs.br/mpef/mef004/20021/Claudia/Html/espectroeletromagnetico.html>. Acesso em: maio 2014.

MILANB/SHUTTERSTOCK

A luz solar pode ser decomposta em diversas cores, que seguem por direções ligeiramente diferentes ao atravessar um prisma.

A luz e a percepção das cores

Como vimos, as ondas eletromagnéticas capazes de sensibilizar nossa visão recebem o nome de **luz visível**. Essas ondas, com comprimentos entre 400 nm e 750 nm, correspondem a uma pequena parcela de todo o espectro eletromagnético. Dentro desse intervalo, cada frequência ou comprimento de onda é interpretado pelo nosso sistema visual como uma cor diferente. Veremos como ocorre esse processo.

A retina contém células específicas, chamadas cones e bastonetes, que são sensíveis à luz visível. Enquanto os bastonetes permitem distinguir a intensidade da luz (mais claro ou mais escuro), os três tipos de cones são mais sensíveis a três comprimentos de onda específicos, 700 nm, 550 nm e 450 nm, que correspondem, respectivamente, às cores vermelha, verde e azul. Essas são as chamadas **cores primárias** da luz. Quando a luz que chega aos nossos olhos tem um comprimento de onda diferente daqueles das cores primárias, ela é interpretada como uma mistura dessas cores.

Vamos analisar um exemplo: se o comprimento de onda da luz que atinge nossa vista está entre os comprimentos de onda do vermelho e do verde, serão excitadas tanto as células que são mais sensíveis ao vermelho quanto aquelas mais sensíveis ao verde, e assim enxergaremos a cor amarela. Da mesma maneira, se uma luz vermelha e uma luz verde atingirem nossa vista simultaneamente, os mesmos dois grupos de células serão sensibilizados, e também enxergaremos a cor amarela. Todas as outras cores podem ser obtidas pela composição de cores primárias. A luz **branca** é obtida pela composição das três cores primárias.

As cores dos objetos

Os objetos refletem e/ou absorvem parte da luz que os atinge. Os comprimentos de onda que serão refletidos e absorvidos variam de acordo com o material que constitui o objeto, definindo sua cor.

Por exemplo, quando a casca de uma melancia é iluminada pela luz solar, isto é, pela luz branca, enxergamos tons de verde porque ela reflete as ondas cujo comprimento corresponde ao da cor verde, enquanto as cores com outros comprimentos de onda são absorvidas. Como somente alguns comprimentos de onda são refletidos, esse fenômeno recebe o nome de **reflexão seletiva**.

REFLEXÃO DA LUZ BRANCA EM CORPOS COM DIFERENTES CORES

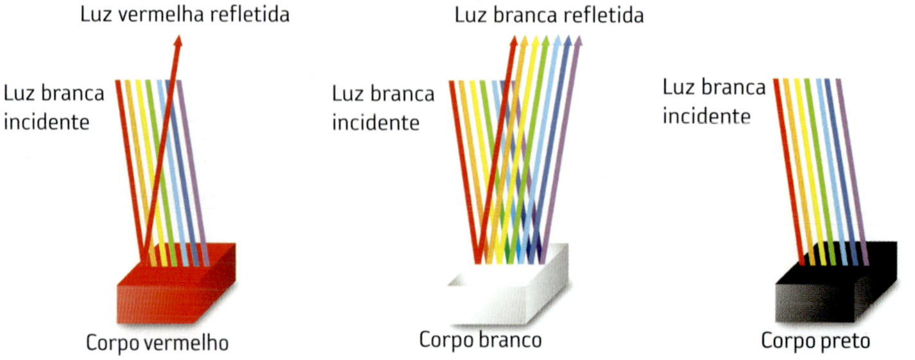

Um objeto vermelho reflete a luz com a frequência do vermelho e absorve as outras cores da luz branca. Veremos um objeto como branco se ele refletir todas as cores, e veremos como preto se o objeto absorver todas as cores.

TEMA

5 Reflexão e refração da luz

Ao atingir a superfície que separa dois meios, a luz pode ser absorvida, refletida ou refratada.

REFLEXÃO REGULAR

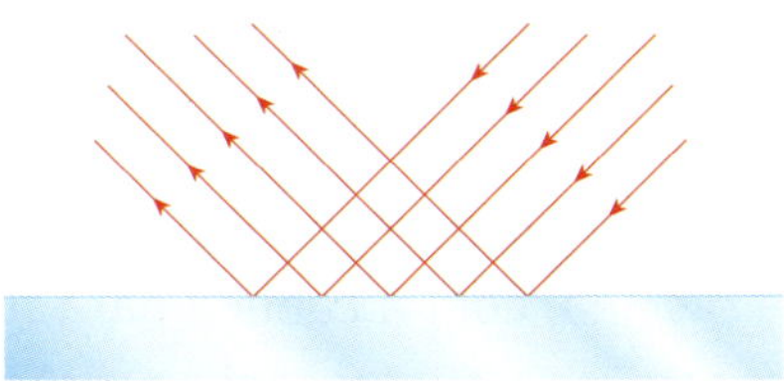

A **reflexão regular** ocorre em superfícies lisas e polidas; os raios refletidos são todos paralelos.

REFLEXÃO DIFUSA

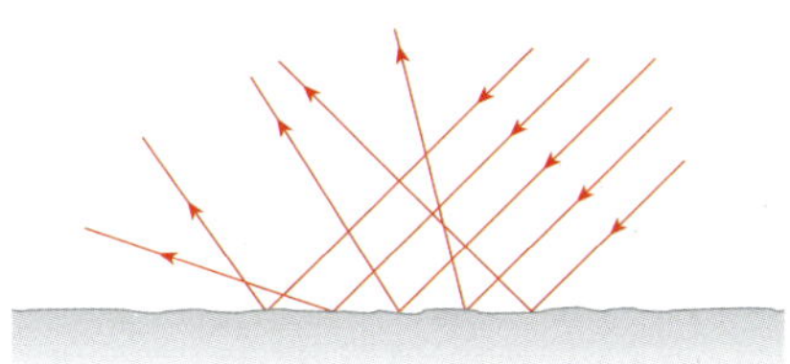

A **reflexão difusa** ocorre em superfícies irregulares; os raios refletidos têm direções diferentes.

FABIO YOSHIHITO MATSUURA/MOSAICO FOTOGRAFIA

A imagem de um objeto formada por um espelho plano tem a mesma dimensão que o objeto.

A reflexão da luz

Ao incidir sobre uma superfície, a luz pode ser refletida, isto é, voltar ao meio em que se propagava. A figura a seguir mostra um esquema para o modelo da **reflexão luminosa**. Nela, a luz é representada por segmentos de reta orientados por setas e a reflexão ocorre sobre um espelho.

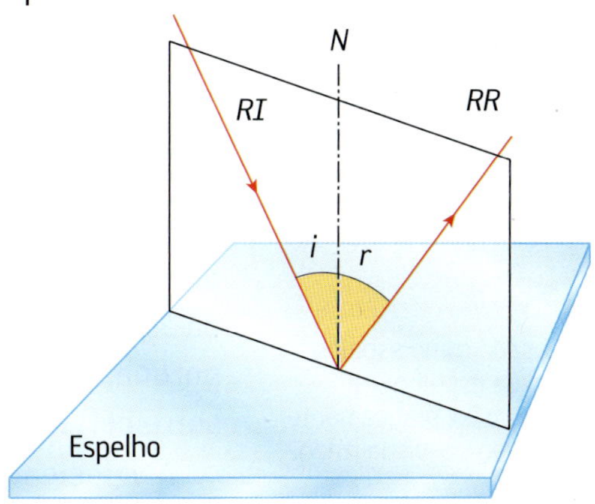

O raio de luz que atinge a superfície refletora é o raio incidente (RI), e o que parte da superfície é o raio refletido (RR). A normal (N) é uma reta imaginária, que forma um ângulo de 90° com a superfície refletora (neste caso, o espelho) e passa pelo ponto em que o raio incidente atinge a superfície. A luz é refletida segundo as leis da reflexão:

- os raios incidentes, os refletidos e a normal estão no mesmo plano;
- o ângulo de incidência (*i*) tem a mesma medida que o ângulo de reflexão (*r*).

Dependendo da superfície refletora, a luz pode sofrer **reflexão regular** ou **reflexão difusa**. Enxergamos a maioria dos corpos iluminados porque eles refletem a luz de maneira difusa.

Espelhos planos e espelhos curvos

Os espelhos são superfícies polidas muito lisas nas quais ocorre a reflexão regular da luz. Os espelhos mais comuns são planos e formados por uma placa de vidro com uma das faces recoberta por uma camada metálica refletora, em geral de prata. Além desses espelhos, outras superfícies refletem a luz de maneira regular, como objetos metálicos polidos e a superfície parada da água.

Quando você se olha no espelho, vê uma imagem refletida de seu rosto. Inicialmente, seu rosto reflete a luz que recebe, de forma difusa e em todas as direções. Essa luz refletida por seu rosto incide no espelho e é refletida de forma tão regular que, quando atinge os seus olhos, você vê a sua imagem com todos os detalhes.

MARTYN F. CHILLMAID/SCIENCE PHOTO LIBRARY/LATINSTOCK

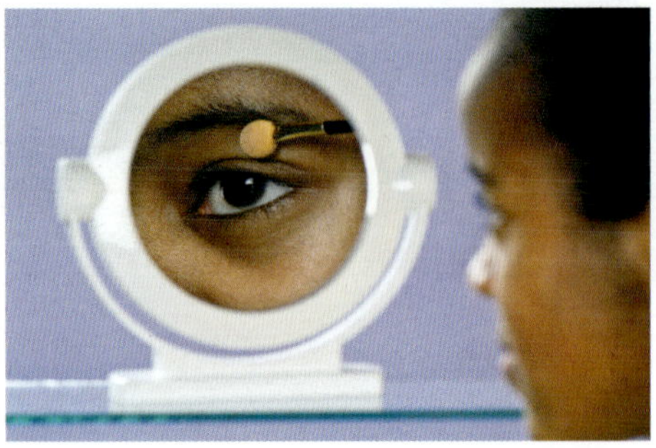

Espelho côncavo usado para maquiagem. Esse tipo de espelho pode produzir imagens maiores que os objetos, e permite ver detalhes da pele do rosto.

MÁRCIO ISENSEE/OPÇÃO BRASIL IMAGENS

Espelho convexo sendo usado como espelho retrovisor. Como esse tipo de espelho apresenta maior campo de visão, praticamente todo o interior do ônibus pode ser visualizado.

Os espelhos curvos podem produzir imagens de objetos com alterações de suas dimensões. Uma colher de metal bem limpa e polida é um exemplo de espelho curvo. Sua superfície interior tem uma superfície espelhada côncava, e a superfície exterior tem uma superfície espelhada convexa.

Quando os objetos estão suficientemente próximos ao **espelho côncavo**, as imagens produzidas são maiores que os objetos e com a mesma orientação espacial, isto é, não invertidas. Por isso, são geralmente utilizados em instrumentos de dentistas, de maquiagem, de barbear etc. Quando os objetos estão mais afastados, esse tipo de espelho pode produzir imagens invertidas. Os raios de luz que incidem paralelamente em um espelho côncavo são dirigidos para um único ponto, chamado **foco**.

Os **espelhos convexos** produzem imagens não invertidas e menores que os objetos. Eles apresentam um campo de visão maior que o dos espelhos planos. Por isso, são utilizados como espelhos retrovisores em motocicletas e automóveis, em elevadores, em saídas de garagens etc.

A refração da luz

Você já observou que um canudo imerso na água parece estar "quebrado"? E quando você está em pé em uma piscina, com a cabeça para fora da água, já reparou que suas pernas parecem mais curtas? Isso acontece porque, quando a luz passa do ar para a água, ou da água para o ar, ela sofre **refração**.

A velocidade da luz é diferente em cada meio: no ar, é de aproximadamente 300.000 km/s, enquanto na água, de cerca de 225.000 km/s. A refração ocorre quando a luz muda de velocidade ao atravessar a fronteira entre dois meios.

É por causa da refração que, se olharmos para um objeto imerso na água, nós o veremos em uma posição diferente de sua posição real. A figura ao lado mostra um esquema para o modelo da refração em que a luz é representada por um segmento de reta orientado por seta.

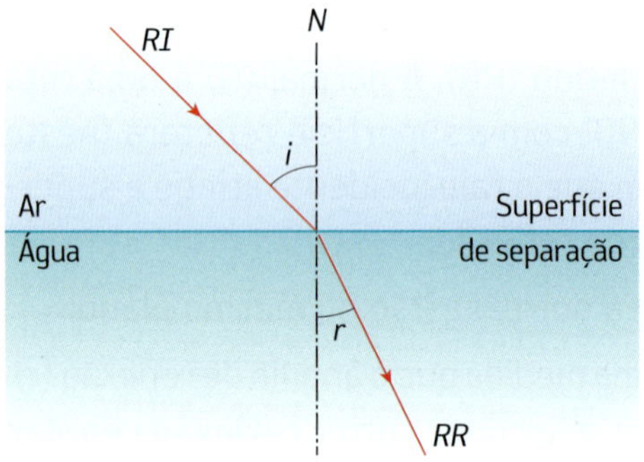

Se o raio incidente for oblíquo em relação à superfície, o **ângulo de incidência** (*i*) será diferente do **ângulo de refração** (*r*), e o raio de luz será desviado.

Entrando na rede

Para visualizar o fenômeno da refração e o desvio do raio de luz, experimente o simulador disponível em http://phet.colorado.edu/pt_BR/simulation/bending-light, no qual você pode variar o ângulo de incidência, o meio de propagação e fazer outros testes.

Acesso em: maio 2014.

Vamos fazer

ONDE ESTÁ A MOEDA?

Material

- Caneca opaca
- Moeda
- Água

Procedimento

1. Coloque uma moeda no fundo de uma caneca e olhe para ela.
2. Vá andando para trás até que você não enxergue mais a moeda. Pare nessa posição.
3. Peça a um colega que coloque água na caneca, com cuidado para não mover a moeda.

Registre em seu caderno

- O que acontece quando a caneca fica cheia?

Lentes

Chamamos de lentes os instrumentos que modificam a trajetória da luz por meio da refração. Em geral, elas são de vidro ou de acrílico, mas podem ser feitas de outros materiais transparentes, e ao menos uma de suas faces deve ser curva. As lentes podem ser convergentes ou divergentes.

As **lentes convergentes** possibilitam obter imagens ampliadas de um objeto e são usadas na construção de microscópios e lupas. Quando colocadas próximas aos objetos, as lentes convergentes produzem imagens maiores; se forem colocadas distantes dos objetos, formam imagens menores e invertidas. São também utilizadas como lentes corretivas para pessoas que têm hipermetropia (incapacidade de ver claramente objetos próximos).

As **lentes divergentes** sempre formam imagens menores que os objetos, independentemente da distância entre eles. São utilizadas como lentes corretivas para miopia (incapacidade de ver claramente objetos distantes) e no "olho mágico" das portas.

ANDREW LAMBERT PHOTOGRAPHY/SCIENCE PHOTO LIBRARY/LATINSTOCK

As lentes convergentes ampliam as imagens quando colocadas próximas aos objetos.

TECNOLOGIA EM PAUTA

O telescópio Hubble

Durante muito tempo, o olho foi o único instrumento que a humanidade utilizou para observar o ambiente. Contudo, o olho apresenta limitações para ver detalhadamente objetos muito distantes, como as estrelas, nebulosas e galáxias. Estudando como a luz é refletida por espelhos e refratada por lentes, o ser humano construiu vários instrumentos ópticos, como o telescópio, que permitem observar corpos celestes muito distantes.

Além dos grandes observatórios localizados em vários pontos da Terra, foram criados diversos telescópios espaciais, que podem captar as ondas eletromagnéticas sem sofrer interferência da atmosfera. O telescópio Hubble é um dos exemplos mais famosos: colocado em órbita em 1990, possui sensores capazes de captar não apenas a luz visível, mas também radiações ultravioleta e infravermelha. Ele conta com dois espelhos: o chamado espelho primário tem 2,4 m de diâmetro e converge a radiação eletromagnética proveniente dos astros para o espelho secundário, que mede 30 cm de diâmetro e redireciona a luz para os sensores.

Embora esteja em uso há mais de duas décadas, o Hubble continua fornecendo imagens importantes para a nossa compreensão do Universo, e pode ser mantido em uso até 2020, segundo expectativas de seus controladores. O telescópio espacial James Webb, apontado como substituto do Hubble, tem lançamento previsto para 2018.

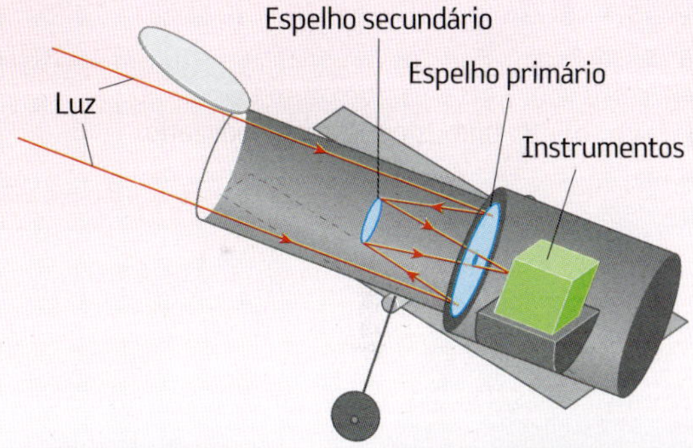

NASA/ESA

Telescópio espacial Hubble, que foi lançado em 1990 pela Nasa (Agência espacial norte-americana).

De olho no tema

Quais fenômenos ópticos ocorrem nos espelhos e nas lentes? Explique-os e indique o que ocorre com os raios de luz.

O segredo da capa invisível

A capacidade de se tornar invisível está presente em inúmeras histórias de ficção, e alguns cientistas acreditam que isso realmente será possível um dia – mas como?

Enxergamos os objetos porque a luz que eles emitem ou refletem chega aos nossos olhos. Por outro lado, materiais transparentes, como a água e o vidro, podem nos parecer invisíveis quando a luz os atravessa sem sofrer reflexão ou refração significativas.

Na maioria das situações, materiais transparentes, como o vidro, são visíveis porque a luz sofre reflexão e/ou refração ao atingi-los.

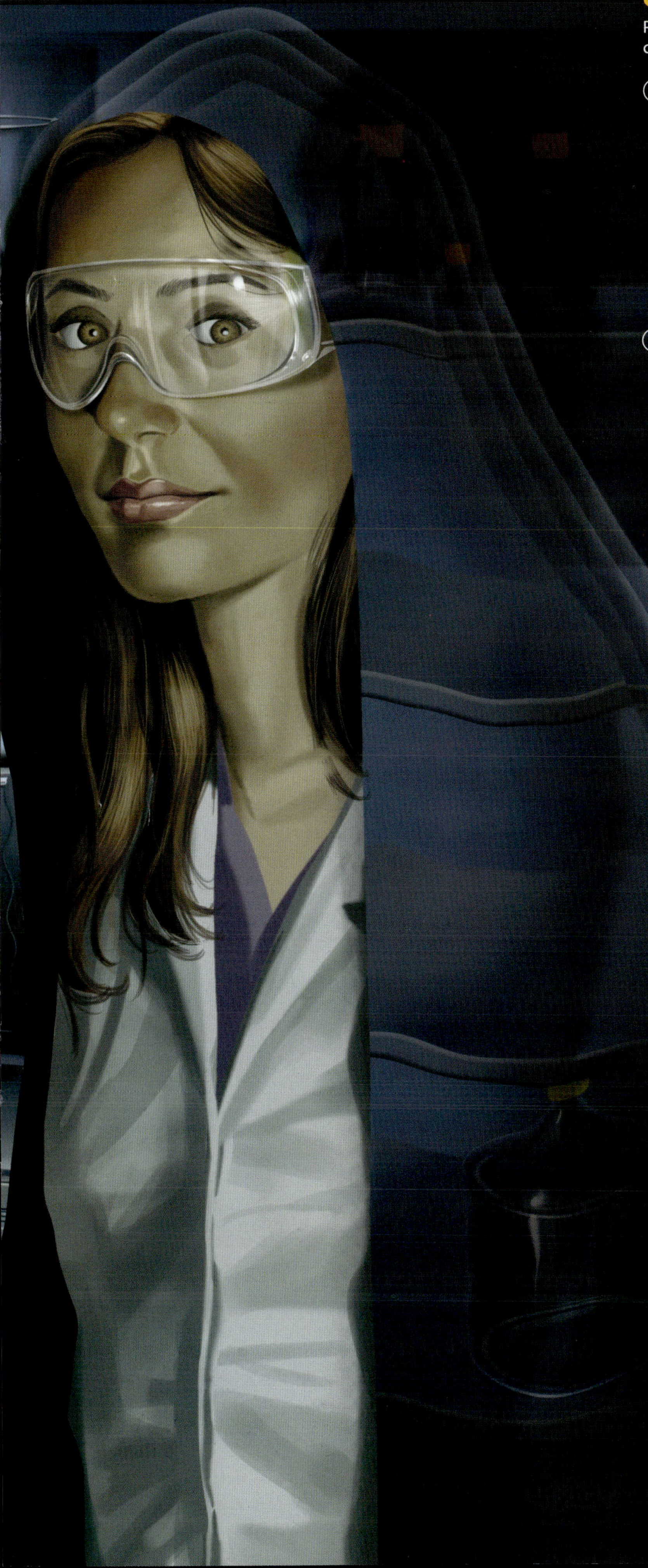

Como funcionaria?

Para imaginar como essa capa funcionaria, repare nas três lâmpadas coloridas do computador que está atrás do braço direito da cientista.

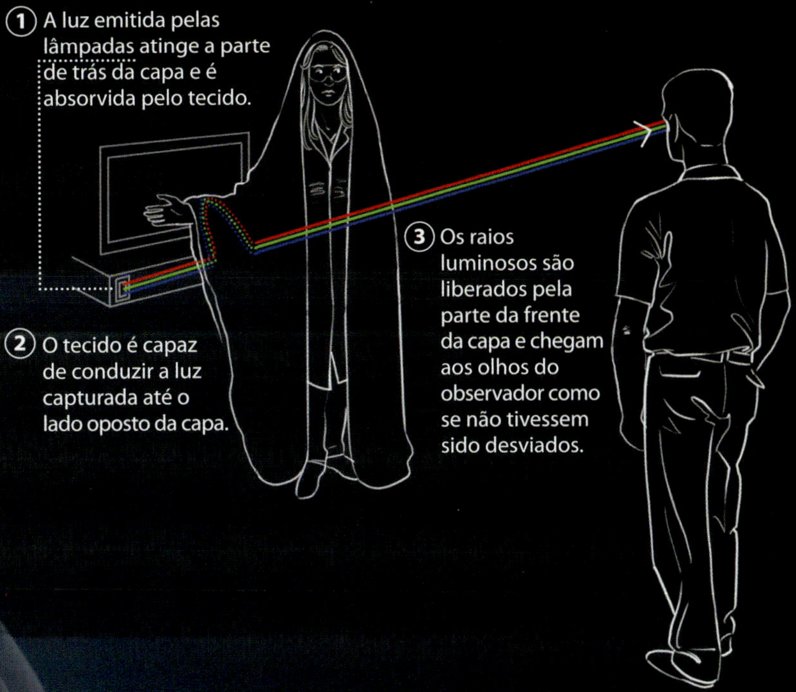

Embora os princípios envolvidos no funcionamento de um manto de invisibilidade sejam relativamente simples, construir um material que tenha as propriedades necessárias não é tarefa fácil. Interessados no desafio, o físico norte-americano dr. David R. Smith e seus colaboradores da Universidade de Duke, nos EUA, desenvolveram um escudo que impede as ondas eletromagnéticas na faixa das micro-ondas de atingirem seu centro, conduzindo-as ao redor dele. Dessa forma, objetos colocados no centro do escudo são indetectáveis para sensores de micro-ondas – embora permaneçam visíveis para nós.

Apesar do grande avanço, o dr. Smith reconhece que a produção de um material que funcione assim para todo o espectro de luz visível é um desafio muito maior e que ainda está longe de ser vencido.

Atividades

1. Por que a mão direita da cientista produz sombra, mas o braço não? Explique os fenômenos ópticos envolvidos na sua resposta.
2. O que aconteceria se a capa de invisibilidade funcionasse apenas para uma parte do espectro de luz visível, absorvendo as demais ondas luminosas?

Fonte: Invisible Revolution, de Philip Ball. *MIT Technology Review*. Disponível em: <www2.technologyreview.com/article/407474/tr10-invisible-revolution/>. Acesso em: jul. 2014.

ATIVIDADES

TEMAS 4 E 5

ORGANIZAR O CONHECIMENTO

1. **Responda às questões.**

a) O que são corpos luminosos?

b) O que são corpos iluminados?

c) Como funciona o olho humano?

d) O que são corpos transparentes, translúcidos e opacos? Dê exemplos.

e) De acordo com a superfície refletora, como a reflexão pode ser classificada?

f) Do que depende a cor de um objeto?

2. **Reescreva as afirmações erradas, corrigindo-as.**

a) Você enxerga um livro impresso porque ele reflete luz.

b) A luz do luar é, na verdade, a luz solar refletida pela superfície da Lua.

c) A luz verde e a luz amarela são ondas eletromagnéticas com o mesmo comprimento de onda, o da luz visível.

d) Quando a luz incide sobre um objeto transparente, produzindo reflexão difusa, produz-se sombra.

ANALISAR

3. **Os astronautas que estiveram na Lua comunicavam-se com a Terra por meio de equipamentos que emitiam e captavam ondas eletromagnéticas.**

a) Quanto tempo essas ondas demoram para chegar à Terra, se a distância até a Lua é de aproximadamente 384.000 km?

b) Supondo que o espaço fosse preenchido de água, quanto tempo demoraria essa mesma comunicação?

c) Considerando ainda um espaço preenchido por água, quanto tempo uma onda sonora levaria para percorrer a mesma distância? (Considere a velocidade do som na água igual a 1.500 m/s.)

4. **A margarida abaixo foi fotografada sob uma fonte de luz branca. Assim, vemos suas brácteas na cor branca, seu disco central na cor amarela e suas folhas na cor verde. Identifique a cor que essas mesmas partes teriam se fossem iluminadas por uma fonte de luz monocromática:**

DENNIS VAN DE WATER/SHUTTERSTOCK

a) amarela

b) vermelha

c) azul

5. **Compare os esquemas dos eclipses do Sol e da Lua da página 195 com os esquemas de formação de sombra e penumbra da página 194. No caso de eclipse solar e lunar, indique que corpos são: fonte de luz; corpo opaco iluminado; anteparo onde a sombra é projetada.**

6. **Observe as fotos e faça o que se pede.**

G. EVANGELISTA/OPÇÃO BRASIL IMAGENS

SERGE KOZAK/GETTY IMAGES

a) Descreva o fenômeno óptico retratado na fotografia **A**.

b) Descreva o fenômeno óptico retratado na fotografia **B**.

7. **Catarina precisa comprar um espelho para maquiagem. Ela quer ver uma imagem de seu rosto aumentada duas vezes. Que espelho ela deve comprar? Justifique.**

8. **O forno solar de Odeillo, na França, é composto de 9.500 espelhos planos dispostos em uma superfície curva, funcionando como um enorme espelho côncavo. A temperatura no interior da fornalha, que se encontra no alto da torre em frente aos espelhos, pode atingir 3.800 °C. Explique como ele funciona.**

ALBRECHT WEI_ER/ WESTEND61 RM/DIOMEDIA

9. **Uma gota de água parada sobre determinada superfície funciona como uma lente, ampliando a imagem abaixo dela. Por que isso ocorre? A que tipo de lente a gota corresponde?**

EXPLORE

Um arco-íris em suas mãos

O arco-íris é um fenômeno atmosférico relativamente comum, associado a dois elementos: Sol e chuva – ou seja, luz branca e água. Contudo, somente a presença deles não basta para o arco-íris aparecer no céu.

Nesta atividade, você e seu grupo produzirão um arco-íris utilizando um borrifador de água. Vocês deverão identificar quais condições são necessárias para a ocorrência desse fenômeno.

Atividades

MATERIAL

- Borrifador
- Água

PROCEDIMENTO

1. Inicialmente, discuta com seus colegas de grupo as condições que vocês julgam necessárias para a formação do arco-íris. Pensem em questões como: Os arco-íris se formam em qualquer hora do dia? Com o céu limpo ou nublado? Formam-se entre o observador e o Sol?
2. Com base nas questões que vocês discutiram, decidam como será feito o procedimento com o borrifador. De maneira geral, um integrante do grupo deve acionar o borrifador e os demais devem observar. Se vocês escolheram os parâmetros corretos, um arco-íris deve se formar na água borrifada.

ANALISAR OS RESULTADOS

1. Quais fenômenos devem estar envolvidos na formação de um arco-íris? Converse com seus colegas de grupo e com o professor e elaborem uma explicação para isso, baseando-se no que estudaram nesta Unidade.

COMPARTILHAR

2. Se possível, utilize um aparelho celular ou uma máquina fotográfica para obter uma imagem do arco-íris que vocês criaram. Compatilhe-a com seus colegas. Ao comparar sua fotografia com as dos outros, note diferenças e semelhanças entre o tamanho do arco-íris e a intensidade das cores.

Aplicando conhecimentos prévios

Quando confrontados com novos problemas ou desafios, podemos recorrer aos conhecimentos que já temos sobre o assunto para tentar solucioná-los. Mesmo que o problema pareça completamente novo para nós, podemos pensar em situações conhecidas similares. A prática desse hábito simples certamente ajuda a enfrentar situações novas.

BJONESPHOTOGRAPHY/SHUTTERSTOCK

Explorar o tema

Deficiência visual

O que é deficiência visual?

A deficiência visual é definida como a perda total ou parcial, congênita ou adquirida, da visão. O nível de acuidade visual pode variar, o que determina dois grupos de deficiência:

- **Cegueira** – há perda total da visão ou pouquíssima capacidade de enxergar, o que leva a pessoa a necessitar do Sistema Braille como meio de leitura e escrita.
- **Baixa visão ou visão subnormal** – caracteriza-se pelo comprometimento do funcionamento visual dos olhos, mesmo após tratamento ou correção. As pessoas com baixa visão podem ler textos impressos ampliados ou com uso de recursos ópticos especiais.

Visão subnormal ou baixa visão?

Dizemos que uma pessoa tem visão subnormal ou baixa visão quando apresenta 30% ou menos de visão no melhor olho, após todos os procedimentos clínicos, cirúrgicos e correção com óculos comuns. Essas pessoas apresentam dificuldades no dia a dia de ver detalhes. Por exemplo, veem as pessoas mas não reconhecem a feição, as crianças enxergam a lousa porém não identificam as palavras, no ponto de ônibus não reconhecem os letreiros.

Pessoa com deficiência

A construção de uma verdadeira sociedade inclusiva passa também pelo cuidado com a linguagem. Na linguagem se expressa, voluntariamente ou involuntariamente, o respeito ou a discriminação em relação às pessoas com deficiências.

Ao longo dos anos, os termos que definem a deficiência foram adequando-se à evolução da ciência e da sociedade. Atualmente, o termo correto a ser utilizado é: **Pessoa com deficiência**, que faz parte do texto aprovado pela Convenção Internacional para Proteção e Promoção dos Direitos e Dignidades das Pessoas com Deficiência, aprovado pela Assembleia Geral da ONU em 2006 e ratificada no Brasil em julho de 2008.

Sobre deficiência visual no Brasil

Segundo a Organização Mundial da Saúde, as principais causas de cegueira no Brasil são catarata, glaucoma, retinopatia diabética, cegueira infantil e degeneração macular.

Segundo dados do IBGE de 2010, no Brasil, mais de 6,5 milhões de pessoas têm alguma deficiência visual. Desse total:

- 528.624 pessoas são incapazes de enxergar (cegos);
- 6.056.654 pessoas possuem grande dificuldade permanente de enxergar (baixa visão ou visão subnormal).

Fonte: Fundação Dorina Nowill para cegos. Disponível em: <www.fundacaodorina.org.br/deficiencia-visual/>. Acesso em: maio 2014.

Deficiência visual é a mais comum

Do total da população brasileira, 23,9% (45,6 milhões de pessoas) declararam ter algum tipo de deficiência. Entre as deficiências declaradas, a mais comum foi a visual, atingindo 3,5% da população. Em seguida, ficaram problemas motores (2,3%), intelectuais (1,4%) e auditivos (1,1%).

Vimos que uma parcela significativa da população apresenta algum tipo de deficiência, sendo a visual a mais comum. Atualmente, a legislação nacional recomenda que alunos com deficiência visual estudem nas mesmas salas que seus colegas com visão normal.

Nesta Unidade, vimos conceitos e fenômenos que têm forte relação com a visão, como a classificação dos meios de propagação e das cores. Entretanto, conceitos como raio de luz, reflexão regular e difusa, refração, entre outros, são apoiados em noções geométricas, que podem ser comunicados a deficientes visuais com a ajuda de dispositivos que sensibilizem o tato. Veja um exemplo a seguir.

FABIO YOSHIHITO MATSUURA/MOSAICO FOTOGRAFIA

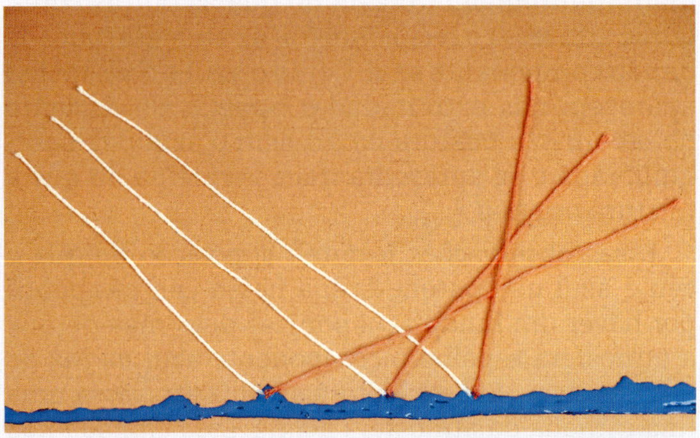

Os conceitos de reflexão regular e difusa podem ser explicados por meio de modelos táteis como este que utiliza papelão e barbantes.

Criar

1. **Esta atividade pode ser feita em grupos de três ou quatro alunos. Vocês devem construir um modelo tátil para comunicar algum conceito sobre luz a colegas de outro grupo. Voltem aos temas anteriores desta Unidade e coloquem a criatividade em prática. Quando a montagem estiver pronta, vocês devem apresentá-la a integrantes de outro grupo, que devem estar com os olhos vendados. Quando os outros grupos apresentarem o modelo deles para vocês, usem essa experiência para tentar compreender as dificuldades que uma pessoa com deficiência visual teria nessa situação. Após apresentarem o modelo a alguns colegas, discutam se aquele que vocês criaram pode ser melhorado e façam as alterações que julgarem necessárias.**

Comunicar-se com clareza

Quando comunicamos nossas ideias, seja pela fala, seja pela escrita, precisamos sempre nos expressar com clareza. Se isso não ocorre, a comunicação deixa de ser efetiva – não conseguimos transmitir nossa mensagem. Uma comunicação clara requer um objetivo claro. Uma boa prática é, antes de expressar sua ideia, procurar organizar o raciocínio, definindo como você irá iniciar, desenvolver e concluir sua mensagem.

Trocar ideias sobre o tema

No projeto **Viva a diferença**, o Ministério Público Federal aponta que "a lei nº 10.098/2000 estabelece normas e critérios para promover a **acessibilidade** das pessoas portadoras de deficiência ou com mobilidade reduzida. De acordo com ela, acessibilidade significa dar a essas pessoas condições para alcançarem e utilizarem, com segurança e autonomia, os espaços, mobiliários e equipamentos urbanos, as edificações, os transportes e os sistemas e meios de comunicação. Para isso, a lei prevê a eliminação de barreiras e obstáculos que limitem ou impeçam o acesso, a liberdade de movimento e a circulação com segurança dessas pessoas".

LEE YIU TUNG/SHUTTERSTOCK

As placas táteis colocadas no chão permitem que as pessoas com deficiência visual possam se locomover com maior segurança.

Fonte: Disponível em: <www.turminha.mpf.mp.br/viva-a-diferenca/acessibilidade/o-que-e-acessibilidade-e-respeito-aos-deficientes-1>. Acesso em: maio 2014.

Analisar

2. **Em grupo, analise o espaço físico de sua escola para avaliar a acessibilidade das pessoas com deficiência (visual ou de outro tipo). Elaborem uma lista com os obstáculos as dificuldades que vocês encontraram.**

3. **Proponha soluções para os problemas que vocês encontraram. Lembre-se de que existem diversas soluções disponíveis no mercado para aumentar a acessibilidade dos ambientes. Discuta essas propostas com a turma e com o professor e avaliem quais são as mais relevantes.**

4. **Por fim, vocês podem redigir um requerimento para ser entregue à direção da escola ou à autoridade do poder executivo de seu município.**

As cores do céu

Então quais são as razões para o vermelho, o branco e o azul do pôr do sol, das nuvens e do céu? Procuremos averiguar. O passo mais importante na explicação dos fenômenos celestes, quer mecânicos como o movimento da Lua, elétricos como o relâmpago ou ópticos como o arco-íris, é trazê-los para o laboratório, onde são passíveis de experiência. No caso das cores do céu, isso é fácil. Tudo que é preciso é observar a aparência de um raio de luz, digamos de uma lanterna, filtrados através de uma jarra ou de um aquário cheio de água com um pouco de leite dissolvido. Por si só, a lâmpada apresenta uma coloração amarelada, como o Sol. Vista de frente através da água leitosa, apresenta-se distintamente avermelhada. Vista de lado, a água turva parece azul. Se a lanterna der um giro ao redor da jarra e o olho do observador se mantiver na mesma posição, pode-se observar uma contínua mudança de cor na água, do azul para o vermelho. Diferentes quantidades de leite possibilitam o estudo do efeito com diferentes intensidades.

A chave para a compreensão das diversas e belas cores do céu e seus reflexos nos lagos e oceanos é revelada nessa simples experiência. Nenhum dos ingredientes apresenta as cores vermelha ou azul: a água é clara e translúcida, o leite é branquíssimo e a luz é amarela. Não obstante, o vermelho e o azul estão escondidos no sistema. Um prisma revelaria que todas as cores do arco-íris se misturam na luz do Sol e da lâmpada. O que acontece na água é um processo conhecido como "espalhamento". Parte da luz que entra no vasilhame é transmitida diretamente, enquanto outra parte é espalhada pelas minúsculas partículas do leite e expelida para os lados, ou até mesmo para trás na direção de onde se originou. Evidentemente o grau de espalhamento depende da cor: a água se apresenta azul porque as gotículas de leite espalham muito melhor o azul do que as outras cores. O que atravessa o recipiente é a luz amarela roubada de seu componente azul. Como o azul e o vermelho aparecem nas extremidades opostas do espectro do arco-íris, a mistura da luz sem o azul fica desequilibrada e se apresenta mais vermelha do que a mistura original. [...]

Essas observações levam à suposição de que o céu é azul não porque brilha nessa cor, tampouco por haver um fundo azul por trás dele, mas porque a atmosfera espalha o componente azul da luz do Sol. Quando o Sol está alto, a sua luz atravessa uma fina camada da atmosfera acima. Essa camada não é suficientemente espessa para esgotar muito o azul da luz do Sol. À noite, entretanto, a luz do Sol poente incide obliquamente na atmosfera e segue um caminho muito maior no ar. Espalha-se mais o azul, ficando apenas o vermelho. Daí, discutindo por analogia à experiência caseira, tanto o céu azul como o pôr do sol vermelho podem ser explicados em termos de um processo fundamental: a dispersão da luz por pequenas partículas.

Fonte: *Arco-íris, flocos de neve,* quarks: a Física e o mundo que nos rodeia, de H. C. von Baeyer. Rio de Janeiro: Campus, 1994. p. 55-57.

RICARDO AZOURY/PULSAR IMAGENS

CARLOS SECCHIN/OPÇÃO BRASIL IMAGENS

Dependendo da posição aparente do Sol, o céu pode apresentar diferentes cores. As mais comuns são o azul intenso e os tons avermelhados e alaranjados no nascer ou no pôr do Sol.

Atividades

OBTER INFORMAÇÕES

1. No início do texto, o autor cita três fenômenos físicos que são passíveis de estudo em um laboratório. Quais são eles?

2. Posteriormente, o texto traz uma sugestão de experimento. Descreva os materiais utilizados e o procedimento para a sua execução. Se tiver curiosidade, realize a atividade em sua casa e verifique a variação das cores dos raios de luz da lanterna.

3. Qual é a explicação para a cor azulada e avermelhada da luz que atravessa o recipiente com a mistura de água e leite?

4. Como você explica as cores azul e vermelha do céu?

INTERPRETAR

5. No experimento, as moléculas de leite foram as responsáveis por espalhar a luz da lanterna. No céu, qual(is) elemento(s) espalha(m) a luz do Sol?

6. No experimento, observa-se a coloração azulada quando vemos o feixe de luz lateralmente, e a coloração avermelhada quando vemos o feixe frontalmente, isto é, atravessando todo o recipiente. Relacione essas duas configurações com as cores do céu e a posição do Sol.

REFLETIR

7. Em dias muito secos, o pôr do Sol apresenta uma coloração avermelhada mais intensa. Como você explica esse evento?

UNIDADE

9 ELETRICIDADE E MAGNETISMO

POR QUE ESTUDAR ESTA UNIDADE?

Nesta Unidade você vai conhecer vários fenômenos elétricos: alguns cotidianos, como o funcionamento de uma lâmpada ou pilha; outros, em experimentos, como a eletrização de um objeto. Verá que todos esses fenômenos resultam do comportamento das cargas elétricas. Aprenderá sobre materiais condutores de eletricidade e materiais isolantes e saberá como eles são utilizados nos circuitos elétricos para possibilitar a utilização segura da energia elétrica no dia a dia. Conhecerá também o magnetismo, os ímãs, a bússola, o campo magnético terrestre, além de algumas aplicações do eletromagnetismo.

Começando a Unidade

1. Observe a imagem: quais fenômenos elétricos você consegue destacar?
2. O que é um choque elétrico? Ele pode ser fatal?
3. Você já viu um eletroímã? Sabe como funciona?
4. Como se gera energia elétrica?

ERNESTO REGHRAN/PULSAR IMAGENS

Os fenômenos elétricos compreendem desde os naturais, como raios durante uma tempestade, até a iluminação artificial em nossas casas. (Descarga elétrica em Londrina, PR, 2013.)

TEMA

1 As cargas elétricas

Os fenômenos elétricos ocorrem devido à presença das cargas elétricas na estrutura da matéria.

Modelo atômico

Todos os corpos são compostos de átomos, nos quais existem três tipos de partículas: os prótons, os nêutrons e os elétrons. Estudando o comportamento dos **prótons** e dos **elétrons**, partículas dotadas de **carga elétrica**, encontraremos explicações para os fenômenos que envolvem a eletricidade.

A carga elétrica é uma propriedade da matéria e sua unidade de medida, no Sistema Internacional de Unidades (SI), é o **coulomb** (C).

Na Unidade 2, vimos o modelo atômico de Rutherford, no qual os prótons e os nêutrons encontram-se na região central do átomo, denominada **núcleo**, enquanto os elétrons permanecem em torno do núcleo, constituindo a **eletrosfera**.

A interação entre os prótons e os elétrons mostrou que existem dois tipos de cargas elétricas. Por convenção, dizemos que os prótons têm carga elétrica **positiva** (+), e os elétrons, carga elétrica **negativa** (−). Essa interação entre cargas elétricas é descrita por uma **força elétrica**, que pode ser de **repulsão**, se as cargas forem do mesmo tipo (representadas por sinais iguais), ou **atração**, se as cargas forem diferentes (representadas por sinais contrários).

ATRAÇÃO E REPULSÃO ENTRE CARGAS ELÉTRICAS

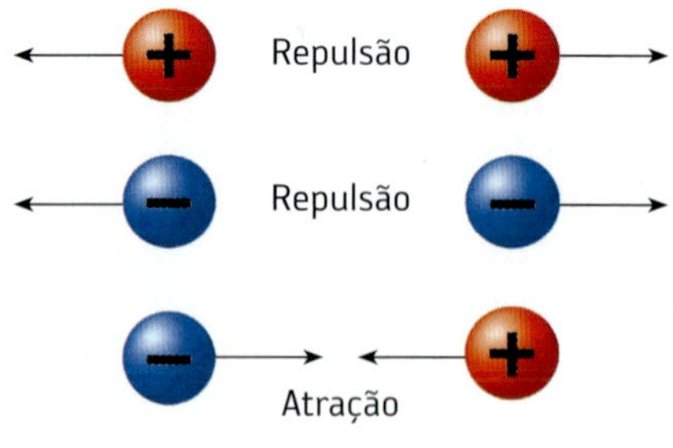

Cargas de sinais iguais se repelem, e cargas de sinais contrários se atraem. (Imagens sem escala; cores-fantasia.)

Eletrização

Quando a quantidade de cargas positivas (número de prótons) é igual à de negativas (número de elétrons), dizemos que o corpo está **eletricamente neutro**. Quando isso não ocorre, ou seja, quando há um excesso de cargas positivas ou negativas, dizemos que o corpo está **eletricamente carregado**.

Um corpo inicialmente neutro pode tornar-se eletricamente carregado por um processo denominado **eletrização**, em que somente a quantidade de elétrons nesse corpo é alterada. Com isso, duas situações podem ocorrer:

- se o corpo ficar com **menos elétrons que prótons**, dizemos que está **eletrizado positivamente**;
- se o corpo ficar com **mais elétrons que prótons**, dizemos que está **eletrizado negativamente**.

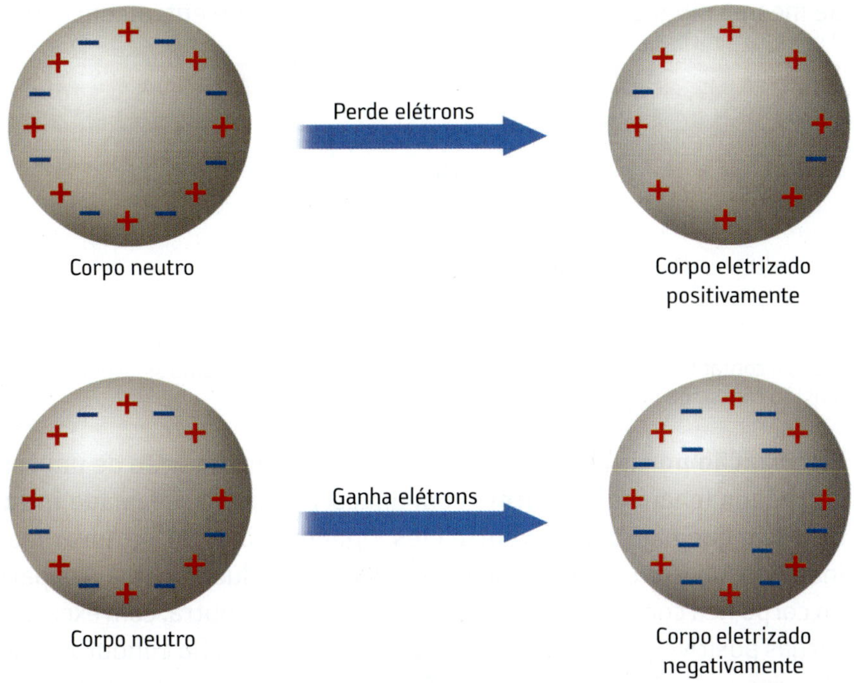

Ao perder ou ganhar elétrons, os corpos neutros tornam-se eletricamente carregados. (Imagens sem escala; cores-fantasia.)

Assim como ocorre com as cargas elétricas, quando aproximamos dois corpos, ambos carregados com o mesmo tipo de carga (positiva ou negativa), eles se repelem; quando carregados com cargas de sinais contrários, eles se atraem.

Processos de eletrização

Existem três formas de eletrização dos corpos: por atrito, por contato ou por indução.

- **Eletrização por atrito**: ocorre quando dois corpos de materiais diferentes são atritados (esfregados) um contra o outro. Por causa do atrito, alguns elétrons adquirem energia e se transferem para o outro corpo. Assim, ambos ficam eletrizados com cargas de mesmo valor, mas de sinais contrários. O corpo que perdeu elétrons fica carregado positivamente, e o que os recebeu, negativamente.

ELETRIZAÇÃO POR ATRITO

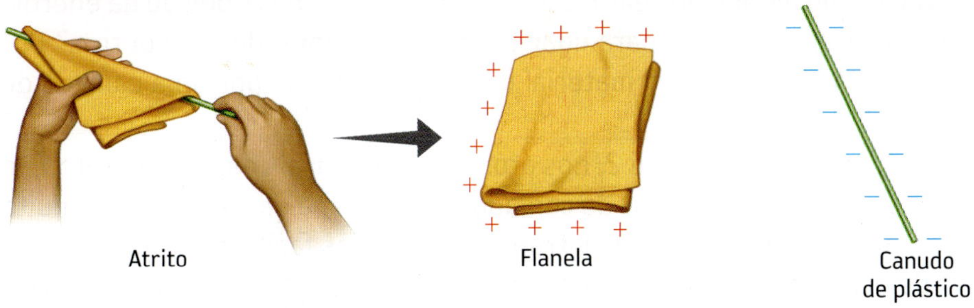

A transferência de elétrons garante a eletrização de ambos os corpos com cargas de mesmo valor, mas de sinais contrários.

- **Eletrização por contato**: ocorre quando um corpo eletrizado é colocado em contato com um corpo neutro. Com isso, elétrons transferem-se de um corpo eletrizado negativamente para um corpo neutro; ou de um corpo neutro para um corpo eletrizado positivamente. Nos dois casos, o corpo neutro, ao final do processo, apresenta carga elétrica de mesmo sinal que a do corpo eletrizado com que entrou em contato.

ELETRIZAÇÃO POR CONTATO

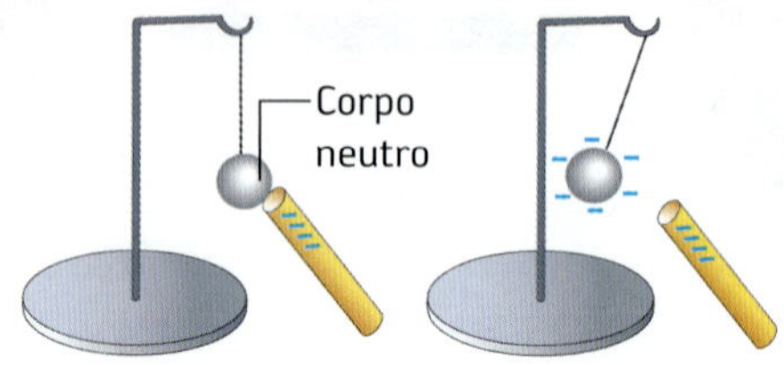

Após o contato, a esfera neutra apresenta carga elétrica de mesmo sinal que a do bastão carregado negativamente.

- **Eletrização por indução**: ocorre mediante a aproximação de um corpo carregado (chamado **indutor**) com um corpo neutro (chamado **induzido**), sem que haja contato entre eles. Quando o indutor se aproxima do induzido, ocorre uma separação de cargas no induzido. Uma das partes do corpo fica com excesso de cargas negativas, e a outra, com excesso de cargas positivas. Quando o induzido é ligado por um fio condutor à Terra elétrons poderão fluir dele para a Terra ou da Terra para ele, dependendo da carga elétrica do indutor. Ao desfazer a ligação e afastar o indutor, o induzido estará eletrizado com carga oposta ao do indutor.

ELETRIZAÇÃO POR INDUÇÃO

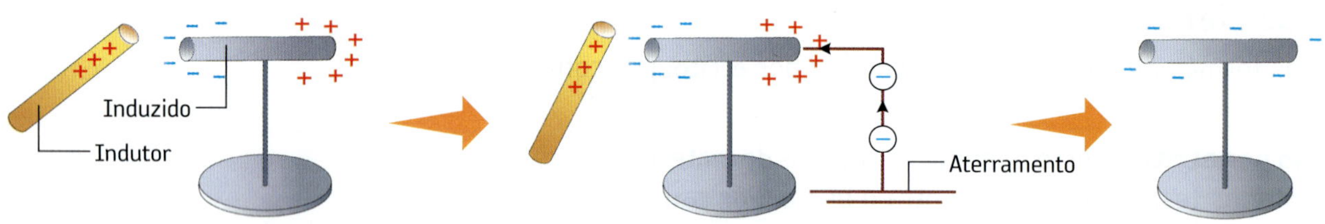

Com a aproximação do indutor (corpo carregado), ocorre a separação de cargas no induzido (corpo neutro).

Ligando o induzido à Terra, nesse caso, elétrons fluem da Terra para ele.

Após desfazer a ligação com a Terra e afastar o indutor, os elétrons recebidos permanecerão no induzido.

Condutores e isolantes elétricos

Você já viu alguns fios elétricos utilizados para a distribuição da energia em sua casa, ou mesmo para ligar telefones, computadores e outros? Por que eles são feitos de um material metálico revestido por uma camada de plástico?

Como vimos na Unidade 2, nos átomos de materiais metálicos a atração entre o núcleo e os elétrons da camada mais externa da eletrosfera é muito fraca, de modo que eles podem transferir elétrons facilmente. Por isso, em vez de ficarem em um único átomo, esses elétrons movem-se pelo material, passando de um átomo para outro; são os chamados elétrons livres. Por essa razão, esses materiais são bons **condutores elétricos**.

No entanto, existem materiais que praticamente não permitem a passagem da eletricidade. São os **isolantes elétricos**. Nesses materiais, os elétrons estão fortemente atraídos aos núcleos dos átomos e, por essa razão, têm grande dificuldade de se deslocar pelo material. É o que ocorre, por exemplo, em plásticos, borrachas, vidros e cortiças.

ROGÉRIO REIS/PULSAR IMAGENS

Os profissionais que fazem reparos em instalações elétricas devem usar luvas e botas de borracha, um material isolante. (Porto Velho, RO, 2013.)

Saiba mais!

CABOS ELÉTRICOS

Os cabos elétricos são um exemplo da utilização de materiais condutores e isolantes. Para instalações residenciais, são utilizados cabos de fios de cobre, que é um metal condutor flexível, recoberto por uma camada de plástico, que funciona como isolante elétrico, permitindo o manuseio e a utilização dos cabos com segurança.

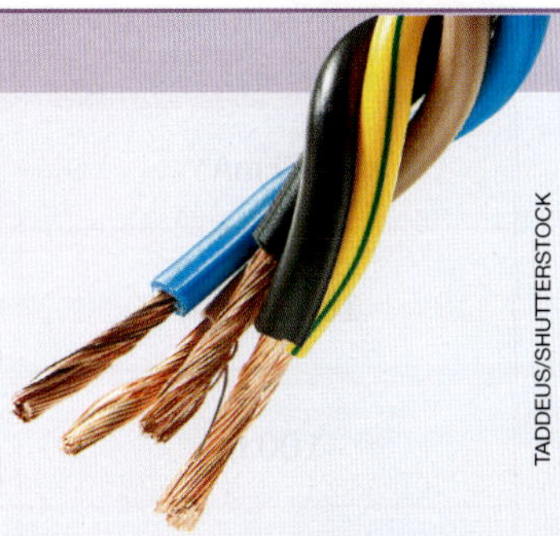
TADDEUS/SHUTTERSTOCK

Cabos elétricos de fios de cobre encapados com plástico.

Vamos fazer

ELETRIZAÇÃO

Material

- Flanela
- Canudo (ou caneta) de plástico
- Pequenos pedaços de papel

Procedimento

1. Esfregue intensamente o canudo de plástico contra a flanela.
2. Aproxime o canudo dos pequenos pedaços de papel.

Registre em seu caderno

1. O que aconteceu com os pedaços de papel? Explique.
2. Quais corpos foram eletrizados? Qual é a carga elétrica dos pedaços de papel?
3. Como o(s) objeto(s) foi(ram) eletrizado(s)?

De olho no tema

1. Quando um objeto é considerado eletricamente neutro? Como fazer para deixá-lo carregado positivamente?
2. Em alguns dias, principalmente nos mais secos, podemos levar pequenos choques quando encostamos em objetos de metal ou até mesmo em outras pessoas. Qual poderia ser uma explicação para esse fato?

TEMA

2 A corrente e os dispositivos elétricos

A corrente elétrica em um circuito é constituída por cargas elétricas em movimento ordenado. Outros dispositivos de um circuito são os geradores e os resistores.

Corrente elétrica

Os condutores elétricos caracterizam-se por apresentar elétrons livres. Um fio condutor, por exemplo, apresenta elétrons em movimento para todas as direções.

Em certas condições, porém, esses elétrons podem ser colocados em movimento ordenado, isto é, todos seguem para uma mesma direção. Isso ocorre, por exemplo, quando as extremidades de um fio condutor são ligadas a um gerador elétrico, como uma tomada, pilha ou bateria. Esse movimento ordenado dos elétrons constitui a **corrente elétrica**. A medida da corrente elétrica indica a quantidade de carga que atravessa o condutor por unidade de tempo. No Sistema Internacional (SI), a unidade de medida da corrente elétrica é o **ampère** (A), ou coulomb/segundo (C/s).

MOVIMENTOS DE ELÉTRONS

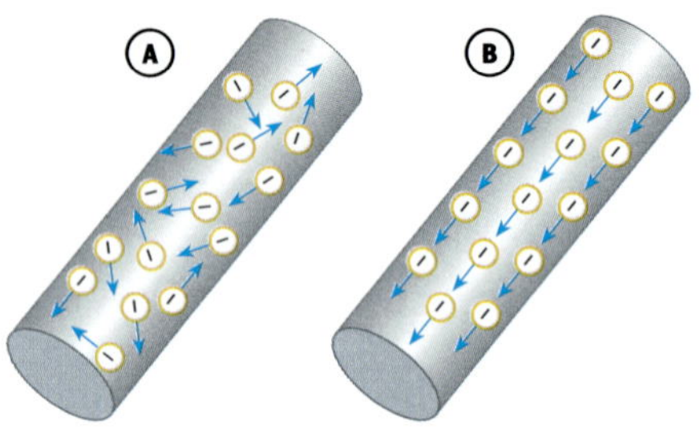

(**A**) Movimento desordenado dos elétrons livres em um fio condutor. (**B**) Ligando-se o fio condutor a uma pilha, por exemplo, os elétrons livres passam a se movimentar de modo ordenado. (Imagens sem escala; cores-fantasia.)

SAÚDE EM PAUTA

O perigo dos choques elétricos

O corpo humano (e o de outros animais) pode conduzir corrente elétrica, pois, quando submetidos a uma tensão elétrica, os tecidos orgânicos funcionam como condutores. Ao percorrer os músculos, a corrente produz contrações musculares e sensação de dor, além de outros efeitos que dependem da intensidade da corrente elétrica. Esse conjunto de efeitos é conhecido como **choque elétrico**.

Uma pessoa pode levar um choque se alguma parte do corpo servir como ligação entre dois diferentes pontos de um circuito ou entre o circuito e o solo. Nesses casos, a corrente é desviada do circuito normal e atravessa seu corpo.

INTENSIDADE DA CORRENTE ELÉTRICA	EFEITOS FISIOLÓGICOS
1 - 9 mA*	Sensação de calor e de formigamento. Contrações musculares.
10 - 20 mA	Sensação dolorosa. Contrações musculares violentas, perturbações circulatórias. Dificuldade respiratória, perda de consciência.
~100 mA	Contrações musculares violentas, asfixia, perturbações circulatórias graves, perda de consciência.
> 5 A	Asfixia imediata, queimaduras graves. Morte provável.

* mA, ou miliampère: unidade de medida mil vezes menor que o ampère.

Geradores e tensão elétrica

Gerador elétrico é um dispositivo capaz de transformar diferentes tipos de energia em energia elétrica, permitindo manter uma corrente elétrica em um condutor (um fio, por exemplo).

Em 1800, o italiano Alessandro Volta (1745-1827) construiu um equipamento capaz de produzir corrente elétrica continuamente, a pilha de Volta, talvez um dos primeiros geradores elétricos. As pilhas, como a de Volta, foram substituídas pelas chamadas "pilhas secas", utilizadas atualmente. As baterias de telefones celulares e de relógios também são exemplos de pilhas secas.

Outro exemplo de gerador são as usinas geradoras de energia, que, em geral, transformam a energia cinética, térmica ou nuclear em energia elétrica.

Pilhas

A montagem de Volta é constituída por uma pilha de discos alternados de zinco e cobre separados por pedaços de tecido embebidos em solução ácida. Reações químicas entre os metais e a solução fazem com que os discos de zinco fiquem com excesso de elétrons e os discos de cobre, com elétrons a menos. Essa diferença de elétrons de cada um dos pontos, ou seja, a **diferença de potencial elétrico** ou **tensão elétrica**, é o que permite o movimento das cargas. O valor da tensão elétrica é medido em volts (V), em homenagem a Alessandro Volta.

DIOMEDIA - SCIENCE MUSEUM, LONDON

Réplica da pilha de Volta exposta no The Royal Institution. (Reino Unido, 2009.)

Quando um fio condutor é ligado às extremidades da pilha, elétrons do ponto de menor potencial elétrico, no caso o zinco, fluem de maneira ordenada para o de maior potencial, o cobre, dando origem a uma corrente elétrica.

Nas pilhas "secas" atuais ocorrem reações químicas que alteram o potencial elétrico dos componentes internos da pilha, ou seja, dá origem à tensão elétrica que vai permitir a existência da corrente elétrica.

Nos rótulos das pilhas atuais, observamos nas extremidades a indicação do polo positivo (+) e do polo negativo (−). Entre os polos, o positivo é o ponto que apresenta maior potencial elétrico, portanto o fluxo de elétrons vai do polo negativo para o positivo. No entanto, nos estudos de Física, o **sentido convencional** da corrente elétrica no circuito externo à pilha é sempre do polo positivo para o negativo de um gerador elétrico.

SENTIDO CONVENCIONAL DA CORRENTE ELÉTRICA

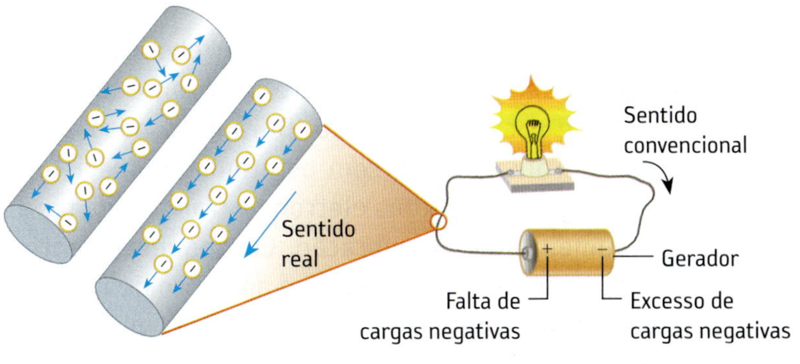

Apesar de contrário ao fluxo real dos elétrons, o sentido convencional da corrente elétrica em um condutor sempre é do polo positivo para o negativo de um gerador elétrico.

A resistência elétrica

A corrente elétrica apresenta **resistência elétrica**, ou seja, não circula com a mesma facilidade por todos os condutores. A resistência elétrica é a medida da dificuldade que um material oferece à passagem da corrente. Assim, quanto maior for o valor da resistência elétrica, maior será a dificuldade que a corrente elétrica encontrará para percorrer o condutor. Até mesmo os metais, considerados bons condutores, apresentam alguma dificuldade para a passagem da corrente elétrica.

A resistência elétrica de um condutor depende, basicamente, de três características: comprimento, diâmetro e o material de que é feito. Nas figuras a seguir, os fios **A**, **B** e **E** são de cobre e os fios **C**, **D** e **F** são de alumínio. O cobre é melhor condutor elétrico que o alumínio.

COMPARAÇÃO DA RESISTÊNCIA DE FIOS CONDUTORES

Quanto maior o comprimento do condutor, maior sua resistência elétrica.

Quanto maior o diâmetro do condutor, menor sua resistência elétrica.

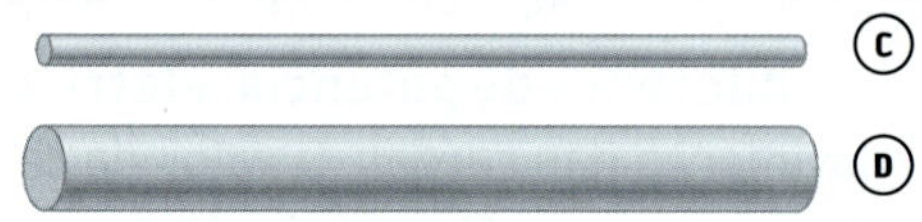

O cobre é utilizado em fios elétricos por ter baixa resistência elétrica e ser melhor condutor que o alumínio.

Os resistores e o efeito Joule

Nos circuitos elétricos e eletrônicos, utiliza-se um dispositivo chamado **resistor** para controlar a intensidade da corrente elétrica que percorre o circuito.

Um efeito sempre presente nos resistores é o seu aquecimento quando é percorrido pela corrente elétrica. Em alguns casos, esse aquecimento é desejável, por exemplo, nos equipamentos que aquecem a água ou o ar, como chuveiros, secadores e aquecedores. Em outros, é indesejável, como nos circuitos de computadores, porque deixa seu processamento mais lento e pode danificar alguns componentes.

O físico britânico James Joule (1818-1889) desenvolveu estudos que possibilitaram compreender as relações entre a corrente elétrica que atravessa um resistor e o calor dissipado. Durante a passagem da corrente elétrica, os elétrons colidem com os átomos do resistor. Nessa colisão, parte da energia cinética dos elétrons é transferida para os átomos e provoca o aumento de sua vibração. Consequentemente, ocorre o aumento da temperatura do resistor. Esse aumento de temperatura é conhecido como **efeito Joule**. Assim, de acordo com o efeito Joule, podemos afirmar que parte da energia elétrica é transformada em energia térmica.

RECONHECENDO UM RESISTOR

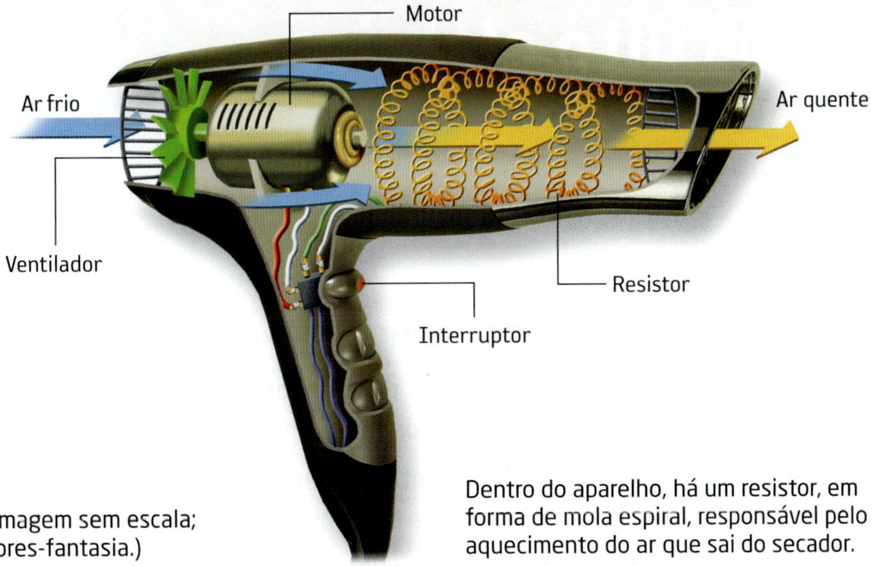

(Imagem sem escala; cores-fantasia.)

Dentro do aparelho, há um resistor, em forma de mola espiral, responsável pelo aquecimento do ar que sai do secador.

Saiba mais!

AS LÂMPADAS INCANDESCENTES E FLUORESCENTES

As lâmpadas incandescentes são formadas por um bulbo de vidro conectado a uma rosca metálica. No interior do bulbo, há uma armação que prende um filamento de tungstênio em duas extremidades. Ao conectar a lâmpada a um gerador, a corrente elétrica passa por esse filamento e é transformada em calor e luz.

As lâmpadas fluorescentes são formadas por um tubo fechado de vidro preenchido com uma mistura no estado gasoso, como a de gás argônio e vapor de mercúrio. As paredes no interior do tubo são revestidas por uma mistura em pó de sais de fósforo, magnésio ou zinco, que fornece o aspecto esbranquiçado ao tubo. Quando a lâmpada é acionada, uma descarga elétrica em série percorre o tubo e, a partir daí, ocorrem diversos processos que farão com que os sais das paredes no interior do tubo emitam mais energia na forma de luz visível do que de calor.

BERISLAV KOVACEVIC/SHUTTERSTOCK

As lâmpadas incandescentes emitem, além de luz, muito calor. Apresentam maior consumo de energia, apesar do baixo custo.

SARAH2/SHUTTERSTOCK

As lâmpadas fluorescentes dissipam menos calor e consomem menos energia, porém são mais caras que as lâmpadas incandescentes.

De olho no tema

1. Como é o movimento dos elétrons livres no interior de um fio elétrico quando desligado? E quando ligado em um gerador?
2. Se você quiser construir um circuito com baixa resistência elétrica, como deverão ser os fios condutores utilizados?

TEMA

3 O circuito elétrico

O circuito elétrico é um percurso fechado em que uma corrente elétrica produzida por um gerador passa por outros elementos elétricos.

Circuito elétrico simples

O circuito elétrico é um conjunto de componentes pelos quais flui a corrente elétrica. Os circuitos elétricos mais simples são formados por:

- **Gerador** (G): dispositivo que mantém a tensão elétrica entre os seus terminais e permite a produção de corrente elétrica.
- **Condutores**: fios ou cabos que permitem o deslocamento dos elétrons e a conexão de todos os componentes do circuito.
- **Resistor** (R): componente que controla a passagem da corrente elétrica e transforma a energia elétrica em térmica. O filamento de tungstênio das lâmpadas incandescentes é um exemplo de resistor.
- **Interruptor** ou **chave** (Ch): dispositivo que abre ou fecha o circuito, permitindo ou não a passagem da corrente elétrica.

Um exemplo de circuito elétrico simples é formado por uma pilha, um soquete, três pedaços de fio condutor, uma lâmpada e uma chave, como esquematizado abaixo. A pilha transforma a energia envolvida nas reações químicas em energia elétrica, fazendo com que os elétrons livres se ordenem e percorram o fio condutor. Quando a corrente elétrica passa pelo filamento da lâmpada, este é aquecido e torna-se incandescente, emitindo luz e calor.

CIRCUITO ELÉTRICO

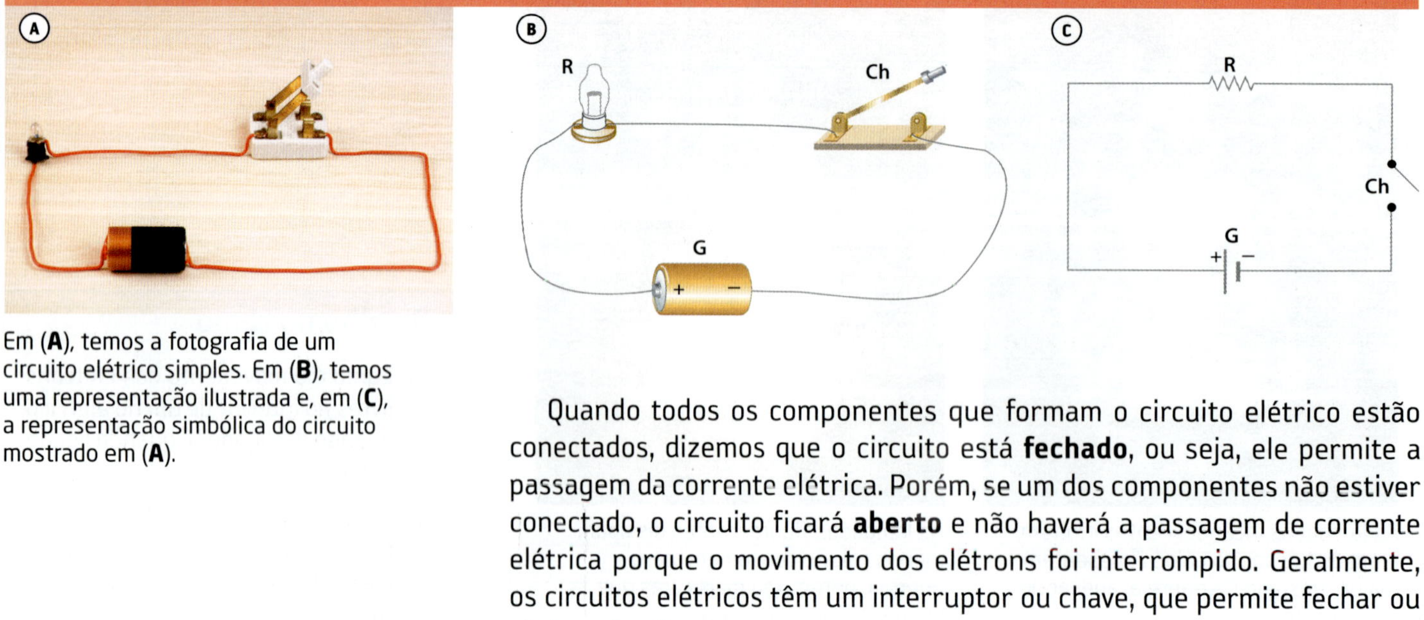

FABIO YOSHIHITO MATSUURA/ MOSAICO FOTOGRAFIA

Em (**A**), temos a fotografia de um circuito elétrico simples. Em (**B**), temos uma representação ilustrada e, em (**C**), a representação simbólica do circuito mostrado em (**A**).

Quando todos os componentes que formam o circuito elétrico estão conectados, dizemos que o circuito está **fechado**, ou seja, ele permite a passagem da corrente elétrica. Porém, se um dos componentes não estiver conectado, o circuito ficará **aberto** e não haverá a passagem de corrente elétrica porque o movimento dos elétrons foi interrompido. Geralmente, os circuitos elétricos têm um interruptor ou chave, que permite fechar ou abrir o circuito.

Circuito elétrico em série ou em paralelo

Os componentes que constituem um circuito podem estar ligados em série ou em paralelo.

- O circuito elétrico conectado em **série** é aquele no qual os componentes, como os resistores, estão colocados sequencialmente, como mostrado na figura **A**. A corrente que passa por um componente é a mesma que passará pelo seguinte. Pode-se dizer que existe apenas um caminho para a corrente elétrica.
- No caso mais simples de um circuito conectado em **paralelo**, dois ou mais componentes estão ligados entre dois pontos em comum os polos de um gerador (figura **B**). Nesse caso, a corrente que passa por um componente pode não ser a mesma que passa pelos outros.

Entrando na rede

No endereço da internet **https://phet.colorado.edu/sims/circuit-construction-kit/circuit-construction-kit-dc_pt_BR.jnlp** você poderá montar simulações de diversos circuitos. Tente fazer um circuito com uma pilha e duas lâmpadas, primeiro em série e, depois, em paralelo.

Acesso em: jun. 2014.

FOTOS: EDUARDO SANTALIESTRA

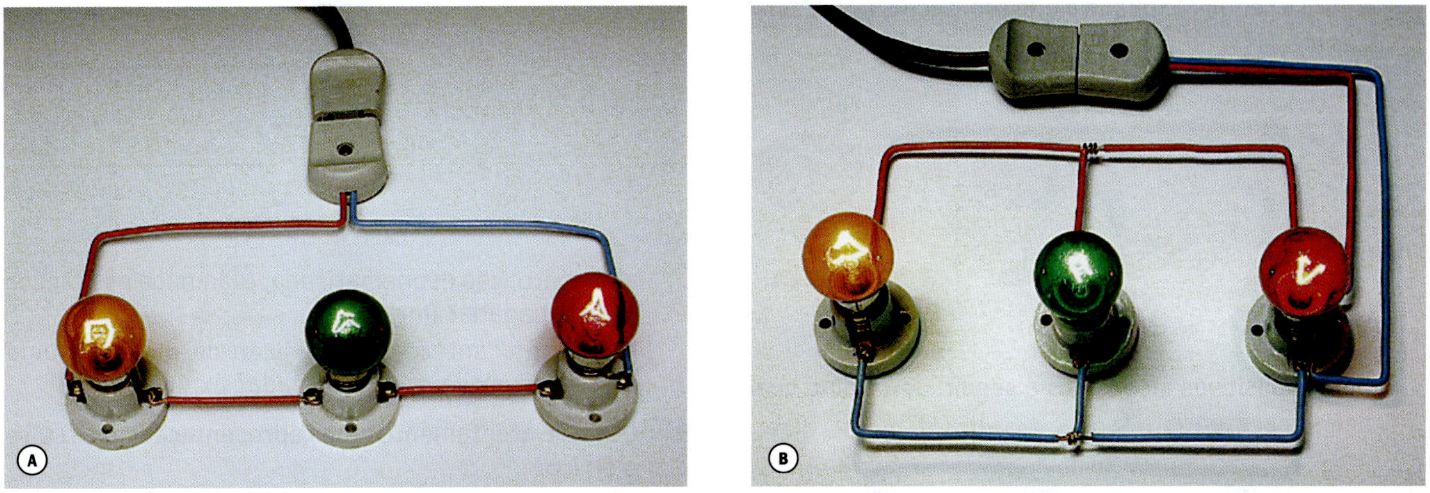

Circuito com lâmpadas conectadas em série (**A**) e em paralelo (**B**).

No circuito em série acima, se uma lâmpada for retirada, ou queimar, todas se apagarão, pois a passagem da corrente elétrica é interrompida. Já no circuito em paralelo, se uma lâmpada queimar ou for retirada, as outras permanecerão acesas.

De olho no tema

Como deve ser o circuito elétrico de uma residência: em série ou em paralelo? Explique sua resposta.

TECNOLOGIA EM PAUTA

Fusíveis e disjuntores: medidas de segurança

Os fusíveis são ligados em série nos circuitos elétricos. Em seu interior, a corrente elétrica atravessa por um filamento metálico de baixo ponto de fusão. Se ocorrer uma intensa descarga elétrica no circuito, o aquecimento fará com que esse metal se funda e acabe rompendo. Dessa maneira, o circuito é aberto e a passagem da corrente elétrica é interrompida, preservando os dispositivos ligados a ele.

Os disjuntores têm a mesma função dos fusíveis, mas possuem um mecanismo diferente. Semelhante à chave de um interruptor, eles abrem o circuito quando a intensidade de corrente atinge determinado valor. Os disjuntores não precisam ser substituídos como os fusíveis, basta ligá-los novamente.

LESLIE GARLAND PICTURE LIBRARY/ALAMY/GLOW IMAGES

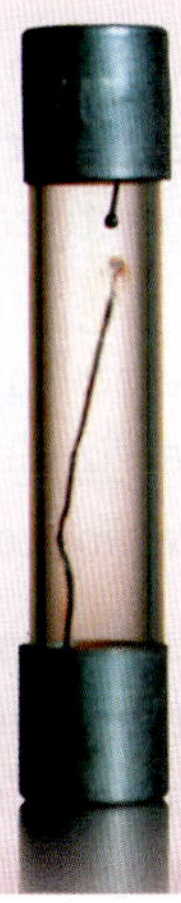

Fusível queimado, isto é, com o filamento metálico rompido. Os fusíveis podem ter diversas formas e tamanhos. O da foto tem cerca de 6 mm de diâmetro e 30 mm de comprimento.

ATIVIDADES

TEMAS 1 A 3

ORGANIZAR O CONHECIMENTO

1. Responda às questões.

a) Quando dizemos que um corpo está eletricamente neutro?

b) De quais maneiras os corpos podem se eletrizar?

c) O que pode acontecer quando dois corpos carregados eletricamente são colocados próximos?

d) Como se comportam os elétrons livres da maçaneta de uma porta?

e) O que é o efeito Joule? Por que ele ocorre?

2. Que processo de eletrização está representado na figura a seguir? Explique o que acontece em cada uma das etapas.

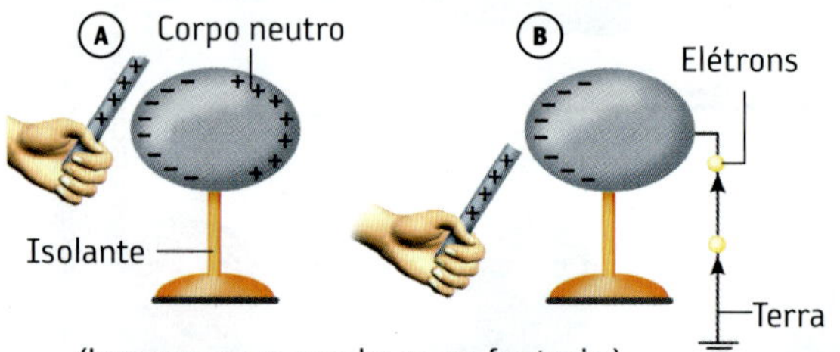

(Imagens sem escala; cores-fantasia.)

3. Dos dispositivos mostrados a seguir, determine qual deles representa:

MALERAPASO/GETTY IMAGES THOMAS NORTHCUT/GETTY IMAGES KLENGER/GETTY IMAGES FERNANDO FAVORETTO/CRIAR IMAGENS

a) o efeito Joule;

b) o condutor;

c) a tensão elétrica;

d) o interruptor.

ANALISAR

4. Você atrita um bastão de vidro em uma flanela e, em seguida, encosta o bastão em um canudo de plástico. Sabendo que a flanela ficou eletrizada positivamente, responda às questões.

a) Qual é o sinal da carga elétrica do canudo após o contato com o bastão eletrizado?

b) Quais processos de eletrização ocorreram nesse caso?

5. Pensando no desenvolvimento de um fusível mais seguro, um aluno sugeriu substituir o metal de baixo ponto de fusão por filamento de algodão. Esse novo projeto de fusível funcionará adequadamente? Por quê?

6. Você deseja construir um circuito elétrico para acender uma lâmpada. Para obter maior intensidade luminosa, qual dos fios a seguir você utilizaria? Justifique sua escolha.

	Material	Comprimento	Diâmetro
Fio 1	Cobre	10 m	2 mm
Fio 2	Alumínio	10 m	2 mm
Fio 3	Cobre	100 m	2 mm
Fio 4	Alumínio	200 m	4 mm

7. Observe o circuito elétrico e responda às questões.

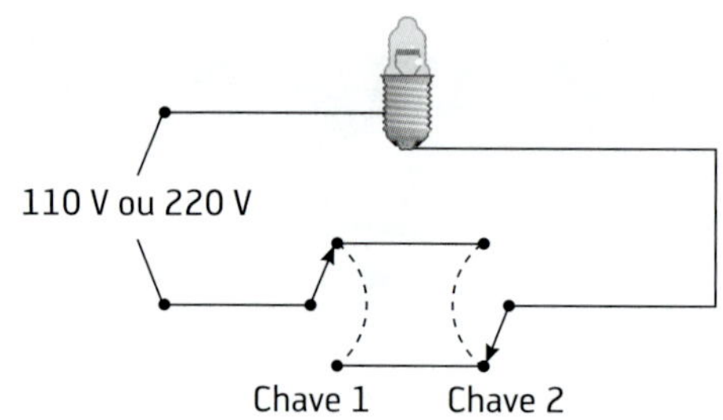

a) Na situação esquematizada, a lâmpada está acesa ou apagada? Por quê?

b) O que acontece se a posição de qualquer uma das duas chaves for mudada? Explique.

8. Observe atentamente esta representação de circuito elétrico.

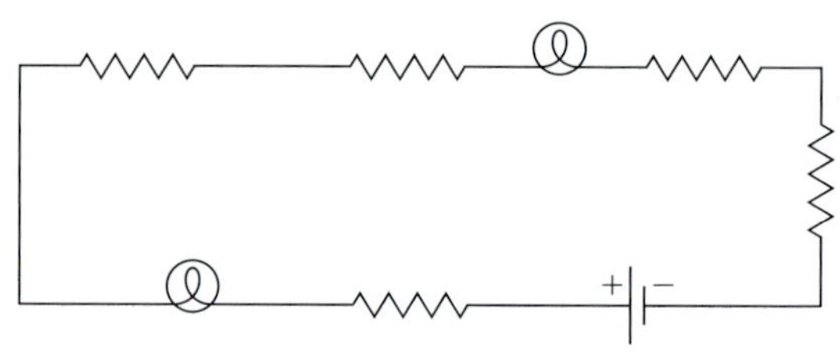

No esquema, cada símbolo representa um componente elétrico do circuito, tal como mostra a tabela a seguir.

Componente	Símbolo
Lâmpada	
Resistor	
Gerador	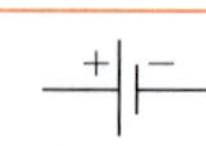

Agora, responda:

a) As lâmpadas estão ligadas em série ou em paralelo?

b) Quantos geradores tem o circuito?

c) Se uma das lâmpadas queimar, a outra continuará funcionando? Por quê?

9. Você tem três lâmpadas iguais, uma pilha e fios condutores para montar um circuito. Converse com um colega e discutam maneiras de montá-lo em série e em paralelo. Desenhe um esquema para cada um deles.

Cargas elétricas

Para verificar o comportamento das cargas elétricas, precisamos de um dispositivo que indique sua presença, um **eletroscópio**. Nesta atividade, vamos montar esse dispositivo.

MATERIAL

- Tesoura com pontas arredondadas
- 2 canudos plásticos
- Fita de papel de seda
- Cartolina ou papel-cartão
- Régua
- Colchete de aço (usado para prender papel)
- Fita adesiva
- Papel-toalha ou flanela
- Copinho de plástico para café
- Massa de modelar

PROCEDIMENTO PARA MONTAGEM DO ELETROSCÓPIO

1. Com a cartolina (ou papel-cartão), corte um retângulo (9 cm × 3 cm) e um círculo (diâmetro 6 cm).
2. Entorte as duas pontas do colchete de modo que formem um ângulo de 90°. Uma das pontas deve ser fixada no centro do círculo com a fita adesiva. A outra ponta do colchete deve ser inserida no canudo preso ao copo.
3. Atravesse o fundo do copinho plástico com a outra extremidade do canudo e fixe-o com a massa de modelar.
4. Fixe o retângulo de cartolina no corpo do canudo logo abaixo do círculo e, no centro desse retângulo, fixe a fita de papel de seda. O eletroscópio está pronto!

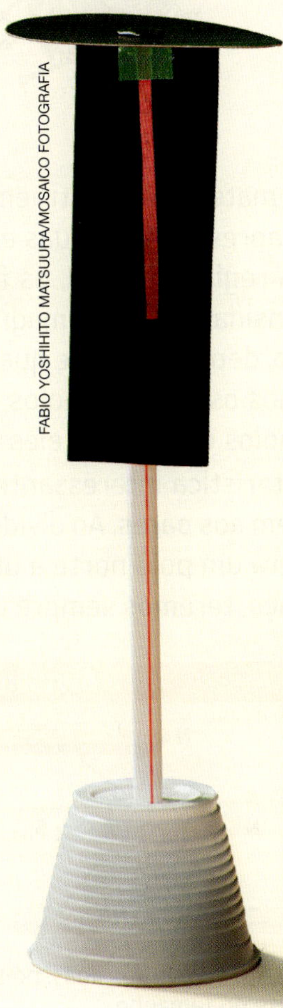

FABIO YOSHIHITO MATSUURA/MOSAICO FOTOGRAFIA

Atividades

INVESTIGAR

Teste e hipótese I

1. Esfregue o papel-toalha (ou flanela) no canudo plástico. A melhor maneira é abrir o papel, colocar o canudo dentro, apertar com uma das mãos e puxar o canudo. Faça isso algumas vezes.
2. Aproxime o canudo, sem encostar, da parte superior do eletroscópio. O que aconteceu? Elabore uma hipótese para explicar o comportamento da fita de seda.
3. Afaste e aproxime o canudo do eletroscópio. O que aconteceu?

Teste e hipótese II

4. Esfregue novamente o papel-toalha no canudo e encoste-o no disco do eletroscópio.
5. Repita esse procedimento cinco vezes. O que aconteceu? Elabore uma hipótese para explicar o comportamento da fita de seda.
6. Encoste sua mão no disco do eletroscópio. O que aconteceu? Por quê?

Teste e hipótese III

7. Mais uma vez esfregue o papel-toalha no canudo e aproxime-o, sem encostar, do eletroscópio.
8. Com o canudo próximo do eletroscópio, encoste uma das mãos no retângulo de cartolina. Após o toque, afaste a mão e, depois, afaste o canudo.
9. Repita os dois procedimentos anteriores por cinco vezes. O que aconteceu? Elabore uma hipótese para explicar o comportamento da fita de seda.
10. Sem encostar no eletroscópio, esfregue novamente o papel-toalha no canudo e aproxime-o do eletroscópio. O que aconteceu? Por quê?

TEMA

4 O magnetismo

O magnetismo é uma propriedade que pode ser visualizada pela atração dos ímãs por certos materiais.

Magnetismo natural e magnetismo artificial

Você já manipulou um ímã? É surpreendente sua capacidade de atrair alguns metais de maneira espontânea. Dizemos que esses materiais têm **magnetismo natural**. Existem ainda materiais que adquirem a capacidade de atrair alguns metais depois de, por exemplo, serem friccionados com um ímã natural. Nesse caso, o material passa a ter **magnetismo artificial**.

LENA LIR/SHUTTERSTOCK

O ferro, o níquel e o cobalto são exemplos de metais atraídos naturalmente por ímãs.

ATRAÇÃO E REPULSÃO DE ÍMÃS

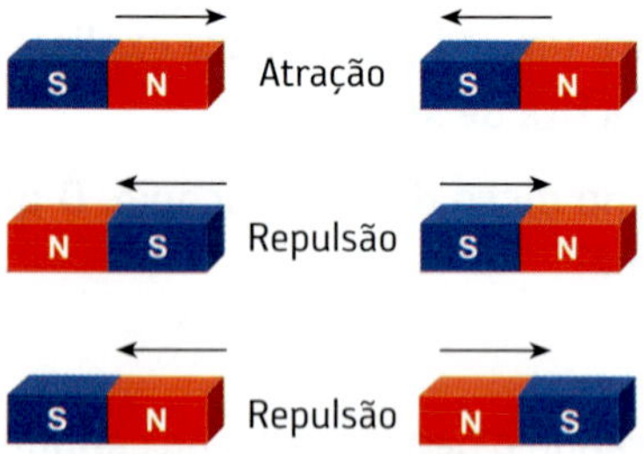

Polos de mesmo nome se repelem e polos de nomes diferentes se atraem.

Ímãs

Os ímãs são materiais que atraem alguns tipos de metais ou ligas metálicas. Todo ímã apresenta, em suas extremidades, o **polo norte** (**N**) e o **polo sul** (**S**). Nessas regiões do ímã, os fenômenos magnéticos manifestam-se com maior intensidade. A força magnética entre dois ímãs pode ser de atração ou repulsão, dependendo de quais polos interagem mais intensamente. Ao aproximarmos os mesmos polos de dois ímãs, eles se repelem. Quando aproximamos polos diferentes, eles se atraem.

Outra característica interessante dos polos de um ímã é o fato de eles sempre existirem aos pares. Ao dividir um ímã em duas ou mais partes, cada novo pedaço terá um polo norte e um polo sul. Independentemente do tamanho do pedaço, teremos sempre um novo ímã com dois polos diferentes.

DIVISÃO DE UM ÍMÃ

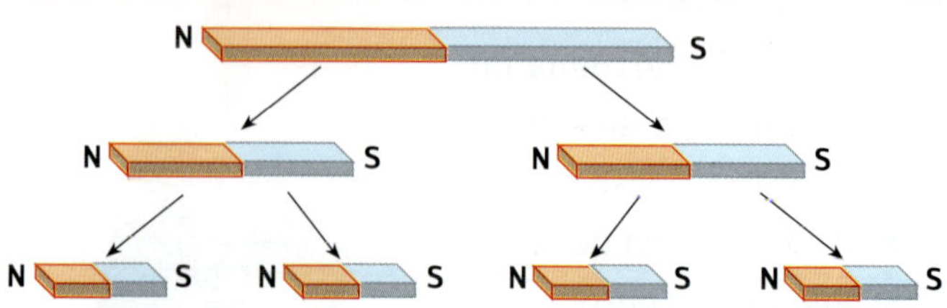

É impossível separar os polos dos ímãs, pois cada parte sempre terá dois polos diferentes independentemente do tamanho.

Campo magnético e linhas de campo

A propriedade adquirida pelo espaço onde se manifestam os efeitos magnéticos produzidos por um ímã é chamada de **campo magnético**. Quanto mais próximo do ímã, maior é a intensidade do campo magnético gerado por ele. Essa intensidade diminui à medida que a distância ao ímã aumenta. A partir de certa distância, a intensidade do campo magnético criado pelo ímã é praticamente nula.

Se colocarmos um ímã, sob uma folha de papel e jogarmos cuidadosamente limalha de ferro (pó ou pequenas lascas de ferro) sobre o papel, poderemos visualizar a forma do campo magnético de um ímã, pois as partículas da limalha se alinharão em uma determinada configuração. Às linhas formadas por essas partículas damos o nome de **linhas de campo**, uma representação do campo magnético que, por convenção, tem origem no polo norte e termina no polo sul.

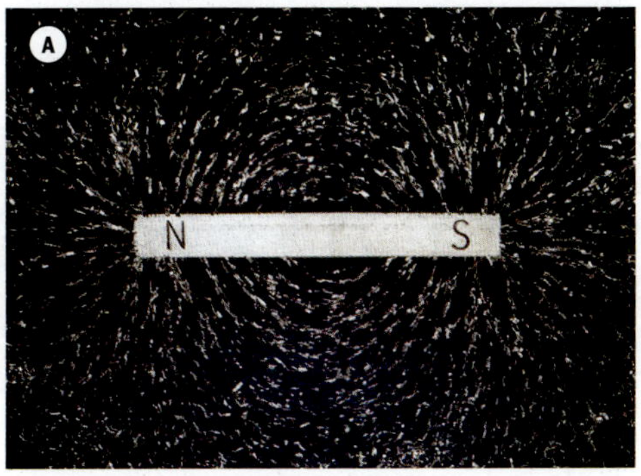

© 1990 RICHARD MEGNA/FUNDAMENTAL PHOTOGRAPHS/NYC

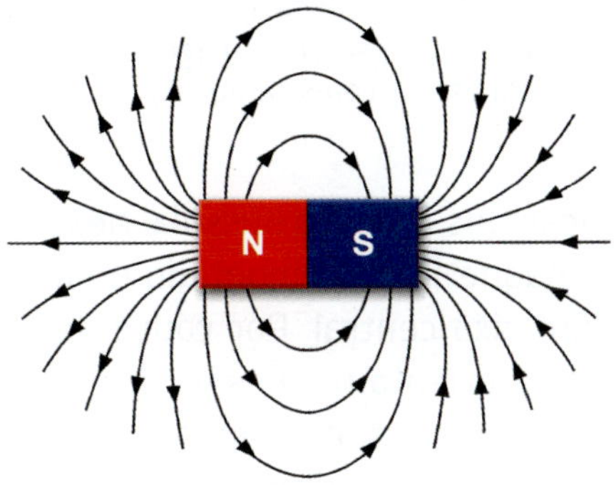

(**A**) O campo magnético de um ímã é evidenciado pela distribuição da limalha de ferro. (**B**) O campo magnético também pode ser representado geometricamente por linhas imaginárias, chamadas linhas de campo.

Campo magnético terrestre

A Terra apresenta magnetismo natural, comportando-se tal como um gigantesco ímã. Assim, o planeta apresenta campo magnético próprio, cujos polos magnéticos ficam nas proximidades dos polos geográficos. É por isso que a agulha de uma bússola se alinha aproximadamente com a direção norte-sul dos polos geográficos.

Convencionou-se que o polo norte de um ímã é aquela extremidade que, quando a agulha do ímã pode girar livremente, aponta para o norte geográfico da Terra. Como sabemos que os polos diferentes se atraem, o polo norte do ímã alinha-se com o polo sul magnético. Note na figura ao lado que o polo sul magnético fica próximo ao polo norte geográfico, e o polo norte magnético, próximo ao polo sul geográfico.

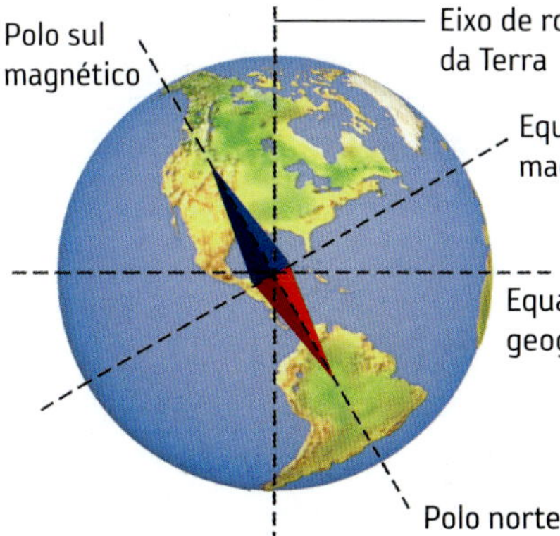

Polos geográficos e magnéticos da Terra. A agulha de uma bússola alinha-se sempre na direção norte-sul do campo magnético terrestre. (Imagem sem escala; cores-fantasia.)

Imantação

No início deste Tema falamos dos ímãs artificiais, isto é, materiais que passam a ter temporariamente propriedades magnéticas. Caso uma agulha de aço, por exemplo, seja esfregada repetidamente em um ímã sempre no mesmo sentido, a agulha passa a apresentar propriedades magnéticas, como atrair alguns objetos metálicos. Esse fenômeno é chamado de **imantação**.

Antes da imantação, as partículas magnéticas da agulha (representadas por pequenos ímãs na imagem abaixo) ficam desorganizadas, com orientações aleatórias. Por isso, a agulha não se comporta como um ímã. Depois de imantada, a agulha tem essas partículas rearranjadas, apresentando uma orientação comum. Dessa forma, ela passa a comportar-se como um ímã.

REPRESENTAÇÃO DA IMANTAÇÃO DE UMA AGULHA

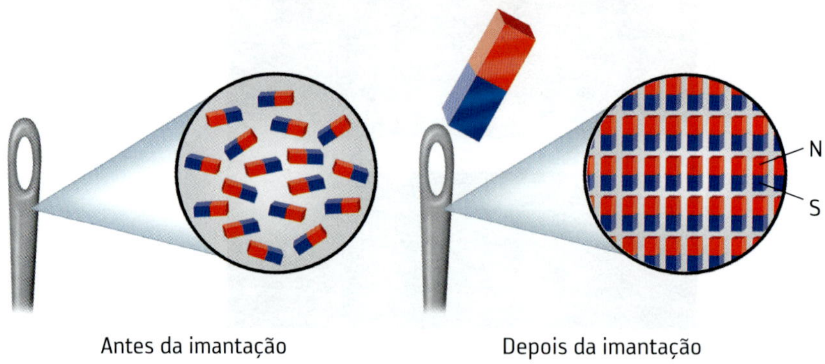

Depois de imantada, a agulha tem suas partículas magnéticas reorganizadas em uma orientação comum. (Imagem sem escala; cores-fantasia.)

Uma importante aplicação dos ímãs é a bússola. Nesse instrumento, um pequeno ímã – a agulha magnética – é montado de modo a poder girar livremente em torno de um eixo central. Por causa do campo magnético da Terra, a agulha sempre se orienta na mesma direção. As bússolas são fundamentais para a navegação, pois, combinadas à utilização de mapas, podem indicar, com relativa precisão, a direção a ser seguida.

ALEX STAROSELTSEV/SHUTTERSTOCK

Bússola com as iniciais dos pontos cardeais: N de Norte, S de Sul, L de Leste e O de Oeste.

Saiba mais!

MAGNETITA

A magnetita (Fe_3O_4) foi a primeira substância com propriedades magnéticas conhecida pelo ser humano. Ela é encontrada em diversas partes do mundo, e um de seus primeiros usos foi para confeccionar instrumentos de orientação semelhantes às bússolas. Partículas de magnetita são encontradas, por exemplo, em algumas espécies de bactérias e no bico de pombos e, provavelmente, são utilizadas como uma bússola natural, ao interagirem com o campo magnético da Terra.

BRUCE COLEMAN INTERNATIONAL/ DIOMEDIA

Vamos fazer

CONSTRUINDO SUA PRÓPRIA BÚSSOLA

Material

- Ímã
- Agulha
- Rolha de cortiça ou pedaço de isopor
- Fita adesiva
- Vasilha com água

Procedimento

1. Peça a um adulto que corte a rolha de cortiça ou o pedaço de isopor, formando um disco com aproximadamente 1 cm de altura.
2. Imante a agulha, passando uma de suas extremidades na parte lateral do ímã cerca de 20 vezes, sempre no mesmo sentido. **Tenha muito cuidado em não fazer movimentos de ida e volta.**
3. Usando a fita adesiva, fixe a agulha no disco e coloque esse conjunto na vasilha com água. Em seguida, espere até que a agulha fique parada.

Bússola caseira.

Fonte: Atividade elaborada com base em Faça sua própria bússola!, de M. Ramos. *Invivo Fiocruz*. Disponível em: <http://www.invivo.fiocruz.br/cgi/cgilua.exe/sys/start.htm?infoid=802&sid=3>. Acesso em: maio 2012.

Registre em seu caderno

- O que acontece quando você altera a posição da agulha? Por quê?

De olho no tema

1. Como os ímãs interagem com outros ímãs?
2. As bússolas podem ter seu funcionamento prejudicado? Como?

TEMA

5 O eletromagnetismo

A relação entre a eletricidade e o magnetismo permite gerar um campo magnético por meio de uma corrente elétrica e vice-versa.

O experimento de Oersted

Em 1820, o físico dinamarquês Hans Christian Oersted (1777-1851), preparando os equipamentos para a apresentação de uma aula, observou que a agulha de uma bússola se desviava quando o circuito elétrico montado estava fechado, ou seja, quando havia passagem de corrente elétrica. Abrindo o circuito, a agulha voltava a apontar a direção norte-sul magnética. Para Oersted, essa observação indicava que havia uma relação entre eletricidade e magnetismo. Para a maioria dos cientistas da época, essa relação não existia. Mas Oersted continuou seus experimentos sobre o fato observado e, alguns meses depois, publicou os resultados de sua pesquisa.

FENÔMENO OBSERVADO POR OERSTED

GIPHOTOSTOCK/SCIENCE SOURCE/LATINSTOCK

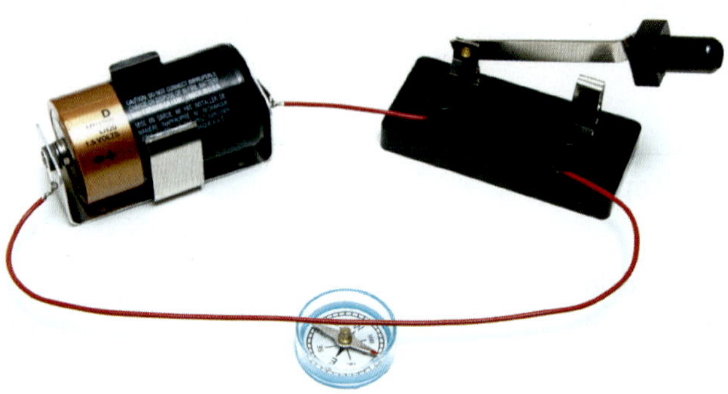

(**A**) Com o circuito aberto, a agulha da bússola está alinhada com o campo magnético da Terra.

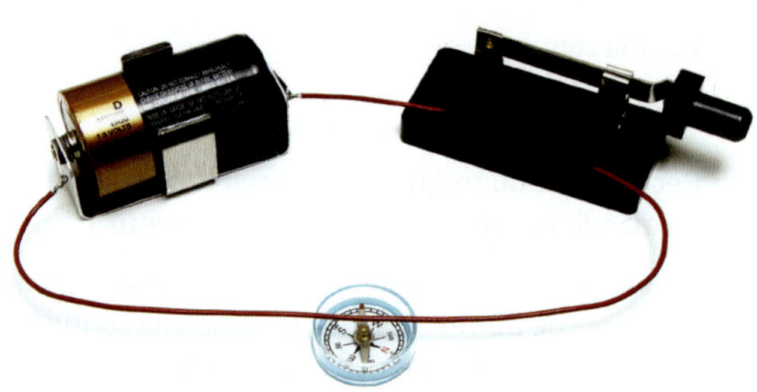

(**B**) Com o circuito fechado, a agulha da bússola sofre desvio em relação à sua posição original.

Os resultados dos experimentos de Oersted comprovavam qualitativamente que a **corrente elétrica produz campo magnético**, fazendo com que a agulha da bússola seja desviada de sua direção inicial. A publicação de Oersted impulsionou as pesquisas de outros cientistas para novas descobertas relacionando a eletricidade e o magnetismo.

Assim, foi observado, pela primeira vez, o fato de que correntes elétricas geram campos magnéticos ao seu redor. A essa correlação entre eletricidade e magnetismo denominou-se **eletromagnetismo**. Não se pode afirmar que a descoberta desse fenômeno foi acidental, mas, certamente, ela não teria acontecido nessa época, se Oersted não estivesse atento a observá-la.

Eletroímã

Uma conhecida aplicação da descoberta do dinamarquês Oersted são os **eletroímãs**, ímãs produzidos por uma corrente elétrica.

Basicamente, um eletroímã é formado por um núcleo, constituído de material ferromagnético, envolvido por um condutor elétrico disposto em forma de bobina. Quando a corrente elétrica circula pela bobina, o núcleo é magnetizado e, desse modo, passa a atuar como um ímã temporário.

Em alguns guindastes, eletroímãs são utilizados para deslocar, levantar ou separar sucatas de ferro. Eletroímãs de menor intensidade são utilizados em diversos aparelhos, como telefones, alarmes, campainhas, computadores e muitos outros.

GLOSSÁRIO

Ferromagnético: material que interage fortemente com um campo magnético, como o ferro, o níquel e o cobalto, entre outros.

Bobina: fio condutor enrolado várias vezes.

MARCOS ANDRÉ/OPÇÃO BRASIL IMAGENS

Guindaste com eletroímã usado para separar metais que serão reciclados. A intensidade da atração magnética pode ser ajustada pela variação da corrente elétrica. (Sumaré, SP, 2012.)

O experimento de Faraday

Em 1831, por meio de estudos experimentais, o físico inglês Michael Faraday (1791-1867) descreveu o fenômeno da **indução eletromagnética**, ou seja, a ocorrência de uma corrente elétrica pela variação de um campo magnético.

Esse fenômeno pode assim ser visualizado: quando um ímã se aproxima ou se afasta de uma bobina, surge nessa bobina uma corrente elétrica. Uma vez cessado o movimento do ímã, a corrente elétrica deixa de existir. A corrente elétrica gerada é medida por meio de um equipamento chamado amperímetro.

INDUÇÃO ELETROMAGNÉTICA

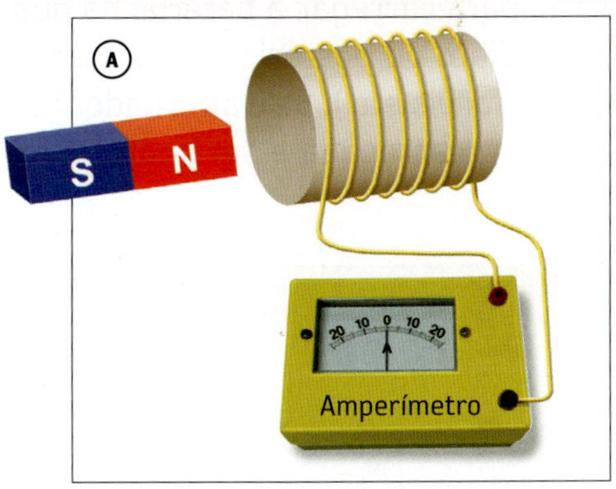

Quando o ímã se encontra em repouso, não há produção de corrente elétrica.

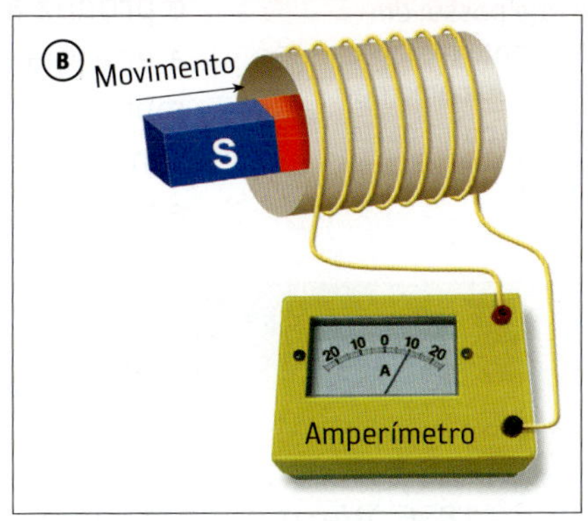

Enquanto o ímã se aproxima do interior da bobina, há produção de corrente elétrica.

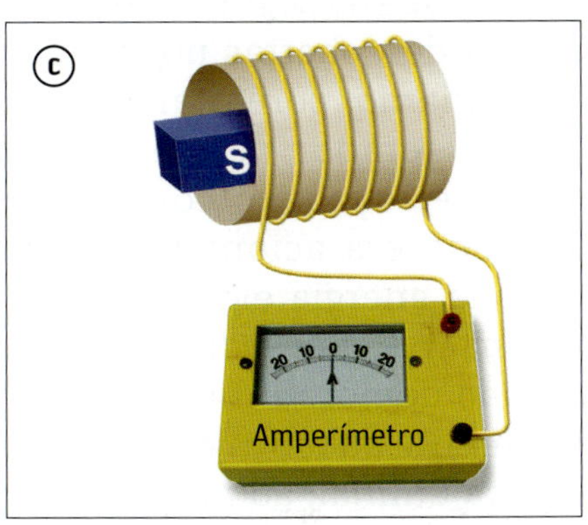

Com o ímã em repouso, mesmo no interior da bobina, não há produção de corrente elétrica.

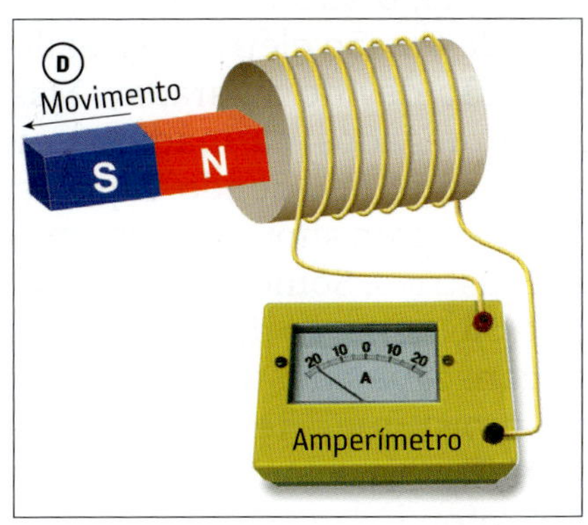

Enquanto o ímã se afasta da bobina, há produção de corrente elétrica.

Considerando que a intensidade do campo magnético é maior quanto mais perto do ímã, ao afastar ou aproximar um ímã de uma bobina pode-se variar a intensidade do campo magnético que a envolve. Quando isso ocorre, há variação do campo magnético nas proximidades da bobina e, assim, uma corrente elétrica surge nessa bobina.

Alternador

Os **alternadores** são máquinas que convertem energia cinética em elétrica, tal como os geradores das usinas hidroelétricas. Eles usam o princípio da indução eletromagnética, mas, em vez de existir um ímã em movimento, é um conjunto de espiras que se movimenta dentro de um campo magnético.

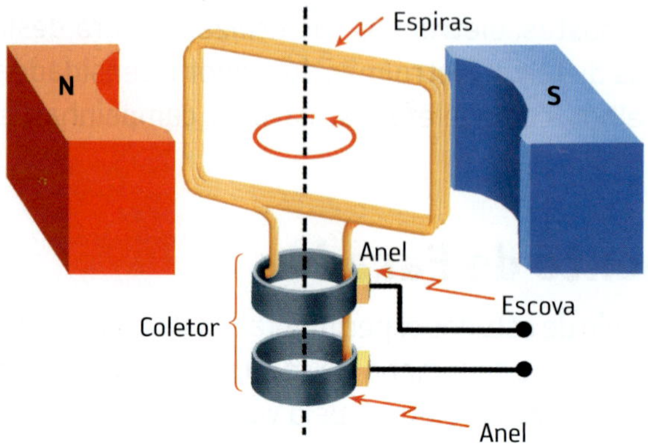

O esquema representa um alternador. O conjunto de espiras e seus terminais são ligados a anéis metálicos que se apoiam em escovas, geralmente de grafite; a corrente elétrica é transmitida ao circuito por intermédio dessas escovas. (Imagem sem escala; cores-fantasia.)

Nos automóveis, o alternador é acionado pelo próprio motor do veículo e produz a corrente elétrica necessária para carregar a bateria, na qual a energia fica armazenada para uso imediato ou posterior (para fazer o motor de partida ligar o carro, acender os faróis etc.). Se o alternador não funcionar, a energia da bateria não será recarregada e será consumida em pouco tempo.

Animação

Indução eletromagnética

GLOSSÁRIO

Espira: fio condutor enrolado uma vez.

Dínamo: gerador mecânico de corrente elétrica contínua.

Rotor: equipamento que possui em seu interior um enrolamento metálico ao redor do eixo. Parte do dínamo que trabalha como induzido; a outra parte, chamado estator, é o indutor.

COLETIVO CIÊNCIAS

O motor elétrico

[...] Em maio de 1856, Werner Siemens narra, em carta a um irmão, o sucesso obtido com o primeiro gerador de tensão elétrica baseado no princípio de indução devido a Faraday. Mas os ímãs naturais empregados na máquina eram de ação muito restrita, não sendo capazes de gerar energia elétrica para suprir o consumo doméstico e das indústrias. Somente uma década mais tarde é que Siemens, ao dar maior valor à lei de indução, consegue construir um dínamo através do qual prova que a tensão necessária para o magnetismo podia ser retirada do próprio enrolamento do rotor. [...]

A partir do princípio do gerador elétrico de Siemens, em 1866, a humanidade passa então a contar com um dínamo de corrente elétrica de alta tensão a preço módico. Surge, assim, a máquina de acionamento tão sonhada pelos industriais no tempo de sua segunda revolução, desencadeada pelas descobertas no campo da eletricidade. Este dínamo, porém, não funcionava apenas como gerador de eletricidade, podendo também ser operado como motor. Por exemplo, quando era acionado por uma roda-d'água fornecia energia elétrica; quando era alimentado com energia elétrica, funcionava como motor. Não demorou muito para que fossem definitivamente substituídos os velhos cataventos e a força animal, ao mesmo tempo que já começavam a parecer obsoletas mesmo as máquinas a vapor. [...]

Fonte: *O Motor elétrico*: Uma história de energia, inteligência e trabalho, de Joca Wolff. Projeto Editorial Unerj. Jaraguá do Sul: Editora Unerj, 2004.

TECNOLOGIA EM PAUTA

Como funciona o Trem de Levitação Magnética?

Comparando com os meios convencionais de transporte, os trens levitados magneticamente têm uma característica muito relevante: eles deixam a estação apoiados nos trilhos como um trem comum, mas quando a velocidade atinge um certo valor os trens literalmente "decolam" e se mantêm afastados dos trilhos até se aproximar do destino. Com isso, todo atrito com os trilhos é eliminado, devido à interação de campos magnéticos que fazem esses trens levitar sobre uma "deslizadeira" especial. Em tese, a levitação magnética pode permitir que os trens viajem a mais de 500 km/h.

REN LONG, XINHUA/AP PHOTO/GLOW IMAGES

Shangai foi a primeira cidade a ter um trem levitado magneticamente para uso comercial. A foto mostra um dos testes de locomoção do trem, realizado em 2002, que posteriormente teve o uso comercial inaugurado em 2004. Esse trem pode atingir até 500 km/h. (China, 2002.)

Outra característica dos trens levitados magneticamente é o fato de que controlando as correntes nos eletroímãs é possível induzir polos magnéticos iguais ou opostos em trechos dos trilhos situados à frente do trem, o que permite ajustar a velocidade, fazendo-o acelerar ou frear, conforme a necessidade.

O corpo do trem, onde viajam os passageiros, é montado sobre um trilho localizado na parte inferior do mesmo, nele se abrigam os ímãs para a levitação e os ímãs-guias. A porção inferior do trem envolve a deslizadeira, e os sistemas que controlam os ímãs asseguram que o trem permaneça próximo dela, mas sem a tocar. Rolos de fios enrolados sob a deslizadeira geram um campo magnético que se move ao longo da mesma. As forças de interação magnética entre esse campo e os eletroímãs do trem fazem-no levitar e movimentar.

Texto elaborado com base em: Física Viva de James Trefil e Robert M. Hazen, LTC/2006. <http://br.geocities.com/saladefisica>.

Fonte: Como funciona o Trem de Levitação Magnética?, de Diego Alexandre Duarte. *Jornal Mundo Físico*, n. 16, set./out. 2006. Disponível em: <http://www.mundofisico.joinville.udesc.br/arquivo.php?idArquivo=65>. Acesso em: maio 2014.

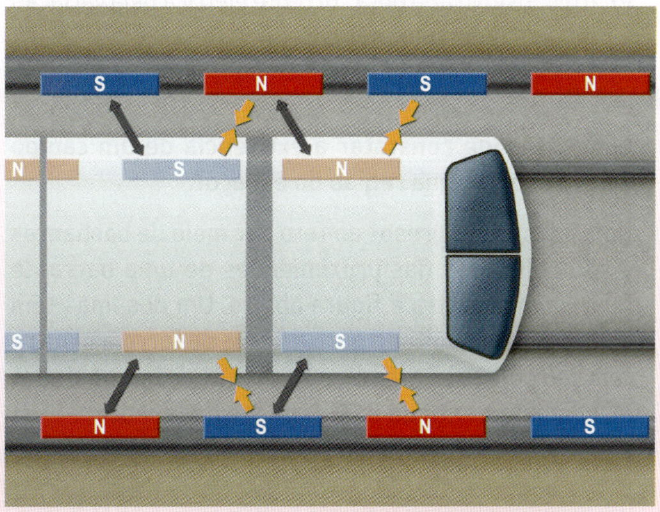

Esquema de funcionamento do trem de levitação magnética. Eletroímãs são instalados tanto no trem como nos trilhos e geram os campos magnéticos que permitem a levitação do trem.

De olho no tema

1. Quais foram as conclusões dos experimentos de Oersted e Faraday?
2. Reveja a foto do guindaste com eletroímã (pág. 225). Elabore um texto relacionando a descoberta de Oersted com a tecnologia desenvolvida para o transporte magnético de grandes cargas.

ATIVIDADES

TEMAS 4 E 5

ORGANIZAR O CONHECIMENTO

1. **Reescreva as frases a seguir corrigindo as afirmações falsas.**

a) Polos magnéticos de mesmo nome se repelem e polos magnéticos de nomes diferentes se atraem.

b) Quando se quebra bem ao meio um ímã em forma de barra, obtêm-se dois pedaços, um com o polo norte e outro com o polo sul.

c) O polo norte de um ímã, que pode girar livremente, alinha-se com o polo norte geográfico da Terra, pois nessa região encontra-se também o polo norte magnético.

d) Quando um ímã é colocado ao lado de um fio condutor, passa a existir uma corrente elétrica que percorre o fio.

2. **Como chamamos:**

a) as regiões de um ímã em que os fenômenos magnéticos são mais intensos?

b) a propriedade adquirida pelo espaço onde se manifestam os efeitos magnéticos produzidos por um ímã?

c) a relação que existe entre a corrente elétrica e o magnetismo?

d) o material que interage fortemente com os ímãs?

e) o dispositivo que gera corrente elétrica pela variação de um campo magnético?

ANALISAR

3. **Como se pode constatar a existência de um campo magnético em uma região do espaço?**

4. **Dois ímãs estão presos ao teto por meio de barbantes e são colocados nas proximidades de uma barra de ferro como mostra a figura abaixo. Um dos ímãs tem seu polo norte voltado para a barra de ferro e o outro tem seu polo sul. Em cada uma das situações, qual será o comportamento do ímã? Faça um desenho.**

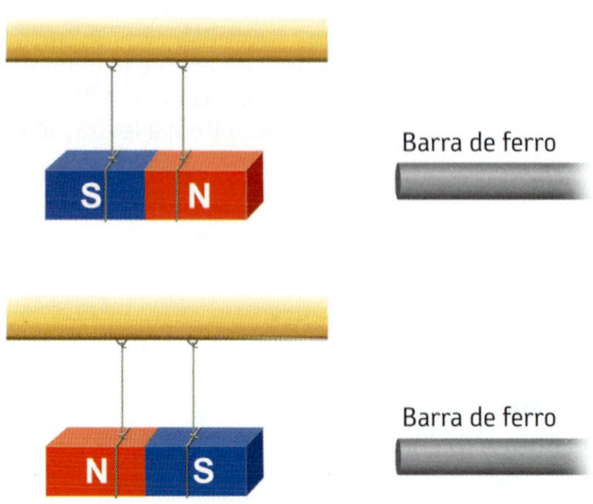

5. **Quatro ímãs são colocados sobre uma mesa e são separados dois a dois por uma pequena distância. Os ímãs da primeira dupla são arranjados com o polo norte de um voltado para o polo norte do outro, e os ímãs do segundo conjunto, com o polo norte de um voltado para o polo sul do outro. Ao espalhar limalha de ferro sobre todos eles, obtêm-se duas fotografias.**

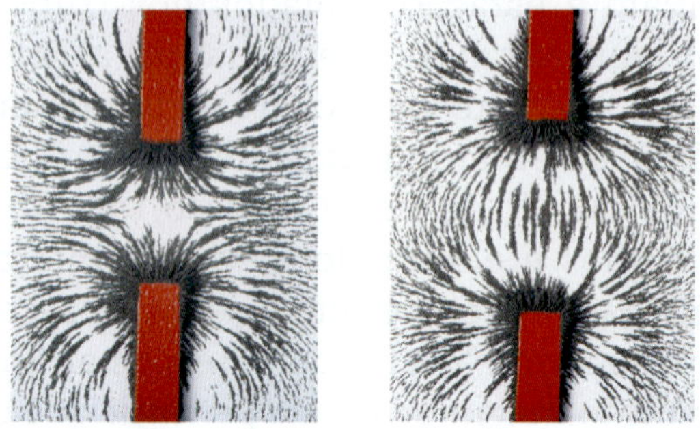

FOTOS: CORDELIA MOLLOY/SCIENCE PHOTO LIBRARY/LATINSTOCK

- Faça um desenho com a representação das linhas de campo em cada um dos casos e interprete as configurações segundo as forças de interação entre os ímãs.

6. **Qual das pilhas representadas neste esquema não está funcionando? Por quê?**

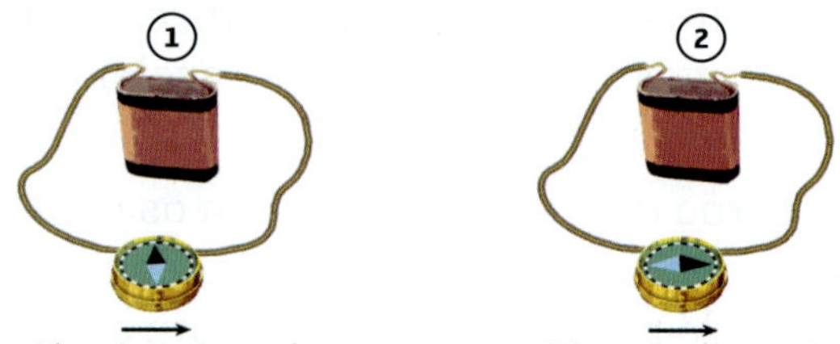

(Imagens sem escala; cores-fantasia.)

7. **Como você faria para montar um eletroímã com o material apresentado na fotografia a seguir e atrair os clipes de papel que aparecem no centro?**

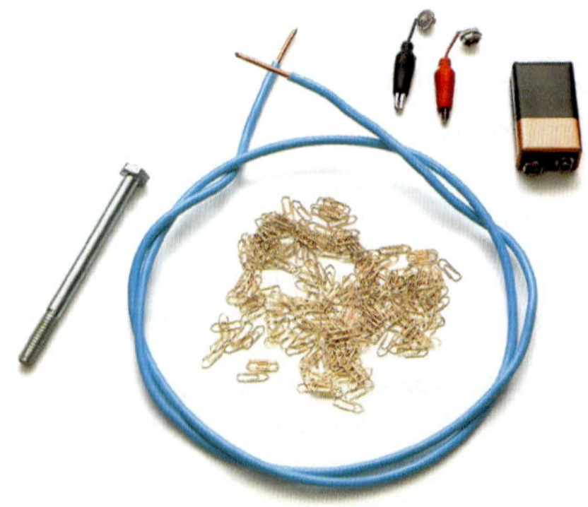

CARLOS LUVIZARI

Clareza

Ao descrever um procedimento científico, mesmo que simples, seja o mais claro e específico possível. Revise o texto, analise se todos os passos foram indicados e pense se outras pessoas vão compreender as instruções dadas.

Tesla, Edison e a guerra das correntes

[...] Seu feito [do físico Nikola Tesla] mais concreto, entre tantos, foi ter desbancado o sistema de corrente direta (DC) de distribuição de eletricidade advogado por Thomas Edison com a corrente alternada (AC), que sairia vencedora na disputa de padrão, viabilizando o fornecimento de energia proveniente de fontes remotas – seria extremamente complicado, por exemplo, levar energia de Itaipu para a costa brasileira se não fosse a corrente alternada. [...]

Sérvio de nascimento, foi nos Estados Unidos que ele desenvolveu suas ideias mais fabulosas. Seu primeiro emprego no país foi justamente sob o comando de Edison [o cientista e inventor estadunidense Thomas Edison]. E foi lá que nasceram os desentendimentos entre ambos que levaram à "guerra das correntes".

Em 1885, Tesla disse a Edison que podia redesenhar seus motores e geradores ineficientes, melhorando o desempenho. O patrão teria respondido: "Há 50 mil dólares nisso para você – se conseguir". A empresa nem tinha um montante desses (equivalente a US$ 1,2 milhão de hoje), mas Tesla levou a sério. Quando concluiu o trabalho e foi cobrar, o chefe disse que estava brincando. "Tesla, você não entende nosso humor americano." Deu um aumento a ele e tocou a vida. O sérvio ficou fulo e pediu demissão.

Ao sair, desenvolveu o sistema de corrente alternada e se emparceirou com George Westinghouse para popularizá-lo. E foi aí que o empregado superou o patrão. Edison mais tarde admitiria que seu único erro na carreira foi ter favorecido o sistema DC, em vez do AC. [...]

Fonte: Nikola Tesla. *Super Interessante*, ed. maio 2012. Disponível em: <http://super.abril.com.br/alimentacao/nikola-tesla-735832.shtml>. Acesso em: maio 2014.

MARY EVANS/DIOMEDIA

Foto de Nikola Tesla (1856-1943) em seu laboratório, publicada pela revista *Pearson's Magazine*, em maio de 1899.

Atividades

1. **Diversas frases e pensamentos atribuídos a Thomas Edison fazem referência à sua persistência e criatividade. É dele a frase "Eu não falhei mil vezes. Eu descobri com sucesso mil maneiras de não fazer uma lâmpada". Qual aspecto do trabalho científico pode ser relacionado a essa frase?**
2. **Apesar da derrota na "guerra das correntes", a corrente contínua ainda é utilizada. Faça uma pesquisa e cite dois equipamentos modernos que usam esse tipo de corrente.**

Cientistas e hábitos da mente

A frase mais famosa atribuída a Thomas Edison é: "Gênio é 1% inspiração e 99% transpiração." Como você interpreta essa frase? Existem pessoas geniais ou pessoas que trabalham para se tornar melhores no que fazem? Quais hábitos da mente, na sua opinião, são importantes para alguém que queira ser pesquisador?

Explorar o tema

TEXTO 1

Uso racional de energia

A energia não tem uma fonte inesgotável. Toda energia utilizada em nossas atividades diárias provém de alguma transformação. Em nosso país, em particular, a energia elétrica é principalmente obtida da energia cinética da água ou da energia proveniente da queima de combustíveis, como gás natural, biomassa e derivados do petróleo. Veja essa reportagem de fevereiro de 2014 sobre a produção e o uso da energia elétrica.

Usinas térmicas atingem pico histórico de geração de energia

O severo grau de seca nos reservatórios das hidrelétricas do Sudeste e do Centro-Oeste, em momento de picos de consumo, levou o país a um patamar recorde de exigência de produção em suas usinas térmicas convencionais (exceto as nucleares) que geram energia elétrica.

O custo da energia gerada por uma usina térmica pode superar em 50% o da produção por uma hidrelétrica.

Levantamento realizado pela *Folha* com dados do ONS (Operador Nacional do Sistema Elétrico) mostra que, pela primeira vez na história, atingiu-se a carga diária de 12.887 MW [megawatts] médios no mês, considerando os dez primeiros dias de fevereiro. [...]

Fonte: *Usinas térmicas atingem pico histórico de geração de energia*, de Samantha Lima. *Folha de S.Paulo*, 12 fev. 2014. Disponível em: <http://www1.folha.uol.com.br/mercado/2014/02/1410939-usinas-termicas-atingem-pico-historico-de-geracao-de-energia.shtml>. Acesso em: maio 2014.

Por causa do aumento do consumo de energia, o país precisou complementar a oferta de energia para a população, utilizando as usinas térmicas que geram energia elétrica a um custo maior que as usinas hidroelétricas.

Você sabe qual é o consumo de energia elétrica de sua casa? Quais são os hábitos de seus familiares? Seria possível propor medidas para economizar energia? Note que o uso racional de energia elétrica, além de ter um impacto no planejamento financeiro de sua família, também traz economia para as contas públicas.

TEXTO 2

Cálculo do consumo de energia elétrica

A **potência elétrica** é definida como energia elétrica por unidade de tempo, uma vez que no Sistema Internacional de Unidades (SI) a potência é medida em **watt** (**W**).

Os medidores conhecidos como "relógios de luz" medem o consumo de **energia elétrica** e o expressam em **quilowatt-hora** (**kWh**). Para compreender o significado dessa medida, basta relacionar estas grandezas: o consumo de energia é dado pela potência do aparelho multiplicado pela quantidade de horas que ele permanece ligado.

Por exemplo, suponha que um chuveiro elétrico de potência (*P*) 4.400 W seja utilizado uma hora por dia, durante um mês, ou 30 dias. Precisamos acertar as unidades de medida, dando a potência em kW e o tempo em horas:

- A potência de 4.400 W equivale a 4 kW.
- O tempo de 1 h por dia em 30 dias equivale a 30 h.

Assim, para saber a quantidade de energia (*E*) consumida pelo chuveiro em um mês, multiplicamos a potência pelo tempo:

$E = P \cdot \Delta t$

$E = 4{,}4\ \text{kW} \cdot 30\ \text{h} = 132\ \text{kWh}$

Para chegar ao custo financeiro do uso do chuveiro, basta multiplicar o valor unitário da energia fornecida (tarifa) pelo total de energia gasta. Se o kWh custa R$ 0,26, então o valor a ser pago é:

Custo do uso do chuveiro = R$ 0,26/kWh · 132 kWh

Custo do uso do chuveiro = R$ 34,32

Ou seja, o uso diário do chuveiro por 1 h, durante um mês, resulta em um gasto de 132 kWh de energia, o que significa R$ 34,32.

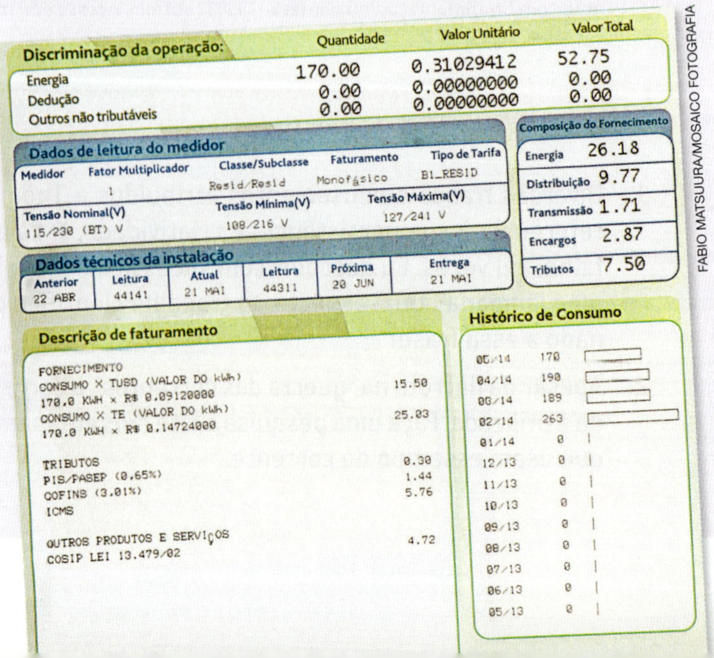

Discriminação da operação:	Quantidade	Valor Unitário	Valor Total
Energia	170.00	0.31029412	52.75
Dedução	0.00	0.00000000	0.00
Outros não tributáveis	0.00	0.00000000	0.00

Dados de leitura do medidor

Medidor	Fator Multiplicador	Classe/Subclasse	Faturamento	Tipo de Tarifa
	1	Resid/Resid	Monofásico	B1_RESID

Tensão Nominal(V)	Tensão Mínima(V)	Tensão Máxima(V)
115/230 (BT) V	108/216 V	127/241 V

Composição do Fornecimento

Energia	26.18
Distribuição	9.77
Transmissão	1.71
Encargos	2.87
Tributos	7.50

Dados técnicos da instalação

Anterior	Leitura	Atual	Leitura	Próxima	Entrega
22 ABR	44141	21 MAI	44311	20 JUN	21 MAI

Descrição de faturamento

FORNECIMENTO	
CONSUMO X TUSD (VALOR DO kWh)	15.50
170.0 KWH × R$ 0.09120000	
CONSUMO X TE (VALOR DO kWh)	25.03
170.0 KWH × R$ 0.14724000	
TRIBUTOS	0.30
PIS/PASEP (0.65%)	1.44
COFINS (3.01%)	5.76
ICMS	
OUTROS PRODUTOS E SERVIÇOS	4.72
COSIP LEI 13.479/02	

Histórico de Consumo

05/14	170
04/14	190
03/14	189
02/14	263
01/14	0
12/13	0
11/13	0
10/13	0
09/13	0
08/13	0
07/13	0
06/13	0
05/13	0

FABIO MATSUURA/MOSAICO FOTOGRAFIA

Exemplo de uma conta de energia elétrica. Nela vêm definidos o valor total a ser pago, a tarifa, os impostos e o consumo de energia elétrica.

Trabalho de campo – obter dados

Nesta atividade, vamos analisar o consumo de energia elétrica em uma residência. Além de verificar uma "conta de energia elétrica", você precisará fazer um trabalho de pesquisa de campo em sua própria casa.

1. Faça uma lista com todos os equipamentos de sua casa que ficam ligados na energia elétrica. Entre em todos os cômodos e veja quais são esses aparelhos. Lembre-se também dos que ficam guardados e não são usados frequentemente, como aspirador de pó, liquidificador ou secador de cabelos.

2. Para cada um dos aparelhos listados, encontre o valor de sua potência nas especificações técnicas que ficam geralmente na parte de trás ou embaixo dos aparelhos.

3. Avalie quanto tempo cada aparelho permanece ligado durante um mês. Em alguns casos, você poderá efetivamente fazer a medida do tempo, por exemplo, no uso do chuveiro, secador de cabelos ou aspirador de pó. Em outros, você precisará fazer uma estimativa, como o período de funcionamento da televisão e das lâmpadas.

Precisão

Quanto mais precisos forem os registros, mais confiável será a análise da conta de luz de sua casa. Revise os dados para se certificar de suas anotações.

Organizar e calcular

4. Para facilitar sua análise, você pode organizar seus dados em uma tabela como a exemplificada a seguir, sendo que nas duas últimas colunas você deve calcular: a energia que cada aparelho consome e o respectivo valor financeiro. Encontre em sua "conta de energia elétrica" o valor do kWh cobrado pela prestadora.

Equipamento	Potência (W)	Tempo de uso em um dia (h)	Tempo de uso em um mês (h)	Energia consumida no mês (kWh)	Consumo mensal (R$)
Chuveiro	4.400	1	30	132	34,32
Televisão	▬	▬	▬	▬	▬
Lâmpadas	▬	▬	▬	▬	▬

Analisar

5. Identifique quais aparelhos são responsáveis pelo maior consumo de energia elétrica em sua casa.

6. Identifique quais aparelhos permanecem funcionando por mais tempo.

7. Qual é o consumo total de energia elétrica de sua residência? Ela está de acordo com o consumo medido pela prestadora de energia?

Trocar ideias sobre o tema

O objetivo, agora, é refletir sobre novas atitudes em favor da economia financeira e de energia elétrica.

8. Com os dados organizados na tabela, proponha uma maneira de reduzir o consumo mensal em sua residência.

9. Reúna-se com sua família e discutam quais de suas propostas podem ser implementadas. Mostre seus dados e cálculos para fundamentar essas sugestões.

Relâmpagos, raios e trovões

Definição

Relâmpago é uma corrente elétrica muito intensa que ocorre na atmosfera com típica duração de meio segundo e típica trajetória com comprimento de 5 a 10 quilômetros. Ele é consequência do rápido movimento de elétrons de um lugar para outro. Os elétrons se movem tão rápido que fazem o ar ao seu redor iluminar-se, resultando em um clarão, e aquecer-se, resultando em um som (trovão). Apesar de estarem normalmente associados a tempestades, também podem ocorrer em tempestades de neve, tempestades de areia, durante erupções vulcânicas, ou mesmo em outros tipos de nuvens, embora nestes casos costumem ter extensões e intensidade bem menores. Quando a descarga conecta-se ao solo é chamada de raio.

Tipos

Em termos gerais, existem dois tipos de relâmpagos: relâmpagos na nuvem e relâmpagos no solo. Relâmpagos na nuvem originam-se dentro das nuvens *Cumulonimbus* e propagam-se dentro (relâmpago intranuvem) ou fora da nuvem rumo à outra nuvem (relâmpago nuvem-nuvem) ou ainda fora da nuvem numa direção qualquer (descarga para o ar). Relâmpagos no solo, por sua vez, podem se originar dentro da nuvem *Cumulonimbus* (relâmpago nuvem-solo) ou no solo (relâmpago solo-nuvem). Mais de 99% dos relâmpagos no solo são relâmpagos nuvem-solo. Em raras ocasiões, relâmpagos nuvem-solo apresentam um canal alargado ou com múltiplas interrupções, sendo conhecidos nestes casos como relâmpagos de faixa ou relâmpagos em contas. Relâmpagos solo-nuvem são relativamente raros e, geralmente, ocorrem no topo de montanhas ou estruturas altas. Os relâmpagos no solo podem também ser classificados em termos do sinal da carga líquida transportada da nuvem para o solo, como relâmpagos negativos ou relâmpagos positivos. Cerca de 90% dos relâmpagos do tipo nuvem-solo e solo-nuvem que ocorrem em nosso planeta são negativos. Esta percentual, entretanto, pode mudar substancialmente em determinadas tempestades.

Cerca de 70% do total de relâmpagos são do tipo intranuvem. Embora eles sejam a maioria dos relâmpagos, são menos conhecidos que os relâmpagos no solo, em parte porque eles são menos perigosos e porque são escondidos pela nuvem. Relâmpagos intranuvem são normalmente visíveis apenas como um clarão no céu. [...] Em alguns casos, o canal pode sair da nuvem para em seguida retornar para dentro dela. Nestes casos, eles podem ser confundidos com relâmpagos entre nuvens e descargas para o ar.

EMÍDIO BASTOS/OPÇÃO BRASIL IMAGENS

Relâmpagos no solo. (Belo Horizonte, MG, 2013.)

Relâmpagos intranuvem costumam ser os primeiros a ocorrer em uma tempestade, precedendo os relâmpagos nuvem-solo por várias dezenas de minutos, dependendo do tipo de tempestade. [...]

Uma forma rara de relâmpagos, não incluída nas categorias acima, são os relâmpagos esféricos. Um relâmpago esférico é uma esfera luminosa que geralmente ocorre perto das tempestades, mas não necessariamente simultaneamente a um relâmpago normal. Elas são, em geral, vermelhas, amarelas, azuis, laranjas ou brancas, têm um diâmetro de 10 a 40 centímetros, aparecem próximos ao solo ou na atmosfera, e mantém um brilho relativamente constante durante sua vida. Eles podem se mover rápido ou lentamente, ou ficar parados, podem ser silenciosos ou produzir estalos, duram de segundos a minutos (média de 4 segundos) e desaparecem lenta ou subitamente em silêncio ou produzindo um ruído. Embora eles tenham sido observados por mais de um século, não são bem conhecidos e ainda são considerados como um mistério. [...]

Fonte: Grupo de Eletricidade Atmosférica (ELAT) do INPE. Disponível em: <http://www.inpe.br/webelat/homepage/> Acesso em: maio 2014.

CADU ROLIM/FOTOARENA/FOLHAPRESS

Relâmpago nuvem-nuvem. (Florianópolis, SC, 2014.)

Atividades

OBTER INFORMAÇÕES

1. O que são os relâmpagos, raios e trovões?
2. No segundo parágrafo, o texto descreve quatro tipos de relâmpagos. Quais são eles e como se comportam?
3. Qual é o tipo de relâmpago mais comum?
4. Onde os relâmpagos solo-nuvem ocorrem com maior frequência? Eles são comuns?
5. Como são os relâmpagos esféricos?

DESCREVER

6. Elabore um desenho que mostre os quatro tipos de relâmpagos citados na segunda questão. No esquema, considere as nuvens e o solo e não se esqueça de indicar as cargas elétricas nas extremidades de cada descarga. Veja um exemplo para o esquema dos raios nuvem-solo.

EXPLICAR

7. O texto não menciona a causa dos relâmpagos, isto é, qual é o mecanismo físico que provoca sua ocorrência. Discuta com seus colegas uma possível explicação para os relâmpagos ou faça uma pesquisa em livros ou *sites* da internet.

OFICINAS DE CIÊNCIAS

SUMÁRIO

OFICINA 1

Cromatografia em papel

As misturas homogêneas podem ser separadas de diferentes maneiras. Certas misturas de líquidos podem ser separadas por meio da técnica de cromatografia em papel. Essa técnica tem como princípio a diferença de interação entre o solvente e os componentes da mistura, bem como entre o papel e os componentes da mistura.

OBJETIVO

- Investigar se as tintas das canetas são misturas, utilizando a técnica da cromatografia em papel.

MATERIAL

- Água
- Álcool
- Filtro de papel para café
- Tesoura
- Régua
- 2 copos descartáveis
- Canetas hidrográficas de 4 cores diferentes, sendo pelo menos uma delas uma cor primária

PROCEDIMENTO

1. Recorte dois retângulos de filtro de papel de 10 cm $\times$ 3 cm, de maneira que as fibras do papel fiquem na direção vertical.
2. Faça 4 pontos separados de cores diferentes com as canetas hidrográficas a 2 cm da borda do papel.
3. Em um dos copinhos, coloque um pouco de água (menos da metade do seu volume), identificando-o como "Água".
4. No outro copinho, coloque um pouco de álcool (menos da metade do seu volume), identificando-o como "Álcool".
5. Mergulhe no líquido de cada um dos copinhos a ponta da tira de papel que está mais próxima dos pontos feitos com canetinha. Cuidado para não molhar a tinta. Apoie a tira para que ela não caia.
6. Aguarde alguns minutos, observe e anote o que acontece.

Atividades

1. O que você observou depois que o papel começou a absorver os líquidos?

2. Os pigmentos das tintas se separaram da mesma maneira tanto na água quanto no álcool? Explique sua resposta.

3. Qual(is) cor(es) de tinta é(são) feita(s) por apenas um corante? Quais cores são misturas?

4. Elabore uma hipótese que explique como acontece a separação dos componentes das tintas das canetas. Converse com seus colegas e comparem seus resultados. Preste atenção nas hipóteses elaboradas por eles, e verifique se elas podem contribuir com suas ideias!

OFICINA 2

Misturando tudo!

No dia a dia, fazemos diversas misturas entre diferentes substâncias. Misturamos café com leite, sabão com água, cereal com iogurte, entre diversas outras combinações. Ao observar essas misturas, podemos compreender melhor o que acontece quando misturamos os produtos.

MARCELO SPATAFORA/PULSAR IMAGENS

OBJETIVO

- Trabalhar a observação e elaborar explicações.

MATERIAL

- 3 produtos domésticos a escolher (leite, café, detergente, fermento em pó etc.)
- Espátulas
- Recipientes para realizar as misturas

Segurança

Todo produto químico deve ser manipulado com cuidado, inclusive os que encontramos em nossa casa. Evite o contato direto com a pele e as mucosas. Nunca coloque na boca produtos desconhecidos, a não ser que sejam autorizados por seu professor.

Procedimento e Atividades

1. Forme grupo com alguns colegas.
2. Reflitam sobre as misturas que costumam fazer no dia a dia, e selecionem 3 produtos que fazem parte dessas misturas.
3. Apresentem a seleção de produtos para o professor, para que ele **autorize** o uso deles na prática desta atividade.
4. Elaborem uma tabela com a descrição de cada um dos produtos selecionados pelo grupo. Anotem todas as características observadas. Cada integrante do grupo deve ter sua própria tabela.
5. Façam uma lista com todas as combinações possíveis dos produtos selecionados. Organizem essas combinações em uma tabela, como a sugerida a seguir. Realizem as misturas e anotem suas observações.

Mistura	O que acontece durante a mistura	Produto final
Indiquem a mistura que será realizada. Exemplo: A + B	Descrevam tudo o que foi observado de interessante. Exemplo: formação de espuma.	Descrevam o produto final obtido. Exemplo: aspecto homogêneo ou heterogêneo, cor etc.

6. Selecionem a mais interessante das misturas observadas. Lembrem-se de que cada pessoa pode observar um mesmo fato de maneira diferente. Por isso, compartilhem as informações com clareza, ouçam com atenção as ideias dos colegas e somente depois determinem a decisão do grupo.
7. Repitam a mistura escolhida, demonstrando o procedimento para os demais grupos. Deixem que seus colegas examinem as substâncias iniciais e façam as observações. Façam a mistura e depois expliquem quais observações foram as mais interessantes para o grupo. Perguntem a seus colegas se eles fizeram alguma nova observação que deva ser considerada. Fiquem atentos também às demonstrações das misturas realizadas por seus colegas.
8. Alguma das misturas apresentadas pelos grupos (incluindo o de vocês) produziu uma nova substância? Em caso positivo, escreva qual(is) mistura(s) e quais são as evidências que comprovam a resposta de vocês.

OFICINA 3

Um modelo de concentração

Muitos fenômenos ocorrem em dimensões que não são acessíveis à percepção de nossos sentidos. Por exemplo, os fenômenos que ocorrem com as partículas da matéria: elas têm dimensões tão pequenas que não podemos vê-las nem com o auxílio de potentes microscópios.

Para compreender o que acontece com partículas tão pequenas, muitas vezes é preciso utilizar outras maiores, que podemos ver e tocar, e, com elas, realizar processos análogos àqueles que estamos estudando.

Esses objetos e processos visíveis são chamados de modelos. Modelos podem ser objetos, aparelhos, representações planas ou espaciais, equações matemáticas e químicas, gráficos, esquemas e desenhos. Podem, também, ser programas de computador ou imagens mentais.

OBJETIVOS

- Preparar duas soluções com diferentes concentrações.
- Interpretar o significado da concentração de cada uma das soluções utilizando modelos.

MATERIAL

- 2 recipientes transparentes
- 2 saquinhos de plástico
- 1 xícara (de café)
- 2 conta-gotas
- 1 colher (de café)
- Água
- Açúcar
- Arroz
- Feijão
- Etiquetas
- Caneta
- Instrumento para medir volume, como uma proveta

Procedimento e Atividades

Em grupo, faça o que se pede a seguir.

Preparação de soluções com concentrações diferentes

1. Etiquete os dois recipientes, identificando-os como 1 e 2.

2. Coloque em cada recipiente cinco colheres rasas de açúcar. Acrescente 50 mL de água ao recipiente 1 e 100 mL ao recipiente 2. Misture bem a solução 1 com uma colher limpa. Em seguida, lave a colher, seque-a e, depois, misture também a solução 2.

a) Nas soluções que você preparou, qual é o soluto e qual é o solvente?

b) As misturas que você preparou são homogêneas ou heterogêneas?

c) Represente, por meio de desenhos, as partículas de açúcar das duas soluções que você preparou.

Construção de um modelo de concentração de soluções

Pode-se comparar a distribuição das partículas de soluto e de solvente em soluções de concentrações diferentes por meio de modelos. Nessa parte da oficina, você vai construir um modelo das soluções de açúcar que preparou.

No modelo, os recipientes das soluções são representados por saquinhos de plástico transparentes; as partículas de solvente são representadas por grãos de arroz, e as partículas de soluto, por grãos de feijão.

Veja na tabela a seguir a correspondência entre os componentes da solução de açúcar e os componentes do modelo.

Soluções	Modelo
Recipiente 1	Saquinho de plástico 1
Recipiente 2	Saquinho de plástico 2
Quantidade de açúcar colocada no recipiente 1	1 xícara de feijão
Quantidade de água colocada no recipiente 1	5 xícaras de arroz
Quantidade de açúcar colocada no recipiente 2	▬▬▬
Quantidade de água colocada no recipiente 2	▬▬▬

3. Responda às questões (a) e (b) e, em seguida, transcreva a tabela no caderno, completando-a.

a) Que quantidade de feijão deve ser colocada no saquinho 2 para representar a quantidade de açúcar na solução do recipiente 2?

b) Que quantidade de arroz deve ser colocada no saquinho 2 para representar a quantidade de água que foi adicionada no recipiente 2?

4. Misture bem os grãos de arroz e de feijão em cada um dos saquinhos.

5. Retire uma xícara do conteúdo do saquinho 1 e conte o número de grãos de feijão. Faça o mesmo com o saquinho 2, retirando uma xícara do conteúdo dele.

Quantos grãos de feijão há na amostra* retirada do saquinho 1? E na retirada do saquinho 2?

* Chama-se **amostra** a uma pequena porção de material, retirada de uma porção maior, para ser analisada.

6. Compare o resultado encontrado com o dos demais grupos, anotando os dados em uma tabela.

a) Qual é sua estimativa sobre a quantidade de grãos de arroz nas amostras de todos os grupos da classe? É aproximadamente a mesma? Ou é diferente? Justifique sua resposta.

b) Analise os dados da tabela. Nas amostras do saquinho 1, o número de grãos de feijão foi menor ou maior que nas amostras do saquinho 2? Isso ocorreu em todas as amostras? Elabore uma hipótese para explicar esse resultado.

c) Qual dos dois saquinhos representa a solução mais concentrada?

Interpretação da concentração das soluções 1 e 2 com base no modelo

Agora você vai interpretar a concentração das soluções de açúcar com base no modelo de grãos. O conta-gotas que você utilizará a seguir corresponde, no modelo, à xícara utilizada para retirar a amostra de grãos.

7. Com um conta-gotas, retire uma amostra da solução 1 junto da superfície; com o outro conta-gotas, retire uma amostra de mesmo volume e da mesma solução, porém do fundo do recipiente.

a) Comparando as duas amostras, a quantidade de partículas de água deve ser aproximadamente a mesma ou diferente?

b) Comparando as duas amostras, a quantidade de partículas de açúcar deve ser aproximadamente a mesma ou diferente?

8. Com um conta-gotas, retire uma amostra da solução 1 e, com o outro conta-gotas, retire uma amostra, de mesmo volume, da solução 2. (Os conta-gotas devem ser limpos e secos.)

a) Comparando as duas amostras, a quantidade de partículas de açúcar deve ser aproximadamente a mesma ou diferente?

b) Qual das duas soluções é mais concentrada?

c) O que se pode fazer para que a solução 1 fique com a mesma concentração que a solução 2? Por quê?

d) Uma solução A foi preparada dissolvendo-se 3 g de açúcar em 270 mL de água, e uma solução B, dissolvendo-se 9 g de açúcar em 810 mL de água. Uma solução é mais concentrada que a outra? Explique sua resposta.

e) Escreva um texto descrevendo como seria um modelo, utilizando arroz e feijão, de uma solução aquosa de açúcar, com concentração de 20 mg/L.

OFICINA 4

Que efeito é esse?

A Terra está passando por uma fase de aquecimento que muitos cientistas atribuem a uma alta produção e acúmulo de gases. Para um melhor entendimento desse fenômeno, pode-se construir um modelo que nos permite visualizar e interpretar o que acontece em uma escala muito maior (escala do planeta).

OBJETIVOS

- Construir um modelo.
- Verificar se ocorrem diferenças de temperatura no modelo construído.

MATERIAL

- 2 garrafas plásticas lavadas
- Mais ou menos meia garrafa de solo (terra) seco
- Barbante
- 2 termômetros
- Fita adesiva
- Água
- Funil
- Colher

PROCEDIMENTO

1. Destampe uma das garrafas plásticas lavadas e coloque o funil na boca da garrafa.
2. Coloque a terra seca no funil, com a ajuda da colher, até completar mais ou menos $\frac{1}{3}$ do volume da garrafa.
3. Coloque 2 ou 3 colheres de água no funil, para umedecer a terra no interior da garrafa.
4. Amarre uma das extremidades do barbante no termômetro e fixe a outra na garrafa, pelo lado de fora, com a fita adesiva.
5. Retire o funil e coloque o termômetro dentro da garrafa, deixando-a sem tampa e exposta aos raios solares.
6. De tempos em tempos, em uma tabela como a sugerida abaixo, anote a temperatura, bem como a data e o horário da observação. Esta oficina pode ser feita durante alguns dias, ou se prolongar pelo ano todo, registrando-se as variações de temperatura nas estações do ano.
7. Com a outra garrafa, repita os passos de 1 a 6, mas mantendo-a tampada após inserir o termômetro. Anote os resultados na mesma tabela.

Nota 1: A leitura das duas garrafas deve ser feita ao mesmo tempo; portanto, a realização desta oficina será mais fácil em grupo.

Nota 2: Sugestão de horários para coleta de dados: 6 horas da manhã; 9 horas da manhã; 12 horas (meio-dia); 15 horas e 18 horas.

TABELA PARA COLETA DE DADOS DO MODELO

Data	Sem tampa		Com tampa	
	Horário	Temperatura	Horário	Temperatura

OFICINA 4

Observação: A montagem do experimento deve ser semelhante aos esquemas a seguir.

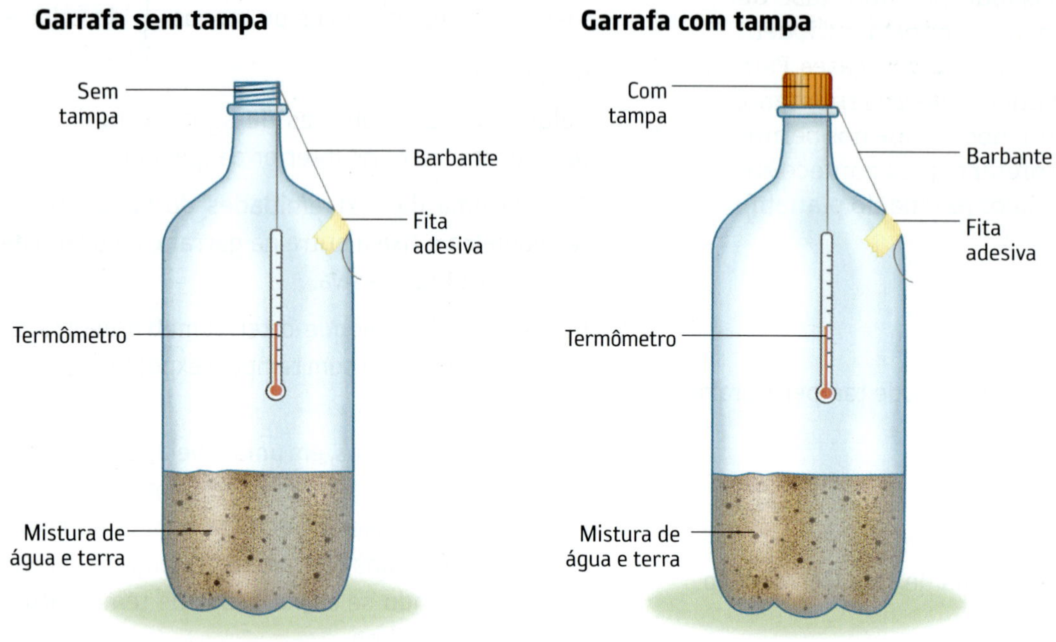

(Imagens sem escala; cores-fantasia.)

Atividades

1. **Compare os dados obtidos em um mesmo dia e horário para as duas garrafas. A temperatura é maior na garrafa com tampa ou na garrafa sem tampa? A que você atribui esse fato?**
2. **É possível relacionar o aquecimento das duas garrafas com a energia solar? Elabore uma justificativa para sua conclusão.**
3. **A temperatura mais elevada em uma das garrafas pode ser relacionada a que fenômeno que ocorre em nosso planeta?**
4. **Relembre o que você aprendeu sobre os ciclos naturais. Redija um texto relacionando o modelo elaborado a esses ciclos.**
5. **Tente imaginar a situação a seguir: a temperatura na Terra aumentou de maneira radical e nenhuma energia térmica está sendo liberada. Em sua opinião, o que poderia acontecer com nosso planeta, levando em consideração os animais e as plantas, se essa situação fosse real? Justifique sua resposta.**
6. **Agora imagine esta outra situação: não existem gases que retenham calor na superfície da Terra. O que aconteceria com os animais e as plantas se essa situação fosse real? Justifique sua resposta.**

OFICINA 5

Reciclando papel

Jornal, caixas de papelão e algumas embalagens são feitos a partir de papel já utilizado, provavelmente com finalidades diferentes. Este processo em que se obtêm produtos novos a partir de produtos usados é chamado de reciclagem.

OBJETIVOS

- Aprender um método caseiro para reciclagem de papel e como testar sua qualidade.
- Relacionar os ciclos dos materiais, a produção de lixo e a reciclagem do papel.

MATERIAL

- 1 bacia ou assadeira
- 1 peneira plana (com dimensões menores do que as da bacia ou assadeira)
- 4 colheres (de chá) de amido
- 3 folhas de jornal
- 500 mL de água

PROCEDIMENTO

1. Pique duas folhas de jornal em pedaços bem pequenos. Coloque-os em uma bacia ou assadeira e acrescente a água. Misture e deixe em repouso de um dia para o outro.
2. Adicione o amido para engomar e misture bem.
3. Mergulhe a peneira na mistura, retire-a e exponha-a ao Sol para secar. Deixe também a assadeira ao Sol. Na peneira, você obterá uma folha de papel; na assadeira, um pedaço de papelão.

Atividades

1. **Faça os testes de qualidade descritos a seguir com o papel obtido.**
   a) Verifique se a folha de papel pode ser enrolada ou dobrada, sem rasgar.
   b) Verifique se é possível escrever com lápis e caneta na folha sem que ela rasgue.
   c) Verifique se é possível apagar a escrita a lápis sem rasgar a folha.
2. **Faça os mesmos testes com a terceira folha de jornal e compare sua qualidade com a da folha que você fabricou.**
   a) A folha de papel que você obteve é melhor, igual ou pior do que o papel de jornal?
   b) Que utilidades você pode sugerir para o papel obtido?
   c) Que utilidades você pode sugerir para o papelão obtido?
3. **Após a realização dessa oficina, converse com seus colegas sobre como a reciclagem de papel pode afetar positivamente a sociedade e o ambiente.**

(Imagens sem escala; cores-fantasia.)

OFICINA 6

Batatas geram energia elétrica?

É possível gerar energia elétrica utilizando batatas e placas metálicas de cobre e de zinco?

OBJETIVO

- Construir uma pilha elétrica com materiais diferentes e testar seu funcionamento, buscando interpretá-lo.

MATERIAL

- 2 batatas grandes
- 2 placas de cobre, cada uma com 1 cm × 3 cm e com um furo
- 2 placas de zinco, cada uma com 1 cm × 3 cm e com um furo
- 3 pedaços de fio de cobre fino com cerca de 30 cm cada um
- 1 lixa de unha
- Esponja de aço (de lavar louça)
- Calculadora

PROCEDIMENTO

1. Limpe muito bem as placas de cobre e de zinco com a esponja de aço. Se possível, utilize um pouco de sabão em pó abrasivo; depois, lave com água corrente. As placas devem ficar brilhantes.
2. Tire o verniz das extremidades do fio de cobre (aproximadamente 2 cm) utilizando a lixa.
3. Conecte uma placa de zinco a uma placa de cobre utilizando um dos pedaços do fio de cobre e insira uma das placas em uma batata e a outra placa na outra batata.
4. Ligue a cada uma das placas restantes um fio de cobre.
5. Encaixe a placa de cobre (já com o fio ligado) na batata que já tem uma placa de zinco, e encaixe a placa de zinco (também já com o fio) na batata que já tem uma placa de cobre.
6. Ligue o fio com uma extremidade solta, que sai da placa de cobre, ao polo positivo na calculadora, e o fio que sai da placa de zinco, ao negativo.
7. O sistema completo deve ficar semelhante ao da figura. Faça algumas operações para testar o funcionamento da calculadora.

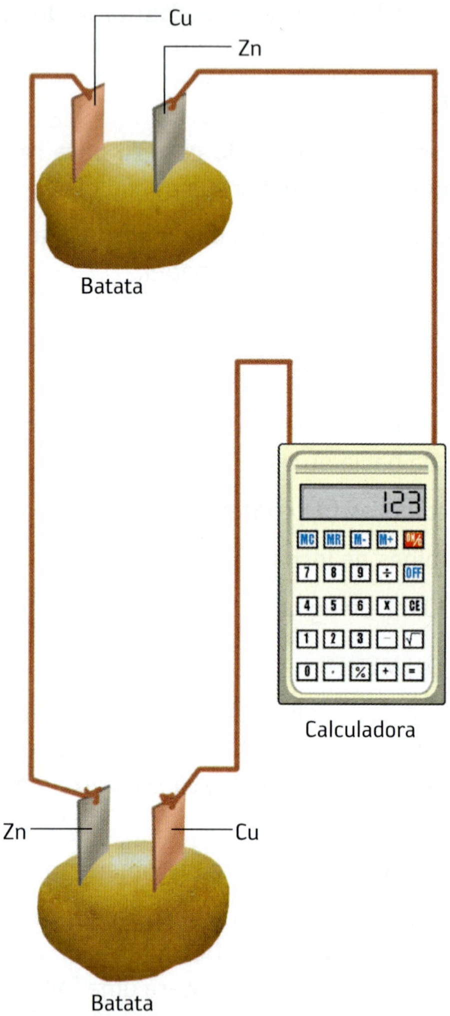

(Imagens sem escala; cores-fantasia.)

Atividades

1. **É possível afirmar que a montagem feita por você gera energia elétrica? Justifique sua resposta.**
2. **O que acontece com a calculadora quando se retira uma das batatas? Elabore uma hipótese para sua conclusão.**
3. **Elabore uma hipótese do que pode acontecer caso a quantidade de batatas seja aumentada.**

OFICINA 7

Como funciona um motor elétrico?

Os mais variados equipamentos utilizados em residências (por exemplo, o liquidificador, a batedeira, a geladeira e a máquina de lavar roupas) e em indústrias têm o motor elétrico como elemento principal. Todo motor elétrico funciona com base nos clássicos experimentos realizados no século XIX pelo físico dinamarquês Hans Christian Oersted e pelo físico e químico inglês Michael Faraday.

OBJETIVO

- Reconhecer os fatores que influem no funcionamento de um motor elétrico.

MATERIAL

- 1 ímã
- 2 pedaços de fio "cabinho" (0,5 mm de diâmetro) com cerca de 20 cm de comprimento e com as pontas (2,5 cm) desencapadas
- 1 pedaço de fio fino de cobre esmaltado com cerca de 50 cm
- 2 pedaços de 15 cm de fio de cobre nu (1 mm de diâmetro)
- 1 pedaço de madeira de 10 cm × 5 cm × 1,5 cm
- 1 pilha média comum
- 1 lixa de unha
- 2 percevejos

PROCEDIMENTO

Preparação da bobina

1. Construa uma bobina, enrolando o fio de cobre de 50 cm em torno de dois dedos da mão (figura 1). Em cada uma das extremidades do fio, deixe, aproximadamente, 5 cm.
2. Utilizando a lixa, retire todo o esmalte de apenas uma das extremidades do fio de cobre. Da outra extremidade, porém, não remova todo o esmalte (figura 2).

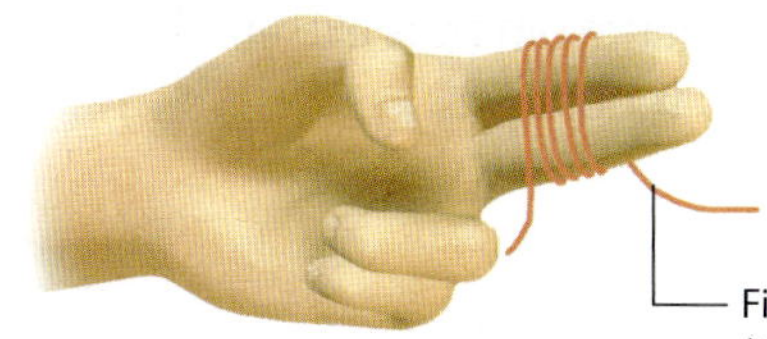

Figura 1

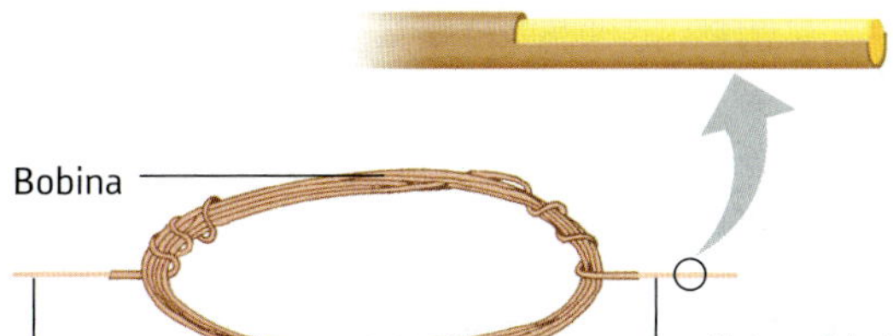

Figura 2

Montagem dos suportes da bobina

3. Para fazer os suportes da bobina, dobre os dois pedaços de fio de cobre nu, como mostra a figura 3. Raspe com a lixa o trecho do suporte que ficará em contato com as extremidades da bobina e o trecho que será conectado aos fios "cabinho".

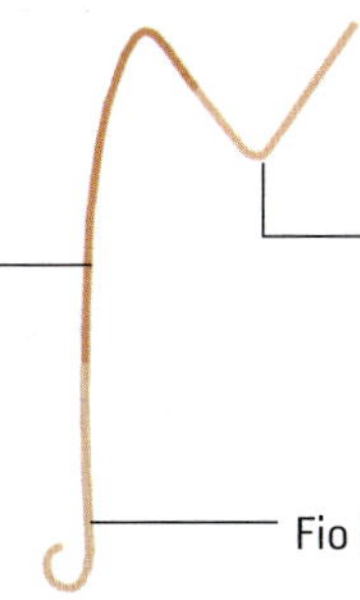

Figura 3
(Imagens sem escala; cores-fantasia.)

4. Com cuidado para não se ferir, prenda, com os percevejos, uma das extremidades de cada suporte na parte lateral da base de madeira (figura 4).

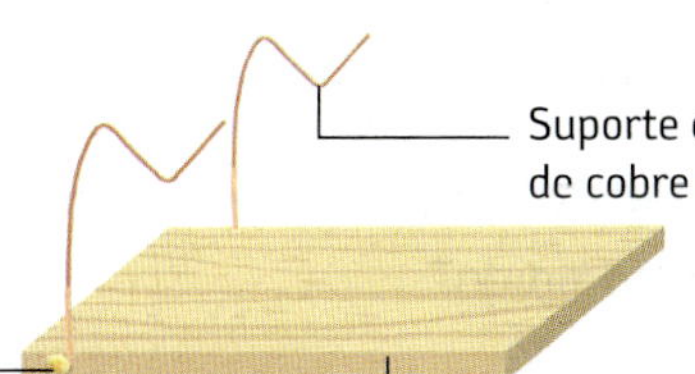

Figura 4

5. Peça ajuda de um adulto para desencapar as extremidades (2,5 cm) dos dois fios “cabinho”.
6. Enrole firmemente uma das extremidades de cada fio “cabinho” na parte lixada dos suportes (figura 5).

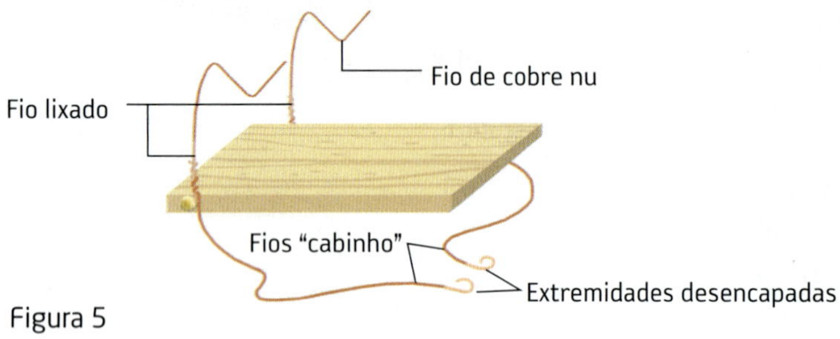

Figura 5

Montagem do circuito elétrico

7. Apoie a bobina nos suportes e observe se ela pode girar livremente. Caso isso não ocorra, verifique se as extremidades da bobina estão bem alinhadas e retas, e se os suportes estão alinhados.

   Deixe a bobina em posição tal que o suporte fique em contato com a parte esmaltada da extremidade da bobina.

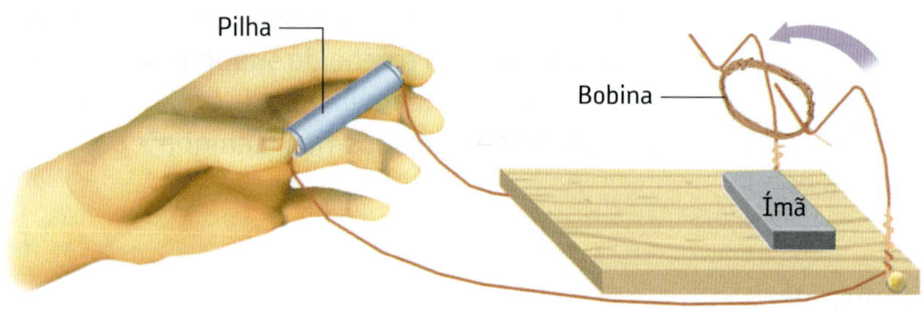

Figura 6
(Imagens sem escala; cores-fantasia.)

8. Encoste as extremidades desencapadas livres dos fios “cabinho” nos polos da pilha e mantenha-os conectados, segurando-os firmemente com uma das mãos (figura 6).
9. Coloque o ímã embaixo da bobina e dê um pequeno impulso nela (figura 6).

Atividades

1. O que você observou? Proponha uma explicação para o funcionamento desse modelo. Ele pode ser considerado um modelo de motor elétrico?
2. O modelo funciona sem o ímã?
3. O modelo funciona se o circuito elétrico for interrompido?
4. O funcionamento do modelo depende da posição do ímã? E da distância entre a bobina e o ímã?
5. O que acontece com o sentido de rotação da bobina quando se invertem os polos do ímã?
6. O que acontece com o sentido de rotação da bobina quando se invertem as ligações nos polos da pilha?
7. Imagine que o modelo que você construiu pudesse fazer duas pequenas rodas se moverem. Como você faria a conexão entre o modelo e as rodas?

OFICINA 8

Comparando forças

É possível identificar se uma força é maior, menor ou igual à outra?

OBJETIVOS

- Comparar forças pela deformação de um elástico.
- Observar e identificar a força potente, a força resistente e o apoio.

MATERIAL

- 1 elástico tipo látex
- Tesoura com pontas arredondadas
- 1 régua plástica de pelo menos 30 cm
- Bolinhas de gude, moedas, arruelas etc
- Barbante
- Fita adesiva
- 1 clipe para papel
- 3 caixas de fósforos vazias

PROCEDIMENTO

1. Corte o elástico com a tesoura e amarre-o ao clipe um pouco aberto (figura 1).
2. Coloque em cada caixa de fósforos algumas das moedas, bolinhas de gude, arruelas, de maneira que cada caixa de fósforos tenha a mesma massa (quantidade de matéria), e amarre cada caixa com o barbante, deixando uma alça para pendurá-la (figura 2).

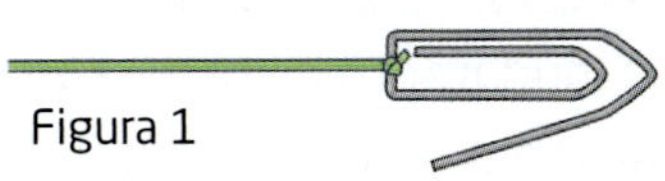
Figura 1

Figura 2

3. Usando fita adesiva, prenda bem o elástico à régua, de forma que a extremidade do clipe coincida com um traço de centímetro da régua (figura 3).
4. Segure a régua em posição vertical e pendure ao clipe uma caixa de fósforos (figura 4). Meça a deformação sofrida pelo elástico.
5. Na mesma posição da régua, pendure duas caixas de fósforos e depois três, verificando, a cada vez, a deformação do elástico a partir da posição inicial.

Figura 3

Figura 4

(Imagens sem escala; cores-fantasia.)

Atividades

1. **Quando foi colocada a primeira caixa de fósforos, de quanto foi a deformação do elástico em milímetros? E quando foi adicionada a segunda caixa de fósforos, qual foi a deformação do elástico?**
2. **Qual foi a deformação do elástico ao ser adicionada a terceira caixa de fósforos?**
3. **Lembrando que as caixas de fósforos têm a mesma massa, é possível, sem adicionar mais nenhuma caixa de fósforos, imaginar qual seria a deformação do elástico na quarta caixa de fósforos? Explique.**

FIQUE POR DENTRO

Filmes

- **A Última Hora (The 11th Hour).** 2007 – Estados Unidos, 92 min. Direção de Leila Conners Petersen e Nadia Conners. Criado, produzido e narrado por Leonardo Di Caprio. O documentário apresenta os desastres causados pela humanidade, incluindo mudanças climáticas e aquecimento global.
- **Estamira.** 2006 – Brasil, 115 min. Direção de Marcos Prado. O documentário conta a história de uma mulher de 63 anos com distúrbios mentais que trabalha em um aterro sanitário e sobrevive dos materiais que coleta. De forma poética e eloquente, Estamira aborda questões de interesse global, como o destino do lixo produzido nas grandes cidades.
- **O Desastre de Chernobyl (The Battle of Chernobyl).** 2006 – Estados Unidos, 97 min. Produzido por Discovery Channel. O documentário fala do desastre ocorrido em Chernobyl em 1986, devido à explosão da usina de energia nuclear.
- **Paraíso sujo (Dirty Paradise).** 2009 – Suíça, 76 min. Direção de Daniel Schweizer. O documentário mostra o sofrimento de indígenas com o garimpo ilegal na região, a poluição dos rios com mercúrio e desastres ecológicos decorrentes disso.
- **Química: Uma História Volátil (Chemistry: A Volatile History).** 2010 – Inglaterra, 58 min. Produzido por BBC. O documentário mostra a história de químicos famosos, a descoberta de elementos e muito mais. É dividido em três episódios: Descobrindo os Elementos (Discovering the Elements), A Ordem dos Elementos (The Order of the Elements) e O Poder dos Elementos (The Power of the Elements).
- **Uma verdade inconveniente (An inconvenient truth).** 2006 – Estados Unidos, 96 min. Direção de Davis Guggenheim. O documentário alerta para os riscos do aquecimento global, apresentando uma visão do futuro do planeta e da civilização.

Endereços da internet

Acessos em: 17 abr. 2014.

- **Acessa Física.** O endereço disponibiliza vídeos, áudios, experimentos relacionados aos temas de Física.
<http://177.71.183.29/acessa_fisica/index.php/acessafisica>
- **Canal Ciência.** É um canal de Ciência com todas as novidades sobre pesquisas em andamento.
<http://www.canalciencia.ibict.br>
- **Embrapa.** O endereço apresenta conteúdo relacionado à inovação tecnológica voltada para a geração de conhecimento em tecnologia agropecuária. Também contém informações sobre meio ambiente, tecnologia dos alimentos, biotecnologia, nanotecnologia e muito mais.
<http://www.embrapa.br>
- **Energia elétrica.** O endereço apresenta um simulador de consumo de energia elétrica.
<http://www.furnas.com.br/simulador/index.htm>
- **Energia nuclear.** O endereço contém informações sobre as vantagens e formas de utilização da energia nuclear.
<http://www.cnen.gov.br/ensino/apostilas/energia.pdf>
- **Manual do mundo.** O endereço apresenta inúmeras experiências envolvendo todas as áreas da ciência, relacionando-a com fatos do cotidiano, além de alguns desafios para os internautas. Todo o material é apresentado na forma de vídeos.
- **Tabela Periódica.org.** Além da classificação periódica dos elementos, você também encontrará inúmeras informações sobre cada elemento químico, como: de que maneira é encontrado na natureza, qual o seu papel na história, fotos, propriedades químicas e físicas, e muito mais.
<http://www.tabelaperiodica.org>
- **TED-Ed.** Canal que apresenta vídeos animados sobre diversos temas da ciência. Permite ativar legendas em português.
<http://www.youtube.com/user/TEDEducation>
- **Você e a Química.** Seção do *site* da Abiquim (Associação Brasileira da Indústria Química), disponibiliza materiais que auxiliam no reconhecimento da química no cotidiano.
<http://www.abiquim.org.br/voce-e-a-quimica/quimica-e-vida>

Livros

Química

- CHAGAS, A. P. *Como se faz química*. São Paulo: Unicamp, 2006.
- GUIZZO, J. *Química*. São Paulo: Ática, 1998. (Col. Atlas Visuais)
- LE COUTEUR, P.; BURRESON, J. *Os Botões de Napoleão*: as 17 moléculas que mudaram a história. Zahar, 2006.
- MATEUS, A. L. *Química em Questão*. São Paulo: Claro Enigma, 2012.

Ciclos biogeoquímicos

- BONELLI, C.; MANO, E. B.; PACHECO, E. B. A. V. *Meio ambiente, poluição e reciclagem*. São Paulo: Edgard Blücher, 2005.
- CHIANCA, L.; SALEM, S. *Água*. São Paulo: Ática, 2007. (Col. De Olho na Ciência)
- RIOS, E. P. *Água*: vida e energia. São Paulo: Atual, 2005. (Col. Projeto Ciência)
- RODRIGUES, R. M. *O solo e a vida*. São Paulo: Moderna, 2005. (Col. Projeto Ciência)
- VEIGA, J. E. *Aquecimento global*. São Paulo: Senac, 2008.

Mecânica

- FERRARO, N. G. *Os movimentos*: pequena abordagem sobre mecânica. São Paulo: Moderna, 2003. (Col. Desafios)
- NITTA, H.; TREND-PRO CO., LTD. *Guia Mangá de Física Mecânica Clássica*. São Paulo: Novatec, 2010.

Energia

- MONTANARI, V. *Energia nossa de cada dia*. São Paulo: Moderna, 2004. (Col. Desafios)

Ondas

- BERNAARD, E. *Som*. São Paulo: IBEP Nacional, 2006. (Col. O que é?)

Eletromagnetismo

- CRUZ, F. F. de S. *Faraday e Maxwell*: luz sobre os campos. São Paulo: Odysseus, 2005. (Col. Imortais da Ciência)
- FUJITAKI, K.; TREND-PRO CO., LTD. *Guia Mangá de Eletricidade*. São Paulo: Novatek, 2010.
- NESSMANN, P. *Eletricidade*. São Paulo: IBEP Nacional, 2006. (Col. O que é?)

Tecnologia e Sociedade

- BRANCO, S. M. *Natureza e agroquímicos*. São Paulo: Moderna, 2003. (Col. Desafios)
- MARTINS, M. H. P. *O prazer das compras*: o consumismo no mundo contemporâneo. São Paulo: Moderna, 2007. (Série Aprendendo a Com-Viver)
- RODRIGUES, F. L.; CANIVATTO, V. M. *Lixo*: de onde vem? Para onde vai? São Paulo: Moderna, 2003. (Col. Desafios)
- TRAMBAIOLLI NETO, E. *Alimentos em pratos limpos*. São Paulo: Saraiva, 2011.

Centros e Museus de Ciência

Acessos em: 17 abr. 2014.

- **Associação Brasileira de Centros e Museus de Ciência**
  <http://www.abcmc.org.br>
- **Casa da Ciência**
  Centro Cultural de Ciência e Tecnologia da Universidade Federal do Rio de Janeiro (UFRJ)
  <http://www.casadaciencia.ufrj.br>
- **Espaço Ciência**
  Secretaria de Ciência, Tecnologia e Meio Ambiente
  Olinda, PE
  <http://www.espacociencia.pe.gov.br>
- **Estação Ciência**
  Universidade de São Paulo, Pró-Reitoria de Cultura e Extensão Universitária
  São Paulo, SP
  <http://www.eciencia.usp.br>
- **MAST – Museu de Astronomia e Ciências Afins**
  Ministério da Ciência e Tecnologia
  Rio de Janeiro, RJ
  <http://www.mast.br>
- **Museu de Ciência e Técnica**
  Escola de Minas da Universidade Federal de Ouro Preto
  Ouro Preto, MG
  <http://www.museu.em.ufop.br/museu/>
- **Museu de Ciência & Tecnologia**
  Pontifícia Universidade Católica do Rio Grande do Sul
  Porto Alegre, RS
  <http://www.pucrs.br/mct/>
- **Museu Dinâmico Interdisciplinar**
  Universidade Estadual de Maringá
  Maringá, PR
  <http://www.mudi.uem.br>
- **Museu Exploratório de Ciências**
  Universidade Estadual de Campinas
  Campinas, SP
  <http://www.mc.unicamp.br/>
- **Museu Interativo da Física**
  Universidade Federal do Pará, Departamento de Física
  Belém, PA
  <http://www.ufpa.br/mif/equipe.htm>
- **Parque Viva a Ciência**
  Universidade Federal de Santa Catarina
  Florianópolis, SC
  <http://vivaciencia.ufsc.br>
- **Seara da Ciência**
  Universidade Federal do Ceará
  Fortaleza, CE
  <http://www.searadaciencia.ufc.br/>
- **Usina Ciência**
  Universidade Federal de Alagoas – Maceió, AL
  <http://www.usinaciencia.ufal.br>

AHLGREN, A.; RUTHERFORD, F. J. *Ciência para todos*. Lisboa: Gradiva, 1995.

AMBROGI, A.; LISBÔA, J. C. *Misturas e substâncias*: reações químicas. São Paulo: Hamburg/Cecisp, 1986.

ATKINS, P.; JONES, L. *Princípios de Química*: questionando a vida moderna e o meio ambiente. 5. ed. Porto Alegre: Bookman, 2012.

BENJAMIN, C. (Ed.). *Dicionário de biografias científicas*. Rio de Janeiro: Contraponto, 2007.

BERG, J. M.; TYMOCZKO, J. L.; STRYER, L. *Bioquímica*. Rio de Janeiro: Guanabara Koogan, 2008.

BLOOMFIELD, L. A. *How things work*: the physics of everyday life. Nova York: John Wiley & Sons, 1997.

BROWN, T. L.; LE May Jr., H. E.; BURSTEN, B. E. Tradução: Robson Matos. *Química*: a ciência central. 9. ed. São Paulo: Prentice Hall, 2005.

CHALLDNER, J. *Física*. São Paulo: Ática, 1997. (Col. Atlas Visuais)

CHASSOT, A. *A ciência através dos tempos*. 4. ed. São Paulo: Moderna, 2004. (Col. Polêmica)

CIÊNCIA & AMBIENTE. *Lixo urbano*. n. 18. Santa Maria: UFSM, jan./jun. 1999.

DAVIDSON, J. P.; REED, W. E.; DAVIS, P. M. *Exploring Earth*: an introduction to physical geology. Nova Jersey: Prentice--Hall, 1997.

EMSLEY, J. *Nature's building blocks*. Nova York: Oxford University Press, 2001.

ENCICLOPÉDIA DO ESTUDANTE. *Física pura e aplicada*: dos modelos clássicos aos *quanta*. São Paulo: Moderna, 2008. v. 10.

FUNDAÇÃO BRASILEIRA PARA O DESENVOLVIMENTO DO ENSINO DE CIÊNCIAS. *Laboratório básico polivalente de ciências para o 1º grau*: manual do professor. Rio de Janeiro: FENAME/PREMEN/DEF, 1978.

GIDDINGS, J. C. *Chemistry, man and environmental change*: an integrated approach. Nova York: Harper & Row, 1973.

HEWITT, P. G. Tradução: Trieste Freire Ricci e Maria Helena Fravina. *Física conceitual*. 9. ed. Porto Alegre: Bookman, 2002.

KOHLER, P. *A la découverte des techniques*. Paris: Hachette, 1983. v. 3.

KRASILCHIK, M. (Coord.). *Ciência integrada*. São Paulo: Hamburg, 1974. (Projeto MEC – Premen – Cecisp)

LEVI, P. *A tabela periódica*. Rio de Janeiro: Relume-Dumará, 1994.

LIMA, M. E. C. C.; AGUIAR Jr., O. G.; BRAGA, S. A. M. *Aprender ciências*: um mundo de materiais. Belo Horizonte: UFMG, 1999.

LINDEN, D.; REDDY, T. B. *Handbook of batteries*. 3. ed. Nova York: McGraw-Hill, 2002.

LYONS, A.; PETRUCELLI, J. *História da Medicina*. São Paulo: Manole, 1997.

MINISTÉRIO DA EDUCAÇÃO E CULTURA; SECRETARIA DA EDUCAÇÃO FUNDAMENTAL. *Parâmetros Curriculares Nacionais*. Brasília: MEC/SEF, 1997.

MOURÃO, R. R. F. *Atlas celeste*. 7. ed. Petrópolis: Vozes, 1990.

RAVEN, P. H.; EVERT, R. F.; EICHHORN, S. E. *Biologia vegetal*. 7. ed. Rio de Janeiro: Guanabara Koogan, 2007.

ROBERTS, R. M. *Descobertas acidentais em ciências*. Campinas: Papirus, 1993. v. 1. (Col. Papirus Ciência)

RUSSEL, J. B. *Química geral*. 2. ed. São Paulo: Makron Books, 1994. v. 1 e 2.

SARKAR, B. *Heavy metals in the environment*. Nova York: Marcel Dekker, 2002.

SCARLATO, F. C.; PONTIN, J. A. *Do nicho ao lixo*: ambiente, sociedade e educação. São Paulo: Atual, 1992.

TEIXEIRA, W. et al. *Decifrando a Terra*. 2. ed. São Paulo: Companhia Editora Nacional, 2009.

TIME LIFE. *A era do computador*. Rio de Janeiro: Abril, 1996. (Col. Ciência e Natureza)

TIPLER, P. A.; MOSCA, Gene P. *Physics for scientists and engineers*. 5. ed. Basingstoke: W. H. Freeman, 2003.

VANIN, J. A. *Alquimistas e químicos*: o passado, o presente e o futuro. São Paulo: Moderna, 2004. (Col. Polêmica)

WEAST, R. C. (Ed.). *CRC Handbook of Chemistry and Physics*. 66. ed. Boca Raton: CRC Press, 1986.

Hábitos da mente

MODERNA

Como você reage diante de uma situação nova? Como participa dos trabalhos desenvolvidos pelo seu grupo? Como se comporta à medida que o dia da avaliação se aproxima?

Há algumas atitudes que nos ajudam a lidar com as tarefas cotidianas, desde as mais simples até as mais complexas. São atitudes que identificamos nas pessoas que resolvem problemas de maneira eficiente, fazem as perguntas certas ao buscar soluções, tomam decisões conscientes, relacionam-se bem com os outros e pensam de forma criativa e inovadora.

Os Hábitos da mente de que vamos tratar a seguir irão auxiliá-lo em seus estudos e na realização das atividades deste livro. Mais do que isso, serão uma ferramenta importante para ajudá-lo a enfrentar as situações desafiadoras do seu dia a dia, na escola, nas relações com a família e com os amigos, enfim, na vida. Aproveite!

CONTROLAR A IMPULSIVIDADE

Quantas vezes você já se pegou dizendo a primeira coisa que lhe veio à cabeça ao ser questionado? E quantas vezes essa atitude precipitada trouxe resultados pouco satisfatórios ou até desastrosos para você?

Para diminuir a chance de erro e de frustração, reflita antes de agir. Considere as alternativas e as consequências dos vários caminhos que você pode tomar para chegar a uma solução. Analise bem todas as indicações ou instruções que foram fornecidas, busque mais informações sobre o assunto, reflita sobre a resposta que quer dar para a questão.

Ao contribuir para que você forme uma ideia do todo antes de partir para a resolução do problema, essas atitudes reduzem a possibilidade de se deparar com resultados inesperados e frustrações no caminho, além de ajudá-lo a controlar o impulso de desistir ou de adiar o enfrentamento da tarefa.

PERSISTIR

O que você faz quando um problema se torna difícil demais para resolver? Você desiste, tenta mais uma vez, e mais uma vez, ou tenta de novo, mas de forma diferente?

É comum as pessoas confundirem persistência com insistência, que significa ficar tentando, e tentando, e tentando, sempre da mesma forma. Mas a persistência não é isso! Persistir significa buscar estratégias diferentes para alcançar seu objetivo.

Em vez de desistir por achar que não dá para completar a tarefa, tente uma alternativa. Se determinada forma de fazer algo não funciona, busque outro caminho. Desenvolver estratégias distintas para resolver um problema vai ajudá-lo a atingir seus objetivos.

PENSAR COM FLEXIBILIDADE

Como você enfrenta uma situação nova e inesperada? E como lida com pontos de vista diferentes?

Quanto maior for sua capacidade de ajustar o pensamento e mudar de opinião à medida que for recebendo novas informações, mais facilidade terá para se adequar a situações inesperadas ou enfrentar problemas que podem parecer difíceis de resolver.

Pensar com flexibilidade significa perceber que existem diferentes formas de abordar uma questão. Significa ser capaz de se adaptar ao novo ou ao inusitado e de agir mesmo quando não se consegue enxergar cada detalhe ao longo do caminho.

ESCUTAR OS OUTROS COM ATENÇÃO E EMPATIA

Você costuma prestar atenção ao que as pessoas dizem? Mas atenção de verdade – e não ficar ensaiando mentalmente o que vai dizer assim que elas terminarem de falar.

Escutar com atenção significa manter-se atento ao que o outro está dizendo, procurando entender o ponto de vista dele. Escutar com empatia significa perceber a outra pessoa, colocar-se no lugar dela, buscando compreender seu raciocínio e suas motivações.

Para se relacionar bem com as pessoas é preciso prestar atenção aos sentimentos delas e às suas percepções sobre as questões que lhes são importantes. É impressionante quanto podemos aprender quando realmente escutamos alguém!

ESFORÇAR-SE POR EXATIDÃO E PRECISÃO

Informação existe em abundância no mundo e é acessível a qualquer pessoa em qualquer lugar, basta que se tenha conexão à internet. Mas o que você faz com a informação que busca e que recebe todos os dias?

Esforçar-se por exatidão e precisão no seu trabalho demonstra compromisso com a qualidade do conteúdo e da apresentação do que produz.

Esse Hábito da mente revela a busca por aperfeiçoamento constante. Significa a disposição de se preparar para a tarefa, procurando conhecer muito bem os critérios a ser seguidos e esforçando-se por coletar os dados mais relevantes para a realização da atividade proposta. Também inclui revisões cuidadosas do que foi produzido e atenção especial à apresentação (aparência) do trabalho final.

QUESTIONAR E LEVANTAR PROBLEMAS

As pequenas conquistas que resultaram em grandes avanços para a humanidade foram — e continuam sendo — feitas por pessoas de todas as épocas, de todos os lugares, de todas as crenças, gêneros, cores e culturas. Pessoas que se dispuseram a "observar" uma situação, sem ideias preconcebidas, prestaram atenção em algo ou em alguém, perceberam um padrão ou uma incongruência em algum fenômeno e fizeram perguntas do tipo "Por que será?" ou "E se fosse diferente?".

Por que o céu é azul? O que acontece com um peixe de água salgada em um aquário de água doce? De onde vem o ser humano? E se a Terra não fosse o centro do Universo? Por que as mulheres não podem votar? Como será a Lua? Será que existem fontes de energia alternativas ao petróleo? E se as pessoas pudessem voar?

Não são as respostas que movem o mundo, são as perguntas.

E se...? (Aproveite este momento para questionar o mundo ao seu redor!)

ASSUMIR RISCOS COM RESPONSABILIDADE

Como você se sente quando precisa tomar uma decisão e não sabe que caminho escolher? Você se joga sem pensar duas vezes ou se bloqueia e não sai do lugar?

Nem oito nem oitenta! Tentar algo diferente pode ser muito enriquecedor e gratificante quando agimos com responsabilidade. A parte responsável do risco corresponde à informação que buscamos antes de nos lançarmos a um desafio.

Avaliar as diferentes possibilidades levantadas e refletir sobre as consequências de uma escolha são atitudes que reduzem a chance do "inesperado" e proporcionam mais segurança e confiança para fazer algo novo e, assim, explorar todas as nossas capacidades.

PENSAR E COMUNICAR-SE COM CLAREZA

Você já percebeu como sua comunicação é mais eficaz quando o tema está bem organizado na sua mente? Ou quando explica uma ideia com exemplos para facilitar a compreensão do outro?

Pensamento e comunicação são inseparáveis. Por isso, é importante empregar os termos corretos e mais adequados sobre o assunto, evitando generalizações, omissões ou distorções de informação, e reforçar suas afirmações com explicações, comparações, analogias e evidências.

A preocupação com a comunicação clara, que começa no pensamento, melhora sua habilidade de fazer críticas tanto sobre o que lê, vê ou ouve quanto em relação às falhas de compreensão, podendo, assim, corrigi-las. Esse conhecimento é a base para uma ação segura e consciente.

APLICAR CONHECIMENTOS PRÉVIOS A NOVAS SITUAÇÕES

Todos nós aprendemos com a experiência, mas nem todos percebemos isso com tanta facilidade. Ser capaz de aplicar o que sabemos em diferentes situações é a grande função do estudo e da aprendizagem. E isso não depende apenas do seu livro, da sua escola ou do seu professor; depende da sua atitude também!

Aplicar conhecimentos prévios a novas situações significa transformar informação em conhecimento, e conhecimento em ação. Significa dar sentido prático à sua aprendizagem e às suas experiências.

Use os conhecimentos e as experiências adquiridos dentro e fora da escola como fonte de dados para apoiar suas ideias, para prever, entender e explicar teorias ou processos para resolver cada novo desafio.

Estes são 9 dos 16 Hábitos da mente descritos pelos autores Arthur L. Costa e Bena Kallick em seu livro *Learning and leading with habits of mind: 16 characteristics for success.*

CHECKLIST PARA MONITORAR SEU DESEMPENHO

Reproduza o quadro abaixo em seu caderno, um para cada mês do ano letivo. Preencha-o, ao final de cada mês, avaliando seu desempenho na aplicação dos Hábitos da mente na realização de suas tarefas nesta disciplina.

Classifique seu desempenho de 1 a 10, sendo 1 o nível mais fraco e 10 a sua máxima satisfação em relação ao uso do Hábito da mente.

Use a coluna *Observações pessoais* para anotar sugestões de atitudes a tomar no mês seguinte ou para registrar a aplicação do Hábito da mente em outros momentos do seu cotidiano.

Hábitos da mente	Neste mês eu...	Desempenho	Observações pessoais
Controlar a impulsividade	Pensei antes de agir. Investi parte do meu tempo em entender as orientações das tarefas.		
Persistir	Não desisti com facilidade. Tentei diferentes estratégias para resolver problemas difíceis.		
Pensar com flexibilidade	Busquei ou aceitei alternativas diferentes e considerei opções para solucionar questões.		
Escutar os outros com atenção e empatia	Escutei as ideias dos outros. Guardei as minhas opiniões para entender o ponto de vista e as emoções do outro.		
Esforçar-se por exatidão e precisão	Revisei meus trabalhos. Busquei exatidão, precisão e maestria em tudo o que fiz.		
Questionar e levantar problemas	Busquei conhecer os dados necessários para resolver as questões. Fiz bons questionamentos e levantei problemas para resolver.		
Assumir riscos com responsabilidade	Informei-me sobre as consequências possíveis de uma decisão e lancei-me então aos desafios.		
Pensar e comunicar-se com clareza	Organizei as ideias na minha mente. Consegui me comunicar de forma clara, evitando generalizações, distorções e omissões de dados.		
Aplicar conhecimentos prévios a novas situações	Coloquei o que aprendi em prática em situações diferentes.		